Psychotherapie
der Sexualstörungen

L INDAUER
P SYCHOTHERAPIE
M ODULE

Peter Buchheim
Manfred Cierpka
Theodor Seifert

Georg Thieme Verlag Stuttgart · New York

Psychotherapie der Sexualstörungen

Krankheitsmodelle und Therapiepraxis –
störungsspezifisch und schulenübergreifend

Herausgegeben von Bernhard Strauß

Mit Beiträgen von

N. Becker
S. Becker
M. Belz-Merk
J. Bengel
W. Berner
U. Brandenburg
C. Buddeberg
U. Clement
S. Fliegel

M. Hauch
R. Kleber
H. Lohse
T. Mösler
H. Richter-Appelt
A. Rose
G. Schmidt
B. Strauß
G. Zamel

21 Tabellen

Georg Thieme Verlag Stuttgart · New York 1998

Die Deutsche Bibliothek – CIP-Einheitsaufnahme

Psychotherapie der Sexualstörungen : Krankheitsmodelle und
Therapiepraxis – störungsspezifisch und schulenübergreifend ; mit
21 Tabellen / hrsg. von B. Strauß. Mit Beitr. von N. Becker ... –
Stuttgart ; New York : Thieme, 1998
(Lindauer Psychotherapie-Module)
ISBN 3-13-108791-9

© 1998 Georg Thieme Verlag,
Rüdigerstraße 14, D-70469 Stuttgart
Printed in Germany

Datenaufbereitung und Layout:
Georg Thieme Verlag, Stuttgart
Druck: Gulde-Druck GmbH, Tübingen
Buchbinderei: Held, Rottenburg

Umschlaggestaltung von Martina Berge,
Erbach-Ernsbach

ISBN 3-13-108791-9   1 2 3 4 5 6

Wichtiger Hinweis:
Wie jede Wissenschaft ist die Medizin ständigen Entwicklungen unterworfen. Forschung und klinische Erfahrung erweitern unsere Erkenntnisse, insbesondere was die Behandlung und medikamentöse Therapie anbelangt. Soweit in diesem Werk eine Dosierung oder eine Applikation erwähnt wird, darf der Leser zwar darauf vertrauen, daß Autoren, Herausgeber und Verlag große Sorgfalt darauf verwandt haben, daß diese Angabe **dem Wissensstand bei Fertigstellung des Werkes** entspricht.

Für Angaben über Dosierungsanweisungen und Applikationsformen kann vom Verlag jedoch keine Gewähr übernommen werden. **Jeder Benutzer ist angehalten,** durch sorgfältige Prüfung der Beipackzettel der verwendeten Präparate und gegebenenfalls nach Konsultation eines Spezialisten festzustellen, ob die dort gegebene Empfehlung für Dosierungen oder die Beachtung von Kontraindikationen gegenüber der Angabe in diesem Buch abweicht. Eine solche Prüfung ist besonders wichtig bei selten verwendeten Präparaten oder solchen, die neu auf den Markt gebracht worden sind. **Jede Dosierung oder Applikation erfolgt auf eigene Gefahr des Benutzers.** Autoren und Verlag appellieren an jeden Benutzer, ihm etwa auffallende Ungenauigkeiten dem Verlag mitzuteilen.

Geleitwort der Herausgeber der Reihe Psychotherapie-Module

Den aktuellen Anforderungen an eine intensive psychotherapeutische Weiterbildung entsprechen unsere schulenübergreifenden und störungsorientierten Module. Im Rahmen der Lindauer Psychotherapie-Wochen werden in Form von inhaltlich und formal verknüpften Vorlesungen, Seminaren und Kursen eingehende Kenntnisse, Erfahrungen und Fertigkeiten zu bestimmten Themenbereichen wie z.B. der Depression, der Borderline-Störungen, der Eßstörungen, der Sexualstörungen, der Angststörungen, der Zwangsstörungen u.a.m. vermittelt. Neben Einführungsseminaren, die sowohl schulübergreifend als auch auf eine Gegenüberstellung oder Ergänzung von diagnostischen und therapeutischen Konzepten ausgerichtet sind, können Trainingskurse zur Vertiefung und zum intensiven Training für die Erweiterung der praktischen Fertigkeiten besucht werden.

Psychodynamische, verhaltenstherapeutische, systemische und körperorientierte Ansätze zum Verständnis und zur Behandlung von Störungen werden so dargestellt, daß den Teilnehmerinnen und Teilnehmern Kriterien für differentielle Indikationsentscheidungen für eine Psychotherapie an die Hand gegeben werden. Ansatzweise gelingt in einer Synopsis die Integration von unterschiedlichen Behandlungskonzepten für ein bestimmtes Störungsbild.

Inzwischen wurden diese neuen didaktischen Weiterbildungseinheiten während der Lindauer Psychotherapie-Wochen im Frühjahr und während der Modulveranstaltungen im Herbst fester Bestandteil im Programm. Die sehr gute Resonanz auf die Veranstaltungen ermutigte uns, die primär als Veranstaltungsreihe konzipierten Module als Texte in Buchform herauszugeben. Jeder Band in dieser Reihe widmet sich der Psychotherapie eines Krankheitsbilds. Die therapeutischen Ansätze, die sich für die Behandlung dieser psychischen Störungen bewährt haben, werden von sehr erfahrenen Experten so dargestellt, daß jeder Blick auf den Patienten und seine Krankheit die Vielgestaltigkeit des Beschwerdebilds widerspiegelt. Es geht uns also um eine Vertiefung des Wissens über den Patienten und nicht um eine Vertiefung einer bestimmten Behandlungstheorie.

Der erste Band dieser Reihe befaßte sich mit der „Psychotherapie der Eßstörungen", er wurde vom Fachpublikum sehr gut aufgenommen. Der hier vorliegende Band in der Reihe von aufeinander abgestimmten Weiterbildungseinheiten widmet sich der psychotherapeutischen Behandlung der Sexualstörungen. Dabei handelt es sich um ein Gebiet, bei dem nicht nur ganz allgemein in der medizinischen, sondern speziell in der psychotherapeutischen Versorgung auf seiten der Befragten ein großer Nachholbedarf an Kenntnissen und vor allem an Interventionsstrategien besteht. Wir wünschen deshalb dem Buch „Psychotherapie der Sexualstörungen", das von Bernhard Strauß herausgegeben wird, eine entsprechend gute Verbreitung.

Wir danken Herrn Dr. med. Thomas Scherb vom Thieme-Verlag für sein Engagement bei der Umsetzung unserer Weiterbildungsmodule in eine Reihe von Fort- und Weiterbildungstexten.

Göttingen, im Februar 1998   P. Buchheim, M. Cierpka und Th. Seifert

Inhaltsverzeichnis

Adressenverzeichnis

Dipl.-Psych. Nikolaus Becker
Am Ochsenzoll 22
22417 Hamburg

Dipl.-Psych. Sophinette Becker
Univ.-Klinik Frankfurt
Institut für Sexualwissenschaft
Theodor-Stern-Kai 7
60590 Frankfurt

Dr. Martina Belz-Merk
Universität Freiburg
Psychologisches Institut
Belfortstr. 18
79098 Freiburg

Prof. Dr. Dr. Jürgen Bengel
Universität Freiburg
Psychologisches Institut
Belfortstr. 18
79098 Freiburg

Prof. Dr. med. Wolfgang Berner
Univ.-Krankenhaus Eppendorf
Abt. Sexualforschung
Martinistraße 52
20246 Hamburg

Dr. med. Ulrike Brandenburg
Klinik für Psychosomatik und
Psychotherapeutische Medizin
Pauwelsstraße 30
52074 Aachen

Prof. Dr. med. Claus Buddeberg
Psychiatrische Poliklinik der Universität
Abt. Psychosoziale Medizin
Culmannstraße 8
CH 8091 Zürich

Prof. Dr. phil. Ulrich Clement
Heidelberger Institut
für Systemische Forschung
Kußmaulstr. 10
69120 Heidelberg

Dr. phil. Dipl.-Psych. Steffen Fliegel
Gesellschaft für
Klin. Psychologie u. Beratung
Hansaring 67
48155 Münster

Dipl.-Psych. Margret Hauch
Sexualberatungsstelle der
Abt. Sexualforschung
Poppenhusenstraße 12
22305 Hamburg

Dr. med. Reinhard Kleber
Sexualberatungsstelle der Universität
Abt. Sexualforschung
Poppenhusenstraße 12
22305 Hamburg

Dr. phil. Dipl.-Psych. Hartwig Lohse
Eppendorfer Baum 39
20249 Hamburg

Priv.-Doz. Dr. med. Thomas Mösler
Psychiatrische Klinik u. Poliklinik der
Universität Erlangen-Nürnberg
Schwabachanlage 6
91054 Erlangen

Prof. Dr. phil. Hertha Richter-Appelt
Univ.-Krankenhaus Eppendorf
Abt. Sexualforschung
Martinistraße 52
20246 Hamburg

Dr. phil. Andreas Rose
Rudolf-Breitscheid-Str. 39
90762 Fürth

Prof. Dr. phil. Gunter Schmidt
Univ.-Krankenhaus Eppendorf
Abt. Sexualforschung
Martinistraße 52
20246 Hamburg

Prof. Dr. phil. Bernhard Strauß
Institut für med. Psychologie
Klinikum der FSU
Stoystraße 3
07740 Jena

Dipl.-Psych. Günther Zamel
Sexualberatungsstelle der
Abt. Sexualforschung
Poppenhusenstr. 12
22305 Hamburg

1. Psychotherapie der Sexualstörungen – Versorgungs-und Weiterbildungsbedarf

Bernhard Strauß

Anstelle eines Vorwortes wird in diesem Kapitel dargelegt, wie begrenzt bislang die Weiterbildungsmöglichkeiten für Ärztinnen und Ärzte, Psycholog(inn)en und andere Berufsgruppen, die mit sexuellen Schwierigkeiten und Problemen konfrontiert werden, gewesen sind. Diese Begrenzung hat deutliche Wissensdefizite zur Folge. Dem geringen Kenntnisstand steht ein hoher Bedarf gegenüber, weswegen es besonders wichtig erscheint, die Fort- und Weiterbildung in der Diagnostik und Psychotherapie sexueller Störungen gezielt zu fördern.

Insbesondere Ärztinnen und Ärzte bzw. Medizinstudent(inn)en wurden in den vergangenen Jahrzehnten wiederholt zu ihren sexualmedizinischen Kenntnissen befragt, mit dem Ergebnis, daß diese „nach wie vor recht bescheiden" sind (Buddeberg 1996). Bereits im Studium der Medizin wird das Thema Sexualität überwiegend unzureichend behandelt; großer Informationsbedarf bleibt bestehen (vgl. Sohn u. Lackinger 1993, Stumpe u. Günther 1989, Loewit 1988, Wilker 1978).

Dementsprechend schätzen praktizierende Ärztinnen und Ärzte ihre sexualmedizinischen Kenntnisse – den Studien aus unterschiedlichen Ländern zufolge – überwiegend „lückenhaft bis unzureichend" ein, obwohl sie derartige Kenntnisse für äußerst wichtig halten (vgl. z.B. Pacharzina 1975, Burnap u. Golden 1967, Schorsch et al. 1977, Buddeberg u. Merz 1981, Buddeberg et al. 1991).

Die geringen Kenntnisse schlagen sich nieder im Umgang mit den Patient(inn)en: Nach Buddeberg et al. (1991) sprechen 75% der von den Autoren befragten Allgemeinärztinnen und Allgemeinärzte ihre Patient(inn)en „selten bis sehr selten" auf die Sexualität an. Vielen scheint auch die Kompetenz zu fehlen, entsprechende Patient(inn)en an Spezialisten zu überweisen.[1]

Dem insgesamt geringen Kenntnisstand steht ein offenkundig relativ großer Bedarf gegenüber: In einer Befragung niedergelassener Ärzte durch Schorsch et al. (1977) zeigte sich beispielsweise, daß ca. 1100 Patient(inn)en pro Woche allein in der Großstadt Hamburg eine ärztliche Praxis primär wegen sexueller Schwierigkeiten aufsuchen, weitere 1200 nennen beim Arztkontakt sexuelle Probleme als „Nebensymptom". Aus den Untersuchungen von Buddeberg (Buddeberg u. Merz 1981, Buddeberg et al. 1991) – Befragungen von Allgemeinmedizinern in der Schweiz – geht hervor, daß im Durchschnitt immerhin ca. 4% aller Patient(inn)en die Allgemeinpraxis wegen sexueller Schwierigkeiten aufsuchen, wobei die angegebenen Häufigkeiten stark (zwischen 0 und 50%) variierten. Bedarfserhebungen wie die genannten zeigen, daß die vermuteten Häufigkeiten sexueller Probleme sowohl mit der Lokalisation der Praxen (Stadtpraxen sehen sich anscheinend mit dem Problem häufiger konfrontiert) variieren als auch mit der Fachrichtung. Eine Bedarfsanaly-

---

[1] Eine Analyse der Dokumentationsdaten einer Hamburger Spezialambulanz für sexuell gestörte Patient(inn)en (Brand 1980) ergab, daß Patient(inn)en dieser Ambulanz beim Erstkontakt im Durchschnitt bereits eine vierjährige erfolglose Behandlung bei 2-3 Ärzt(inn)en hinter sich haben.

se aus dem Raum Aachen (vgl. Brandenburg 1996) unter Allgemeinmediziner(inne)n, Gynäkolog(inn)en und Urolog(inn)en zeigte, daß mindestens 25% der Patient(inn)en unter sexuellen Problemen leiden. Die Studie von Brandenburg zeigte weiter, daß sexualmedizinische Erfahrungen sich positiv auf die Diagnostik sexueller Störungen, insbesondere „maskierter" Sexualprobleme auswirken.

Die genannten Bedarfsuntersuchungen beziehen sich überwiegend auf „Problempatient(inn)en". Es ist davon auszugehen, daß ein nicht minder großer Prozentsatz von Patient(inn)en in Arztpraxen weniger Behandlungs- als Informations- und Aufklärungsbedarf besitzt, weswegen Kenntnisse der Sexualforschung, die Fähigkeit, über Sexualität sprechen zu können, und die Kompetenz zur Aufklärung über Sexualität, Fertilität und allgemeine sexualpädagogische Erfahrungen wichtige Fähigkeiten von Ärzt(inn)en darstellen.

Die vorliegenden Analysen zum Versorgungsbedarf in der Sexualmedizin beschränken sich meist auf allgemeine Häufigkeiten sexueller Schwierigkeiten und haben nur wenige Ergebnisse zum konkreten Weiterbildungsbedarf der befragten Ärzte erbracht. In den Untersuchungen von Buddeberg wurde zumindest differenziert nach konkreten sexuellen Problemen und deren Vorkommenshäufigkeit (vgl. Tab. 1.1). Hier zeigte sich, daß neben sexuellen Funktionsstörungen besonders häufig sexuelle Schwierigkeiten in Verbindung mit oraler Kontrazeption genannt wurden, aber auch sexuelle Probleme bei körperlichen Erkrankungen.

Tab. 1.1 Sexuelle Probleme in der Allgemeinpraxis (Häufigkeit): Angaben aus zwei Befragungen von Allgemeinärzten (aus Buddeberg 1996)

Problem	Rang 1980	Rang 1990
Orgasmusschwierigkeiten der Frau	1	5
Erregungsstörungen der Frau	2	4
sexuelle Probleme bei oraler Kontrazeption	3	2
Dyspareunie der Frau	4	1
sexuelle Probleme im Kontext körperlicher Krankheit	5	6
Erektionsstörungen beim Mann	6	3
Probleme der Alterssexualität	7	7
sexuelle Probleme bei Kindern und Jugendlichen	8	8
Ejaculatio praecox	9	10
Homosexualität	10	9
sexuelle Deviation	11	11

Die in der sexualwissenschaftlichen Literatur und in Befragungen von Praktikern genannte sehr große Zahl betroffener Patientinnen und Patienten macht deutlich, daß nicht nur die Versorgung und Behandlung von Patient(inn)en mit sexuellen Störungen unzureichend ist (dies gilt gleichermaßen für sexuelle Funktionsstörungen, sexuelle Perversionen/Paraphilien einschließlich Sexualdelinquenz, für Transsexualität und Geschlechtsidentitätsstörungen sowie für sexuelle Störungen bei chronischen Erkrankungen), sondern auch die Prävention sexueller Probleme und Störungen. Durch mangelhafte Prävention und durch ausbleibende, zu späte oder unzureichende Aufklärung und ggf. Behandlung von Patientengruppen wird individuelles und familiäres Leiden verstärkt und verlängert, werden Störungen provoziert, verschlimmert und chronifiziert sowie psychosomatische Folgeerkrankungen in Kauf genommen.

Eine Mangelerscheinung der beschriebenen Versorgungslage sind nicht oder nur unzureichend qualifizierte Erstbehandlerinnen und -behandler, die sexuelle Konflikte erkennen, sehr früh ansprechen, beraten und adäquate Wege der Aufklärung und Hilfe aufweisen könnten. Zu diesen Erstbehandlern gehören sicher vor allem Ärztinnen und Ärzte, aber auch andere psychosoziale Berufsgruppen. Vergleichbar umfassende Analysen des Kenntnisstandes·und des Versorgungs- und Weiterbildungsbedarfs bei anderen Berufsgruppen, die fachlich mit Menschen konfrontiert sind, die unter sexuellen Problemen leiden bzw. von diesen bedroht sind, liegen kaum vor. Man kann aber der Literatur durchaus entnehmen, daß die Situation etwa bei Psycholog(inn)en oder Sozialarbeiter(inne)n kaum anders geartet ist (vgl. Buddeberg 1996).

Aus- und Weiterbildung in sexuologischen Basiskompetenzen

Eine Bestandsanalyse der Aus- und Fortbildung, die von der Bundeszentrale für gesundheitliche Aufklärung (BzgA 1996) vorgelegt wurde, kam zu dem Schluß, daß es auf diesem Feld „eklatante Defizite" gibt. So fehlten beispielsweise die Umsetzung sexualwissenschaftlicher Erkenntnisse in sexual-pädagogische und aus- und fortbildungsdidaktische Konzepte, Basiscurricula für die Ausbildung, die berufsbegleitenden Fortbildungen mit der Möglichkeit einer Zusatzqualifikation, die Koordination/Differenzierung der singulär angebotenen Fortbildungen sowie deren Evaluationen (vgl. BZgA 1996).

Speziell für Ärztinnen und Ärzte ist – wie weiter oben zusammengefaßt – die Weiterbildungssituation äußerst problematisch. Vorliegende Curricula, z.B. das zur „Psychosomatischen Grundversorgung" für Ärzte, enthalten sexuologische Inhalte kaum oder berücksichtigen diese nur am Rande. Qualifikationen im Sinne einer sexuologischen Basiskompetenz werden durch die vorliegenden Curricula nicht erreicht. Da in der Bundesrepublik nur an wenigen Universitäten Lehrstühle für Sexualwissenschaften bzw. Sexualmedizin bestehen (derzeit Frankfurt, Hamburg, Berlin), konnten sich bisher weder im Rahmen des Medizinstudiums noch in der ärztlichen Weiterbildung aufeinander abgestimmte Ausbildungsprogramme etablieren. Die bestehenden Institutionen haben – ebenso wie die Pro Familia und einige private Institute – zwar gelegentlich versucht, durch das Angebot von Fort- und Weiterbildungsveranstaltungen die sexuologischen Kenntnisse ausgewählter Ärztinnen und Ärzte und Psycholog(inn)en zu verbessern. Von einer einheitlichen Weiterbildungskonzeption, über die gezielt sexualwissenschaftliche Kenntnisse an Mediziner(inne)n und Angehörige psychosozialer Berufsgruppen vermittelt werden, ist man derzeit noch weit entfernt.[2]

Initiativen zur Verbesserung sexuologischer Weiterbildung

In den letzten Jahren hat es glücklicherweise einige Initiativen gegeben, die darauf abzielen, die sexuologische Weiterbildung zu verbessern und sich dabei primär an Ärztinnen und Ärzte sowie Psycholog(inn)en richten. Ausschließlich für Ärzte konzipiert ist die Initiative der Akademie für Sexualmedizin, eine Zusatzbezeichnung „Sexualmedizin" in die ärztliche Weiterbildungsordnung einzuführen. Vogt et al. (1995) haben Vorschläge für die Gestaltung eines Gegenstandskatalogs für diese Zusatzbezeichnung vorgelegt.

Ausgehend von der klinisch-praktischen Realität, wonach sich Männer und Frauen mit sexuellen Fragen, Konflikten und Schwierigkeiten keineswegs nur an Ärztinnen und Ärzte

---

[2] Zu den bislang wenigen Versuchen, derartige Konzepte systematisch zu strukturieren, zählt das in den 70er Jahren angebotene Fortbildungsprogramm für Ärzte, welches an der Abteilung für Sexualwissenschaften der Universität Frankfurt angeboten wurde (vgl. dazu Metzler-Raschig, Reiche und Sigusch 1979).

wenden, hat die Deutsche Gesellschaft für Sexualforschung (DGfS) zu Beginn des Jahres 1996 eine Expertengruppe zusammengestellt und zu mehreren Arbeitstreffen eingeladen, mit dem Ziel, differentielle und auf unterschiedliche Versorgungsnotwendigkeiten zugeschnittene Weiterbildungskonzeptionen zu entwickeln. Im Laufe des Jahres 1996 erarbeitete die Expertengruppe zwei Weiterbildungsgänge („Sexuologische Basiskompetenzen" und „Sexualtherapeutische Weiterbildung", vgl. Deutsche Gesellschaft für Sexualforschung 1997). Beide Curricula sind im Anhang dieses Buches nachzulesen. Während sich das Curriculum „Sexualtherapeutische Weiterbildung" an Ärztinnen und Ärzte, Psycholog(inn)en und andere Berufsgruppen mit einer abgeschlossenen psychotherapeutischen Weiterbildung richtet, zielt das Curriculum „Sexuologische Basiskompetenzen" analog dem Modell der „Psychosomatischen Grundversorgung" darauf ab, die Teilnehmer(innen) zu befähigen, eine grundlegende Fachkompetenz zu erwerben und Grundversorgung im Bereich sexueller Fragen, Probleme und Störungen zu gewährleisten. Einer derartigen Basisversorgung käme eine erhebliche präventive, pädagogische und kurative Bedeutung zu.

Zum Konzept des Buches

Die Reihe „Lindauer Psychotherapiemodule" hat den Anspruch, psychotherapeutische Kompetenz störungsorientiert und schulenübergreifend sowie Informationen über die Diagnostik und Behandlung von Störungsbildern auf eine klinisch relevante und praxisnahe Art und Weise zu vermitteln. Ebenso wie beim „Vorgängerband" (Reich u. Cierpka 1997) entstand das Konzept für dieses Buch im Rahmen eines „Moduls" zum Thema Psychotherapie sexueller Störungen, das im Rahmen der Lindauer Psychotherapiewochen 1996 angeboten wurde. An dieser Veranstaltung beteiligt waren Brunhilde Kring (New York), Margret Hauch (Hamburg), Ruth Gnirss-Bormet und Pia Buchegger (Zürich), Ulrike Hepp (Kiel) sowie Wolfgang Berner (Hamburg) und der Herausgeber. Eine der beiden Lindauer Wochen des Jahres 1996 hatte zudem das Rahmenthema „Sexualität – zwischen Phantasie und Realität" (vgl. Buchheim et al. 1997).

Die Grundsätze der neuen Reihe waren letztlich bestimmend für die Auswahl der Beiträge zu diesem Buch:[3] Sie sollen ein diagnostisches Basiswissen vermitteln (Kap. 3, 5 und 6) und einen praxisorientierten Überblick über psychotherapeutische Ansätze bei Problemen im Zusammenhang mit der Sexualität liefern. Hierbei werden die in der Praxis bedeutsamsten sexuellen Störungen (i.e. sexuelle Dysfunktionen, sexuelle Delinquenz und Transsexualität, Kap. 9–14) und wichtige sexualitätsbezogene Probleme (Kap. 15, 16) berücksichtigt. Ergänzt werden die genannten Beiträge durch eine Darstellung sozialpsychologischer Aspekte der Sexualität am Ende dieses Jahrtausends (Kap. 1) und eine Reflexion erotisierter Übertragung und Gegenübertragung, die nicht nur im Kontext der Behandlung sexueller Störungen unabdingbar ist (Kap. 8).

Als Anhang wurde in dieses Buch die Beschreibung der Weiterbildungscurricula aufgenommen, die (vgl. 1.2) kürzlich von einer Kommission der Deutschen Gesellschaft für Sexualforschung entwickelt wurden. In nächster Zeit sollen die Curricula an verschiedenen Orten realisiert werden. Die Texte dieses Bandes eignen sich sicherlich als Diskussionsgrundlage im Rahmen dieser Weiterbildungsgänge. Ihr Studium ersetzt aber keineswegs eine intensive, von Selbsterfahrung und Supervision begleitete und von kompetenter Seite organisierte psychotherapeutische Qualifikation.

---

[3] Allen Kolleginnen und Kollegen, die sich an diesem Buch aktiv beteiligt haben, und dem Thieme-Verlag sei an dieser Stelle herzlich gedankt.

Es wurde bewußt darauf verzichtet, in dieses Buch komplexe Theoriekapitel aufzunehmen. Klinische- und Behandlungstheorien sexueller Störungen werden nur sehr kursorisch in den Kap. 4 und 7 erwähnt. Ausführlichere Darstellungen dieser Theorien finden sich andernorts und sollten von allen Leser(inne)n, die sich in ihrer Praxis ausführlicher mit der Psychotherapie sexueller Störungen auseinandersetzen wollen, intensiv studiert werden.

2. Spätmoderne Sexualverhältnisse. Zum sozialpsychologischen Hintergrund sexualtherapeutischer Arbeit

Gunter Schmidt

Sexualtherapeutische Arbeit ist ohne Reflexion gesellschaftlicher Aspekte der Sexualität nicht denkbar. In diesem Beitrag wird der Wandel sexueller Beziehungen skizziert und ein Szenario spätmoderner Sexualität aufgezeigt, welches Therapeutinnen und Therapeuten im Umgang mit ihren Patient(inn)en beachten sollten.

Im Fernsehmagazin „Panorama" gab es vor einiger Zeit einen Beitrag über sexuelle Belästigung in gemischtgeschlechtlichen Fitneßstudios. Die Botschaft des Beitrags war wenig überraschend: In diesen Studios, in denen junge, attraktive Männer und Frauen nebeneinander um schöne, gesunde, strahlende Körper ringen und sich hinterher unter gemeinsamen Duschen den Schweiß von gerade gestählten Muskeln spülen, kommt es noch immer und tatsächlich zu lästiger Anmache, unerwünschten Avancen, schrägen Komplimenten – und zu ungehörigen Blicken auf sonst verdeckte Körperteile, die erst die Arbeit an den Maschinen freigibt. Film und Kommentar führten Betrachterinnen und Betrachter zu angemessener und zweifelsfrei berechtigter Empörung über männliches Treiben. Doch der Film machte ungewollt, wie ein Vexierbild neben der programmierten Perspektive „sexueller Übergriff" noch etwas ganz anderes greifbar und plastisch, nämlich: Erstens, wie ubiquitär heterosexuelle Szenen heute hergestellt – und zugleich enterotisiert werden (das Duschen zweier Fremder allein im Raum ist in der Tat nur noch Reinigung, meistens); zweitens, wie selten in solchen, nur noch scheinbar sexuellen Situationen Verführung und Übergriffe tatsächlich vorkommen (wenn auch letztere noch zu oft); und drittens, wie hoch die Disziplin und wie streng die Etikette sind, mit oder nach denen sich nackte oder fast nackte, geschlechtstüchtige Männer und Frauen in intimen Räumen bewegen.

Der Hintergrund dieser Entwicklung ist schnell beschrieben: Zum liberalen Diskurs der 60er und 70er, der den Wegfall vieler Sexualverbote besiegelte, ist in den 80er Jahren ein „equal rights"-Diskurs, ein Selbstbestimmungsdiskurs, hinzugetreten. Dieser Diskurs thematisiert sexuellen Zwang/sexuelle Gewalt und bringt zugleich einen neuen Sexualkodex hervor, einen Kodex, der nicht alte Verbote neu installieren will, sondern der den sexuellen Umgang friedlicher, kommunikativer, berechenbarer, rationaler verhandelbar, herrschaftsfreier machen oder regeln will. Hatten vor 30 Jahren die Studenten bzw. die Studentenbewegung das Gespür für die gesellschaftlich möglichen, fälligen, ja notwendigen Umbrüche der Sexualverhältnisse (sie waren die Hauptakteure des liberalen Diskurses), so brachten im Selbstbestimmungsdiskurs die Frauen und die Frauenbewegung die Verhältnisse zum Tanzen: durch die Debatte über sexuelle Gewalt in all ihren Gestalten, Verkleidungen und Verdünnungen. Gewalt, Zwang, Machtausübung durch Sexualität werden öffentlich gemacht wie nie zuvor, ihre Verleugnung und Verharmlosung entlarvt, für ihre Verfolgung und Abschaffung wird gekämpft. Aber nicht auf diese manifeste Seite des sexualpolitischen Ereignisses „Gewaltdiskussion" will ich hier eingehen, sondern auf ihre latente, nicht gleich erkennbare Seite: ihre Auswirkungen auf unsere ganz alltäglichen sexuellen Umgangsformen.

Verhandlungsmoral

In einem kleinen, als liberal geltenden College am Ohio, in Antioch, USA, wurde der neue Kodex, die neue sexuelle Ordnung idealtypisch auf die Spitze getrieben. Dort beschloß die Vollversammlung der Studentinnen und Studenten für beide Geschlechter und alle sexuellen Orientierungen einen Katalog sexueller Korrektheit, Regeln fürs Flirten, fürs Küssen, Streicheln, Schmusen und Beischlafen. Das Prinzip ist einfach: Explizite Fragen und explizite verbale Zustimmung für jede neue Ebene des sexuellen Kontaktes, also eine klare Frage und ein klares „Ja" zum Kuß, zur Körperberührung, bei jeder erogenen Zone, zu jeder Form der Stimulation, sind Voraussetzung gemeinsamer Sexualität. So wie der oder die Verführende – will man sie noch so nennen – verpflichtet ist zu fragen, so ist der oder die zärtlich oder sexuell Adressierte komplementär dafür verantwortlich, seine oder ihre Bereitschaft oder das Fehlen dieser Bereitschaft verbal oder körperlich, in jedem Fall aber deutlich, auszudrücken.

Die Geschichte aus Antioch ist bizarr; doch sie – und deshalb erzähle ich sie – beleuchtet grell und wahrhaftig eine allgemeine und verblüffende gesellschaftliche Tendenz: Die Abschaffung der Sexualmoral im herkömmlichen Sinne und ihre Ersetzung durch eine Verhandlungsmoral der Partner.

Die alte Sexualmoral war essentialistisch und qualifizierte bestimmte sexuelle Handlungen – zum Beispiel voreheliche oder außereheliche Sexualität, Masturbation, Homosexualität, Oralverkehr, Verhütung oder was auch immer – prinzipiell als böse, weitgehend unabhängig von ihrem Kontext. Zentrale Kategorie der Verhandlungsmoral dagegen ist die Forderung nach vereinbartem, ratifiziertem Sexualverhalten, der ausdrückliche verbale Konsens – man hat sie deshalb auch Konsensmoral genannt. Da sie nicht, wie gesagt, sexuelle Handlungen oder Praktiken bewertet, sondern die Art und Weise ihres Zustandekommens, also Interaktionen, hat die Verhandlungsmoral klare liberale Züge. Die Student(inn)en von Antioch sind nicht prüde. Ob hetero-, homo- oder bisexuell, ehelich oder außerehelich, genital, anal oder oral; zart oder ruppig, bieder oder raffiniert, sadistisch oder masochistisch, zu zweit oder in Gruppen – all das ist moralisch ohne Belang. Von Belang ist, daß es ausgehandelt wird; und selbst Abstinenz kann verhandlungsmoralisch wieder zu Ehren kommen, verkleidet als „neue Keuschheit".

Die Konsequenz ist ebenso radikal wie bemerkenswert: Die „normale" Sexualität, Heterosexualität, wird zu einem von vielen Lebensstilen, eine von vielen möglichen Arten, sexuell zu sein. Die sexuellen Perversionen verschwinden und etablieren sich als eben solche Lebensstile, medial schonungslos präsentiert und bekannt gemacht, allseits stolz geoutet. Die Verhandlungsmoral hat die Perversionen – oder das, was man vordem so nannte – längst erreicht, ja, an den Perversionen können sich Macht und Universalität der Verhandlungsmoral erst richtig erweisen. Sadistinnen und Masochisten versichern in zahllosen Features und Talkshows – in Großaufnahme oder gefilmt beim Verrichten ihrer Sexualität –, daß es um maßvolle, vereinbarte Torturen geht. Mit dem Horror und Visionen des Marquis de Sade hat das nichts mehr zu tun. Und nur noch sexuelle Besonderheiten, welche die Verhandlungsmoral inhärent verfehlen, z.B. die Pädophilie wegen des Machtungleichgewichts der Partner, bleiben als Perversion erhalten und werden heute unnachsichtiger ausgespäht und verfolgt als früher. Und es hilft den Pädophilen wenig, wenn Rüdiger Lautmann in seiner empirischen Untersuchung auch vielen von ihnen eine „sorgfältig entwickelte Konsensstrategie" bescheinigt und bei diesen Pädophilen vorsichtig „von sexuellen Verträgen (!) zwischen den Generationen" spricht, also von einer Verhandlungsmoral.

„Sensibilität für Übergriffe", die „Fertigkeit zu klarer Kommunikation" und die „Fähigkeit zu sexuellen Verhandlungen" von Jugendlichen und jungen Männern und Frauen sind inzwischen zu wichtigen Themen der empirischen Sexualforschung und der Sexualpädagogik in den USA avanciert – und es wird aufs allerschönste deutlich, daß der Diskurs die Forschung um- oder vor sich hertreibt, nicht etwa umgekehrt. „Das Flirtspiel", so heißt es in einem typischen Resümee einer dieser Studien, „ist immer noch ein Spiel ... Nur klares, ausdrückliches Kommunizieren der sexuellen Absichten kann das game playing, das zwischen Mann und Frau immer noch vorkommt, eindämmen." Vom Spiel- an den Verhandlungstisch ist die sexualpädagogische Losung.

Die Verhandlungsmoral bewirkt einen starken Rationalisierungsschub der Sexualität – und gründet sich auf einen beinahe rührenden Glauben an ihre Rationalisierbarkeit. Sie reduziert sexuelle Verständigung auf Verbales, auf die Sprache des Tages, wie der ungarische Schriftsteller Péter Nádas sagt; der Blick, die Geste, die Einfühlung, die ja auch oft genug nicht existent ist, Nádas geheime, magische Sprache der Nacht ist suspekt. Die französische Schriftstellerin Nancy Houston hat das Dilemma einfühlsam beschrieben: „Jede Form sexueller Gewalt ist widerwärtig. Aber wir müssen vorsichtig sein, oder wir werden unter dem Vorwand, sie (die Gewalt) zu maßregeln, eine weite und reiche Dimension der menschlichen Existenz verlieren, nämlich die Sprachen der Körper ... die komplexen, flexiblen Sprachen, in denen Männer und Frauen sich wortlos, endlos Fragen stellen und beantworten."

Unberechenbarkeit und Risiken sollen ausgeschaltet werden, Vorhersagbarkeit und Überschaubarkeit gewährleistet sein. Das hat viele Vorteile, unbestreitbar, wenn man an das Aggressionspotential der Sexualität denkt; aber es ersetzt auch die Utopie von Leidenschaft, die heftig und immer waghalsig ist – waghalsig zumindest nach innen, d.h. gegen die eigenen Ängste – durch die absurde Floskel „Sexualität ist Kommunikation". Der Begriff „Leidenschaft" ist heute so obsolet wie der der „sexuellen Sünde", zu dem sich nur noch die katholische Kirche in rebellischer Antiquiertheit bekennt – übrigens und nebenbei mit durchaus paradoxem Effekt: Die Radikalität der päpstlichen Forderungen (zum Beispiel: keinen Sex ohne Ehe und ohne Fortpflanzungsrisiko oder -chance) befreit die Gläubigen von den Ketten religiöser Bevormundung; denn solche radikalen Zumutungen lassen ihnen gar keine andere Wahl, als massenhaft etwas sehr Profanes und Modernes zu vollziehen: ihr eigenes Maß zu suchen, zeitgemäßer formuliert, die Individualisierung ihrer Sexualität, die Pluralisierung ihrer Normen. Und so beobachten wir schon lange, daß evangelische, katholische und konfessionslose Jugendliche sich in ihrem Sexualverhalten kaum unterscheiden: Sie beginnen etwa im gleichen Alter mit dem Geschlechtsverkehr und sie verhüten gleichermaßen sorgsam und verantwortungsbewußt.

„Reine" Beziehungen

Den neuen Sexualverhältnissen adäquat ist eine moderne Beziehungsform, die der britische Soziologe Anthony Giddens als *reine Beziehung* beschreibt. Heterosexuelle bewegten sich auf diese Beziehungsform zu, bei homosexuellen Männern und lesbischen Frauen trete sie schon klarer in Erscheinung. Die reine Beziehung – das Adjektiv ist beschreibend zu verstehen im Sinne von pur oder unvermischt – wird nicht durch materiale Grundlagen oder Institutionen gestützt, sie wird nur um ihrer selbst willen eingegangen, sie hat nur sich selbst und besteht nur, solange sich beide darin wohlfühlen, solange beide einen emotionalen „Wohlfahrtsgewinn" haben. Dadurch ist ihre Stabilität riskiert, ja, es gehört zu ihrer Reinheit, prinzipiell instabil, episodisch zu sein; sie verriete ihre Prinzipien, wenn sie Dauer um der Dauer willen anstrebte. Die zunehmende Anzahl der Scheidungen, die zunehmende Zahl nichtehelicher Beziehungen und Familien, die kürzer werdenden Beziehungen, die Tatsache, daß heute 30jährige durchschnittlich schon mehr feste Beziehungen hinter sich haben als 70jährige in ihrem viel längeren Leben, sind Folgen der reinen Beziehung – Folgen einer neuen Beziehungskonzeption, nicht eines Werteverfalls.

Von „schwebender Liebe" spricht Zygmunt Baumann, die „das Versprechen auf Freiheit mit dem Gespenst der Unsicherheit verbindet". Beide Partner müssen vielfältige Talente entwickeln, um das Wohlfühlen – zumindest einige Zeit lang – zu gewährleisten, vor allem die Fähigkeit des Aushandelns. Wenn die Geschlechterrollen weniger festgezurrt sind – eine Voraussetzung der reinen Beziehung – muß der gesamte Alltag ausgehandelt werden: Wer bringt die Kinder zur Schule, wer holt sie ab, wer paßt abends auf sie auf, wer trifft Freunde, wer besorgt den Einkauf, wer erledigt die Telefonate mit Oma und Opa usw. usf. Doch auch schon der Beginn einer Beziehung, das Verlieben, kann Tausch- oder Verhandlungssache sein. In einem modernen Theaterstück heißt es: „Ich bin verliebt in Ford, falls er in mich verliebt ist, ich lasse mich in keine einseitige Affäre verwickeln".

Die reine Beziehung ist nicht notwendig monogam, da auch darüber eine Vereinbarung zu treffen ist. Ihre große Schwester ist die postfamiliale Familie, die Elisabeth Beck-Gernsheim beschrieben hat, mit ihrer neuen Vielfalt, familiär zu sein, mit ihrer Buntheit familiärer und quasi familiärer Verhältnisse und ihren neuen Formen der Mütterlichkeit, der Väterlichkeit und der Geschwisterlichkeit.

Entsexualisierung

Die Erotik in der reinen Beziehung, so Giddens durchaus zufrieden, wird „vom Triumph des Willens befreit, der von de Sade bis Bataille ihre Besonderheit bestimmte" – und ist als gebändigte Angelegenheit offenbar nur noch Verständnis und Verständigung. Die Entsexualisierung der real existierenden Mann-Frau-Beziehungen scheint tatsächlich weit fortgeschritten. In einer Glosse der New York Times auf die zeitgenössische Sexualforschung wird meine fiktive Kollegin Dr. Frieda nach den wichtigsten neuesten und aufregendsten Ergebnissen unseres Fachgebiets gefragt. „Wir wissen heute", antwortet sie, „daß das wichtigste Geschlechtsorgan des Mannes seine Finger sind; das wichtigste Geschlechtsorgan der Frau ist ihr Mund. Mit seinen Fingern füttert er sie mit Pralinen; mit ihrem Mund sagt sie ihm, wie toll er ist".

Fremde geschlechtstüchtige Männer und Frauen sitzen – wie wir sahen – gemeinsam in Fitneßstudios und in der Regel müssen nur noch gelegentliche unzüchtige Blicke unter Kontrolle gebracht, verhandlungsmoralisch bewältigt werden. An französischen Stränden fand der Soziologe Jean-Claude Kaufmann ähnliche Verhältnisse. Dort „erschöpfen bereits zwei Sekunden die Toleranz" beim Blick auf Barbusige, lediglich der wie zufällig schweifende Panoramablick sei erlaubt – und diese unausgesprochenen Regeln werden, so der Forscher zum verblüfften Publikum, von den meisten Männern diszipliniert befolgt. Oder eine bezeichnende Anekdote: Der alternde Chef einer Fernsehredaktion bittet seine Kolleginnen, in nicht allzu kurzen Röcken zur Arbeit zu kommen, da ihn das verwirre. Ein ehrliches Bekenntnis, das auf eine ebenso ehrliche und entrüstete Ablehnung stößt, man könne sich von den dubiosen Gelüsten der Männer doch nicht die Kleidung diktieren lassen. Das ist mehr als einleuchtend. Aber übersetzt heißt diese kleine Episode doch folgendes: Asexualität hat in der Präsenz allerheftigster Sexualreize stattzufinden, Verhandlungsmoral hat sich gerade hier zu bewähren. Und: die Umwelt ist von unerwünschter sexueller Aufmerksamkeit zu säubern, also von Erregung, Begierden und Phantasien, und das ist ein militantes Ziel.

Die Klage „ich habe keine Lust" hat bei Patienten, vor allem aber bei Patientinnen, die unsere Ambulanz aufsuchen, in den letzten 20 Jahren stark zugenommen (vgl. Kap. 9). Aber das Symptom „Lustlosigkeit" ist vermutlich nur der entschiedenste Ausdruck einer weit verbreiteten sexuellen Langeweile. In den USA wurde schon ein Meßinstrument zur Erfassung sexueller Langeweile entwickelt, validiert und standardisiert, so daß jeder seine Langeweile verorten kann. Die vielen neuen, methodisch zum Teil anspruchsvollen Studien über das Sexualverhalten von Männern und Frauen in den westlichen Industriegesellschaften zeigen verblüffend einhellig ein eher karges Sexualleben zwischen Männern und Frauen – und zwar von Helsinki bis San Francisco, von Marseille bis Edinburgh. Einige grobe Beispiele:

> 80% der Befragten hatten im Jahr vor der Befragung keinen oder nur einen Sexualpartner;
> nur 3-4% der Verheirateten hatten im Jahr vor der Befragung außereheliche Beziehungen;
> die Hälfte aller Befragten hatten seltener als einmal in der Woche Geschlechtsverkehr (wobei die modernen Untersuchungen hierzu auch Anal- und Mundverkehr, die allermodernsten auch nichtpenetrative Sexualpraktiken zählen).

Natürlich gab es gewisse Variationen zwischen den Altersgruppen, vor allem aber zwischen Frauen und Männern, die schon lange oder erst kurz in einer Partnerschaft lebten; aber insgesamt ist die Einschätzung des Autors einer dieser Studien zutreffend, weite Teile der heterosexuellen Welt seien „sexuell sehr inaktiv".

Die Studien machen den Widerspruch sichtbar zwischen den bunten und wilden Sexmärchen der Medien, die ausmalen, wie alles zu sein hat, und dem spärlichen sexuellen Alltag der meisten Menschen. So stehen diese Studien durchaus in der aufklärerischen Tradition der Kinsey-Reporte. Damals nur, vor fast 50 Jahren, waren Frauen und Männer erleichtert zu sehen, daß andere Menschen sexuell genau das machten, was sie selber wünschten, sich aber nicht trauten, oder nur schlechten Gewissens taten. Heute dagegen fühlen sich viele entlastet, weil sie nun wissen, daß die anderen genausowenig und genausowenig Exotisches machen wie sie selbst.

Das „Mannequin" wird für Wolfgang Hegener zur prototypischen Figur: „Durch und durch sexualisiert ist nichts mehr an ihm sexuell und geschlechtlich. Es ist voller Anspielungen und bleibt geschlechtslose Schablone". Sind Technojugendliche, Frauen wie Männer, Inkarnationen dieser Figur? Nach Patrick Walder, Beobachter der Techno-Szene, werde „das Outfit immer schärfer und aufreizender"; alles sei auf Sex angelegt, „aber es gibt keine Einlösung". Die „inszenierte Erotik und Androgynität der Körper" verweise nur darauf, „daß sie selbst auf Sex verzichten können". Beim „chill out", dem Wiederzusichkommen nach ausuferndem Tanz und putschenden Trips, liegen sie kreuz und quer, „wie Katzen in einem Korb"; „dabei spielt es keine Rolle, ob Mann oder Frau, es geht nicht um Sex, sie ertragen nicht, allein zu sein". Die Experten geraten ins Grübeln ob solcher Phänomene und brauchen die Fähigkeit zum Zwiespalt. Ist das nur ein Rückfall auf sich selbst, eine autosexuelle-nongenitale Orgie, promiskes und kindisches Kuscheln an anderen Körpern? Oder entwickeln sich hier neue Formen von Erotik, Körperlichkeit, „subtilere Formen des Sexualverhaltens als stupider Genitalsex", „neuartige Begegnungen zwischen den – nicht mehr eindeutig bestimmten – Geschlechtern", eine Absage an Opas Sex von Jugendlichen, „die von (diesem) Sex geradezu umzingelt aufwuchsen"? Es ist eine fremdartige Szene für den erwachsenen Betrachter, und diese Fremdheit verführt allzuleicht dazu, sie kulturpessimistisch oder, schlimmer noch, mit psychopathologischen Kategorien abzumeiern.

Eine groteske Diskrepanz scheint zu bestehen zwischen innerer Desexualisierung und äußerer Sexualisierung dieser mit Sexualreizen vollgestopften Außen- und Medienwelt. Wir haben verwirklicht, sagt Martin Dannecker, wovon die Askese träumte. „Wir bewegen uns in einem Meer von Sex ohne die Empfindungen, die einmal als sexuelle Lust bezeichnet wurden, ohne Schaden für unsere Anständigkeit und ohne spürbaren Kampf gegen Anfechtungen". Den Viktorianer, so sagt man, stieß ein unverhülltes Pianobein in erotische Verwirrtheit; in unserer „mit Nacktheit bekleideten", verkleideten Welt lassen entblößte Leiber kalt. Aber natürlich besteht zwischen innerer Desexualisierung und äußerer Sexualisierung ein Zusammenhang. Denn: „Nichts ist ungewisser als der Wunsch hinter den Wucherungen seiner Gestalten", sagt Jean Baudrillard und fährt fort: „Das Begehren ist überall vorhanden, jedoch in einer verallgemeinerten Simulation".

Pornographie und die Pornographisierung unseres Lebens sind solche Wucherungen des Wunsches und so gesehen eine der Techniken der Entsexualisierung. Wer das alles konsumiert, was da pornographisch öffentlich oder halböffentlich geboten wird, wird sexuell unerreichbar, unberührbar. Ende der 60er Jahre war Paul Gebhard, Nachfolger Kinseys, Gastprofessor in Hamburg. Er hatte für das Archiv des Kinsey-Instituts eine Reihe pornographischer Filme in Hamburg erworben – damals auf dem schwarzen Markt – und lud Sexualwissenschaftler und Ärzte der Psychiatrischen Universitätsklinik zu einer Vorführung ein. Im kargen Seminarraum wurde es schnell stickig und schwül, obwohl die Streifen aus heutiger Sicht eher bieder und brav waren. Gebhard kommentierte souverän, was es zu sehen gab, ganz Taxonom sexueller Verhaltensweisen, der er als Schüler Kinseys war. Kaum war die kurze Bilderschau vorüber, stürmten die Akademiker aufgewühlt und um Fassung ringend aus dem Raum und ließen den Professor aus Amerika allein.

Solche Reaktion – und das ist die Botschaft der kleinen Geschichte – zeigten heute nicht einmal mehr Tertianer, 14jährige. Man kann und muß andere Blicke auf die Pornographie werfen, als ich es gerade getan habe, auf ihr Gewaltpotential und ihre Geschlechterbotschaft; doch es gehört zu den Mystifizierungen männlicher Sexualität, glaubte man, eine nennenswerte Anzahl von Männern ließe sich heute von der Pornographie mehr als eine noch gerade maschinell registrierbare Erregung, einen Anflug von Erektion, entlokken. Diese Mystifikation ist eine der letzten Anrufungen der längst vergangenen Triebhaftigkeit kommoder Männer.

Spätmoderne Sexualitäten?

Vielen Theoretikern gerät in dieser Situation die Sexualität völlig aus dem Blick. Anthony Giddens, auch hier Notar der modernen Entwicklung, läßt die Sexualität gleich ganz im Begriff der Intimität auf- oder besser untergehen, Sexualität wird gleichsam zum Partialtrieb der Intimität. Doch ganz so ist es nicht – und man muß auch nicht gleich, wie gerade Beaudrillard eine „frenetische Frigidität" der Zeitgenossen düster oder heiter an die Wand malen. Vielmehr scheint Sexualität oft aus der Beziehung ausgelagert zu werden: nicht mehr so sehr in erotische Außenbeziehungen, das war eher der Stil der 70er Jahre, sondern zum Beispiel in die Masturbation. Selbstbefriedigung und Partnersexualität koexistieren heute friedlich. Die schon erwähnten neueren Erhebungen zum Sexualverhalten zeigen deutlich, daß gerade bei jungen Männern und Frauen (das sind solche unter 35 Jahren) die Tendenz ganz erheblich zugenommen hat, Masturbation in einer festen Liebesbeziehung als sexuelle Praktik beizubehalten – offenbar als eine Möglichkeit selbstbestimmter, frei verfügbarer, autonomer, heimlicher und durchaus erholsamer Sexualität. Ein junger Mann, der unsere Ambulanz aufsuchte, weil er keine Lust hatte, mit seiner Freundin zu schlafen, der aber über ein reges masturbatorisches Leben berichtete, brachte es auf den Punkt: „Da (bei der Masturbation) kann ich anfangen wann ich will, kommen wann ich will, aufhören wann ich will; ich brauche keine Präliminarien, keine romantische Beleuchtung, keine Zärtlichkeiten hauchen; nicht erspüren, was sie vielleicht will, nicht hinterher darüber diskutieren, wie es war; kann einschlafen wann ich will." Dieser Mann, und weniger extreme Zeitgenossen, Männer und Frauen, die über die Selbstbefriedigung den Geschlechtsverkehr mit ihrem Partner oder ihrer Partnerin nicht gleich aufgeben, entkommen mit der Masturbation den hohen Anforderungen sexuell-erotischer Etikette der Mittelschicht.

Es gibt andere Fluchten, die aber seltener sind, in die Freiheit der Unverbindlichkeit, die Freiheit vom Aushandeln und vom geziemenden Interagieren. Eine Untersuchung über Telefonsex in Deutschland zeigt, daß die Kunden recht alltägliche, „normale" Männer sind. Sabine Mooren faßt ihre Studie so zusammen: „Die Kommunikation im Sexgespräch ist unauffällig, hinterläßt keine Spuren und garantiert Anonymität. Erlebnisse und Erfahrungen werden über die Distanz gemacht, der Kontakt ist technisch vermittelt. Die Intimität hält nur einen flüchtigen Moment" – jederzeit kann man ins alltägliche Leben zurückkehren. Und wir sollten uns auch hier zurückhalten, diesen Phänomenen mit einer als Psychopathologie (Bindungslosigkeit, narzißtische Störung und ähnliches) verkleideten Quasimoral beizukommen – wozu Psychotherapeutinnen und Psychotherapeuten mit fundamentalistischem Gestus und schlechtem priesterlichem Getue oft neigen.

Ralf König, der deftige schwule Comics zeichnet, hat offenbar auch große Erfolge bei heterosexuellen Lesern, aber auch bei Leserinnen (worauf mich kürzlich Detlef Grumbach hingewiesen hat). Man mag seine Comics pornographisch nennen oder nicht, jedenfalls sind sie witzig, selbstironisch, gekonnte Persiflagen und wie die Wirklichkeit polymorphpervers. Wieso verführt er auch Heterosexuelle zum Lesen, wo er doch nur Sexualität zwischen Männern, pausenlose, zeichnet? Ich zitiere eine Stelle aus Königs „Safer Sex-Märchen", vielleicht verstehen wir dann etwas mehr von seiner „identitätsübergreifenden" Faszination. Ein König (nicht der Autor, ein Märchenkönig) will mit seinem Narren schlafen, der besteht auf safen Praktiken; der König ist mißgestimmt, aber der Narr betört ihn zum Kondom mit folgendem Monolog:

> Mein König, ihr sollt nichts vermissen!
> Man darf blasen, ficken, küssen!
> Auch die Nippel beißen, lecken
> die Hand in Gleitcreme reinzustecken
> und die Finger einzuführen
> die Prostata zu massieren
> daß es euch die Sinne raubt
> ist nicht gefährlich und erlaubt!
>
> In die Arschbacken zu beißen
> die Hemden ganz vom Leib zu reißen
> sich beim Wichsen zuzugucken
> tief den geilen Schwanz zu schlucken
> durch die Achselhöhle zu schlecken
> und den frischen Schweiß zu schmecken –
> an Ideen mangelt´s nie
> guter Sex ist Phantasie!
>
> Die Eier lutschen, Füße küssen
> sich gegenseitig vollzupissen
> wie Wasserbüffel auf der Weide –
> das ist safe und macht viel Freude!
>
> Und heftig wird die Nummer gleich
> auch mit Kondom, das schwör ich euch!
> laßt mich mal eure Nippel kneifen ...

ei, da kriegt ihr schon ´nen Steifen!
ich reiß nur schnell die Packung auf
schwups - schon ist der Präser drauf!
und jetzt wollen wir mal seh`n ...
Aua! Langsam! Röchel stöhn!!

Sind solche dreisten, ruppigen, unbekümmert sexbesoffenen Szenen selbst in der Phanta-sie unzensiert nur zwischen Männern möglich, weil sie zwischen Männern und Frauen unverhohlen sexistisch, an den Wünschen von Frauen vorbei, frauenfeindlich und damit unmöglich sind? König selbst hat einmal, ein wenig unfreundlich, gesagt, seine Comics zeigten männliche Sexualität ohne den Störfall Frau und seien deshalb für hetero- wie homosexuelle Männer interessant. Setzen sich Männer, so kann man fragen, in schwule Räume ab, um in ihren Phantasien schwelgen zu können, unzensiert von der eigenen, verinnerlichten sexual correctness? Und Frauen, was finden sie daran? Vielleicht finden sie diese dauergeilen, ständig von Sex fabulierenden, wilden aber irgendwie auch friedli-chen und vor allem kindlichen Männer oder Jungen der Comics ganz amüsant, solange die Kerle sie selbst mit ihren Obsessionen nicht behelligen. Vielleicht, wollen sie endlich ein-mal wissen, was in den Köpfen von Männern vorgeht, was für vertrackte und fremdartige Wünsche Männer haben.

Vom „Designer-Sex" hat die Rocksängerin Ulla Meinecke gesprochen oder gesungen – in Anlehnung an die sogenannten „Designer-Drogen", die so zusammengestellt, „entworfen" werden, daß sie einen angezielten, vorausberechenbaren emotionalen Zu-stand erzeugen oder erzeugen sollen. Auch Sex kann designt, auf Wünsche, Wunschreste und widerstreitende Bedürfnisse zugeschnitten, selbstoptimiert werden. Aus Dirnen, Huren, Prostituierten, Strichern werden in dieser Situation Sexarbeiter(innen) mit diffe-renziertem Angebot. In Hamburg soll es eine Agentur für Seitensprünge geben. Offenbar ist dies nicht ein freundliches Etikett für Prostitution, sondern das Angebot zielt auf die Vermittlung zweier Gleichgesinnter gegen Gebühren. Mit einem Minimum an Verfüh-rungsaufwand und Betörungsanstrengung wird die Affäre gebucht – lean production, designed sex. Der Ruf der Politiker, Arbeitslosigkeit mit kreativen Dienstleistungsangebo-ten zu begegnen, verhallt jedenfalls im sexuellen Bereich nicht ungehört.

Gibt es bald designten Sex aus designten Drogen? Seit Jahren wird wild mit Substan-zen herumgeforscht, mit denen sexuelle Reaktionen, Funktionen und Empfindungen zu beeinflussen sind. Visionen steigen auf: einmal eine Droge, um eine Zeitlang von der Se-xualität unbehelligt zu bleiben, frei von ihr zu sein; ein andermal eine Mixtur, die zu mehrtägigen Orgien verleitet und befähigt; und dann mal eine, die zu ruhigem Sex voller kuscheliger Orgasmen animiert. Das Menü ließe sich fortschreiben. Als ich kürzlich einen US-amerikanischen Kollegen, der auf diesem Feld arbeitet, fragte, ob das meine Phantasien seien oder bald Realität werde, sagte er, lakonisch: „Well, for the next ten to fifteen years this will be your fantasy".

Und dann die Möglichkeiten des Internet und Cyberspace, die noch keiner so richtig kennt und die doch schon Kulturkritiker wie Sexualvisionäre auf Touren bringen. Sexuel-les Gequatsche rund um den Globus wird uns verheißen, das Eintauchen in pornographi-sche Geschichten, die man mit-erzählt, in denen man einen Part übernimmt; die Teilnah-me an virtuellen Orgien oder, noch fremdartiger, derber, angetan mit Datenanzug und bewaffnet mit Datenhandschuhen der fern vollzogene Geschlechtsverkehr mit einem oder mehreren Partnern. In jeder Rolle könne man das virtuelle Feld betreten, jede „Identität" könne man annehmen: als Mann, als Frau, als Schwuler oder Lesbe, über Wochen und Monate, solange das Spiel geht. Und wieder geraten die Experten ins Grübeln: Sind das nur weitere bizarre Erscheinungsformen männlicher Sexualität; neue Ersatzbefriedigungen unglücklicher und einsamer Jugendlicher oder Erwachsener, die im Herzen von der guten alten Liebe träumen? Oder Sphären neuer kommunikativer sexueller Phantasien, Wege in neue Freiheiten, mit Geschlechts- und Sexualidentitäten zu spielen, sie dabei spielerisch aufzulösen? Oder ist es der Niedergang der Liebe schlechthin? Paul Virilio spricht in einem verzweifelt anmutenden, tieftraurigen Essay vom „panikartigen Auseinanderfallen der Liebenden", von „sozialer Desintegration ohne Beispiel"; Geliebter und Geliebte würden als beseelte Wesen ausgeschaltet – und dies sei „die Niederlage des Liebemachens zugunsten einer maschinellen Täuschung". Gelassener sehen es Benutzer oder Anwender: „RL" (= real life), so eine inzwischen fast legendäre Aussage eines „Internetzers", „RL ist nur ein Fenster mehr, und nicht einmal das beste". Ist „RS", real sex, auch nur eine Möglichkeit mehr und auch nicht einmal die beste?

Die sexuellen Geschichten – Narrative, Visionen, Phantasmata – die in der Spätmoderne, also heute, erzählt oder geträumt werden, so lockt oder droht uns der englische Soziologe Ken Plummer – diese Geschichten und Träume beschreiben sexuelle Leben als fragmentiert und gespalten, als episodisch und potpourriert; die sexuelle Welt erscheint als unübersichtlicher Supermarkt mit endlosen Wahlmöglichkeiten; sie schaffen verschwimmende und wechselnde Identitäten, postidentitäre Sexualitäten; und erzählt werden sie in einer Sprache des Exzesses, der hyperbolischen Verrücktheit, sie sind „glitzy-glossy", high tech und konsumistisch. „Mein Leben war ein schrecklicher, endloser Alptraum aus sinnlosem, heißem, zuckendem, verschwitztem, rammelndem, tierischem, anonymem Sex" sagt der Held eines modernen Theaterstückes; das ist eine spätmoderne Sexualgeschichte; Königs Comics (siehe oben) sind andere Beispiele spätmoderner Sexualträume.

Volkmar Sigusch spricht von einer neosexuellen Revolution. Die Daten der umfangreichen Studien zur Sexualität zeigen, wie gesagt, einen weniger schillernden Alltag. Vielleicht ist die Spätmoderne erst bei Minderheiten, nur bei den „glücklich Wagemutigen" angekommen; vielleicht aber gehen die empirischen Studien in die Irre, suchen das Sexuelle immer noch im Sexualverhalten, wo es sich längst nicht mehr aufhält. Doch auch wenn die spätmodernen Geschichten, die uns umschwirren, noch auf eine etwas altertümliche Sexualität stoßen, zeigen sie Wirkung. Sie faszinieren und verschrecken uns. So flüchten wir gerne und immer wieder in gegenmoderne Refugien von freilich kurzer Lebensdauer, borgen uns „Sinn und Sinnlichkeit" schon einmal im 18. Jahrhundert und im Kino aus – oder auch „Basic Instincts" oder „Fatal Attraction" – oder wir lesen Bestseller, die, wie kürzlich Camille Paglias „Masken der Sexualität", die naturnahe Urwüchsigkeit der Frau, ihre emotionale und sexuelle Unmittelbarkeit beschwören – den geschlechtstypisch Entzauberten zum Schauder und Trost. Inzwischen – ich bin noch bei den gegenmodernen Refugien – renovieren Wissenschaftler den alten Psychopathiebegriff charakterologisch und verkleiden so manche Perversion als Persönlichkeitsstörung, wo sie doch gerade erst zu Lebensstilen geworden sind. Andere arbeiten an der Naturalisierung oder besser Wieder-Naturalisierung der Sexualität, und so werden heute immer schneller neue biologische Theorien über die sexuelle Ausrichtung – Heterosexualität, Homosexualität – produziert und angeboten, so schnell, daß die neueste die gerade noch neue schon wieder erledigt.

Doch Vorsicht vor allen essentialistischen Annahmen zur Sexualität, seien sie biologisch, philosophisch, psychoanalytisch oder sonstwie klinisch. Die schockartige Enttarnung (fast) aller „Wesensannahmen" (fast) aller Theorien über „das" Sexuelle als eine Erscheinungsform, ein blueprint gesellschaftlicher Diskurse, als Expertenstories über Sexualität – und nichts weiter steckt tief in den Knochen, mir zumindest. Die Vorstellung, es gäbe einen Sexualtrieb, der unbändig in uns (vor allem in uns Männern) rumort und nach Ausdruck drängt, sollen wir uns nicht im neurotischen Symptom verbiegen oder in Impulshandlungen entladen, wurde stillschweigend an den Nagel für alte Hüte gehängt;

wir stellen uns – der biologischen Offensive zum Trotz – erstaunt die erstaunliche Frage, ob es Heterosexualität gibt; und unser Stolz, noch die bizarrste Perversion durch ein sensibles Verständnis der Lebensgeschichten zu entschlüsseln, wird ernüchtert durch die Frage, ob nicht angemaßte Deutungsmacht willkürlich Schneisen in Biographien schlägt wie Autobahnen in eine unberührte Landschaft, Geschichten konstruiert, Expertengeschichten, und kontingente Phänomene in eine scheinbare Ordnung zwängt, usw. usf. Es bleibt auch in der Sexualwissenschaft derzeit kaum ein Stein auf dem anderen; aber das ist kein Grund zum Klagen sondern eine wissenschaftlich durchaus fruchtbare Situation radikalen Zweifels an unseren Gewißheiten.

In ihrem großen Essay „Die pornographische Phantasie" hat Susan Sontag vor dreißig  Jahren eine solche Gewißheit und ein heimliches Glaubensbekenntnis vieler Sexualwissenschaftlerinnen und Sexualwissenschaftler formuliert, auch meines, ehemals. Die Sexualität, sagte sie, „bleibt eine der dämonischen Mächte …, eine Macht, die immer wieder verbotene und gefährliche Wünsche in uns weckt, … jenseits von Gut und Böse, jenseits der Liebe und jenseits der geistigen Normalität". Das ist eine ebenso schöne wie beruhigende Utopie; aber auch diese Utopie ist, fürchte ich, inzwischen nur noch eine romantisch-nostalgische Reminiszenz.

3. Diagnostische Klassifikation sexueller Störungen nach ICD-10 und DSM-IV

Thomas Mösler, Andreas Rose

Ausgehend von einem allgemeinen Vergleich der Diagnosesysteme ICD-10 und DSM-IV werden die darin definierten sexuellen Störungen genauer dargestellt. Einzelne Beschreibungsmerkmale werden kritisch diskutiert. Die Störungsgruppen „Sexuelle Dysfunktionen", „Störungen der Sexualpräferenz", „Störungen der Geschlechtsidentität" sowie eine Reihe weiterer relevanter Störungsbilder werden jeweils im Detail beschrieben.

Historische Entwicklung von ICD und DSM

Das ICD (International Statistical Classification System of Diseases, Injuries and Causes of Death) erschien erstmals 1900. Die psychischen Störungen wurden erstmalig in die 5. Revision (1938) aufgenommen. Das DSM (Diagnostic and Statistical Manual) erschien zum ersten Mal 1952 und wurde von der American Psychiatric Association (APA) herausgegeben.

Die heute gebräuchlichen Diagnosesysteme sind ICD-10 (1991) und DSM-IV (1994), deren deutsche Übersetzung seit 1996 vorliegt.

ICD-10 und DSM-IV im allgemeinen Vergleich

Das ICD-10 ist ein Diagnosesystem für den gesamten medizinischen Bereich. In Kapitel V (F) werden psychische Störungen behandelt. Dieses Kapitel enthält auch die sexuellen Störungen. Das DSM dagegen ist ausschließlich für die Klassifikation im Bereich psychischer Störungen konzipiert.

Beide Diagnosesysteme sind deskriptiv konzipiert, d.h. in bezug auf die Ätiologie atheoretisch. Bei beiden werden jedoch, soweit dies wissenschaftlich abgesichert ist, organische und nichtorganische Ursachen unterschieden. Auch in der Terminologie kommt der atheoretische Aspekt zum Ausdruck, indem Begriffe wie z.B. Psychose und Neurose mittlerweile weitgehend vermieden und dafür die Bezeichnungen *Störung* und *Syndrom* verwendet werden.

Das ICD-10 ist ein eindimensionales System[1]; prinzipiell sollten alle erkennbaren Störungen kodiert werden. Das Kapitel V (F) gliedert sich in zehn Abschnitte, von F0 bis F9 bzw. F99. Die Diagnosen werden mit zwei- bis fünfstelligen Diagnoseschlüsseln kodiert. Für jede Diagnose wird eine klinische Beschreibung gegeben, teilweise werden Aus-

---

[1] Zusätzliche Achsen zum ICD-10, die sich speziell auf Merkmale beziehen, die für die psychodynamische Psychotherapie relevant sind (Krankheitserleben, Konflikte, Struktur und Beziehung), können mit der sog. Operationalisierten Psychodynamischen Diagnistik (OPD-1) als Ergänzung zur Syndrom- oder Symptomdiagnostik beschrieben werden (vgl. Arbeitsgruppe OPD 1996).

schlußkriterien und diagnostische Leitlinien geliefert. Die diagnostischen Leitlinien geben Anzahl und Gewichtung der Symptome an, die zur Stellung einer sicheren Diagnose erforderlich sind; sie sind so formuliert, daß eine gewisse Flexibilität verbleibt.

Das DSM-IV ist ein multiaxiales System (verschiedene Merkmalsbereiche). Dies hat den Vorteil, daß alle Informationen, die für Behandlung und Prognose relevant und wichtig sind, erfaßt werden. Achse I umfaßt die psychopathologischen Syndrome, Achse II die Persönlichkeitsstörungen und die geistigen Behinderungen. Auf Achse III werden körperliche Störungen und Zustände erfaßt, die im Zusammenhang mit der psychischen Störung von Bedeutung sein könnten. Auf Achse IV werden psychosoziale und Umgebungsprobleme erfaßt, Achse V erlaubt eine globale Beurteilung der sozialen und beruflichen Funktionen. Die Achsen I und II, die eigentlichen Diagnosen, umfassen 17 Hauptgruppen von Störungen. Jede dieser Gruppen enthält eine Einleitung mit einer kurzen Erklärung der wesentlichen Begriffe. Die einzelnen Diagnosen sind nach folgenden Bereichen gegliedert:

➤ Hauptmerkmale der Störung, die grundsätzlich zur Diagnosestellung erforderlich sind, und Erklärung der Diagnosekriterien
➤ Subtypen und weitere Spezifizierungskriterien
➤ Nebenmerkmale bzw. im Zusammenhang mit der Störung oft vorhandene Symptome und Störungen, die aber nicht zu den notwendigen Diagnosekriterien gehören, weitere Befunde im Zusammenhang mit der Störung
➤ spezifische Einflüsse von Kultur, Alter und Gesellschaft
➤ Verfügbare Prävalenzdaten
➤ Verlauf
➤ familiäre Häufung
➤ Differentialdiagnose
➤ Auflistung der für die Diagnose notwendigen Kriterien.

Eine Diagnose des DSM-IV geht immer vom aktuellen Zustand aus. Sie darf nur gestellt werden, wenn alle Kriterien erfüllt sind; in einem solchen Fall ist eine Bestimmung der Schwere der Störung (leicht, mittel, schwer) unter Berücksichtigung der beruflichen und sozialen Funktionen möglich.

Im Vergleich zum ICD-10 bietet das DSM-IV sicherlich mehr Informationen, genauere Diagnosekriterien und ermöglicht eine umfassendere Beurteilung des Patienten, wenn alle Achsen benutzt werden.

Gliederung der sexuellen Störungen in ICD-10 und DSM-IV

Das ICD-10 unterscheidet sexuelle Störungen anhand der Begriffe Verhaltensauffälligkeiten und Persönlichkeits- und Verhaltensstörungen, wobei letztere als Teil der Persönlichkeit angesehen werden können und somit eine Tendenz zu stärkerer Ausprägung (gegenüber den „Verhaltensauffälligkeiten") zeigen. Nichtorganische sexuelle Funktionsstörungen sind im Abschnitt F52 zusammengefaßt, welcher der Gruppe F5 (Verhaltensauffälligkeiten mit körperlichen Störungen) zugeordnet ist. Die Gruppe F6 (Persönlichkeits- und Verhaltensstörungen) beinhaltet unter Abschnitt F64 Störungen der Geschlechtsidentität, unter Abschnitt F65 Störungen der Sexualpräferenz und eine Gruppe von Störungen, die im DSM-IV keine Entsprechung hat, nämlich unter Abschnitt F66 psychische und Verhaltensstörungen in Verbindung mit der sexuellen Entwicklung und Orientierung. Dysfunktionen, die auf allgemeine medizinische Ursachen zurückzuführen sind, werden im ICD-10 in Kapitel N aufgeführt.

Im DSM-IV sind sexuelle Störungen und Störungen der Geschlechtsidentität zu einer spezifischen Gruppe der sexuellen Störungen zusammengefaßt, die sexuelle Dysfunktionen, Paraphilien und Störungen der Geschlechtsidentität beinhaltet. Ein Aspekt der Gliederung bzw. der Zusammenfassung scheint hier der allgemeine Bezug der Störung zur Sexualität als individuelle Verhaltensweise und als soziopsychologischer Faktor zu sein. Sexuelle Dysfunktionen werden explizit unterschieden nach verursachenden Faktoren, so daß sexuelle Dysfunktionen, die durch psychologische Faktoren, und sexuelle Dysfunktionen, die durch allgemeine medizinische Faktoren verursacht werden, sowie substanzenindizierte sexuelle Störungen differenziert werden können.

Sexuelle Dysfunktionen

Tab. 3.1 Sexuelle Dysfunktionen in ICD-10 und DSM-IV

ICD-10		DSM-IV	
F52.0	Mangel oder Verlust von sexuellem Verlangen	302.71	Störungen mit hypoaktivem Verlangen
F52.1	sexuelle Aversion und mangelnde sexuelle Befriedigung		
F52.10	sexuelle Aversion	302.79	Störung mit sexueller Aversion
F52.11	mangelnde sexuelle Befriedigung	302.70	nicht näher bezeichnete sexuelle Funktionsstörung
F52.2	Versagen genitaler Reaktionen	302.71	Störung der sexuellen Erregung bei der Frau
		302.72	Störung der Erektion beim Mann
F52.3	Orgasmusstörungen	302.73	Orgasmusstörung der Frau
		302.74	Orgasmusstörung des Mannes
F52.4	Ejaculatio praecox	302.75	Ejaculatio praecox
F52.5	nichtorganischer Vaginismus	306.51	Vaginismus
F52.6	nichtorganische Dyspareunie	302.76	Dyspareunie
F52.7	gesteigertes sexuelles Verlangen		Diagnose nicht vorhanden
F52.8	sonstige nichtorganische sexuelle Funktionsstörungen		
F52.9	nicht näher bezeichnete nichtorganische sexuelle Funktionsstörungen	302.70	nicht näher bezeichnete sexuelle Funktionsstörungen

Organisch bedingte Dysfunktionen			
N94.8		625.8	Störung mit hypoaktivem Verlangen der Frau andere sexuelle Dysfunktionen der Frau
N50.8		608.89	Störung mit hypoaktivem Verlangen des Mannes andere sexuelle Dysfunktionen des Mannes
N48.4		607.84	Störung der Erektion beim Mann
N94.1		625.0	Dyspareunie der Frau

Bei den sexuellen Dysfunktionen fällt sowohl nach ICD-10 (F52.3 Orgasmusstörungen und F52.4 Ejaculatio praecox) als auch im DSM-IV (302.72, 74 Orgasmusstörungen und 302.75 Ejaculatio praecox) eine gewisse Undifferenziertheit auf. Bei der Orgasmusstörung wird nach ICD-10 (F52.3) impliziert, daß Orgasmus und Samenerguß identisch sind. Nach DSM-IV wird dieses Problem angedeutet, wenn es heißt: „Bei der häufigsten Form der männlichen Orgasmusstörung kann der Mann den Orgasmus nicht während des Geschlechtsverkehrs erreichen, obwohl manuelle oder orale Stimulierung durch den Partner zur Ejakulation führen können." Auch die Ejakulationsstörungen müßten weiter spezifiziert werden: Ejakulationsstörungen mit und ohne Orgasmus, generelles Ausbleiben der Ejakulation, verzögerte Ejakulation, retrograde Ejakulation und anästhetische Ejakulation. Darüber hinaus ist das postejakulatorische Schmerzsyndrom nach diesen beiden Diagnoseschlüsseln nicht zuzuordnen. Ebenso ist der Miktionsschmerz nach Ejakulation nicht aufgeführt. Denkbar wäre eine Subsummierung unter dem Begriff Dyspareunie des Mannes nach DSM-IV (608.89). Dies müßte jedoch gesondert ausgeführt werden. Die Beschreibung „Wenn bei einem Mann Schmerzen in Verbindung mit Geschlechtsverkehr das im Vordergrund stehende Merkmal sind" erscheint bei der Vielfalt der Syndrome zu vereinfacht. Bedauerlich ist auch, daß substanzinduzierte sexuelle Dysfunktionen nach beiden Diagnoseschemata keine ausdrückliche Kodierung erfahren. Kodierbar ist lediglich die entsprechende Substanz, die die sexuelle Funktionsstörung hervorruft.

Das gesteigerte sexuelle Verlangen ist als Diagnose ausschließlich im ICD-10 (F52.7) enthalten und findet kein Äquivalent im DSM-IV. Dabei fehlen allerdings auch im ICD-10 Angaben zu Kriterien. Gesteigertes sexuelles Verlangen kann das Ausmaß von Sexsucht annehmen (vgl. Kap. 12).

Kriterien für Sexsucht können sein:

➤ gedankliche und tatsächliche Beschäftigung mit der Sucht
➤ Nichtbeachtung der Folgen
➤ Schuldgefühle
➤ Indifferenzierung der Persönlichkeit
➤ Entzugserscheinungen
➤ Progression
➤ Verfall der Sinnlichkeit
➤ Periodizität dranghafter Unruhe (Craving)
➤ Promiskuität und Anonymität
➤ zunehmende Frequenz, abnehmende Satisfaktion
➤ Ausbau von Raffinement (Fokussierung auf bestimmte Details nimmt zu).

Dazu könnte man verschiedene Praktiken der Sexsucht unterscheiden, z.B. exzessive Masturbation oder die zeitraubende Suche nach stimulierenden Bildern. Differentialdiagnostisch ist zu diskutieren, ob bei diesen Verhaltensstörungen eine Störung der Impulskontrolle, eine Antriebsstörung oder eine zwanghafte Störung vorliegt (vgl. Kap. 12).

Bei der Asexualität muß davon ausgegangen werden, daß wohl größere Teile der Bevölkerung diese Diagnose ohne Leidensdruck erhalten würden (ICD-10 F52.0 Mangel oder Verlust von sexuellem Verlangen; DSM-IV 302.71 Störung mit hypoaktivem Verlangen). Es fehlen auch hierfür genaue Kriterien. Bei der sexuellen Abstinenz werden zwar bestimmte Kriterien erwähnt, z.B. das Fehlen der sexuellen Phantasien, bedauerlich ist allerdings, daß eine grundlegende Definition von „sexuell" und „Sexualität" nicht vorhanden ist.

Auffällig ist bei der Vernachlässigung einiger unter Sexologen seit langem eingeführter Begriffe die Heraushebung ethnologisch-transkultureller Besonderheiten wie dem Dhat-Syndrom und dem Koro-Syndrom, die unter sonstige nichtorganische sexuelle Funktionsstörungen (F52.8) oder nicht näher bezeichnete sexuelle Funktionsstörungen

(302.70) verschlüsselt werden könnten, aber im ICD-10 unter F48.8 sonstige näher bezeichnete neurotische Störungen bzw. F45.34 somatoforme autonome Funktionsstörungen des Urogenitaltraktes eingeordnet werden. Nicht unerwähnt bleiben sollte Pa-Leng oder Frigophobie, ein Angstzustand mit ausgeprägter Angst vor Kälte und Wind, bedingt durch die Überzeugung, diese würden Müdigkeit, Impotenz oder Tod verursachen. Wie häufig diese Symptomatik zu beobachten ist, weiß man derzeit nicht.

Störungen der Sexualpräferenz

Tab. 3.2 Störungen der Sexualpräferenz in ICD-10 und DSM-IV

ICD-10		DSM-IV	
F65.0	Fetischismus	302.81	Fetischismus
F65.1	fetischistischer Transvestitismus	302.3	fetischistischer Transvestitismus
F65.2	Exhibitionismus	302.4	Exhibitionismus
F65.3	Voyeurismus	302.82	Voyeurismus
F65.4	Pädophilie	302.2	Pädophilie
F65.5	Sadomasochismus	302.83	sexueller Masochismus
		302.84	sexueller Sadismus
		302.89	Frotteurismus
F65.6	multiple Störungen der Sexualpräferenz		Diagnose nicht vorhanden
F65.8	sonstige Störungen der Sexualpräferenz (anderweitige Paraphilien)	302.9	nicht näher bezeichnete Paraphilie
F65.9	nicht näher bezeichnete Störungen der Sexualpräferenz		

Bei den Störungen der Sexualpräferenz geht das DSM-IV beispielsweise bei der Einteilung von sexuellem Masochismus (302.83) und sexuellem Sadismus (302.84) differenzierter vor als das ICD-10, das diese Störungen als Sadomasochismus (F65.5) zusammenfaßt. Im ICD-10 sind unter Sadomasochismus alle diesbezüglichen sexuellen Aktivitäten entweder als passive (Masochismus), als aktive (Sadismus) oder als passive und aktive Aktivitäten (Sadomasochismus) subsumiert.

Die Diagnose F65.6 multiple Störungen der Sexualpräferenz nach ICD-10 ist aus sexuologischer Sicht durchaus sinnvoll, da beim einzelnen Patienten das Vorkommen von mehreren unterschiedlichen Paraphilien zu beobachten sein kann, beispielsweise Exhibitionismus und Pädophilie, Sadomasochismus und Fetischismus etc. Diese diagnostischen Kombinationen fehlen wiederum im DSM-IV.

Unsystematisch werden die sonstigen Störungen der Sexualpräferenz nach F65.8 (ICD-10) und die nicht näher bezeichnete Paraphilie nach 302.9 (DSM-IV) abgehandelt. Der Partialismus, ausschließliches Interesse an einem Körperteil nach DSM-IV, ist sicherlich in der Regel dem Fetischismus zuzuordnen. Die Zuordnung urophiler und koprophiler Verhaltensweisen nach ICD-10 zu den sadomasochistischen Verhaltensweisen gibt sicherlich Anlaß zu einer kontroversen Diskussion. Aufführungen, wie das Durchstechen von Vorhaut oder Brustwarzen, welches beispielsweise in Form des Piercings immer häufigere Verbreitung findet, erlauben ohne nähere Bezeichnung des Werkzeugs kaum psychopathologische Interpretationen. Die Registrierung der Amputophilie unter derselben Rubrik nach ICD-10 ist ohne das Anführen eines inhaltlichen Zusammenhanges für viele ärztlich und psychotherapeutisch Tätige wenig hilfreich. Kontrovers zu diskutieren wäre, ob es sich nicht eher um eine fetischistische als um eine unter F65.8 erwähnte Störung handelt. Außerdem ist lediglich die passive Amputophilie erwähnt. Keine Erwähnung findet die aktive Amputophilie, die nicht unbedingt als Präferenzstörung einzuordnen wäre. Bei der passiven Amputophilie wären neben fetischistischen auch sadistische bzw. masochistische Störungen als Ursache zu diskutieren.

Unter den nicht näher bezeichneten sexuellen Störungen nach DSM-IV 302.9 findet sich auch die Dysmorphophobie im Sinne eines ausgeprägten Gefühls des Ungenügens bezüglich des Sexualaktes oder anderer Persönlichkeitszüge. Hierunter könnte auch die häufig beobachtete Angst, zu kleine Brüste oder einen zu kleinen Penis zu besitzen, subsumiert werden. In diesem Sinne würde es sich aber wohl eher um eine somatoforme Störung handeln.

Die Paraphilien sind nach ICD-10 Ausdruck des charakteristischen individuellen Lebensstils, des Verhältnisses zur eigenen Person und zu anderen Menschen und entstehen als Folge sowohl konstitutioneller Faktoren als auch sozialer Erfahrungen (anlage- und umweltbedingt). Wesentlich ausführlicher ist zu diesem Punkt das DSM-IV. Danach sind Hauptmerkmale dieser Störungen wiederkehrende, starke Impulse und erregende Phantasien, die sich im allgemeinen entweder auf nicht-menschliche Objekte, das Leiden oder die Demütigung der eigenen Person oder des Partners oder auch Kinder oder andere Personen beziehen, die mit der sexuellen Interaktion nicht einverstanden sind.

Der bevorzugte Stimulus kann selbst innerhalb einer bestimmten Paraphilie hochspezifisch sein (z.B. 10-jährige blonde Jungen mit zierlicher Figur). Differentialdiagnostisch müssen Paraphilien unterschieden werden vom nicht-pathologischen Gebrauch sexueller Phantasien, Verhaltensweisen oder Objekte, die als Stimulus für sexuelle Erregung dienen. Diese sind nur dann paraphil, wenn auf sie das Kriterium einer Beeinträchtigung in Bereichen der sozialen, der beruflichen oder anderer wichtiger Lebensfunktionen zutrifft.

Störungen der Geschlechtsidentität

Die Diagnose Transsexualismus im ICD-10 wird im DSM-IV als Störung der Geschlechtsidentität bei Erwachsenen bezeichnet. Das zeitliche Kriterium von zwei Jahren durchgehender transsexueller Identität besteht im DSM-IV nicht mehr. Die Diagnose des Transvestitismus unter Beibehaltung beider Geschlechtsrollen dürfte im DSM-IV entweder unter die Rubrik „Störung der Geschlechtsidentität bei Erwachsenen" fallen oder unter „transvestitischer Fetischismus mit Geschlechtsdysphorie". Die Diagnosen von Störungen der Geschlechtsidentität des Kindesalters sind weitestgehend gleich. Die im DSM-IV erforderliche Differenzierung bei Jugendlichen nach ihrem Entwicklungsstand hat im ICD-10 keine Entsprechung. Die Differenzierung zwischen Transsexualismus bei Kindern und Erwachsenen findet nur durch den Beginn der Pubertät statt.

Tab. 3.3 Störungen der Geschlechtsidentität in ICD-10 und DSM-IV			
ICD-10		**DSM-IV**	
F64.0	Transsexualismus	302.85	Störung der Geschlechtsidentität in der Adoleszenz oder bei Erwachsenen
F64.1	Transvestitismus unter Beibehaltung beider Geschlechtsrollen		
F64.2	Störung der Geschlechtsidentität des Kindesalters	302.6	Störung der Geschlechtsidentität des Kindesalters
F64.8	sonstige Störungen der Geschlechtsidentität		
F64.9	nicht näher bezeichnete Störung der Geschlechtsidentität	302.6	nicht näher bezeichnete Störung der Geschlechtsidentität

Störungen in Verbindung mit der sexuellen Entwicklung und Orientierung

Die Störungen in Verbindung mit der sexuellen Entwicklung und Orientierung sind nur im ICD-10 enthalten. Im DSM-IV finden wir lediglich unter 302.93 das diagnostische Merkmal: „Andauerndes und ausgeprägtes Leiden an der sexuellen Orientierung".

Hierunter versteht der Diagnoseschlüssel ICD-10: F66 psychische und Verhaltensstörungen in Verbindung mit der sexuellen Entwicklung und Orientierung und F66.0 sexuelle Reifungskrise.

Die betroffene Person leidet unter einer Unsicherheit hinsichtlich ihrer Geschlechtsidentität oder der sexuellen Orientierung, was zu Ängsten oder Depressionen führt. Dies kommt meist bei Heranwachsenden vor, die sich hinsichtlich ihrer homo-, hetero- oder bisexuellen Orientierung nicht sicher sind, aber auch bei Menschen, die nach einer Zeit scheinbar stabiler sexueller Orientierung – oftmals nach einer lange dauernden Beziehung – die Erfahrung machen, daß sich ihre sexuelle Orientierung ändert.

Ichdystone Sexualentwicklung (F66.1)

Geschlechtsidentität oder sexuelle Ausrichtung sind bei der ichdystonen Sexualentwicklung eindeutig, aber die betreffende Person hat den Wunsch, diese wäre wegen der damit verbundenen psychischen oder Verhaltensstörung anders und unterzieht sich möglicherweise einer Behandlung, um diese zu verändern.

Sexuelle Beziehungsstörung (F66.2)

Die Geschlechtsidentität oder die Störung der sexuellen Präferenz bereiten bei der Aufnahme und der Aufrechterhaltung einer Beziehung mit einem Sexualpartner Probleme.

Wünschenswert wäre hier gewesen, die sexuelle Orientierung und die Geschlechtsidentität gesondert zu interpretieren und nicht zu vermischen. Unter dieser im ICD-10 aufgeführten Rubrik vermißt man das Phänomen der „Homophobie". Homophobie ist die Furcht sowohl vor eigener Homosexualität, als auch vor der Homosexualität des anderen.

Schlußbemerkung

Leider fehlen in beiden Diagnoseschlüsseln Angaben zur Epidemiologie und zur Komorbidität der sexuellen Störungen (anders als beispielsweise bei vielen anderen psychischen Störungen). Dies weist auf einen eklatanten Forschungsmangel hin.

Bei einer entsprechenden Literaturrecherche zur Komorbidität sexueller Störungen fanden sich für die letzten Jahre lediglich vier Literaturangaben: Zu den Störungsbildern Kaufsucht (Schlosser et al. 1994), mangelndes sexuelles Verlangen (Segraves et al. 1991), psychiatrische Störungen (Kockott et al. 1996) sowie Alkoholkonsum (Tomasson 1995).

Es sei noch angemerkt, daß wir mit unseren kritischen Überlegungen zu den diagnostischen Klassifikationssystemen nicht deren praktischen Nutzen in Abrede stellen möchten. Es ist uns bewußt, daß solche Schemata immer eine Vereinfachung zur Folge haben. Gerade diese ist sogar sinnvoll und notwendig; denn nur auf dieser Basis lassen sich ggf. zukünftig Spezifizierungen oder die Beschreibung komplexerer Zusammenhänge darstellen.

Auf der anderen Seite zeigt uns die Geschichte der Entwicklung solcher Klassifikationssysteme natürlich auch, daß sie weiter einem stetigen Wandel unterworfen sind. Die Verbesserung diagnostischer Verfahren wird noch genauere Diagnosen ermöglichen.

4. Klinik sexueller Funktionsstörungen und sexueller Deviationen

Bernhard Strauß

Dieser Beitrag gibt einen kurzen Überblick über klinische Aspekte sexueller Funktionsstörungen und Deviationen, die der Entwicklung von psychotherapeutischen Methoden zur Behandlung dieser Störungen zugrunde liegen. Dabei wird Wert gelegt auf eine ätiologische Sichtweise, die es erlauben sollte, psychotherapeutische Methoden unterschiedlicher Schul- und Theorierichtungen einzusetzen, je nach der spezifischen Situation der betroffenen Patientinnen und Patienten. Hierdurch sollte deutlich werden, daß störungsspezifische Interventionen in diesem Bereich zwar gelegentlich sinnvoll sein können, daß es aber primär darum gehen muß, die den Störungen zugrunde liegenden Konflikte zu erkennen und zu behandeln. Diese Strategie ist letztlich unabhängig davon, ob man diese Konflikte psychodynamisch, verhaltenstheoretisch oder im Kontext anderer Behandlungstheorien formuliert.

„Die Sexualität gehört zu den gefährlichsten Betätigungen des Individuums" (Freud 1910)

Im einleitenden Kapitel wurde darauf hingewiesen, daß in dieses praxisorientierte Buch keine komplexen theoretischen Darstellungen aufgenommen werden sollten. Dementsprechend sind die nachfolgenden Überlegungen zur Klinik sexueller Störungen kurz gehalten. Interessierte Leser sollten hier aber genügend Hinweise auf Arbeiten finden, in denen klinische Theorien sexueller Funktionsstörungen und Deviationen ausführlicher abgehandelt sind.

Klinik sexueller Funktionsstörungen
Körperliche Faktoren

Angesichts der unter Psychotherapeuten kritisch diskutierten, in den letzten Jahrzehnten zu beobachtenden Medikalisierung oder Medizinalisierung der Sexualität (vgl. Kap. 6) besteht heute durchaus die Gefahr, daß körperliche Faktoren, die speziell sexuellen Funktionsstörungen zugrunde liegen können, außer acht gelassen werden. Auch wenn deren Bedeutung heute sicherlich überschätzt wird, sollte eine mögliche „Organogenese" (Sigusch, 1996) sexueller Funktionsstörungen ausreichend berücksichtigt werden. Sexuelle Funktionsstörungen können die Folge oder Begleiterscheinung ganz unterschiedlicher körperlicher Erkrankungen sein oder durch operative Eingriffe, Medikamente, Alkohol und Drogen induziert werden (vgl. Tab. 4.1). Generell ist davon auszugehen, daß körperliche Erkrankungen jedweder Art eine Reduktion sexueller Appetenz und eine Beeinträchtigung sexueller Funktionen mit sich bringen können, sei es über spezifische körperliche Behinderungen, durch eine Beeinflussung der Stimmung, des Selbstwertgefühls usw. Darüber hinaus können körperliche Erkrankungen auch funktionalisiert werden, um sich beispielsweise ohne Schuldgefühle aus einer problematischen sexuellen Beziehung zurückziehen zu können. Oft sind hier auch andere sekundäre psychologische Effekte bedeutsam: Bei Patienten nach Herzinfarkt beispielsweise wird eine Häufung sexueller

Störungen berichtet, wofür bei vielen Paaren die Verbindung sexueller Erregung mit der – meist unbewußten – Angst vor einem Reinfarkt verantwortlich zu sein scheint. Beim Herzinfarkt, wie auch bei vielen anderen körperlichen Erkrankungen, wurde darüber hinaus gezeigt, daß ein Großteil der Patienten, die nach der Erkrankung von sexuellen Störungen berichten, bereits davor beeinträchtigt war.

Neben der körperlichen Dimension ist die gesellschaftlich-sozialpsychologische bei der Diagnostik sexueller Störungen und bei der Frage, „was sexuelle Störung heißt" (Sigusch 1996), zu berücksichtigen. In diesem Buch machen insbesondere Schmidt (Kap. 2) und Hauch (Kap. 9) im Kontext sexueller Funktionsstörungen auf gesellschaftliche Veränderungsprozesse und ihre Konsequenzen für die sexualtherapeutische Arbeit aufmerksam.

Tab. 4.1 Wichtige körperliche Ursachen sexueller Funktionsstörungen (aus: Strauß 1996)

➤ internistische Erkrankungen, z.B.
  – Diabetes mellitus
  – Herz-Kreislauf-Erkrankungen (Herzinfarkt, Hypertonie, periphere Durchblutungsstörungen)
  – Nierenerkrankungen
➤ hormonelle Störungen (z.B. Hyperprolaktinämie)
➤ genitale Mißbildungen, Entzündungen, Traumen und Infektionen im Urogenitalraum
➤ spezielle gynäkologische Erkrankungen (z.B. Endometriose)
➤ Rückenmarksverletzungen und -erkrankungen
➤ Hirntrauma
➤ Operationen im Abdominalbereich (z.B. Prostatektomie)
➤ affektive Störungen
➤ Alkohol
➤ Medikamente (speziell Psychopharmaka, Hormone, Antihypertensiva)

Individuelle und partnerbezogene Bedingungsfaktoren sexueller Funktionsstörungen

Sexualtherapeutische Ansätze bei sexuellen Funktionsstörungen, wie sie in den nachfolgenden Kapiteln beschrieben werden, basieren letztlich auf der Annahme, daß die psychischen Ursachen einer sexuellen Störung sowohl im individuellen als auch partnerschaftlichen Bereich zu suchen sind.

Grundsätzlich kann gesagt werden, daß sexuelle Funktionsstörungen Ausdruck einer Vielzahl von (individuellen und partnerschaftlichen) Konflikten darstellen können.

Den phänomenologisch klassifizierbaren Störungen (vgl. Kap. 3) lassen sich allerdings keine spezifischen Konflikte zuordnen.

Die Bedeutung einer sexuellen Störung für das seelische Gleichgewicht des Betroffenen kann beispielsweise darin bestehen, durch die Störung ganz unterschiedliche Ängste abzuwehren und zu bannen. Diese Ängste können sich auf spezifische Regungen und Emotionen (z.B. Aggression, Wut, Ekel etc.) beziehen, auf die Selbstsicherheit und (Geschlechts-)Identität, sexuelle Tabus, aber auch auf Befürchtungen im Zusammenhang mit Beziehungen, die häufig eine Unsicherheit im Hinblick auf die Stabilität der eigenen Grenzen beinhalten (z.B. Angst vor Ich-Auflösung, Selbstaufgabe etc.).

Auf die damit verbundene Psychodynamik sexueller Funktionsstörungen und die Funktion der Symptomatik für das Individuum gehen ausführlich Becker (1996) bzw. Janssen (1986) ein, wobei zu bemerken ist, daß speziell von seiten der Psychoanalyse in den letzten Jahren wenig zur Psychodynamik sexueller Funktionsstörungen formuliert wurde. Becker (1996) führt dies darauf zurück, daß mit zunehmender Bedeutung der Objektbeziehungstheorie das Interesse der Psychoanalyse an der Sexualität nachgelassen hätte (vgl. auch Parin 1986).

Lerndefizite und sexuelle Mythen, wie z.B. die Fixierung der Sexualität auf Koitus und Orgasmus oder die männliche Dominanz, spielen in der klinischen Praxis nach wie vor – und dies trotz aller Aufgeklärtheit – eine große Rolle. Für solche Mythen und stereotypen Vorstellungen sind Männer allem Anschein nach empfänglicher als Frauen, wie z.B. Zilbergeld (1983 u. 1992) eindrücklich zeigt.

Tab. 4.2 Mögliche psychische Bedingungsfaktoren sexueller Funktionsstörungen

Individuell	Partnerbezogen
➤ Lerndefizite, sexuelle Mythen ➤ Gehemmtheit ➤ primäre Sexual- und Triebängste ➤ Gewissensängste ➤ Beziehungsängste ➤ Persönlichkeitsstörungen ➤ akute Lebenskrisen ➤ dysfunktionale Selbstwahrnehmung ➤ Selbstverstärkungsmechanismus, Erwartungsängste	➤ Kommunikationsstörungen ➤ partnerdynamische Prozesse im Kontext von Konflikten: – Delegation – Arrangement – Wendung gegen den Partner – Ambivalenzmanagement

Insbesondere von seiten der Verhaltenstherapie wurden wichtige aufrechterhaltende Bedingungen sexueller Funktionsstörungen spezifiziert. Zu nennen ist hier das Modell des dysfunktionalen Aufmerksamkeitsfokus, das insbesondere Barlow (1986) ausführlich beschrieben hat (Tab. 4.**3**, vgl. auch Cranston-Cuebas u. Barlow, 1991). In diesem Modell werden die Folgen von zu ausgeprägter Selbstbeobachtung beschrieben, welche aus der Angst resultieren kann, nicht wie gewünscht zu reagieren. Die damit verbundene ängstliche Erregung schärft die (dysfunktionale) Aufmerksamkeit für das Nichtfunktionieren und führt häufig zur Vermeidung sexueller Aktivitäten oder zur Entwicklung manifester Störungen.

Ein weiterer verhaltenstheoretisch gut beschreibbarer und mit dem dysfunktionalen Aufmerksamkeitsfokus verbundener Mechanismus liegt der oft von Betroffenen berichteten Angst, bestimmten Erwartungen nicht zu genügen, zugrunde. Diese Angst tritt besonders auf, wenn bereits unbefriedigende Erfahrungen oder sexuelle Funktionsstörungen vorkamen. Daraus resultierende subtile Ängste werden häufig zunächst gar nicht bewußt wahrgenommen, führen aber dennoch zu einer Verunsicherung im Hinblick auf die eigene Reaktion. Letztlich entstehen daraus Leistungs- und Erwartungsängste, die in Form eines Teufelskreises oder Selbstverstärkungsmechanismus sexuelle Beeinträchtigungen fördern. Dies kann dazu führen, daß sexuelle Störungen aufrechterhalten werden, auch wenn die ursprünglichen Ursachen längst nicht mehr vorhanden sind. Dieser Mechanismus hat wichtige Konsequenzen für die Konzeption sexualtherapeutischer Vorgehensweisen (vgl. Kap. 9 u. 10).

Tab. 4.3 Modell funktionaler und dysfunktionaler sexueller Reaktionen (nach Cranston-Cuebas u. Barlow 1991)

	explizite oder implizite Aufforderung, sexuelle zu reagieren (z.B. durch den Partner oder anderen Kontext), der zur Erwartung einer sexuellen Reaktion führt.
positive Affekte	negative Affekte
und Erwartungen, genaue Bewertung der Reaktion, Gefühle der Kontrolle	und Erwartungen, ungenaue Bewertung der Reaktion, Gefühl des Kontrollverlusts
Aufmerksamkeitsfokus auf sexuelle Reize	Aufmerksamkeitsfokus auf Konsequenzen, ausbleibende Reaktion oder andere nicht-sexuelle Reize
Zunahme autonomer Erregung (sexuell)	Zunahme autonomer Erregung (ängstlich)
zunehmend affektiver Aufmerksamkeitsfokus auf erotische Reize	zunehmend affektiver Aufmerksamkeitsfokus auf Konsequenzen ausbleibender Reaktionen
funktionale Reaktion	dysfunktionale Reaktion
Annäherung	**Vermeidung**

Bestehende, auf individuellen Erfahrungen basierende Ängste im Kontext sexueller Funktionsstörungen werden häufig erst aktualisiert, wenn ein Betroffener in eine spezifische Paarkonstellation gerät. Auch auf diese Weise erhält ein sexuelles Symptom eine zusätzliche Funktion bzw. einen Bedeutungsgehalt, der vor dem Hintergrund einer bestehenden Paardynamik (vgl. Tab. 4.2) interpretiert werden muß.

Die Funktion sexueller Funktionsstörungen innerhalb einer Partnerbeziehung steht in der Regel mit offenen oder verdeckten Partnerkonflikten und Kommunikationsstörungen in Verbindung. Insbesondere für die verdeckten Konflikte sollten sexualtherapeutisch Tätige ihre Aufmerksamkeit schärfen. Im Kontext von Studien zur Behandlung sexuell gestörter Paare (Arentewicz u. Schmidt 1993) wurden unterschiedliche partnerdynamische Prozesse beschrieben, die sexuelle Störungen aufrechterhalten können (vgl. Kap. 9):

Delegation

Hierunter wird verstanden, daß der scheinbar „ungestörte" Partner ein unbewußtes Interesse an der Störung des Partners hat, um die eigene Störung kaschieren zu können.

Arrangement

Ein stillschweigendes, unbewußtes Arrangement zwischen den Partnern durch die Aufrechterhaltung einer sexuellen Störung, die beiden Partnern und der Beziehung Nutzen bringt, indem sie z.B. die Vermeidung aggressiver Auseinandersetzungen, auch in der Sexualität, ermöglicht.

Wendung gegen den Partner

Dies bezeichnet die Tatsache, daß eine sexuelle Störung unter Umständen gegen den Partner eingesetzt wird, um unterdrückte Feindseligkeit auszuleben oder Dominanzkonflikte auszuagieren, ein Mechanismus, der z.B. bei erektionsgestörten Männern zu beobachten ist, die häufig Auseinandersetzungen in der Paarbeziehung nur noch über die Sexualität führen können (z.B. dadurch, daß sie mit der sexuellen Störung der Partnerin Lust vorenthalten).

Ambivalenzmanagement

Ein weiterer wichtiger Mechanismus ist schließlich das sogenannte Ambivalenzmanagement, welches in der Regel bei allen sexuellen Störungen eine gewisse Rolle spielt und das beschreibt, daß die Störung als Regulativ für die ertragbare Nähe und Distanz innerhalb einer Partnerbeziehung eingesetzt werden kann.

Insbesondere an dem letztgenannten Mechanismus wird deutlich, daß der „Einsatz" der Sexualität zur Beziehungsregulation und zur Regulation des Selbstwerts ein alltägliches Phänomen darstellt. An den sexuellen Störungen – so Schmidt (1988) – könne man erkennen, „welche Rolle die Sexualität im psychischen Haushalt eines Menschen spielt und in seiner Beziehungsdynamik. Am Ungewöhnlichen, den Störungen ... läßt sich das Gewöhnliche, die alltägliche, scheinbar problemlose Sexualität erst richtig erkennen, wie unter einem Mikroskop" (S. 98).

Klinik sexueller Deviationen

Ätiologische Konzepte sexueller Perversionen sind inzwischen äußerst vielfältig.

Verhaltensorientierte Sicht

Aus einer eher verhaltensorientierten Sicht wird vermutet, daß deviante sexuelle Praktiken eine Form sexueller Stimulation darstellen, die der Vermeidung sexueller Kontakte oder einer Zurückweisung durch einen Partner dienen kann. Das im Kontext devianter Sexualität häufig beschriebene Gefühl von Macht oder der Ausdruck von Feindseligkeit gelten aus dieser Perspektive als wichtige Komponenten zur Aufrechterhaltung einer Deviation (vgl. z.B. Bancroft 1986).

Keßler (1988) betont, daß verhaltenstheoretische Ansätze im Gegensatz zu psychoanalytischen Theorien nach wie vor mehr die Fortentwicklung devianter sexueller Tendenzen hervorheben und erklären können. Demgegenüber sind die ätiologischen Konzepte aus dem Bereich der Lerntheorie eher unbefriedigend. So herrschte in der Verhaltenstheorie bezüglich perverser Praktiken lange Zeit die Auffassung vor, daß am Beginn einer perversen Entwicklung eine Art „one-trial-learning" stünde, also eine sexuelle Erregung bei einem mehr oder weniger zufälligen Erlebnis, das dann – vermittelt über die Verstärkung, die eine erlebte Ejakulation mit sich bringt – eine stärker werdende Reizfunktion erhält (vgl. Hoyndorf et al. 1995).

Psychoanalytische Sicht

Psychoanalytische Perversionstheorien sind viel elaborierter (z.B. Stoller 1979, Khan 1983, Chasseguet-Smirgel 1992, McDougall 1985). Die (irrationale) Angst vor Sexualität und Bestrafung bzw. deren Vermeidung ist in den meisten Theorien wichtig. Die Kastrationsangst als zentrale Angst, die mit der Perversion abgewehrt wird, spielt in den älteren psychoanalytischen Theorien eine besondere Rolle[1]. Der kritische Entwicklungsschritt für den Perversen, so Schorsch (1980), sei der Eintritt in die ödipale Phase, wobei – dies belegen spätere psychoanalytische Studien, (vgl. z.B. Morgenthaler 1981)[2] – sexuell deviante Personen meistens auch in früheren Entwicklungsschritten bereits beeinträchtigt sind. Je nach Autor(in) werden hier unterschiedliche Defizite bzw. Entwicklungsprobleme vermutet. Chasseguet-Smirgel (1996) beispielsweise sieht in der Perversion ein vorrangiges Symptom narzißtischer Persönlichkeitsstörungen und vermutet, daß das Ich-Ideal des Perversen an einem prägenitalen Modell verhaftet geblieben sei.

Stoller (1979) betrachtet die Perversion als „erotische Form von Haß" und versucht zu belegen, daß für die Perversionsentwicklung eine massive, frühe Bedrohung der (männlichen) Geschlechtsidentität verantwortlich sei. Der erwachsene Perverse setze seine perversen Handlungen als „sexualisierte Aggression" ein, um gewissermaßen eine späte Rache auszuüben, indem beispielsweise das (i.d.R. weibliche) Opfer (real oder in der Phantasie) in Schrecken versetzt wird und so für einen Moment die Möglichkeit besteht, über den Aggressor zu triumphieren. Dieser Moment dauert nicht lange an, weswegen der Perverse unter einem immer stärker werdenden Zwang steht, sein Handeln zu wiederholen. Damit wäre das im Kontext perverser Symptombildungen häufig beschriebene suchtartige Moment gut zu erklären (Schorsch 1980).

Zentral in den psychoanalytischen Konzepten bleibt bis heute die Annahme, daß die Perversion dem Ausweichen ödipaler und anderer Ängste dient, die sich auf körperliche Kontakte (Yalom 1960), auf das Gefühl der Ich-Auflösung (Mentzos 1984), des Objektverlustes (z.B. Almansi 1979), des Mißerfolgs und Versagens (Socarides 1974) und – wie oben erwähnt – auf die Kastration beziehen.

Kernberg (1985) führt aus, daß Perversionen einen ganz unterschiedlichen Ausdrucksgehalt haben könnten, je nach Organisation und Struktur der Persönlichkeit. Dementsprechend unterschiedlich sind auch die psychotherapeutischen Ansätze bei der sexuellen Perversion in der Psychoanalyse (vgl. Becker 1996; Reiche 1996).

Die Entscheidung für bestimmte Behandlungsansätze bei sexuellen Deviationen wird sicher nur partiell durch das zugrundeliegende psychodynamische Modell bestimmt werden. Wichtiger sind in diesem Kontext sicher allgemeinere Konzeptionen des Ausdrucks-

---

[1] Mit dieser „alten" Theorie war der Umstand gut erklärbar, warum fast ausschließlich Männer sexuelle Deviationen entwickeln. Heute sind die Theorien hierzu ebenfalls umfassender und würden den Rahmen dieser kurzen Übersicht sprengen (vgl. dazu z.B. Reiche 1996).

[2] Morgenthaler (1981) spricht im Zusammenhang mit Perversionen von deren „Plombenfunktion" und beschreibt damit, daß das deviante Verhalten wie eine Plombe brüchige Stellen im Ich des Betroffenen überbrücken soll.

gehaltes eines perversen Symptomes bzw. dessen Funktion. Derartige Beschreibungen sind insbesondere im Sinne eines schulenübergreifenden Ansatzes der Behandlung sexueller Störungen wichtig.

Im Rahmen eines Forschungsprojektes, in dem ein integrativer Ansatz zur Behandlung sexueller Deviationen von Schorsch und Mitarbeitern (1985) beschrieben wurde, kamen die Autoren zu dem Schluß, daß sich der Ausdrucksgehalt perverser Symptome auf eine begrenzte Zahl von Bereichen beziehe, nämlich auf:

➤ Demonstration von Männlichkeit
➤ Ausweichen vor Genitalität
➤ Ausleben von Wut und Haß
➤ oppositionelle Ausbrüche
➤ Omnipotenzerleben
➤ identifikatorische Wunscherfüllungen
➤ Ausfüllen innerer Leere.

Die Autoren ordneten diese verschiedenen Funktionen vier zentralen Problembereichen zu, die letztlich die Planung psychotherapeutischer Interventionen maßgeblich beeinflussen sollten, nämlich:

➤ einer Identitätsproblematik, speziell im Hinblick auf die männliche Identität,
➤ einer Aggressionsproblematik,
➤ Problemen im Selbsterleben (narzißtischen Problemen) sowie
➤ Störungen der Beziehungsfähigkeit.

In dem genannten Forschungsprojekt (vgl. Kap. 7 u. 13) wurde erfolgreich von der Annahme ausgegangen, daß dem perversen Symptom eine stabilisierende Funktion im Zusammenhang mit den genannten Problembereichen zukomme. Dementsprechend war das Ziel der Behandlungen, alternative Bewältigungsstrategien zu entwickeln und zu fördern, die im günstigsten Fall das Symptom überflüssig machten. Diese Konzeptualisierung perverser Symptome bzw. devianter Sexualität machte es sinnvoll und geradezu notwendig, im therapeutischen Vorgehen unterschiedliche Interventionsmethoden, verhaltenstherapeutische, gesprächspsychotherapeutische und psychodynamische vor dem Hintergrund eines primär psychoanalytischen Problemverständnisses zu kombinieren, was für die Psychotherapie sexueller Störungen insgesamt förderlich sein könnte.

Versorgungspolitisch besonders relevant an dem Projekt, aus dem die erwähnten Ergebnisse stammen, war die Erkenntnis, daß entgegen häufig geäußerter Forderungen keine wirklich spezifischen Behandlungsprogramme für sexuell Deviante sinnvoll und notwendig erscheinen. Es zeigte sich vielmehr, daß erfahrene Psychotherapeuten ganz unterschiedlicher Orientierung Patienten mit sexuellen Deviationen prinzipiell erfolgversprechend behandeln können (vgl. Kap. 13).

Dies gilt mit einigen Einschränkungen, auf die in Kap. 7 eingegangen wird, auch für andere sexuelle Störungen, vorausgesetzt, daß neben psychotherapeutischer Erfahrung eine Grundkompetenz in der Diagnostik sexueller Probleme vorhanden ist. Einige in diesem Zusammenhang auftretende Probleme werden im folgenden Kapitel ausführlicher dargestellt.

5. Praktische Probleme bei der Diagnostik sexueller Störungen

Claus Buddeberg

Probleme bei der Diagnostik sexueller Störungen resultieren nicht nur aus Unklarheiten der nosologischen Zuordnung von als störend erlebten Formen der Sexualität. Der Kontext und die Rahmenbedingungen, unter denen Therapeut und Patient sexuelle Probleme thematisieren, spielen für das Gelingen eines diagnostischen Gesprächs eine wesentliche Rolle. Mangelnde sexualmedizinische Kenntnisse, sprachliche Inkompetenz und divergierende Konzepte und Vorstellungen, was Sexualität und was gestörte Sexualität ist, können das therapeutische Gespräch erschweren. Mögliche Störfaktoren für das Gelingen therapeutischer Gespräche über sexuelle Fragen werden an praktischen Beispielen dargestellt. Dabei wird auf individuelle Faktoren von Patient und Therapeut, auf Gesichtspunkte ihrer therapeutischen Beziehung und auf soziokulturelle Aspekte des Umgangs mit Sexualität in der Öffentlichkeit näher eingegangen.

Einleitung

Obwohl die sexologische Forschung in den vergangenen Jahrzehnten grundlegende Fragen der biologischen und psychosozialen Ursachen sexueller Störungen klären konnte, sind das sexualmedizinische Wissen vieler Ärzte und Psychotherapeuten sowie ihre Kenntnisse in der Beratung und Behandlung sexueller Störungen nach wie vor recht bescheiden. Weder im Studium noch in der ärztlichen und psychotherapeutischen Weiterbildung werden die Grundlagen der Sexualmedizin und -therapie ausreichend vermittelt. Viele Ärzte und Psychotherapeuten beziehen ihre Kenntnisse zum Thema Sexualität aus den gleichen Quellen wie ihre Patienten: aus Illustriertenartikeln, Filmen oder Sexreports. In zwei Befragungen von Hausärzten beurteilten 85% sexualmedizinische Kenntnisse als wichtig bis sehr wichtig, die Hälfte aller Befragten schätzte ihre diesbezügliche Kompetenz jedoch als lückenhaft bis unzureichend ein (Buddeberg 1996).

Tab. 5.1 Mögliche Gründe für Schwierigkeiten bei der Diagnostik sexueller Störungen

> ➤ mangelnde sexualmedizinische Kenntnisse
> ➤ geschlechtstypische Unterschiede in subjektiven Konzepten der Sexualität
> ➤ Insuffizienz sexueller Sprachen
> ➤ Vermarktung der Intimität
> ➤ Scham- und Insuffizienzgefühle
> ➤ Inkongruenz zwischen sexueller Zufriedenheit und sexueller Aktivität
> ➤ Wandel in der Arzt-Patient-Beziehung

Neben dem Mangel an sexualmedizinischen Kenntnissen spielen jedoch noch andere Gründe für die Schwierigkeiten von Ärzten und Psychotherapeuten bei der Diagnostik sexueller Störungen eine Rolle. Diese sind in Tabelle 5.1 im Überblick zusammengefaßt.

Mangelnde sexualmedizinische Kenntnisse

Sexuelle Funktionsstörungen sind psychosomatische Symptombildungen, für deren Entwicklung nicht selten sowohl biologische als auch psychosoziale Faktoren eine Rolle spielen. Ärzte wissen in der Regel aufgrund ihrer vorwiegend naturwissenschaftlich orientierten Ausbildung über die Anatomie der Geschlechtsorgane und die Physiologie sowie Endokrinologie sexueller Funktionsabläufe recht gut Bescheid. Psychologische und soziokulturelle Aspekte der Sexualität sind ihnen jedoch oft nur ansatzweise bekannt. Bei Psychologen und Sozialwissenschaftlern zeigt sich ein komplementärer Wissensstand: Sie sind eher über die intrapsychischen und interpersonellen Gründe sexueller Störungen informiert, kennen jedoch nur unzureichend mögliche somatische Ursachen. Dies hat zur Folge, daß die Diagnostik sexueller Störungen häufig eindimensional erfolgt und der dem jeweiligen Therapeuten weniger vertraute Bereich ignoriert oder zumindest bagatellisiert wird.

Sexuelle Fehlvorstellungen sind nicht nur ein Phänomen, welches bei Patienten weitverbreitet ist. Auch Therapeuten haben häufig Vorstellungen über die Richtigkeit, Schädlichkeit oder Wichtigkeit sexueller Praktiken oder sexuellen Erlebens, die einseitig und rigide sind und sie in der Beurteilung sexueller Störungen ihrer Patienten behindern. Weit verbreitet ist die Fehlvorstellung über die Gleichartigkeit des sexuellen Erlebens zweier Partner. Vor allem Männer und damit auch männliche Therapeuten sind oft der Meinung, daß das, was ihnen sexuell Spaß macht und sie sexuell erregt, in gleicher Weise auch eine Frau erregen sollte. In der Regel haben jedoch die Partner unterschiedliche und situativ sich ändernde sexuelle Wünsche. Sie können deshalb einen Geschlechtsverkehr recht verschieden erleben. Das Ideal einer symbiotischen Gleichheit – der Lust nach Sex, des gleichzeitigen Orgasmus, des gleichartigen Erlebens – kann damit unreflektiert zum Gradmesser in der Beurteilung sexueller Probleme werden. Während Therapeuten in vielen Lebensbereichen die Individualität einer Person akzeptieren und diese in ihren therapeutischen Interventionen fördern, huldigen sie in der Sexualität mehr oder weniger unbewußt einem unrealistischen Symbiose-Ideal zwischen zwei Partnern.

Geschlechtstypische Unterschiede in subjektiven Konzepten der Sexualität

In sexualtherapeutischen Fortbildungsseminaren mit Psychotherapeuten habe ich in den vergangenen Jahren folgende Übung zur Einstimmung auf das Thema Sexualität vorgeschlagen, welche bei den Teilnehmerinnen und Teilnehmern regelmäßig ein Aha-Erlebnis auslöste. Zunächst sollte jeder für sich auf ein Blatt Papier eine Definition von Sexualität schreiben. In einem zweiten Schritt sollten dann die männlichen und weiblichen Teilnehmer getrennt in Kleingruppen jeweils die Definitionen der gegengeschlechtlichen Seminarteilnehmer lesen und diskutieren. Hier einige Definitionen, welche geschlechtstypische Unterschiede in den subjektiven Vorstellungen von Sexualität veranschaulichen.

Psychotherapeutinnen und Ärztinnen gaben auf die Frage: Was ist Sexualität? folgende Antworten. Sexualität ist ...

> ➤ wie ein großes Landgut – mit Garten, dunklem Wald, Wasser, Blumen und ...
> ➤ wie ein Wald, in dem ich sowohl Rosengarten als auch Dschungel finden kann
> ➤ wie Sonne! Sie wärmt, strahlt, geht auf und unter, kann eine Wolke vor sich haben. Sonne ist notwendig zum Wachsen, Gedeihen und Leben
> ➤ die sensibelste Ausdrucksform zwischen den Geschlechtern

Psychotherapeuten und Ärzte beantworteten die gleiche Frage mit folgenden Formulierungen. Sexualität ist ...

➤ eine hormonell bedingte, biologische Eigenschaft des Menschen
➤ ein ureigener Trieb des Menschen
➤ wie eine Triebfeder, die nach Erfüllung drängt
➤ wie ein Seismograph für die allgemeine Verfassung

In diesen Definitionen von Sexualität klingen einige Unterschiede zwischen den Sexualitäts-Konzepten von Männern und Frauen an, die sich in folgender Weise charakterisieren lassen. Männer sind in ihren Vorstellungen über Sexualität häufiger biologisch orientiert. Nicht selten setzen sie ihre männliche Identität mit der Funktion ihres Penis gleich. Ihr sexuelles Verhalten ist eher handlungs- und leistungsorientiert, ihr emotionales Erleben bisweilen wenig differenziert und widersprüchlich. Sexuelle Vorstellungen und Phantasien kreisen bei Männern häufiger als bei Frauen um Macht und Ohnmacht. Die Entwicklung zu einer personal integrierten und beziehungsorientierten Sexualität erscheint vielen Männern als ein mühsamer Weg, auf dem sie immer wieder stehenbleiben und sich nicht vorwärts wagen.

Frauen sind in ihren Vorstellungen über Sexualität mehr beziehungsorientiert. Sexuelle Phantasien und Wünsche sind bei ihnen mehr situativ inspiriert und biographisch ausbalanciert. Nicht selten treten sie nur diskret und flüchtig in Erscheinung und entziehen sich der männlichen Wahrnehmung.

Diese Vorstellungen und Konzepte von Sexualität sind bei jeder Person auf dem Hintergrund ihrer individuellen sexuellen Sozialisation und der jeweiligen soziokulturellen Rahmenbedingungen zu sehen, in denen sie aufgewachsen ist und in denen sie gegenwärtig lebt. Besonders deutlich wird dies, wenn man von Patienten aus einem anderen Kulturraum wegen sexueller Probleme konsultiert wird.

Ein 55-jähriger Geschäftsmann aus dem Mittleren Osten kommt in die Sprechstunde und klagt über eine schwere Impotenz. Die genauere Abklärung ergibt folgende Situation. Der Patient ist entsprechend den in seinem Land üblichen Regeln mit drei Frauen verheiratet, mit denen er bis vor 5 Jahren täglich 5- bis 6mal sexuell verkehrte. Seit einiger Zeit sind ihm täglich nur noch ein bis zwei Sexualkontakte mit ausreichender Erektion möglich. Die Veränderungen seiner sexuellen Reaktionsfähigkeit sind altersbedingt als im Normbereich liegend zu beurteilen. Zwischen seinem sexuellen Ideal (täglich sechsmal potent zu sein) und seiner sexuellen Realität (es geht nur noch zweimal) besteht jedoch eine deutliche Diskrepanz, die ihn zu der Überzeugung führte, er sei krank und brauche ärztliche Hilfe.

Subjektive Vorstellungen und Konzepte von Sexualität können vor allem dann zu einem Problem werden, wenn sie zwischen zwei Sexualpartnern oder zwischen Patient und Therapeut recht divergent sind. In der Supervision von Sexualtherapien habe ich die Erfahrung gemacht, daß solche Schwierigkeiten vor allem bei unerfahrenen Therapeuten und bei gegengeschlechtlicher Therapeut-Patient-Konstellation auftreten können.

Insuffizienz sexueller Sprachen

In der sprachlichen Vermittlung sexueller Themen ist zwischen sog. sexuellem *Gerede* und adäquater sexueller Sprache zu unterscheiden. In den Medien werden sexuelle Themen häufig im Genre eines sexuellen Voyeurismus behandelt. Besonders deutlich wird dies in der Boulevardpresse und den abendlichen Talkshows privater Fernsehanstalten. Mit leichter und ironischer Zunge wird dabei über alles und jedes aus dem Bereich der Sexualität geredet: der fehlende Bock auf Sex, der zu kleine oder zu große Pimmel, ein schlaffer Busen, die Eintönigkeit des Bumsens, mangelnde Phantasie und Raffinesse in der sexuellen Technik oder die perversen Wünsche gutbürgerlicher Liebhaber. Darüber wird berichtet und geschäkert wie über Waschmittel, Puddingpulver, Fitneßübungen oder Traumferien. Zur Abwechslung wird dann mit Entrüstung und Empörung über einen Kinderschänder oder Sexualmörder berichtet. Die Beliebigkeit der Kombinationen zwischen Gesprächsinhalten und der Art ihrer verbalen und averbalen Vermittlung ist ein Kennzeichen des heutigen öffentlichen Informationsaustausches. Gefühle werden dabei in der Art eines bunten Cocktails gemixt, an dem sich alle Beteiligten heiter und scheinbar zufrieden ergötzen.

Tab. 5.2 Sexuelle Sprachen nach Lang (1981)	
medizinische Fachsprache	ist abstrakt, emotional steril und eine Art Geheimsprache für Fachleute. Beispiele: Lubrikation, Rigidität und Tumeszenz einer Erektion, orgastische Manschette
Bürokratensprache	ist emotional kühl, jedoch leicht verständlich und allgemein akzeptiert. Beispiele: Glied, Scheide, Samenerguß, Geschlechtsverkehr
Alltagssprache	beschränkt sich auf Randgebiete der Sexualität und ist emotional nicht eindeutig festgelegt. Beispiele: Hintern, Popo, Regel, Binden
Kindersprache	ist verniedlichend und zielt auf Ablenkung. Beispiele: Pimmel, Schwänzchen, Weggli, Müschelchen
blumige Sprache	ist emotional übersättigt und findet vor allem in konfessionellen Aufklärungsschriften Verwendung. Beispiele: da unten, Liebesakt, Höhepunkt
Vulgärsprache	zielt auf Direktheit, Peinlichkeit und Lächerlichkeit. Beispiele: Schwanz, Möse, Fotze, vögeln, nageln

Der Therapeut, der sich im Gespräch mit einer Patientin vielleicht unerwartet und unvermittelt mit einem sexuellen Problem konfrontiert sieht, steht vor der Frage, wie er das, was nicht mehr klappt, wehtut oder stört, sprachlich angehen soll. Lang (1981) hat aufgrund einer linguistischen Analyse von Aufklärungsbüchern sechs sexuelle Sprachen identifiziert und sie mit folgenden Begriffen charakterisiert (vgl. Tabelle 5.2).
Die Begriffe dieser Sprachen unterscheiden sich im Verhältnis ihrer inhaltlichen und affektiven Information. Während die Fach- und die Bürokratensprache vorwiegend sachliche Information vermitteln und die Emotionalität vernachlässigen, rufen die blumige Sprache, die Kinder- und die Vulgärsprache stärkere Gefühle hervor, sind jedoch in ihrem inhaltlichen Informationsgehalt unklar und mehrdeutig. Die Alltagssprache beschränkt sich auf diejenigen Randgebiete der Sexualität, die nicht der Tabuisierung unterliegen, und ist emotional neutral.

Vor allem Psychotherapeuten, die sich einer therapeutischen Schule – z.B. Psychoanalyse, Verhaltenstherapie, Gesprächspsychotherapie – verpflichtet fühlen, geraten im sexualanamnestischen Gespräch nicht selten in eine sprachliche Ratlosigkeit, da sie realisieren, daß ihnen ein gleichzeitig inhaltlich und affektiv adäquates Vokabular fehlt, um mit ihrem Patienten über sexuelle Fragen zu sprechen.

Vermarktung der Intimität

Seit einigen Jahren ist eine Spielart des Umgangs mit Sexualität zu beobachten, in der vor allem Frauen als Akteurinnen auftreten. Vielleicht waren Sie vor einiger Zeit auch ein Mitglied jener Millionengemeinde, die sich vor dem Bildschirm das Interview von Lady Di im englischen Fernsehen angeschaut hat. Falls Sie das Ereignis versäumt haben, schalten Sie im Fernsehen eine jener Talkshows ein, in denen sich allabendlich vor allem prominente Zeitgenossinnen über ihr Privatleben und ihre Bettgeschichten äußern. Das öffentliche Palaver über alles und jedes, was man in einer Liebesbeziehung, beim ehelichen Geschlechtsverkehr oder beim abenteuerlichen Seitensprung erlebt hat, gehört heute zur Speisekarte nicht nur privater, sondern auch öffentlicher Fernsehanstalten.

Das Gerede über Intimitäten des eigenen Privat- und Sexuallebens vor einer anonymen Fernsehgemeinde ist eine raffinierte Spielart von Entwertung. Zum einen wird der Partner entwertet, indem persönliche Enttäuschung oder Kritik nicht an ihn, sondern an ein anonymes voyeuristisches Publikum gerichtet wird. Und zum andern entwertet man sich selbst, indem nonverbale Mitteilungen, d.h. der Gesprächsrahmen, die Situation und die affektive Atmosphäre der Plauderei in krassem Gegensatz zum Inhalt der eigenen Aussagen stehen.

Wenn Intimität zu einem Gegenstand des Marktes wird, in dem Anbieter und Kunden vor allem die Befriedigung von Neugierde und Schadenfreude über einen nicht anwesenden sexuellen Versager suchen, dann wird das ernsthafte Zweiergespräch mit einem Therapeuten über eigene sexuelle Probleme zunehmend schwieriger. Im geschützten Rahmen eines Zweier- oder Dreiergespräches werden Entwertungsstrategien gegenüber einem anwesenden oder abwesenden Partner recht schnell offenkundig. Ein Dialog mit therapeutischer Zielsetzung hat als vorrangiges Ziel, entwertende Kommunikation und Interaktion in Frage zu stellen und statt dessen kongruente, anerkennende und gelegentlich auch bestätigende Kommunikation zu fördern. Paare mit einer narzißtischen Beziehungsproblematik tragen ihre Konflikte nicht selten in der Sexualität aus. Sie präsentieren sich dem Therapeuten als aufgeklärt und aufgestellt. „Cool" wird über das Versagen und die Fehler des Partners berichtet, das Repertoire an subtilen Kränkungen ist breit und raffiniert und wird nicht selten in einer humorvollen Verpackung serviert. Dem Erkennen solcher subtilen Formen sexueller Entwertung kommt in der Diagnostik sexueller Störungen eine zunehmende Bedeutung zu.

Scham- und Insuffizienzgefühle

Gefühle von Scham und Schuld spielen vor allem bei der Diagnostik von Störungen wie Fetischismus, Transvestitismus oder der Sexsucht eine Rolle, wie folgendes Fallbeispiel zeigt.

> Ein 30-jähriger Koch wird von einem Hausarzt überwiesen, der sich durch die sexuellen Probleme des Patienten überfordert fühlt. Beim Erstgespräch entsteht nach kurzer Zeit eine aggressive Atmosphäre. Der Patient berichtet von beruflichen und persönlichen Problemen und verlangt ultimativ die Verschreibung von Antiandrogenen „gegen seinen sexuellen Trieb". Er sei darauf angewiesen, ein früherer Hausarzt habe ihm dieses Medikament immer wieder verordnet. Er habe große Schulden und stehe demnächst wieder auf der Straße. Mit Psychotherapie habe er schlechte Erfahrungen gemacht. Der Therapeut steht hier vor der Alternative, sich durch den Patienten die Verordnung von Antiandrogenen diktieren zu lassen mit der Chance, daß der Patient

vielleicht in eine nächste Konsultation einwilligt, oder sich der Forderung zu widersetzen, was dem Abbruch der Behandlung gleichkommt. Ich habe vor längerer Zeit der ultimativen Forderung dieses Patienten nachgegeben und ihm mit schlechtem Gewissen die Antiandrogene verordnet. Zwei Jahre später konnte der Patient im Rahmen einer inzwischen in Gang gekommenen Psychotherapie erstmals unter Scham- und Schuldgefühlen über suchtartige sexuelle Phantasien und Aktivitäten, mit Knaben sexuell zu verkehren, berichten.

Komplexere Störungen der sexuellen Orientierung oder Präferenz finden sich häufig auf dem Hintergrund von Persönlichkeitsstörungen. In der Behandlung solcher Patienten steht der Therapeut nicht selten vor der Alternative, entweder dem Aufbau einer therapeutischen Beziehung oder einer möglichst raschen und exakten Diagnostik den Vorrang zu geben. Scham- und Ekelgefühle können dabei nicht nur von Seiten des Patienten, sondern auch des Therapeuten wichtige Hinweise darauf sein, in der Diagnostik behutsam und ohne zeitlichen Druck vorzugehen.

Inkongruenz zwischen sexueller Zufriedenheit und sexueller Aktivität

In der Behandlung älterer Ehepaare stößt man gelegentlich auf eine Konstellation, die vor allem für jüngere Therapeuten nicht ohne weiteres verständlich ist. Geben Sie einem solchen Paar zu Beginn der Behandlung z.B. einen Fragebogen zur Partnerschaft und Sexualität, so passiert es nicht selten, daß die Frau ihre sexuelle Zufriedenheit als hoch und ihre sexuelle Aktivität als vor mehreren Jahren beendet angibt. Der Mann beurteilt beides als mäßig. Im therapeutischen Gespräch mit solchen Paaren macht man immer wieder die Erfahrung, daß sexuelle Zufriedenheit nicht mit sexueller – oder besser genitaler – Aktivität gleichzusetzen ist. Ältere Paare beurteilen ihr Sexualleben nicht selten als recht befriedigend, auch wenn darin Koitus und Orgasmus keine oder nur eine untergeordnete Rolle spielen.

Hier stehen wir wieder vor der Frage subjektiver Vorstellungen über die Bedeutung und Funktion von Sexualität. In der sexologischen Forschung hat bisher die biographische Perspektive der Sexualität nur eine geringe Beachtung gefunden. Bespricht man mit älteren Patienten die Entwicklung und Gestaltung ihrer Sexualität sowie die Funktion sexueller Erfahrungen und Zufriedenheit in verschiedenen Phasen ihres Lebens, so wird einem deutlich, daß Sexualität nicht auf Lust, Erregung und Orgasmus zu reduzieren ist, sondern daß Sexualität eine Art Bühne sein kann, auf welcher Menschen ihre Dramen, Komödien, ihre Wünsche und Ängste inszenieren.

Steven B. Levine (1992) hat sich mit dieser biographischen Perspektive der Sexualität näher befaßt und seine Beobachtungen in eindrücklichen und symbolischen Definitionen von Sexualität zusammengefaßt. Nach ihm ist Sexualität....

> ➤ unser Repertoire intimen körperlichen Verhaltens gegenüber Partnern und ein Spiegel der Bedeutungen, welche wir, unsere Partner und unsere Kultur einer Zweierbeziehung geben;
> ➤ ein emotionales Reaktionssystem für uns und andere Menschen. Sie ist eine Art innere Stimme, ein fortlaufender Dialog mit uns selbst. Diese Stimme orientiert uns über unsere Wünsche nach Beziehung und unsere Zufriedenheit mit einer Beziehung;
> ➤ ein Instrument zur Versöhnung mit der Fähigkeit, schmerzliche Erfahrungen der Vergangenheit hinter uns zu lassen und unseren Körper und uns selbst wieder als liebenswert zu erleben;

➤ ein Fenster, durch welches man die Psychologie von Individuen und Paaren beobachten kann. Sie ist ein Fenster zum Drama unseres Innenlebens, besonders unseres Strebens nach Liebe;

➤ eine psychologische Kraft für Freude, Selbsterleben, Bindung und Selbstwertgefühl;

➤ eine persönliche Erfahrung unserer Identität basierend auf dem Erleben unserer Anatomie, Physiologie, Geschlechtsidentität und unseren Lebenszielen;

➤ eine Möglichkeit, die im günstigen Fall zu Lebenszufriedenheit, psychischer Gesundheit, Selbst- und Partnerliebe und im ungünstigen Fall zu Verzweiflung, unerwünschter Schwangerschaft, Krankheit und Tod führen kann.

In der Art, wie ein Therapeut ein sexualanamnestisches Gespräch führt und welche Lebensbereiche er dabei mit Sexualität in Zusammenhang bringt, kann er einem Patienten ein sehr eindimensionales, auf Genitalität reduziertes Bild von Sexualität vermitteln oder aber ein sehr vielschichtiges und vieldeutiges. Therapeuten konzentrieren sich im therapeutischen Gespräch über sexuelle Störungen nach meiner Erfahrung zu einseitig entweder auf die Verhaltens-, die emotionelle oder die kognitive Ebene. Diese Eindimensionalität führt dazu, daß im Gespräch recht schnell eine Atmosphäre von Peinlichkeit und Beklommenheit entsteht.

Ein gut geführtes Anamnesegespräch hat sowohl eine diagnostische als auch eine therapeutische Dimension (Buddeberg 1996). *Wie* Therapeuten sexuelle Themen ansprechen, kann bei ihren Patienten entweder den Eindruck ihrer sexuellen Gestörtheit oder die Einsicht bisher ungelebter sexueller Möglichkeiten verstärken.

Wandel in der Arzt-Patient-Beziehung

Die gegenwärtig stattfindenden Veränderungen im Gesundheitswesen führen auch zu einem Wandel in der Arzt/Therapeut-Patient-Beziehung. Auf einem immer härter werdenden Gesundheitsmarkt sind Therapeuten in den letzten Jahren zunehmend zu Anbietern von Dienstleistungen und Produkten geworden, mit denen sie sich nicht nur gegenüber Versicherungsträgern und Kollegen legitimieren und behaupten müssen. Auch gegenüber gut informierten „mündigen Patienten" muß der Therapeut seine Meinung und sein Handeln vertreten.

War der Patient früher ein hilfesuchender Bittsteller, so ist er heute mehr und mehr zu einem kritischen Kunden und Konsumenten geworden. Damit hat sich auch die Arzt-Patient-Beziehung gewandelt. Sie war früher klar asymmetrisch, mit einem deutlichen Autoritäts-, Wissens- und Entscheidungsgefälle zugunsten des Arztes. Heute ist zunehmend eine symmetrische Beziehungskonstellation zwischen Therapeut und Patient gefordert mit geteilter Verantwortung und einer Entscheidungspriorität auf Seiten des Patienten. Dem Arzt kommt hier die Rolle eines Beraters, Vermittlers und Koordinators zu, der die Meinungen und Vorstellungen eines Patienten zu respektieren hat.

Was bedeutet dies für die Psychotherapie von Sexualstörungen? Zunächst einmal, daß Therapeuten mit der Regulierung von Nähe und Distanz in therapeutischen Beziehungen kompetent und behutsam umgehen können sollten. Die Wahrnehmung erotischer Übertragungs- und Gegenübertragungsgefühle spielt dabei eine zentrale Rolle (vgl. Kap. 8). Zum andern bedeutet dies, daß ich als Therapeut in der Abklärungsphase einer sexuellen Störung bereit bin, mit dem Patienten sehr eingehend darüber zu sprechen, ob ich für ihn mit seinem sexuellen Problem und in seiner augenblicklichen biographischen Situation der geeignete Partner für eine Therapie bin. Diesem Aspekt, der „Partnerwahl" zwischen Patient und Therapeut, sollte gerade bei der Behandlung sexueller Störungen besondere Beachtung geschenkt werden.

6. Probleme der Medikalisierung sexueller Störungen

Günther Zamel

Seit Masters und Johnson gelten sexuelle Probleme primär als Ausdruck psychosozialer Konflikte und Psychotherapie als die adäquate Behandlungsform. In den letzten 15 Jahren hat die somatische Medizin im Prozeß der Medikalisierung sexueller Probleme ihren Führungsanspruch zunächst für die Behandlung von Erektionsstörungen angemeldet. Sie hat die diagnostischen Verfahren verfeinern und eine Reihe technischer Behandlungsmethoden, die kurz beschrieben werden, entwickeln können. Ihr Einsatz bei psychisch bedingten sexuellen Problemen wird kritisch beleuchtet. Insbesondere wird die Ausblendung des psychischen und sozialen Kontextes des Patienten herausgestellt. Um dem entgegenwirken zu können, wird die Notwendigkeit der Begegnung von Arzt und Patient im Gespräch betont. Ein psychosomatisch orientiertes, das Individuum auch in seinen gesellschaftlichen Bezügen reflektierendes therapeutisches Vorgehen wäre angemessen und wünschenswert.

Sexualität ist ein vielschichtiges, komplexes Geschehen. Deshalb muß derjenige, der ein angemessenes Verständnis von Sexualität erlangen will, sie aus äußerst unterschiedlichen Blickwinkeln betrachten, wobei er den Zusammenhang der einzelnen Befunde nicht aus den Augen verlieren darf. Biologie, Medizin, Psychologie und Soziologie haben dazu wesentliche Beiträge geliefert. Idealerweise sollten diese verschiedenen, systemisch miteinander verknüpften Aspekte des gesellschaftlich erworbenen Wissens über Sexualität in professionelles Handeln in diesem Feld eingehen. Ein psychosomatisch orientiertes, das Individuum auch in seinen gesellschaftlichen Bezügen reflektierendes therapeutisches Vorgehen wäre angemessen und wünschenswert. In der therapeutischen Praxis finden wir statt dessen häufig ein bestenfalls konkurrierendes Nebeneinander von Psycho- und Somatotherapie.

In den Anfängen einer sich innerhalb der Medizin konstituierenden und als gesellschaftskritische Disziplin verstehenden Sexualwissenschaft war die Hoffnung groß, wenn auch nie ungetrübt, ein integratives psychosomatisches Konzept als Grundlage ärztlichen Handelns etablieren zu können. Die Zeit der sexuellen Liberalisierung mit der gesellschaftlich erfahrenen „Aufbruch"-Stimmung ließ solche Hoffnungen zu. Die der Medizin inhärente Gefahr, die psychosoziale Dimension menschlichen Lebens zu leugnen und auf eine biologische zu reduzieren, wurde schon damals gesehen und kritisiert. In der Behandlung sexueller Abweichungen mittels operativer Kastration, stereotaktischer Gehirnoperation oder dem alleinigen Einsatz von Antiandrogenen sowie später in der Entwicklung der Reproduktionsmedizin gab die somatisch orientierte Medizin dazu immer wieder Anlaß (vgl. Schorsch 1988).

Seit Anfang der 80er Jahre wendet sich die „klassische" Medizin – insbesondere die Urologie – der Diagnostik und Behandlung von Erektionsstörungen[1] zu und erschließt sich

---

[1] In der Literatur werden die Begriffe „Impotenz", „Erektile Dysfunktion" und „Erektionsstörung" nebeneinander benutzt. Sie reflektieren aber unterschiedliche Bezugsrahmen. „Impotenz" stellt

damit die sexuellen Funktionsstörungen als ihr Handlungsfeld. Ihr wissenschaftlicher „Output" ist immens. Nach Durchsicht eines monatlich erscheinenden Literaturdienstes auf wissenschaftliche Publikationen zum Thema „Human Sexuality" kam Schmidt (1993) für den Zeitraum eines Jahres zu folgendem Ergebnis: Von etwa 300 Arbeiten zum Thema „Sexuelle Funktionsstörungen" befaßten sich etwa 250 mit Erektionsstörungen und davon 225 mit somatischen Ursachen, Diagnostik- und Therapieverfahren. Diese Flut von Veröffentlichungen, die einer somatischen Sicht verpflichtet sind, kann als Ausdruck eines Prozesses betrachtet werden, den Tiefer (1986), Schorsch (1988) und Bancroft (1991) als „Medikalisierung der männlichen Sexualität" identifiziert und kritisiert haben. Die weibliche Sexualität ist bislang von einem solchen Prozeß weitgehend verschont geblieben, wenngleich kausal nicht begründete somatische Behandlungen, z.B. Weitungen der Vagina bei Vaginismus, vorgenommen werden. Die Frauen trifft es in der Medikalisierung der Fertilität und als Partnerinnen der behandelten Männer.

Medikalisierung als Ausdruck eines biomechanischen Verständniskonzeptes

Nach Tiefer (1993, S.120) ist die Medikalisierung „ein Prozeß, durch den medizinische Autoritäten Macht über bestimmte Lebensbereiche erlangen. Die Medikalisierung männlicher Sexualität ist ein kultureller und politischer Prozeß, bei dem um kulturelle Vorherrschaft und ökonomische Macht gekämpft wird. Dieser Kampf findet zum einen zwischen der Medizin und anderen institutionalisierten Mitstreitern statt, zum andern zwischen verschiedenen Fachrichtungen innerhalb der Medizin", wie z.B. der Psychosomatik und der Sexualwissenschaft auf der einen, und der Andrologie, großen Teilen der Urologie und Teilen der Gynäkologie auf der anderen Seite. Ökonomisch bedeutsam ist die Häufigkeit, mit der Menschen wegen sexueller Probleme professionelle Hilfe in Anspruch nehmen. Eine gesicherte Prävalenzrate gibt es nicht, aber verschiedene Untersuchungen lassen Sigusch (1996, S.139) zu der Einschätzung kommen, daß „es ... also ohne weiteres möglich [ist], sexuelle „Dysfunktionen" als Volkskrankheiten anzusehen, die häufiger vorkommen als Diabetes mellitus und koronare Herzkrankheit." So zeigen jüngste amerikanische Studien (Feldmann et al. 1994), daß die Inzidenz von Erektionsstörungen mit zunehmendem Alter der Menschen beträchtlich wächst. Es ist verständlich, daß sich bei einem potentiell voluminösen Markt die Frage der Zuständigkeit stellt. Entschieden wird anhand der Diagnose, einer Variablen, die vom zugrundeliegenden Paradigma abhängig ist.

Das in der Organmedizin vorherrschende Paradigma der Naturwissenschaft des 17. Jahrhunderts liefert ein Erklärungsmodell, das menschliches Handeln mechanisch zu erklären sucht. Danach ist der Mensch eine komplizierte „Maschine", deren durch die Natur gegebene Funktionsweise es zu erforschen gilt. Das Ergebnis dieser Forschungen soll zu einer „objektiven Realität" führen. Störungen sind als Abweichungen von dieser natürlich bestimmten Funktion definiert und durch defekte, von der Norm abweichende

---

den ältesten Begriff dar, der im Umgangssprachlichen Entwertung konnotiert und aus diesem Grunde häufig abgelehnt wird. Gleichzeitig stellt er die sexuelle Störung in den Zusammenhang der Persönlichkeit, isoliert das Verhalten nicht. „Erektile Dysfunktion" soll, ebenso wie „Erektionsstörung" Verhalten ohne Bewertung beschreiben. „Erektile Dysfunktion" wird aber häufig von Urologen gebraucht, um den somatischen Anteil an der Ätiologie hervorzuheben, während „Erektionsstörung" häufiger in der psychologischen Literatur zu finden ist, das Verhalten beschreiben und dessen psychischen Anteil an der Ätiologie betonen soll. Sigusch schlägt vor, die Begriffe in diesem Sinne anzuwenden und „Sexualstörung" als Oberbegriff zu verwenden.

Teile verursacht. Kausalität meint hier mechanische Gesetze. Die Genauigkeit dieses Modells ist von den verwendeten Meßmethoden abhängig. Technischer Fortschritt kann so das Verstehen der Funktionsweise einer Maschine differenzieren helfen und die physikalisch bestimmten Eingriffsmöglichkeiten verfeinern. Subjektivität und damit die Frage nach Bedeutungen von Symptomen und Behandlungen hat in einem solchen Modell keinen Platz (vgl. auch Uexküll u. Wesiack 1995).

In der Tat ermöglichten erst verfeinerte Meßmethoden, die Medikalisierung sexueller Funktionsstörungen voranzutreiben, wie am Beispiel der Erektionsstörungen aufgezeigt werden kann. Porst (1987) nennt folgende neueren diagnostischen Verfahren:

- ➤ nächtliche penile Tumeszenzmessung
- ➤ Dopplersonographie des Penis
- ➤ Bulbocavernosusreflex-Latenzzeitmessung, Schwellkörperinjektionstest (SKIT)
- ➤ dynamische Cavernosonographie
- ➤ Penisangiographie.

Diese neuen Meßverfahren helfen, das Wissen über die komplexe und komplizierte Physiologie der Erektion zu mehren, allerdings ohne zu einer vollständigen Klärung gelangt zu sein. Die Untersuchungen zur Physiologie der Erektion wurden an klinischen, d.h. selektierten Stichproben durchgeführt und ergaben in 50-80% auffällige Befunde, überwiegend vaskuläre Läsionen im arteriellen und venösen penilen Gefäßsystem (Porst 1987). Wie können solche Ergebnisse bewertet werden? Neben der Beachtung des Problems der mangelnden Repräsentativität der Stichproben müssen für die Beantwortung zwei weitere Fragen gestellt werden: 1. Wie ist „Auffälligkeit" definiert und 2. wie sind die korrelativen Befunde zu interpretieren?

- ➤ Ad 1. Für die Beurteilung von „Auffälligkeit" bedarf es Normen, Vergleichsmaßstäbe, die in der somatischen Medizin aus den Bedingungen für ein ungestörtes Funktionieren des Maschinen-Körpers, wie es im „gesunden" jugendlichen Körper anzutreffen ist, abgeleitet werden. Das beinhaltet die Gefahr, den Alterungsprozeß als Krankheitsprozeß mißzuverstehen, ihn in seiner psychischen, gesellschaftlichen und kulturellen Dimension zu leugnen und dadurch zu inadäquaten Bewältigungsformen zu verleiten.

- ➤ Ad 2. Von der somatischen Medizin werden Befunde kraft ihres mechanischen Krankheitsverständnisses kausal interpretiert: Wenn bei existierender Erektionsstörung somatisch auffällige Befunde des „Erektionsapparates" erhoben werden können, so werden diese als in ursächlichem Zusammenhang mit der erektilen Dysfunktion stehend interpretiert. Methodenkritisch betrachtet, ist diese Schlußfolgerung aber nicht begründet. Die bisher durchgeführten Studien erweisen sich häufig nämlich als nicht ausreichend kontrolliert, so daß unklar bleiben muß, ob nicht auch Menschen ohne Erektionsstörung solche auffälligen Befunde aufweisen. Aus der klinischen Praxis werden immer wieder Fälle berichtet, die nach dem objektiven Befund hätten impotent sein müssen, es aber nicht waren (vgl. auch Sigusch 1996).

Psychische vs. somatische Verursachung

Für die somatische Klinik gibt es das Problem, daß bei 20-50% der Patienten, die dort Hilfe wegen Erektionsproblemen suchen, keine pathognostischen Befunde erhoben werden können. Dieser für eine Organmedizin möglicherweise irritierende Befund wird durch die Konstruktion eines auch in der Literatur dokumentierten Gegensatzes von psycho- und somatogener Störung aufgefangen.

Diese Dichotomisierung äußert sich einerseits in einem polemischen Streit darüber, wie hoch die Prävalenz somatogener vs. psychogener Erektionsstörungen sei. Bis Anfang der 80er Jahre blieb die Annahme einer psychosozialen Ätiologie in den meisten Fällen sexueller Funktionsstörungen von der Organmedizin unwidersprochen. Die Schätzung für den Anteil von somatogenen Funktionsstörungen in einer unausgelesenen Stichprobe belief sich auf 5%. Inzwischen liegen die Schätzungen in der somatisch orientierten Literatur zwischen 50% und 80%. Allerdings kommen psychosozial orientierte Forscher nach wie vor nur auf geringe Prozentzahlen, so etwa Gnirss-Bormet et al. (1995) auf 8% bei Erektionsstörungen.

Andererseits zeigt sich ein dichotomisierendes Denken in einem diagnostischen Vorgehen, das erst aus dem Fehlen einer Somatogenese auf eine Psychogenese schließt, und aus der Existenz somatischer Auffälligkeiten somatisches Behandeln legitimiert. Im klinischen Alltag erleben wir immer wieder, daß Patienten, die sich zuerst an einen Arzt ihres Vertrauens wandten, einem somatisch-diagnostischen Screening unterworfen wurden, dessen Ergebnislosigkeit mit der Empfehlung einer psychologischen Behandlung endete. Ein solcher Weg stellt nicht unbedingt eine gute Voraussetzung für eine psychologische Beratung dar. Die Dichotomisierung ist also wenig sinnvoll, da es weder Psychisches ohne körperliche Grundlagen noch körperliche Krankheit ohne psychische Einflüsse geben kann.

Somatische Diagnostik

Die somatische Diagnostik der Erektionsstörung folgt einem Stufenplan (vgl. Bähren u. Stief 1988), an dessen Anfang das anamnestische Gespräch steht. Es sollte einerseits einen Eindruck vom Sexualverhalten des Patienten und eine Klassifikation der Erektionsstörung ermöglichen, andererseits Risikofaktoren (allgemeine und genitalbezogene Erkrankungen, Medikamente, Operationen) identifizieren, die auf somatische Störungen hinweisen. Interessant ist in diesem Zusammenhang, daß auch besonnene Somatiker eine Organdiagnostik nur dann für indiziert halten, wenn vom Patienten überhaupt keine Erektionen erlebt werden, weder spontane noch nächtliche noch durch Masturbation hervorgerufene. Zur Validierung sind Messungen der nächtlichen Erektionen ambulant oder im Schlaflabor vorgesehen. Werden Erektionen ausreichender Stärke berichtet oder gemessen, kann das als genügend sicherer Hinweis auf eine vorwiegend psychische Verursachung betrachtet werden.

Auf die Anamnese folgen eine allgemeine Körperuntersuchung, die Labordiagnostik und die Erhebung des Hormonstatus, die endokrinologisch und metabolisch begründete Erektionsstörungen identifizieren helfen. Die sich anschließende Penis-Doppler-Sonographie dient der groben Einschätzung des vaskulären Status, welcher durch die intrakavernöse Pharmakotestung (SKAT-Test = Schwellkörperautoinjektionstherapie-Test, SKIT = Schwellkörperinjektionstest, ICIP = intrakavernöse Injektion von Papaverin) genauer bestimmt werden soll. Vasoaktive Substanzen (u.a. Papaverin, Papaverin-Phentolamin-Gemisch oder Prostaglandin E_1) werden bei stufenweiser Steigerung der Dosis bis zu einem Höchstwert in der Klinik oder Praxis in den Schwellkörper injiziert und dabei die Dosis bestimmt, die dem Patienten zu einer etwa 1 Stunde anhaltenden Erektion verhelfen soll. Dabei wird die Erektionsqualität vom Arzt optisch oder palpatorisch überprüft. Die Höhe der notwendigen Dosis wird differentialdiagnostisch interpretiert. Reichen geringe Dosen (z.B. 0,5 ml Papaverin), um eine Erektion hervorzurufen, so gilt dies als Beweis für eine im wesentlichen ungestörte Hämodynamik; psychogene, neurogene oder hormonelle Ursachen kommen weiter in Frage. Neurogene Störungen lassen sich durch physisch invasive Untersuchungen klären. Höhere Dosen, die zu einer ausreichenden Erektion führen, werden als Hinweis auf eine arteriell gestörte, im Falle einer fehlenden Erektion als Hinweis auf eine venös gestörte Hämodynamik interpretiert. In beiden Fällen können weitere invasive diagnostische Verfahren (u.a. Arteriographie, Kavernosonographie) zur Anwendung gelangen.

Die differentialdiagnostische Funktion des SKIT wird aber zunehmend hinterfragt. So berichtet Bancroft (1993), daß alle 92 Männer, deren Erektionsstörungen nach eingehender Diagnostik als psychogen eingestuft worden waren, nächtliche Erektionen ausreichender Rigidität aufwiesen. Nach SKIT zeigten aber nur 42% von ihnen eine zufriedenstellende Erektion. Die Erfahrung, daß bei demselben Patienten die gleiche Dosis vasoaktiver Substanzen zu verschiedenen Zeiten unterschiedliche Wirkungen hervorrufen kann, weist in die gleiche Richtung: Psychische Einflüsse wie Angst, Freude, Erregung etc. können die pharmakologische Wirkung steigern oder hemmen und damit die diagnostischen Ergebnisse beeinflussen.

Zusammenfassend kann gesagt werden, daß diese Diagnostik zwar Befunde liefert, deren Interpretation im Sinne eines kausalen Zusammenhanges mit der Erektionsstörung in vielen Fällen zwar angenommen werden, aber nicht als gesichert gelten kann. Dies um so mehr, als in der Regel auf eine kompetente psychologische Beratung verzichtet und auf die Beteiligung psychosozialer Ursachen nur aus dem Fehlen bzw. der nicht ausreichenden Erklärungskraft somatischer Befunde geschlossen wird. Wo die Kausalität nachgewiesen wurde, wie z.B. bei schweren Allgemeinerkrankungen oder Nebenwirkungen von Medikamenten, ist selbstverständlich eine somatische Behandlung indiziert. In der Anamnese berichtete Erektionen, nachts oder beim Aufwachen bemerkt, durch Masturbation oder mit anderen Partnern erzielt, können als ausreichender Hinweis auf eine psychogene Erektionsstörung angesehen werden und machen weitere invasive somatische Untersuchungen überflüssig.

Somatische Behandlung

Die aus dieser Diagnostik abgeleiteten wichtigsten Behandlungsformen lassen sich vier Kategorien zuordnen (vgl. Sigusch 1996b):

1. mechanische Hilfsmittel wie Vakuumpumpen und Penisringe
2. pharmakologische Verfahren wie SKAT, Yohimbin, Hormongaben, Psychopharmaka (Fluoxetin) etc.
3. gefäßchirurgische Eingriffe
4. Implantation von Penisprothesen

Mechanische Hilfsmittel

Diese können hinsichtlich unerwünschter somatischer Nebenwirkungen als die Harmlosesten eingestuft werden. Fedel et al. (1995) fanden für die Nutzung von Vakuumpumpen und Gummiringen zur Reduzierung des venösen Abflusses in 41,2% Klagen über geblockte Ejakulationen, in 11,8% über Schmerzen, in 10% über ein Penishämatom und in 5,9% über ein Kältegefühl im Penis. Nach einer Testphase lehnte jeder zweite die weitere Nutzung ab. Für die verbliebenen Patienten war die Abbruchrate nach 6 Monaten mit 11,8% gering.

Pharmakologische Verfahren

Sie stellen ohne Zweifel den größten Markt dar und können auf verschiedenen Ebenen in physiologische Regelkreise eingreifen. Ihre Anwendung wurde häufig, neuerdings jedoch seltener, kausal begründet; den erzielten Effekten lassen sich im Einzelfall oft jedoch keine eindeutig gestörten Funktionen zuordnen. In diesen Fällen handelt es sich im strengen Sinne nicht um Behandlungen, sondern um die Manipulation von Körperfunktionen.

Zu den unsinnigsten, trotzdem in der ambulanten Praxis immer wieder eingesetzten Behandlungen des Mannes gehört dabei die Gabe von Testosteron bei nicht nachgewiesenem Hormondefizit. Einzig die Substitution bei einem Hormondefizit, z.B. wegen eines Hypogonadismus, gilt als berechtigte Indikation. Auch bei Frauen werden hormonelle Behandlungen trotz ungesicherter Wirkungsannahmen vorgenommen, allerdings in bescheidenerem Rahmen.

Einen anderen Ansatzpunkt bietet die Funktion der Neurotransmitter für die sexuelle Reaktion. Nach Rosen (1996) ist die ideale Droge zur Behandlung von Sexualstörungen dadurch gekennzeichnet, daß sie oral und nach Bedarf eingenommen werden kann, bei vielen verschiedenen Menschen sicher wirkt, gut vertragen wird und geringe Kosten verursacht. Es wird viel Forschungsaufwand getrieben, eine diesem Ideal entsprechende Droge zu entwickeln. In den USA scheint eine solche Droge mit Namen „Sildenafil" auf der Basis eines Phosphodiesterasehemmers zur Induktion einer Erektion gefunden worden zu sein. Sie soll eine Stunde vor Bedarf oral eingenommen werden und die gewünschte Reaktion in Abhängigkeit von tatsächlicher sexueller Stimulation ermöglichen. Interessant erscheint mir, daß an dieser Forschung deutlich wird, wie sehr es um eine Manipulation der Erektionsfähigkeit geht. Die kausale Erklärung einer Sexualstörung und eine daraus abgeleitete Therapie wird entbehrlich, wenn die Kenntnis über Wirkungsmechanismen Einflußmöglichkeiten schafft.

Yohimbin und die für SKAT eingesetzten Drogen Papaverin, Phentolamin und Prostaglandin E_1 erfüllen die genannten Kriterien nicht vollständig. Ihre Anwendung legitimiert sich aber aus den Effekten. Für Yohimbin-Gaben ist eine Wirkung auf die Erektionsfähigkeit beschrieben, wobei über die Wirkmechanismen gestritten wird. Es ist zur Zeit unklar, inwieweit positive Placebo-, periphere Effekte, zentralnervöse Beeinflussungen oder Zufallseffekte für die dokumentierten Effekte verantwortlich sind. Yohimbin kommt in erster Linie bei Patienten zur Anwendung, bei denen sich keine eindeutig korrigierbare organische Ursache findet. SKAT stellt die zur Zeit verbreitetste somatische Behandlungsform einer Erektionsstörung dar, da sie prinzipiell in der ambulanten Versorgung von jeder ärztlichen Praxis eingesetzt werden kann und von vielen Ärzten auch eingesetzt wird. Die Nebenwirkungen sind beträchtlich (prolongierte Erektionen bis zum Priapismus, intrakavernöse Narbenbildung, Hämatombildungen) und sollen durch günstigere Drogen positiv beeinflußt werden. Das Prostaglandin E_1 soll insbesondere das Risiko eines Priapismus erheblich reduzieren, kann aber zu Schmerzen in Hoden und Penis führen. Außer bei eher seltenen neurogenen Störungen wird SKAT überwiegend bei psychogenen Erektionsproblemen indiziert. So hoffte man anfangs, daß die SKAT nach einiger Zeit abgesetzt werden kann, weil die Erfahrung, eine Erektion produzieren zu können, den Selbstverstärkungsmechanismus außer Kraft setzen soll, so daß es wieder zu spontanen Reaktionen kommen kann. Diese Hoffnung hat sich nicht erfüllt. Vielmehr werden hohe Drop-out-Raten von über 50% berichtet, die möglicherweise zum Teil durch den Widerspruch, daß neurotische Konflikte durch eine somatische Behandlung kuriert werden sollen, erklärt werden können.

Diese Kritik trifft auch auf die in jüngster Zeit berichtete medikamentöse Behandlung von Männern mit Ejaculatio praecox zu, einer Störung, die bisher nur psychotherapeutisch behandelt wurde. Dabei macht man sich die hemmende Wirkung serotonerger Substanzen wie Fluoxetin oder Clomipramin zu nutze. Die Nebenwirkungen werden als mild eingeschätzt, die Drop-out-Rate liegt bei knapp unter 50% (Althof 1995). Auf diese hemmende Wirkung wird auch in der Behandlung von Sexualstraftätern gesetzt, wenn nicht Antiandrogene wie z.B. das Cyproteronacetat (Androcur®) appliziert werden.

Gefäßchirurgische Eingriffe

Solche Eingriffe, z.B. mikrochirurgische Revaskularisation und penile venöse Sperroperationen, haben sich als höchst problematisch erwiesen. Sohn (1994) kommt in einer Übersicht zu dem Ergebnis, daß gefäßchirurgische Eingriffe außer im Rahmen von Forschungsvorhaben z.Z. nicht angewandt werden sollten. Zwar seien die Patienten subjektiv zu etwa 70% zufrieden, jedoch lassen sich die Ergebnisse bisher nicht postoperativ objektivieren. Die Komplikationsrate ist hoch und die subjektive Erfolgsrate sinkt über die Zeit auf 20-41%. Insbesondere verweist Sohn darauf, daß „eine Trennung zwischen zentral und peripherer ausgelösten Relaxationsstörungen der intrakavernösen Muskulatur auch mit den aktuell zur Verfügung stehenden diagnostischen Methoden nicht sicher möglich ist, ebensowenig kann als definiert gelten, welches Ausmaß an hämodynamischen Störungen definitiv eine „vaskuläre" Impotenz manifestiert. Der Einfluß potentieller Placebo-Effekte durch die Operation per se wird ohne Erfassung der zentralen erektionsinhibitorischen Faktoren unkontrollierbar" (S.46).

Implantation von Penisprothesen

Anerkanntermaßen stellt die Implantation von Penisprothesen die medizinische ultima ratio in der Behandlung von Erektionsstörungen dar. Dabei wird „die Organsteifheit des Penis zu einem orthopädischen Problem und gelöst wie bei einem Knochenbruch" (Schorsch 1988, S.107). Sie stellt anders als alle anderen genannten Behandlungsverfahren einen irreversiblen Eingriff dar, da die Schwellkörper dabei zerstört werden. Die Komplikationsraten, die zu Nachoperationen führen, sind nicht gering. Dennoch kann eine solche Behandlung indiziert sein, wenn dies die einzige Möglichkeit darstellt, Patienten vor schwerer psychischer Dekompensation zu bewahren. In der Praxis wird die Indikation von den Operateuren leider nicht so streng gestellt.

Das Dilemma der Diagnostik zeigt sich also auch im Dilemma der Behandlungsformen: Die vorgestellten Interventionstechniken können Wirkung und nicht unerhebliche Nebenwirkung zeigen, ihr Einsatz stellt vielfach aber kein kausal begründetes Vorgehen dar. Weil der Gültigkeitsrahmen der zugrundeliegenden Modelle zwar benannt, aber nicht beachtet wird, haben sie in vielen Fällen den Status einer Symptombehandlung, einer technischen Manipulation mit dem Zweck, eine den Koitus ermöglichende Gliedversteifung zu erzielen, immer dann, wenn sie gebraucht wird, als seien mit einem steifen Glied alle Probleme gelöst. Tiefer (1995) hat diese Reduktion männlicher Sexualität auf bloße Funktionalität als „Phallozentrismus" gekennzeichnet und auf die dahinterstehende Konstruktion von Männlichkeit aufmerksam gemacht. Die zentrale Kritik bezieht sich auf die naturalistische Definition von Sexualität und die damit verbundene Ausblendung der psychosozialen Dimension sexuellen Verhaltens und sexueller Identität. Die Bedeutung von Sexualität in der Beziehung zu autonomen Partnerinnen, die Bedeutung von Phantasie und Intimität für die Sexualität fallen einem naturwissenschaftlich-positivistischen Wissenschaftsverständnis zum Opfer. Sexualität verkommt zur Sache.

Somatische Diagnostik, Behandlung und die psychosoziale Dimension

Aus psychosomatischer Sicht kommt Symptomen eine Symbolfunktion zu. Sie stellen kreative Leistungen der menschlichen Psyche dar, die unbewußt, d.h. unkontrolliert Störungen des Gleichgewichts einer Person mit deren sozialer Umwelt (z.B. der Partnerin) anzeigen und bewirken. Wenn Patienten durch ein Symptom verunsichert werden, dann erleben sie eine Beunruhigung, die auch durch das Symptom abgewehrt werden muß, weil adäquatere Verarbeitungsmöglichkeiten zur Bewältigung des zugrundeliegenden Konflikts nicht zur Verfügung stehen.

Eine „dosierte Beunruhigung", das Leiden am Symptom, ist die Voraussetzung dafür, daß es einen Impuls zum Verständnis, zur Kontaktaufnahme und zur Veränderung geben kann. Dieser positive Effekt eines Symptoms wird aber individuell unterschiedlich stark durch die stigmatisierende Wirkung sexueller Symptome überlagert. Die Fähigkeit zu ungestörter sexueller Aktivität wird von vielen Männern für ein wesentliches Kriterium von Männlichkeit gehalten. Davon zeugt ein männliches Sexualitätskonzept, das sich in phallischer Bewunderung: „Er ist einen halben Meter lang, hart wie Stahl, allzeit bereit" (Zilbergeld 1996, S.40), Leistungsbeschreibungen: „Er kann es die ganze Nacht lang" (S.55) und starren Rollenvorschriften: „Sex ist gleich Geschlechtsverkehr" (S. 55) erschöpft. Interessanterweise kennt dieses Phantasiemodell von Sexualität keine auf das Alter bezogene Relativierung. Vor diesem Hintergrund sehen viele Patienten in ihrem sexuellen Symptom, das eine Störung nur anzeigt, den Grund für ihre Beunruhigung. Sie bewerten es als beschämendes männliches Versagen, das ihren Selbstwert und ihre männliche Identität bedroht und häufig zu einem Schuldgefühle evozierenden Rückzug aus der vielleicht schon vorher konfliktschwangeren Beziehung zur Partnerin führt.

Patienten, die in ihrem Symptom einen „Sinn" vermuten, ein Signal, das sie nicht verstehen, werden sich einer somatischen Lösung gegenüber skeptisch oder ablehnend verhalten und psychologischen Rat suchen. Wenige Patienten sind in ihrem Symptomverständnis auf die entlastende Funktion eines somatischen Verständnisses festgelegt, weil keine Ressourcen zur Verfügung stehen, die narzißtische Kränkung im und durch das Symptom aufzufangen. Dann kann die „therapeutische Verzweiflungstat" einer somatischen Behandlung „auf eine bizarr anmutende Art und Weise und zu einem hohen Preis einen Rest an Liebesfähigkeit und sexuellem Erleben retten" (Schmidt 1993, S.7). Es gibt aber eine große Gruppe von Patienten, die sich eine psychologische Sichtweise, mit der sie wenig vertraut sind, nicht unterstützend vorstellen können, wenn sie z.B. Beschämung durch Aufdecken befürchten, während eine somatische Sichtweise ihnen narzißtische Stabilisierung verspricht. Insbesondere für diese Patienten wäre es möglich, ein psychotherapeutisches Angebot zu machen.

Dazu ein Fallbeispiel:

Ein 59 Jahre alter, seit 2 Jahren verwitweter Mann kommt wegen Erektionsproblemen in die poliklinische Sprechstunde. Neun Monate nach dem Tod seiner Frau lebte er zurückgezogen allein in der alten Wohnung und sucht dann erstmals eine Prostituierte auf. Seine sexuelle Reaktionsfähigkeit erweist sich als gehemmt. Über eine Kontaktanzeige findet er seine jetzige, ebenfalls verwitwete, sechs Jahre jüngere Partnerin. Sie leben getrennt, unternehmen am Wochenende aber viel gemeinsam. Mit ihr könne er Leben nachholen, was seit dem Beginn der Erkrankung seiner Ehefrau, zwei Jahre vor deren Tod, zu kurz gekommen sei. Sexuelle Probleme habe es in der Ehe nicht gegeben, bestünden in der neuen Partnerschaft aber von Anfang an. Er habe sich damals, aus Angst, seine neue Partnerin nicht halten zu können, gleich an seinen Hausarzt gewandt, der ihn an einen Urologen überwies. Die dort durchgeführte Diagnostik ergab keinen somatischen Befund. Die Therapie bestand zunächst in Gaben von Yohimbin, führte aber nicht zum erwünschten Erfolg. Das Ergebnis einer dann durchgeführten, diagnostisch begründeten SKIT beeindruckte den Patienten so sehr, daß er sich für SKAT als Behandlungsform entschied, obwohl er sich fragte, ob sein Problem nicht seelischen Ursprungs sei. Zum Zeitpunkt des Erstgesprächs habe er SKAT durchschnittlich einmal in der Woche insgesamt ca. 50 mal im Einverständnis mit seiner Partnerin angewendet. Nur im gemeinsamen Urlaub hätten sie auf dieses Hilfsmittel verzichten können, weil es früh morgens zu spontanen Erektionen gekommen sei, die sie für sexuelle Aktivitäten genutzt hätten. Zwar habe SKAT härtere und länger andauernde Erektionen gebracht, zufrieden sei er dennoch nicht. Die vom Arzt in Aussicht gestellte Normalisierung sei nicht eingetreten. Er habe Angst, sich zu schaden und suche daher nach Möglichkeiten, auf das Hilfsmittel verzichten zu können. Diese Angst sei mittlerweile größer als die, in einer Behandlung mit psychischen Schmerzen konfrontiert zu werden.

Der Patient ist seit seinem 9. Lebensjahr Vollwaise. Die Mutter starb nach seiner Geburt, Vater und Stiefmutter sind Kriegsopfer. Bis zu seinem 21. Geburtstag lebte er in einem Heim, dessen Leiterin die Vormundschaft übernahm und zu der er noch heute Kontakt hält. Seine spätere Ehefrau, die ihn wegen ihrer Lebhaftigkeit anzog, lernte er während der Lehrzeit kennen. Um die Waisenrente nicht zu verlieren, heirateten sie erst nach dem Ende seines Ingenieurstudiums.

Eine eigene Familie zu gründen, habe einen großen Stellenwert für ihn gehabt. Die Ehe sei gut gewesen, wenngleich sie 1988 eine Krise hätten bewältigen müssen. Damals sei er beruflich so gefordert gewesen, daß seine Frau sich vernachlässigt gefühlt habe und eine platonische, aber intensive Beziehung zu einem anderen Mann eingegangen war. Ihn habe gestört, daß ihr Interesse an gemeinsamer Sexualität zurückgegangen war. Er habe sich allein gelassen gefühlt. Die letzten beiden Ehejahre waren von der Auseinandersetzung mit Krankheit, Sterben und der Pflege seiner Frau geprägt. Er habe Abschied nehmen können, solange sie lebte. Danach habe er oft an seine Frau denken müssen, was aber abnehme.

Hier zeigt sich, wie zentrale Konflikte dieses Mannes – aktualisierte Verlustängste, Schuldgefühle in Zusammenhang mit einem nicht abgeschlossenen Trauerprozeß und neuer Partnerwahl, Erwartungsängste – und die Wünsche, Ängste und Konflikte der neuen Partnerin in der somatischen Behandlung unthematisiert bleiben. Es bleibt unberücksichtigt und unreflektiert, wofür die Erektionsstörung einen Lösungsversuch darstellt.

Das „Bestechende" eines somatischen Symptomverständnisses liegt nach meiner Einschätzung in vier Aspekten begründet:

➤ Zum einen spiegelt die Versachlichung des Symptoms und dessen Objektivierung die alltägliche Erfahrung zunehmender gesellschaftlicher Entfremdungsprozesse, die sich in Individualisierung, in der Verdinglichung des jeweils anderen, der Instrumentalisierung menschlicher Beziehungen und der Funktionalisierung des eigenen wie des Körpers des anderen zeigt.

➤ Zum zweiten verspricht die somatogene Symptomattribuierung Entlastung von Schuldgefühlen, und die Krankenrolle erlaubt es, Verantwortung an den Arzt zu delegieren.

➤ Drittens verlangt eine somatische Betrachtung keine Auseinandersetzung mit der eigenen, aktuellen Lebenssituation und den damit in Zusammenhang stehenden starken Wünschen, Ängsten und Konflikten sowie dem Erleben der Partnerschaft.

➤ Dadurch, daß der Patient das Symptom für die Ursache seines Leidens hält und der Arzt im Symptom eine Fehlfunktion sieht, stimmen viertens beide darin überein, daß in der Beseitigung des Symptoms die Lösung liegt. Es ist verständlich, daß die Patienten hoffen, durch die Bekämpfung des Symptoms ihren Selbstwert, ihre Männlichkeit wiederzuerlangen. Indem sie die Gefühle der Minderwertigkeit, des Versagens, der Ohnmacht und der Wut auf Probleme der „Performance" beschränken, behalten sie im Kampf um verlorengegangene Autonomie noch ein Stück Kontrolle.

Der Preis für diesen Weg zur Rettung der Männlichkeit ist hoch, weil er den Kontakt zur eigenen Lebendigkeit, den Gefühlen und Konflikten weiter einschränkt. Auch die Kontaktfähigkeit zur Partnerin und zu anderen Menschen leidet darunter. Wo Sexualität zur Sache geworden ist, kann kein Gespräch *von* etwas (dem Erleben) geführt werden, es kann nur noch *über* etwas geredet werden. Das sexuelle Symptom und der dahinter liegende neurotische Konflikt werden chronifiziert. Natürlich beinhalten die Biographien verschiedener Menschen qualitativ und quantitativ unterschiedliche Enttäuschungen, Versagungen und Traumen, die in manchen Fällen ein Ausmaß angenommen haben können, das Patienten, Partnerinnen und vielleicht auch Psychotherapeuten unerträglich erscheint und deshalb Übereinstimmung darüber herrscht, die dem Problem zugrundeliegende psychische Seite unberührt zu lassen. Bei der Mehrzahl der Patienten sind diese Bedingungen nicht erfüllt.

Die Partnerin in der medizinischen Behandlung

In der somatisch ausgerichteten Literatur fällt auf, daß die Partnerinnen der Patienten mit sexuellen Problemen so gut wie gar nicht erwähnt werden. So verwundert es nicht, wenn sie in die Behandlung in der Regel nicht einbezogen sind. Die wenigen Untersuchungen über Partnerinnen von Männern mit Erektionsstörungen und einer medizinisch-technischen Behandlung beweisen nicht das Gegenteil. Danach freuen sich die Frauen mehrheitlich an der durch die Anwendung von Vakuumpumpe oder SKAT gewonnenen Selbstsicherheit der Männer, die eine entspannte und lustvolle Sexualität ermöglicht habe, weil Eile nicht mehr Not tue und damit ein Gefühl der Sicherheit gegeben sei. Auch eine Ejaculatio praecox wurde nicht störend empfunden, da die Erektion erhalten bleibe (Althof et al. 1992). Wenngleich die Antworten der Frauen in diesen Untersuchungen im Sinne einer Bestätigung der Behandlungsmethoden interpretiert werden, liegt in ihnen dennoch etwas davon, was die sexuelle Störung – in diesem Fall eine Erektionsstörung – für die Partnerinteraktion bedeutet hat. Es bleibt fraglich, ob die Frauen mit der eingesetzten Technik zufrieden waren, oder ob sie diese nur in Kauf nahmen, um nicht länger unter dem emotionalen Rückzug der Männer leiden zu müssen. Caroll und Bagley (1990) fanden in ihrer Stichprobe, daß jede zweite Frau die Erfahrung macht, daß ihr Partner sich mit dem Auftreten sexueller Probleme aus der Beziehung zu ihr zurückzieht. Meistens betrifft dieser Rückzug nicht nur Geschlechtsverkehr sondern jede Form von Körperkontakt, wie kurzes Umarmen, Küssen oder Streicheln. Viele Frauen aber fühlen sich auf solche Gesten angewiesen. 67% der Frauen war das Vor- und Nachspiel wichtiger als der Koitus (Althof et al. 1992). Wenn ihr Partner sich aus Selbstschutz zurückzieht, befürchten die Frauen häufig, nicht länger begehrt zu werden. Werden solche Ängste und Schuldgefühle aggressiv abgewehrt, z.B. indem sie ihrem Partner gegenüber Sexualität (an)klagend einfordern, ist es schwerer, die dahinterstehende Bedürftigkeit wahrzunehmen. Es entspricht der Perspektive einer bedrohten Männlichkeit, darin ausschließlich „Sabotage" zu erkennen und der Frau eine „mehr oder weniger offene und bewußte Feindseligkeit, für die sich die

'Achillesferse' der labilisierten Erektionsfähigkeit bestens anbietet" (Langer u. Hartmann 1992, S.11), als Motiv zu unterstellen. Paardynamisch gesehen ist es wenig sinnvoll, die Aggression nur auf der einen Seite zu sehen. Auch in der Erektionsstörung kommen aggressive Impulse der Frau gegenüber zum Ausdruck, ist nicht nur Angst und Bedürftigkeit symbolisiert. Eine Erektionsstörung kann der Aggressionsabwehr dienen, aggressive Impulse der Frau gegenüber können im Symptom gebunden werden, um eine Beziehung aufrechterhalten zu können und nicht zu zerstören. Ebenso kann eine Erektion der Aggressionsabfuhr dienen, wie es extrem in der Vergewaltigung geschieht.

Da die Bedeutung von Sexualität für eine Partnerschaft vieldeutig ist, aus somatischer Sicht aber nicht überblickt werden kann, ist der Einsatz somatischer Lösungen problematisch und sollte daher regelhaft nicht angewendet werden. Vielmehr ist es notwendig, die Partnerin in die Diagnostik und Behandlung sexueller Störungen beim Mann einzubeziehen.

Reden über Sexualität

Die Medikalisierung sexueller Probleme – wie eine technisierte Medizin überhaupt – birgt die Gefahr, eine wesentliche ärztliche Tätigkeit in den Hintergrund zu drängen: das Gespräch. Es ist nicht das Gespräch zur Übermittlung von Sachaspekten gemeint, sondern das Gespräch, das Bedeutungszusammenhänge, Symbolisierungen verstehen will. Metz und Seifert (1990) kommen in einer US-amerikanischen Untersuchung über die Erwartungen von Patienten an ihre Ärzte zu dem Schluß, daß viele Männer mit ihrem Arzt über sexuelle Probleme reden möchten. Sie erwarten von ihnen, daß sie die Notwendigkeit, über sexuelle Probleme zu reden, anerkennen, daß sie die Schwierigkeiten der Patienten, über Sexuelles zu sprechen, auch ihre Verletzbarkeit, akzeptieren und daß sie die Initiative im Gespräch ergreifen. Neben sachlicher Aufklärung besteht bei den Patienten also auch ein Wunsch nach Zuwendung. Wo eine solche Arzt-Patient-Beziehung gelingt, hat die Empfehlung für eine Behandlung besonderes Gewicht. „Je eher die Interviewer die jeweiligen Probanden als sympathisch, attraktiv, motiviert, zuverlässig, glaubwürdig erleben konnten, je positiver sie in ihrer affektiven Primärreaktion in bezug auf die jeweiligen Probanden gestimmt waren, und je besser sich die Interviewer im Kontakt mit den jeweiligen Probanden selbst fühlten und zu einer vertraulich-empathischen Kontaktaufnahme bereit waren, desto eher erfolgte von seiten der betroffenen Probanden eine Annahme des ausgesprochenen Psychotherapieangebots" (Franz 1994, S.182).

Der zuerst aufgesuchte und angesprochene Arzt hat also einen besonderen, die Behandlung bahnenden Einfluß und deshalb eine besondere Verantwortung dem Patienten gegenüber. Darum wirkt es sich ungünstig auf den Patienten aus, routinemäßig eine somatische Diagnostik einzuleiten und erst nach Ausschluß somatischer Faktoren eine psychologische Beratung und Behandlung in Betracht zu ziehen. Eine Ausschlußdiagnose „psychogene Sexualstörung" kann keine Zuwendung transportieren, weil sie nicht auf Verständnis beruht. Ein solches Vorgehen zementiert die „Sprachlosigkeit" des Patienten, der eine Einschränkung der Selbstwahrnehmung (der Bedürfnisse, Wünsche und Grenzen) und der Kontakt- und Konfliktfähigkeit in der Partnerschaft zugrunde liegt, und die schon das Symptom hervorgebracht hat. „Wird nichts gewagt, was nicht ohnehin angedient ist, wird der Inhalt des Genusses ersetzt durch sein bloßes Zustandekommen, geht es nicht darum, was und wie etwas gemacht wird, sondern einzig: daß es erfolge. Das sexuelle Tun erstarrt zur Sache und wird als solche mystifiziert" (Sigusch 1984, S.96).

Es erscheint daher sinnvoller, den Kontakt zum Patienten im Gespräch zu suchen und dabei den Hauch einer Ahnung zu bekommen, worum es dem Patienten in seinem

Wunsch nach Erektionsfähigkeit geht, ob eine Kränkung kompensiert, Angst bewältigt, eine Beziehung gerettet, Einsamkeit überwunden, Liebe ermöglicht werden soll. Viele weitere Motive sind denkbar. Die von Sigusch (1996, S.120f.) formulierten „10 Silbernen Erfahrungssätze" können helfen zu beurteilen, wann eine weitere somatische Klärung und Behandlung angezeigt ist.

Ein solches Gespräch stellt an den behandelnden Arzt höhere Anforderungen, was den Zeitaufwand, die Kompetenz in der Beurteilung der psychosozialen Dimension sexueller Probleme und die Fähigkeit, über sexuelle Themen offen und konkret zu sprechen, angeht. Das medizinische Vergütungssystem trägt dem leider nicht genügend Rechnung, sondern befördert eine mit der Medikalisierung konforme Haltung. Das fördert die Gefahr, die Ohnmacht des Behandlers ebenfalls mit technischen Mitteln abzuwehren (Zamel 1994). Dennoch bleibt die Aufforderung, die Tiefer (1993) aus der Perspektive der Partnerin an den Partner richten läßt, auch für den Arzt sinn- und verdienstvoll: „Dr., put down that needle and let's talk".

7. Ansätze zur Psychotherapie sexueller Störungen

Bernhard Strauß

Ausgehend von einer Klärung des Begriffs „Sexualtherapie" gibt dieser Abschnitt einen kurzen Überblick über psychotherapeutische Ansätze zur Behandlung sexueller Störungen, wobei nach sexuellen Funktionsstörungen und sexueller Delinquenz differenziert wird. Als wesentliche Entwicklung bei der Psychotherapie der Sexualstörungen wird in jüngster Zeit eine zunehmende Integration verschiedener psychotherapeutischer Methoden konstatiert.

Der Begriff „Sexualtherapie" war in Psychotherapeutenkreisen lange Zeit äußerst umstritten, impliziert er doch, daß bei der Behandlung sexueller Störungen eine spezifische Art der Therapie, eben „Sexualtherapie" indiziert sei. Kritiker des Begriffes haben immer wieder darauf hingewiesen, daß sexuelle Störungen prinzipiell nicht anders aufzufassen seien als andere psychische bzw. psychosomatische Symptome und dementsprechend mit den verfügbaren psychotherapeutischen Methoden zu behandeln seien. Die Kontroversen um den Begriff „Sexualtherapie" und seine Implikationen sind mittlerweile allerdings weitgehend verstummt, nachdem sich die Auffassung durchgesetzt hat, daß sexuelle Störungen zwar in vielerlei Hinsicht Gemeinsamkeiten mit anderen psychischen und psychosomatischen Störungen aufweisen, daß ihre Behandlung aber in vielen Fällen spezifischer Techniken und Interventionen bedarf.

Eine ganze Reihe sexueller Schwierigkeiten, insbesondere solche, die auf Fehlvorstellungen, unzureichender Aufklärung und Information beruhen, bedürfen keiner länger dauernden Psychotherapie. Manche Autoren (z.B. Buddeberg 1996) vertreten nicht zu unrecht die Auffassung, daß man bei jeder sexuellen Störung zunächst eine Beratung versuchen sollte. Eine auf die Sexualität ausgerichtete Beratung hat als Hauptaufgabe die Vermittlung von Informationen über die psycho-somatischen Aspekte der Sexualität, den Abbau von Hemmungen und falschen Vorstellungen sowie die Verdeutlichung partnerschaftlicher Aspekte der Sexualität und damit verbundener Probleme. Konzeptuelle Überlegungen zu Inhalt und Form von Sexualberatung findet man bei Röbbeling u. Clement (1983). Eine praxisorientierte Einführung in die Sexualberatung gibt Buddeberg (1996).

Therapeutische Ansätze bei der Behandlung sexueller Funktionsstörungen

Sexualberatung und Sexualtherapie schließen sich nicht unbedingt aus. So werden auch in der Sexualberatung (hier verstanden als zeitlich begrenzte, auf eine spezifische Problematik fokussierende Maßnahmen) Techniken der Intervention genutzt, die ursprünglich im Kontext psychotherapeutischer Methoden zur Behandlung sexueller Störungen entwickelt wurden (z.B. Verhaltensanleitungen, auf fokale Konflikte zentrierte tiefenpsychologische Interventionen etc.). Allgemeine Modelle der psychotherapeutischen Behandlung sexueller Störungen tragen diesem Umstand Rechnung (s. u.).

Im Zusammenhang mit der Behandlung sexueller Störungen lassen sich ebenso unterschiedliche theoretische Ansätze differenzieren wie in der Psychotherapie generell. Die frühesten systematischen Beschreibungen von psychosozialen Hilfsmaßnahmen bei sexuellen Problemen stammen aus dem Bereich der Psychoanalyse (z.B. Stekel 1920, Bergler 1937) und von Sexualwissenschaftlern und -pädagogen, die den aufklärerischen oder pädagogischen Aspekt von Interventionsmaßnahmen in den Vordergrund rückten (z.B. in der Tradition von van de Velde 1926, dessen Buch „Die vollkommene Ehe" über viele Jahre hinweg immer wieder neu aufgelegt wurde und vielen Ratgebern als Modell diente).

Bahnbrechend für die Entwicklung spezifischer Methoden der Sexualtherapie war die Veröffentlichung von Masters u. Johnson („Human Sexual Inadequacy", 1970), die ein paartherapeutisches Übungsprogramm zur Behandlung sexueller Funktionsstörungen beschrieben und dessen Nutzen mit eindrucksvollen Erfolgsraten untermauerten (vgl. Kap. 9). In der Folgezeit wurden die zunächst relativ atheoretischen Interventionsstrategien von Masters u. Johnson durch verhaltenstherapeutisch orientierte (z.B. LoPiccolo u. LoPiccolo 1978) und psychodynamisch orientierte Autorinnen und Autoren (z.B. Kaplan 1974 u. 1979) erweitert und ergänzt. Die wichtigste Modifikation des Behandlungsprogrammes für den deutschsprachigen Raum wurde im Rahmen eines Forschungsprojektes in den späten siebziger Jahren durch Arentewicz u. Schmidt (1980 u. 1993) vorgenommen. Diese „Hamburger Version" der Paartherapie ist ausführlich in Kap. 9 dieses Bandes beschrieben. Allgemeinere verhaltenstherapeutische Ansätze der Sexualtherapie beschreibt Fliegel in Kap. 10.

In Kap. 11 wird verdeutlicht, daß die auf Masters u. Johnson (1970) zurückgehenden paartherapeutischen Konzepte sehr gut zu ergänzen sind durch Interventionen aus anderen (hier: systemischen) Psychotherapieschulen. Dementsprechend wurden in den letzten Jahrzehnten einige spezifisch auf sexuelle Störungen ausgerichtete Behandlungskonzepte entwickelt, die sich ebenso spezifischer theoretischer Modelle bzw. psychotherapeutischer Techniken bedienen und die mit den Übungen aus Masters´ und Johnsons Programm kombinierbar sind, aber auch als eigenständige Behandlungsmethode dienen können. Zu nennen sind als Beispiele aus der humanistischen Psychotherapie die Ansätze von Wendt (1979), aus der Hypnotherapie die Konzepte von Fuchs et al. (1985) oder Christmann (1991). Auf skripttheoretischen Modellen basiert der Behandlungsansatz von Rosen u. Leiblum (1988, vgl. auch Kap. 12), auf kommunikationstheoretischen Modellen die Ansätze von Zimmer (1985) oder Loewit (1990).

Mit geschlechtsspezifischen Aspekten sexueller Störungen (und der Betonung und Entwicklung von Techniken der Körperselbsterfahrung) haben sich ausführlich Barbach (1977) für die weibliche Sexualität und Zilbergeld (1983, 1992) für die männliche Sexualität befaßt. Die Veröffentlichungen beider Autor(inn)en sind u.U. durchaus auch als Lektüre für die Betroffenen geeignet und können dazu dienen, Informationsdefizite bzw. manchen sexuellen Mythos zu beseitigen.

Wie in Kap. 4 dargestellt, faßt die psychoanalytisch orientierte Psychotherapie sexuelle Störungen primär als neurotisch begründet auf. Lange Zeit galten unbewußte Konflikte zwischen Triebwünschen und den Interessen des Ichs als die wesentliche Ursache sexueller Symptome, bis durch die wachsende Bedeutung der Ich- und Objektbeziehungstheorien zunehmend die Relevanz „früher" Beziehungsstörungen als Bedingungsfaktoren einer sexuellen Störung anerkannt wurde. Dieser Auffassung zufolge gibt es in der Psychoanalyse keine wirklich spezifischen Methoden zur Behandlung sexueller Störungen. Becker (1996) ist der Meinung, daß sich das klassische Modell der analytischen Behandlung, „in dem es um das Erkennen von Sinnzusammenhängen durch das Wiederbewußtwerden von verdrängten psychischen Konflikten geht", sich „vor allem bei der Behandlung ödipaler Störungen" bewährt habe. Bei sexuellen Beeinträchtigungen, die vor dem Hintergrund struktureller Störungen zu verstehen sind, komme dem Analytiker eine andere Funktion zu, die im Sinne von Heigl-Evers et al. (1993) am ehesten als die eines strukturgebenden und –bildenden „Hilfs-Ichs" bezeichnet werden kann. Generell ist in der psychodynamisch orientierten Psychotherapie die Einzelbehandlung (ggf. auch die Gruppentherapie) nach wie vor – auch bei sexuellen Störungen – die Methode der Wahl. Dementsprechend gibt es noch relativ wenig elaborierte Ansätze zur Paarbehandlung nach psychoanalytischen Grundsätzen. Als Ausnahmen seien die Konzeptionen psychoanalytischer Paartherapie von Willi (1975) bzw. Eiguer u. Ruffiot (1991) genannt, die sicher auch bei der Behandlung sexueller Störungen indiziert sein können. Für die Praxis nützliche allgemeine Überlegungen zur Indikation von Einzel- und Paartherapie finden sich ebenfalls bei Willi (1975).

Es ist allgemein bekannt, daß gerade im Zusammenhang mit sexuellen Funktionsstörungen psychotherapeutische Ansätze, die ausschließlich auf eine Klärung und Aufdekkung von Konflikten fokussieren, oftmals scheitern. Ein Grund hierfür ist in der großen Bedeutung lerntheoretischer Prinzipien im Zusammenhang mit der Sexualität zu sehen, die oftmals fortwirken, auch wenn ursächliche, für die Entstehung einer sexuellen Problematik verantwortliche Konflikte längst aufgedeckt sind. Eines dieser Prinzipien ist der sogenannte Selbstverstärkungsmechanismus, auf den in Kap. 4 bereits eingegangen wurde. Der großen Bedeutung von Lernerfahrungen und Lernprinzipien entsprechend, ist das spezifische sexualtherapeutische Repertoire an Interventionen überwiegend aus der Verhaltenstherapie entlehnt. Dieses Repertoire ist ausführlich in dem von Fliegel verfaßten Kap. 10 dieses Buches zusammengefaßt.

Wie in der Psychotherapie generell (z.B. Grawe 1995), gibt es auch in bezug auf die Psychotherapie sexueller Störungen den Versuch, allgemeine Behandlungsmodelle zu entwickeln, die eine Indikationsstellung für spezifische Techniken bzw. Behandlungsansätze erleichtern sollen.

Von Bancroft (1985) stammt das Modell, wonach bei der Behandlung sexueller Störungen folgende drei Komponenten zu unterscheiden sind:

➤ die erzieherische/pädagogische Komponente
➤ die Verhaltenskomponente und
➤ die psychotherapeutische Komponente.

Erstere bezeichnet die Aufgabe, in der Therapie Aufklärung und Information zu vermitteln (ggf. unter Hinzuziehung von Aufklärungsmaterial wie Bildern, Filmen oder Modellen) und den Betroffenen in gewisser Weise die Erlaubnis zu geben, Neues auszuprobieren bzw. bestimmte sexuelle Praktiken (wie etwa Selbstbefriedigung) auszuüben.

Mit der Verhaltenskomponente sind konkrete Verhaltensanleitungen, Übungen und Ratschläge bezeichnet, die sich auf die sexuelle Interaktion und Kommunikation beziehen. Die im Programm von Masters u. Johnson enthaltenen Übungen wären hierzu zu rechnen.

Diese beiden Komponenten werden in der Regel nicht ausreichen. Bancroft meint zurecht, daß „bei der Mehrzahl der Fälle ... bei der Durchführung spezieller Übungsschritte zu irgendeinem Zeitpunkt Schwierigkeiten auftreten" würden. Dann seien die psychotherapeutischen Fertigkeiten der Behandler besonders wichtig. Diese sind allerdings sicher nicht nur im Falle von „Schwierigkeiten" von Bedeutung. Wie beispielsweise in Kap. 9 ausgeführt, eignet sich der Einsatz von Verhaltensanleitungen – etwa im Rahmen der Paartherapie – sehr gut, um unbewußte individuelle und paarbezogene Konflikte aufzudecken. Dies erfordert psychotherapeutische Kompetenz. Dementsprechend dürfte es in der Regel immer problematisch sein, sich ausschließlich auf die beiden erstgenannten Komponenten in Bancrofts Modell zu beschränken.

Dieses Modell ähnelt einem Konzept der Therapie sexueller Störungen, welches von Annon (1974) mit dem Kunstwort PLISSIT bezeichnet wurde. Dieses Kunstwort setzt sich aus den Anfangsbuchstaben folgender Behandlungskomponenten zusammen:

- ➤ *Permission*
- ➤ *Limited Information*
- ➤ *Specific Suggestions*
- ➤ *Intensive Therapy*

Auch diese Komponenten enthalten die erlaubnisgebende und „aufklärerische" Funktion der Behandlung, konkrete Verhaltensanleitungen bzw. -vorschläge und ein im engeren Sinne psychotherapeutisches Vorgehen. Das PLISSIT-Modell eignet sich auch dazu, Sexualberatung („PLISS") von Sexualtherapie („PLISS + IT") abzugrenzen (vgl. Hoyndorf et al. 1995).

Therapeutische Ansätze bei der Behandlung sexueller Delinquenz

Auf die wesentlichen Grundprinzipien der Psychotherapie bei sexueller Delinquenz wird in Kap. 13 dieses Buches eingegangen. Dort wird dargestellt, daß ein wesentlicher Schritt bei dieser Aufgabe, die meistens von seiten des Strafvollzugs zugewiesen wird, die Förderung der Therapiemotivation darstellt. Dieses „Grundproblem" mag dazu geführt haben, daß die Versorgungssituation in diesem Bereich überwiegend unzureichend war und nach wie vor ist. Die im Zusammenhang mit öffentlichen Diskussionen um einige besonders bizarre Sexualstraftaten immer wieder geäußerte Forderung nach einer Verbesserung der psychotherapeutischen Versorgung von Sexualstraftätern wurde bisher in der Regel nur sehr halbherzig aufgegriffen.

Konfrontiert mit der desolaten Versorgungssituation, wurde in den 70er Jahren von Schorsch und Mitarbeitern (vgl. Schorsch et al. 1985) in Hamburg der Versuch unternommen, die Möglichkeiten ambulanter psychotherapeutischer Behandlung von Sexualdelinquenten auszuloten. Das zwischen 1975 und 1982 durchgeführte Forschungsprojekt stellt bis heute wohl den umfassendsten Versuch dar, psychotherapeutische Hilfeleistungen bei sexueller Deviation zu entwickeln und zu evaluieren. Immerhin wurden im Rahmen des Projektes 86 Behandlungen durchgeführt, wobei die Patienten der Studie überwiegend wegen exhibitionistischer, pädophiler und sexueller Nötigungshandlungen einer Psychotherapie zugewiesen worden waren.

Weit mehr als die Hälfte der Behandlungen war als erfolgreich zu beurteilen, wobei die Therapieergebnisse bei einer Katamnese von 52 Patienten weitgehend stabil geblieben waren. Im Rahmen der Studie wurden die verschiedenen Funktionen perverser Symptome vier zentralen Problembereichen zugeordnet, die letztlich auch das psychotherapeutische Vorgehen und die Behandlungsziele determinierten. Es waren dies Identitätsprobleme (speziell bezogen auf die Geschlechtsidentität), Aggressionsprobleme, Probleme im Selbsterleben (narzißtische Probleme) und Störungen der Beziehungsfähigkeit. Das therapeutische Vorgehen umfaßte im wesentlichen verhaltenstherapeutische und gesprächspsychotherapeutische Interventionen auf der Basis eines psychodynamischen Symptomverständnisses (vgl. Hauch u. Lohse 1996). Diese Kombination hat sich bewährt und stellt auch heute wahrscheinlich das effektivste Vorgehen bei der Behandlung sexuell Delinquenter dar (vgl. Kap. 13).

Primär verhaltenstherapeutische Programme (z.B. Hoyndorf et al. 1995) stellen die Kontrolle des symptomatischen Verhaltens bzw. die Impulskontrolle in den Mittelpunkt ihres Vorgehens und bedienen sich verhaltenstherapeutischer Techniken, die auf ein Erkennen von Risikosituationen fokussieren, kognitiver Interventionen (z.B. verdeckte Sensibilisierung) oder verschiedener Selbstkontrollverfahren. Bewertungen kontrollierter verhaltenstherapeutischer Studien zeigen nach Hoyndorf et al. (1995), daß insbesondere Therapiekonzepte, die Impuls- und Selbstkontrolle in den Mittelpunkt der Behandlung stellen, die besten Ergebnisse erzielen.

Auf die speziellen Bedingungen in der Psychotherapie sexueller Delinquenz unter institutionellen Bedingungen geht Berner (1996) ein. Speziell in diesem Setting wurden in den vergangenen Jahren unterschiedliche Modelle der Behandlung erprobt, die sowohl den Behandlungsrahmen (Einzel- vs. Gruppentherapie), die „Zielgruppe" (z.B. Erwachsene vs. Jugendliche), als auch die Miteinbeziehung von Opfern (im Sinne einer Konfrontation der Täter mit den Konsequenzen ihrer Handlungen) in die Behandlung betreffen (z.B. Groth 1986, Tügel u. Heilemann 1987).

Neuere Entwicklungen auf dem Gebiet der Sexualtherapie

Die psychologisch-psychotherapeutische Forschung auf dem Gebiet der Sexualstörungen lag in den letzten 10-15 Jahren weitgehend brach. Dazu hat nicht nur die in Kap. 6 beschriebene Medikalisierung der Sexualität beigetragen, sondern auch die Tatsache, daß bis dahin schon eine Reihe effektiver und bewährter therapeutischer Ansätze entwickelt wurden, die auch heute noch im wesentlichen das Repertoire sexualtherapeutischer Interventionen repräsentieren. Die vorliegenden Angaben zur Effektivität von Sexualtherapie sind beeindruckend, insbesondere im Vergleich zu den Effektivitätsraten bei der Psychotherapie anderer psychischer/psychosomatischer Störungen. Es gab also scheinbar keinen Grund, sich von psychologischer Seite vermehrt mit Fragen der Diagnostik und Therapie sexueller Störungen auseinanderzusetzen. Andererseits ist gerade in der zu bemerkenden Spaltung zwischen psychischen und somatischen Betrachtungsweisen der Sexualstörungen ein guter Grund dafür zu sehen, die psychosomatische Forschung in Zukunft wieder zu intensivieren. Dies gilt sicher besonders für die psychoanalytisch-psychodynamische Betrachtungsweise sexueller Störungen und Konflikte.

Auch bei der Arbeit an diesem Buch wurde deutlich, daß sich bei der Frage nach neueren Entwicklungen auf dem Gebiet der Psychotherapie sexueller Störungen folgende Tendenzen feststellen lassen:

➤ Die zunehmende Integration verschiedener therapeutischer Schulrichtungen bei der Behandlung sexueller Störungen, also eine gewisse Offenheit für alternative Erklärungs- und Interventionskonzepte, die letztlich sicherlich den Patienten zugute kommt. Dies ist im übrigen eine allgemeine Entwicklung in der Psychotherapie, in der die lange Zeit sehr rigiden Grenzen zwischen therapeutischen Schulen mehr und mehr aufweichen (z.B. Grawe 1995).

➤ Die Abkehr von einem reinen Defizitmodell hin zu einem ressourcenorientierten Vorgehen. Auch dies ist eine erkennbare Entwicklung, die für die Psychotherapie im allgemeinen gilt und die dadurch gekennzeichnet ist, daß im therapeutischen Kontakt mehr und mehr auf den vorhandenen Fähigkeiten und Möglichkeiten eines Patienten aufgebaut wird, anstatt nur auf die Störung als solche zu fokussieren. Im Kontext der Behandlung von Sexualstörungen könnte ein ressourcenorientiertes Vorgehen z.B. darin bestehen, daß „außersexuelle" Lebensbereiche, in denen der oder die Betroffene eine Stärkung des Selbstwertgefühls erfährt, deutlicher hervorgehoben und gewissermaßen als Modell für die Bewältigung sexueller Insuffizienzgefühle benutzt wird.

➤ Eine deutlichere Berücksichtigung von veränderten gesellschaftlichen Rahmenbedingungen und deren Auswirkungen auf die Psychotherapie (vgl. Kap. 2 u. 9).

Die Bedeutung der Sexualität in der Psychotherapie

Wie in einigen Beiträgen dieses Buches dargestellt, gibt es eine ganze Reihe weiterer psychotherapeutischer Problemstellungen, die unmittelbar mit der Sexualität verbunden sind, wie etwa Behandlungsmaßnahmen im Zusammenhang mit Transsexualität (Kap. 14), mit sexuellen Traumatisierungen (Kap. 15) oder mit HIV-Infektion und AIDS (Kap. 16). Daneben muß bedacht werden, daß sexuelle Probleme, Ängste und Schwierigkeiten natürlich häufig sekundär in psychotherapeutischen Behandlungen eine Rolle spielen können. Ohne einem „furor sanandi" im Hinblick auf jedes noch so kleine sexuelle Problem das Wort reden zu wollen, sollten Psychotherapeut(inn)en – auch wenn sie sich nicht auf die Behandlung sexueller Störungen spezialisieren – doch gerüstet sein, mit sexualitätsbezogenen Themen adäquat (d.h. auch mit der notwendigen Distanz und Abstinenz, vgl. Kap. 8) umgehen zu können. In Anlehnung an die eingangs erwähnte begriffliche Unklarheit bezüglich der „Sexualtherapie" sind so gesehen sicher beide Feststellungen zutreffend:
„Die Psychotherapie sexueller Probleme unterscheidet sich nicht von jeder anderen Art der Psychotherapie."
„Die Psychotherapie sexueller Störungen bedarf häufig, wenn auch nicht immer, spezifischer Interventionstechniken, um die sexuellen Störungen immanenten ursächlichen und aufrechterhaltenden Bedingungen zu verändern".

8. Erotisierte Übertragung/Gegenübertragung

Nikolaus Becker

Ausgehend von Freuds „Bemerkungen zur Übertragungsliebe" wird in diesem Beitrag die erotische Übertragung von der erotisierten Übertragung abgegrenzt. Im ersten Fall wird eine infantile Liebe in der therapeutischen Beziehung wiederholt, im zweiten Fall ist ein Therapeut mit einem bestimmten Stil oder Modus der Beziehungsgestaltung konfrontiert. Der Beitrag stellt dar, unter welchen Umständen dieser Stil in Anspruch genommen wird. Schließlich geht der Autor auf die Thematik der erotisierten Gegenübertragung ein, die bei der Behandlung sexueller Störungen besonders – aber keineswegs nur dort – zu beachten und zu reflektieren ist.

Vorbemerkungen

Die ersten psychoanalytischen Erörterungen der erotischen Übertragung gehen auf die Übertragungsliebe von Anna O. zu Josef Breuer (1895) zurück und haben ihren Ausdruck letztlich in Freuds „Bemerkungen zur Übertragungsliebe" (1915) gefunden. „Erotische Übertragung" als Begriff macht es möglich, das Phänomen „Übertragungsliebe" als eine Übertragungsform unter die anderen Übertragungen (positive, negative, archaische usw.) einzuordnen. Die verschiedenen Übertragungsformen haben als gemeinsamen Nenner, daß sie Wiederholungen/Nachbildungen früherer Beziehungen darstellen, die sich im Leben wie in der Behandlung spontan einstellen. Die „spontane Übertragung" Freuds hat sich als variable Reaktionsbereitschaft entpuppt (Thomae u. Kächele 1985). Wenn das Ich-Selbst seine Triebregungen auf ein Objekt richtet, wird es je nach den von diesem Objekt ausgehenden Reizen dieses mehr oder weniger für eine Übertragung in Anspruch nehmen. Angenommen wird eine immer bestehende Übertragungsbereitschaft, ein Bedürfnis, die frühen Objektbeziehungen mit dem Ziel einer besseren Lösung zu wiederholen.

Gerade für die erotische Übertragung ist es wichtig zu betonen, daß Übertragungen nicht nur schlicht Wiederholungen sind, die dann „Neudrucke, unveränderte Neuauflagen" darstellen, sondern es sich auch „kunstvoller um Neubearbeitungen" handeln kann, „wenn sie sich an irgendeine geschickt verwertete reale Besonderheit an der Person oder in den Verhältnissen des Arztes anlehnen" (Freud 1915).

Im Unterschied zu den ständig im Alltag vorgenommenen Übertragungen wird die Übertragung in der analytischen Beziehung aufgedeckt und für die therapeutische Arbeit herangezogen. Von Übertragungswiderstand ist die Rede, wenn Patienten sich unbewußt gegen die Übertragung in der analytischen Beziehung sperren. Der Analytiker wird dann nicht für Triebregungen oder Triebkonflikte in Anspruch genommen.

Die erotische Übertragung

Mit der erotischen Übertragung in Sonderheit hat sich Freud in den „Bemerkungen zur Übertragungsliebe" (1915) auseinandergesetzt. Das mit der Übertragungsliebe verbundene Problem ist nicht die Übertragung selbst, die Wiederholung einer infantilen – meist ödipalen – Liebe in der analytischen Beziehung; sie ist erwünscht, kann aufgedeckt und bearbeitet werden und damit die ödipale Lösung vorantreiben. Das Problem entsteht dadurch, daß der Widerstand – das unbewußte Nicht-Erinnern-, Sich-Nicht-Verändern-Wollen – die Übertragungsliebe aufgreift, verstärkt und für ihre Zwecke heranzieht. Das trete – so Freud – regelmäßig zu einem Zeitpunkt auf, in dem ein besonders peinliches, verdrängtes Stück der Lebensgeschichte erinnert und eingestanden werden soll.

Damit wird die Liebe nicht mehr als Wiederholung infantiler Liebe erkennbar, sondern zu der „großen Liebe", die nicht dem Vater, sondern dem erwachsenen Mann im Analytiker gilt bzw. zu gelten vorgibt. In diesem Fall ist die Übertragungsliebe zugleich genuin, echt, authentisch und unecht, falsch.

Bevor die Analyse fortschreiten kann, muß die erklärte Liebe bei aller Ernstnahme als Fälschung enthüllt werden und so der Widerstand aufgelöst werden. Hill (1994) hat darauf hingewiesen, wie schwierig das meist ist, weil jede Liebe etwas Heiliges hat und die Analyse dennoch die Übertragungsliebe in Frage stellen muß.

In ihrer gemäßigten Form zeigt sich die erotische Übertragung mit einer Mischung von zärtlichen, erotischen und sexuellen Gefühlen in liebevollen Blicken, kleinen Geschenken, einem zärtlichen Händedruck u.ä. In dieser Form ist sie nicht nur ohne Probleme für die Behandlung und den Behandler, sie ist sogar erwünscht, weil sie die therapeutische Beziehung und den Prozeß intensiviert. In gewisser Weise „verführen Analytiker ihre Patienten dazu, sie zu lieben" (Morgenthaler 1978), indem sie ihnen mit ihrer emotionalen Zuwendung etwas anbieten, was diese sonst als erwachsene Menschen nicht erleben.

Daß Frauen öfter als Männer eine Übertragungsliebe entwickeln, liegt nach Person (1985) daran, daß Männer aus Angst vor Autonomieverlust und Abhängigkeit diese abwehren, während für Frauen die Übertragungsliebe geradezu eine Pseudolösung für viele Schwierigkeiten enthalte.

Probleme mit der Übertragungsliebe haben nicht nur Männer mit Abhängigkeitsängsten, sondern auch Menschen, die keine frühe Liebesbeziehung verinnerlicht haben und sie deshalb auch nicht in der therapeutischen Beziehung wiederholen können.

Probleme entstehen auch bei Patienten, die die Übertragungsliebe übersteigern, sie erotisieren oder sexualisieren, ohne daß das als prozeßbedingter vorübergehender Widerstand zu verstehen ist. In diesen Fällen kann die analytische Beziehung vom Erotisch-Sexuellen beherrscht werden: Der Analytiker wird dann wiederkehrend mit Liebeserklärungen bedrängt, aufgefordert, die Liebe zu erwidern und Wünsche nach zärtlicher Berührung und sexueller Befriedigung zu erfüllen. Diese Beobachtungen waren für Rappaport (1956) Anlaß, die erotisierte Übertragung als Zeichen von schwerer Störung mit mangelnder Symbolisierungsfähigkeit und unzureichender Realitätsprüfung, wie sie für psychosenahe Patienten typisch ist, anzusehen.

Blum (1973), der gleichsam eine neue Periode der Erörterung dieser Übertragungen einleitete, führte die Unterscheidung von erotischer und erotisierter Übertragung ein und betonte den positiven Wert der letzteren als Abwehr bei einer großen Bandbreite psychischer Störungen.

Die Begriffe „erotisieren" und „sexualisieren" zeigen, daß hier von einer Abwehr im Kontext einer klinischen Theorie die Rede ist, der zufolge Gefühle und Regungen, die eigentlich nicht der Objektverführung und -eroberung dienen (wie z.B. feindselige Regungen), so verändert worden sind, daß sie der erotischen Annäherung an das Objekt dienen.

Die Sexualisierung, die vor allem aus der Psychodynamik der Perversionen bekannt ist, erweist sich bei näherem Hinsehen als vielseitiger Mechanismus, der in der ganzen Bandbreite der psychischen Störungen Anwendung finden kann, vor allem aber bei Männern, die eine Problemlösung durch phallische Besetzung suchen.

Liebe, Erotik und Sexualität in der therapeutischen Beziehung können – wie wir sehen werden – je nach individueller Psychopathologie – ganz unterschiedliche Funktionen für Ich und Selbst wahrnehmen.

Erotisierte Übertragung

Die Erotisierung der Übertragung ist abhängig von einem bestimmten Stil oder Modus, den ein Individuum entwickelt hat: einem Verführungsstil im Rahmen des hysterischen Modus, der beinhaltet, daß das Objekt vom Subjekt sehr aktiv für die Befriedigung oder Abwehr bestehender Bedürfnisse „angegangen" und in Anspruch genommen bzw. mit erotischen Mitteln dazu verführt wird. Bei der Inanspruchnahme lassen sich zwei Arten unterscheiden:

➤ Die Verführung, die zum ödipalen Entwicklungsstadium gehört und ein kohärentes Selbst voraussetzt,
➤ die projektive Identifizierung, die zu den präödipalen Stadien gehört und bei der Spaltung und – nachfolgend – Projektion und Introjektion von Selbst- und Objektteilen stattfindet.

Die Bedürfnisse, die das Subjekt veranlassen, das Objekt zu verführen oder in es einzudringen, um es zum Mitmachen zu bewegen, sind ganz unterschiedlicher Art und reichen von der Wiederholung ödipaler Verliebtheit bis hin zur Mobilisierung letzter libidinöser Ressourcen, um den Objektbezug zu gewährleisten.

Stellen wir die verschiedenen Funktionen der erotisierten Übertragung für das Es, das Ich und das Selbst zusammen, entsteht ein schwerwiegendes Problem: Es müssen dabei die theoretischen und praktisch-technischen Differenzen der verschiedenen Schulrichtungen vernachlässigt werden. Wir haben uns dennoch dafür entschieden, weil die Alternative, die Aufstellung nach Schulrichtungen, die Übersicht erheblich beeinträchtigen würde. Die folgende Aufstellung erhebt nicht den Anspruch auf Vollständigkeit.

Erotisierung und Sexualisierung im Dienste der Befriedigung und Abwehr von ödipalen oder präödipalen Bedürfnissen

➤ Befriedigung von unbewußten oder bewußten ödipalen oder präödipalen Bedürfnissen
  a) Bei mangelnder ödipaler Lösung kann in der therapeutischen Beziehung die Hoffnung geweckt werden, die ödipale Liebe könne doch noch Erfüllung finden. Die Erotisierung steht im Dienste dieser Hoffnung.
  b) Die therapeutische Beziehung kann lebhafte Wünsche nach ungetrennter oder symbiotischer Beziehung entstehen lassen. Die Erotisierung soll dazu dienen, sie herbeizuführen.
  c) In der sensuellen Übertragung (Siegel 1994) wird von vorwiegend homosexuellen Frauen eine frühe gute Mutterbeziehung übertragen. Dabei entstehen Wünsche nach Verschmelzung, intimer Körperbeziehung, Babypflege. Gesucht wird intensiver Körperkontakt ohne Genitalität oder Sexualität.

➤ Abwehr von konflikthaft erlebten ödipalen oder präödipalen Regungen
a) Das Wiederaufleben ödipaler Liebe kann Objektverlustängste mobilisieren, die durch Erotisierung der therapeutischen Beziehung abgewehrt werden. Person (1985) sieht als Grundlage der Erotisierung durch Patientinnen die Vorstellung von Liebesverlust als Folge der Abkehr von der Mutter und der Hinwendung zum ödipalen Liebesobjekt Vater. Das Mädchen fürchtet, die Mutter werde sich rächen, sie fallenlassen und als weiterhin wichtiges, Sicherheit gebendes Objekt nicht mehr zur Verfügung stehen. Die aus der Ambivalenz resultierende Angst vor Liebesverlust werde auf alle folgenden Objekte verschoben, schließlich auch auf den Therapeuten; mit dem Sich-Verlieben soll er festgehalten werden.
b) Die Wiederkehr der ödipalen Verliebtheit in der therapeutischen Beziehung kann so konflikthaft sein, daß es schnell zur Regression auf die anale Stufe kommt. Mit der Erotisierung wird versucht, unerträgliche Ohnmacht gegenüber dem Liebesobjekt in Macht zu verwandeln (Becker 1997).
c) Benjamin (1994) sieht in der therapeutischen Beziehung vor allem die Dimension von Dominanz und Unterwerfung. Durch das Erotisieren der Beziehung versuche die Patientin, die Erfahrung von demütigender Unterwerfung erträglich zu machen.
d) Heftige Aggressionen und Haß können durch Erotisierung der therapeutischen Beziehung abgewehrt werden (Bergmann 1994). Das gleiche gilt für die Abwehr von wiederaufgelebtem frühen Neid.

➤ Sicherung der narzißtischen Besetzung
a) Den Wert der Erotisierung für die narzißtische Homöostase von Selbstwert und Selbstachtung betont Wolf (1994). Er zeigt, daß der intensive aber frustrierte Wunsch eines Jungen nach väterlicher Unterstützung und nach Beteiligung an den männlichen Beschäftigungen des Vaters sexualisiert werden kann. So wie dieser Junge starke, ihn akzeptierende Männer sucht, u.U. in homosexuellen Beziehungen, so kann das Erotisieren der Beziehung zu einem männlichen Therapeuten die gleiche Funktion erfüllen.
b) Die erotisierte therapeutische Beziehung kann dazu dienen, die Wirklichkeit durch illusorische Phantasien über eigene Größe und Macht zu manipulieren (Coen 1981, zit. nach Blum 1994).
c) Bei psychosenahen Patienten kann das Erotisieren die Funktion haben, durch Aktivierung der letzten libidinösen Ressourcen den Objektbezug aufrechtzuerhalten und drohende Fragmentierung abzuwehren.

➤ Traumabewältigung
a) Das Erotisieren oder Sexualisieren der therapeutischen Beziehung kann die Wiederholung einer traumatischen infantilen Erfahrung (z.B. Verführung und Mißbrauch durch einen Erwachsenen) darstellen. Die Wendung vom passiven Opfer in den aktiven Verführer dient der Bewältigung des Traumas (Blum 1973).

Die erotisierte Übertragung nicht regressiv oder im klinischen Kontext als Abwehr gesehen, sondern progressiv im Dienste der Entwicklung innerhalb des analytischen Prozesses und als Zeichen von Gesundung

➤

a) Sexualisierung und Erotisierung – vor allem in der Anfangsphase der psychoanalytischen Behandlung von Patienten mit narzißtischer Persönlichkeitsstörung – kann als Folge einer strukturellen Schwäche (im Sinne der Selbstpsychologie) und mangelnder Selbstsicherheit gesehen werden (Wolf 1994). Sexuelle Aktivität überhaupt kann zu den benötigten stärkenden Selbstobjekterfahrungen führen, und dazu sind auch intensive sexuelle und erotische Phantasien in der Beziehung zum Therapeuten geeignet. Nach Kohut (1979) drückt der Patient damit die Hoffnung aus, daß das Selbstobjekt ihn nun mit der benötigten psychischen Struktur versorgen wird.

b) Noch deutlicher wird dieser Zusammenhang, wenn die Erotisierung der Übertragung nur als besondere Form der Idealisierung angesehen wird. Dann bedeutet das Sich-Verlieben den Versuch, mit dem Analytiker/der Analytikerin die mißglückte Idealisierung von Mutter oder Vater nachzuholen und dadurch die Lücke in der Selbstkonfiguration zu schließen.

➤ Bollas (1994) stellt einen für die Analyse schizoider Patienten wichtigen und kurativen Aspekt der erotisierten Übertragung dar.

Die schizoide Patientin L. entwickelte im dritten Analysejahr komplexe, hoch erotische Phantasien über ihren Analytiker. In jeder Sitzung schilderte sie eine phantasierte Zufallsbegegnung mit ihm, die jeweils zu einer leidenschaftlichen Liebesszene führte. In der Phantasie bemächtigte sie sich seines Körpers, aber, anders als erwartet, gab es keine Aufforderungen an ihn mitzumachen. L. war sogar erleichtert, daß ihr Analytiker eine getrennte Existenz, klar außerhalb der Domäne ihrer Phantasien hatte. Vereinigt mit ihrer Triebhaftigkeit wurde sie physisch immer mutiger und sicherer. Mit Autorität bewegte sie sich auf der Couch: „Das ist mein erotisches Territorium".

Diese Übertragungsbeziehung ist analytisch nicht leicht zu fassen: Es handelt sich nicht um eine idealisierende Beziehung, auch nicht um magische Introjektion, sondern – umgekehrt – um eine Verkörperung des Selbst in der Beziehung zum Analytiker unter Verwendung seiner Körperlichkeit. Die schizoide L., die ihre Libido zurückgezogen hatte und damit eine exzessive Besetzung der inneren Objekte und Repräsentanzen vorgenommen hatte, konnte über die erotisierte Übertragung wieder mit dem lebendigen anderen verbinden und so die Abspaltung rückgängig machen.

Mit den Begriffen Winnicotts (1974) ausgedrückt: Die Patientin brauchte die aktuelle Präsenz des Analytikers und seine haltende Funktion, um das innere Objekt zu befreien und es wieder in die Beziehung zum anderen einzubringen.

Etwas ähnliches meint offenbar auch Blum (1994), wenn er sagt, daß die erotische Übertragung das Auftauchen von Neuem in Verbindung zum Alten erleichtert.

Erotisierte Gegenübertragung

Es ist ein interessantes Phänomen, daß Analytiker, die sonst bei allem, was die analytische Beziehung betrifft, die Zwei-Personen-Psychologie zugrunde legen, in ihren Berichten über erotische Übertragung in die Eine-Person-Psychologie zurückfallen.

Auch in der vorliegenden Arbeit kommt diese Tendenz zum Ausdruck. Ist die Vorstellung vom verführenden Analytiker so tabuisiert oder ist es für Analytiker so schwierig, die eigenen emotionalen Beiträge zur Entstehung der Übertragungsliebe wahrzunehmen? Für die Schwierigkeit können wir die notwendige Ich-Spaltung verantwortlich machen, die der Analytiker vornehmen muß, um als Beobachter die eigene emotionale Teilnahme festzustellen.

Daß es dabei auch um tiefe Verdrängungen gehen kann, hat Beckmann (1974) aufgezeigt: So ist die depressive Struktur eines Analytikers schon geeignet die Übertragungsliebe seiner hysterisch-narzißtischen Patientin mächtig anzufachen, ein Zusammenhang der von ihm selbst u.U. völlig unbemerkt bleibt.

Das nicht seltene Auftreten von Gegenübertragungsliebe in der ersten Analytikergeneration als Antwort auf die Übertragungsliebe ihrer Patientinnen hatte Freud beunruhigt und zu den bekannten Mahnungen in den sechs Schriften zur Technik geführt (vgl. z.B. Freud 1912).

In den folgenden Jahrzehnten wurde die Gegenübertragung wenig beachtet, bis Heimann (1949) Aufklärung in diesen Bereich brachte:

„Das Unbewußte des Analytikers reagiert auf das Unbewußte des Patienten". Der Rapport in einer tiefen Schicht kommt in Form von Gefühlen an die Oberfläche, die der Analytiker in Antwort auf seinen Patienten wahrnimmt. Die „gleichschwebende Aufmerksamkeit", mit der der Analytiker den „freien Assoziationen" des Patienten folgt, hilft ihm zu erfassen, was der Patient unbewußt bei ihm auslöst an Gefühlen, Phantasien, Impulsen".

Erotisierung in Form von Verführung mit Flirt und Idealisierung durch eine hysterische Patientin löst in der Gegenübertragung des Analytikers eine Stärkung seines männlichen Selbstgefühls aus, verbunden mit dem Wunsch, für die Patientin der Mann zu sein, den sie immer ersehnte, seit der Vater und die folgenden Männer sie enttäuschten. Eingebettet ist diese Gegenübertragung in eine unernste, spielerische therapeutische Atmosphäre mit Verleugnung jeglicher Feindseligkeit.

Die stille Beobachtung dieser Gegenübertragung stellt für den Analytiker keine allzu schwierige Aufgabe dar. (Der damit verbundene Widerstand soll hier nicht näher betrachtet werden.) Schwieriger wird es, wenn die Übertragung der Patientin derartig erotisiert ist, daß der Analytiker beginnt, sexuell-erregende Phantasien über die Patientin zu entwickeln, sich Liebesszenen mit ihr auszumalen.

Gorkin (1985) hat in einer Fallvignette die Belastung dargestellt, die eine derartig erotisierte Übertragung unter Einsatz von projektiver Identifizierung für den Analytiker darstellt:

K., eine Patientin von Mitte 20, entwickelte im zweiten von vier Analysejahren eine erotisierte Übertragung. Aus ihrem Verhalten und ihrer hautengen Kleidung ging hervor, daß sie mich zu verführen versuchte. Manchmal schien es so, als käme sie nur in die Sitzung, um dieses Ziel zu verfolgen. Sie hatte etwas Schizoid-Zurückgezogenes; dennoch erzählte sie im Laufe der Zeit ihre traurige Geschichte, deren eindringlichstes und wichtigstes Detail der Tod ihrer tyrannisch-protektiven Mutter in ihrem 12. Lebensjahr war.

Zuerst wirkten K.´s offen ausgedrückte Wünsche, von mir gehalten, gekost, geküßt und sexuell befriedigt zu werden, schlicht abstoßend auf mich. Obwohl ich meine negativen Reaktionen für mich selbst behielt, wünschte ich doch begierig, sie werde auf diese Forderungen verzichten oder – noch besser – sie in die analytische Beziehungsarbeit einbringen. Aber sie bestanden in elementarer Form und Stärke fort. Mit der Zeit kam es dahin, daß ich meinerseits sexuelle Phantasien über sie hatte, mit dem Wunsch, mehr oder weniger das mit ihr zu machen, was sie wollte. Ich teilte ihr nichts davon mit, sondern beobachtete still meine Gegenübertragungsneurose, und was ich feststellte war, daß meine sexuellen Phantasien den tiefen Wunsch enthielten, sie zu retten. Ein Teil meines Ichs akzeptierte ihre Forderung, ihr Argument, daß, wenn ich nur Sex mit ihr hätte, es ihr besser gehen würde, und wenn ich keinen Sex mit ihr hätte, es ihr niemals besser gehen würde. Der andere Teil meines Ichs, der analysierende Teil, wußte voll und ganz, daß das verrückt war. Aber der Teil meines Ichs, der eingeschlossen war in die Fusionsphantasie mit ihr, hatte sich festgehakt, und es war dann soweit, daß eine andere Phantasie in mir Gestalt annahm. Ich hatte den Wunsch, Sex mit ihr zu haben, nicht einfach um sie zu retten, sondern um mich zu retten. Es würde mich heilen. Es ist schwierig, diese rohe Erfahrung in Worte zu fassen, aber es war etwas von der Art, daß ich ganz und voll lebendig würde, wenn ich nur – nur wenn ich – Sex mit ihr haben würde.

Gorkin versteht dieses Geschehen als Folge eines intensiven und nur so ausdrückbaren Wunsches der Patientin, mit ihm als lebendiger, nährender, symbiotischer Mutter in Kontakt zu kommen. Sein Wunsch, von ihr gerettet zu werden, sei Folge projektiver Identifizierung mit dem Selbstanteil der kranken und sterbenden (und früher die symbiotische Einheit vorzeitig zerbrechenden) Mutter.

Da das geschilderte Geschehen immer weniger lustvoll und verführerisch war und viel Verzweifeltes hatte, konnte Gorkin seine Gegenübertragung ausreichend kontrollieren. Dennoch zeigt das Beispiel, was es heißen kann, die Gegenübertragungsgefühle voll zuzulassen. Der Therapeut ist mit dem scheinbar eigenen Erleben von intensivem Begehren und großer Sehnsucht ausgesetzt und muß sich doch bewußt sein, daß das alles Folge der therapeutischen Situation und des Prozesses ist und Liebe und Sex nicht nur ungeeignete Mittel sind, die Patientin zu heilen, sondern auch alles zerstören werden.

Kernberg (1994) hat darauf hingewiesen, daß Analytiker mit nicht ausreichend analysiertem pathologischem Narzißmus in Gefahr sind, sich in Liebesbeziehungen mit Patienten zu verwickeln. Es gelinge ihnen nicht – wie Gorkin das beschreibt – still ihre Gegenübertragung zu beobachten und zu verstehen, was da abläuft; sie reagieren vielmehr auf die projektive Identifizierung ihrer Patienten mit eigener introjektiver Identifizierung.

Natürlich sind nicht immer erotische Gefühle, Phantasien und Impulse Zeichen von Gegenübertragung. Jeder Patient weckt auch Übertragungen des Analytikers und wird unwillkürlich als Objekt eigener Bedürfnisbefriedigung in Betracht gezogen. Racker (1978) hat das besonders plastisch gemacht, indem er die Analytiker darauf hinwies, daß jeder neue männliche Patient zu allererst eine Vaterübertragung erfährt und entsprechend erlebt wird, bei jeder neuen Patientin eine Mutterübertragung zum Zuge kommt.

Die erotischen Übertragungen Josef Breuers auf Anna O., die schließlich zum Abbruch der Behandlung führten, hatten – wie wir heute annehmen – Gegenübertragungs- und Übertragungsanteile. Oft wird sich das gar nicht auseinanderhalten lassen. In jedem Fall ist Standfestigkeit und Professionalität erforderlich, um diese Gefühlsregungen und Impulse zu erleben und dann – entsprechend dem Abstinenzgebot – auszuhalten, zu verstehen und nicht in Handlungen umzusetzen.

9. Paartherapie bei sexuellen Funktionsstörungen und sogenannter sexueller Lustlosigkeit. Das Hamburger Modell: Konzept, Modifikationen, neuere Ergebnisse

Margret Hauch

Zunächst wird in der Einleitung auf veränderte gesellschaftliche Rahmenbedingungen und damit einhergehende Veränderungen in der sexuellen Problematik von heterosexuellen Paaren, die professionelle Hilfe suchen, eingegangen. Dann wird das Hamburger Modell der Paartherapie vorgestellt, und zwar unter den Gesichtspunkten Symptomverständnis, grundlegende Elemente, Settings, Indikationskriterien und Überblick über das therapeutische Vorgehen. Nach einem Abschnitt über Qualifikationsvoraussetzungen für Therapeut(inn)en und das entsprechende Hamburger Fortbildungscurriculum werden Akzentverschiebungen und Modifikationen des Konzeptes zusammenfassend dargestellt. Zum Schluß werden noch einige ausgewählte, neuere empirische Ergebnisse bezüglich der Effektivität dieses Konzeptes präsentiert.

Veränderungen der gesellschaftlichen Rahmenbedingungen

Paartherapie findet, wie psychotherapeutische Behandlung generell, nicht im luftleeren Raum statt, sondern ist vielmehr eingebunden in einen gesellschaftlichen, sexualpolitischen und kulturellen Kontext, der ständigen Veränderungen unterworfen ist. Bei einem Konzept wie dem Hamburger Modell der Paartherapie (Arentewicz u. Schmidt 1980), das in den 70er Jahren entwickelt wurde, scheint es von daher sinnvoll, einige der in diesem Zusammenhang relevanten Entwicklungen zu betrachten und zu reflektieren, ob und inwieweit sie möglicherweise die Arbeit mit diesem Konzept beeinflussen bzw. Modifikationen erforderlich machen.

Es hat in den vergangenen Jahren und Jahrzehnten massive gesellschaftliche Veränderungen im Hinblick auf Familie und Partnerschaft gegeben, wie sich z.B. in den ständig gestiegenen Scheidungsziffern, der Zunahme von Single-Haushalten und Alleinerziehenden sowie der vermehrten Berufstätigkeit von Frauen verbunden mit neuen Akzentuierungen im herrschenden „Geschlechterarrangement" (Dinnerstein 1979) abbildet. Zu nennen wäre auch die fortschreitende Auflösung restriktiver Sexualmoral in vielen Bereichen und ihre Ersetzung durch eine Verhandlungsmoral (Schmidt 1996a) bzw. einen Menschenrechtsdiskurs, wie er vor allem von vielen weltweit agierenden Fraueninitiativen zu den Problemen sexuelle Gewalt und Diskriminierung, Prostitution und Menschenhandel initiiert wurde; bemerkenswert ist auch die größer werdende Toleranz gegenüber vielfältigen sexuellen Orientierungen und Arrangements und, verstärkt in den letzten Jahren, die Infragestellung von Heterosexualität als gleichsam natürlich vorgegebener Norm gelungener erwachsener Sexualität.

All das hat jedoch bisher wenig daran geändert, daß die Mehrzahl der Ratsuchenden, die in unserer poliklinischen Sprechstunde[1] um professionelle Hilfe nachsuchen, heterosexuelle Frauen und Männer sind, die unter sexuellen Problemen in ihrer derzeitigen Partnerschaft leiden. Verändert hat sich, daß mehr Frauen von sich aus die Initiative zu einem solchen Schritt ergreifen als früher. Fast schon dramatisch zu nennende Änderungen ergaben sich im Hinblick auf die Probleme, über die Patient(inn)en klagen.

Tab. 9.1 Veränderungen des Erscheinungsbildes sexueller Probleme in den letzten zwei Jahrzehnten* (aus: Schmidt 1996b)

Frauen	1975-77 (N = 384)	1992-94 (N = 251)	Männer	1975-77 (N = 431)	1992-94 (N = 349)
Lustlosigkeit	8 %	58%	Lustlosigkeit	4 %	16 %
Erregungs- und Orgasmusstörungen	80 %	29 %	Erektionsstörungen	67 %	63 %
Vaginismus	12 %	13 %	vorzeitige Ejakulation	23 %	19 %
			ausbleibende Ejakulation	6 %	3 %

* Patient(inn)en, die die Poliklinik oder die Sexualberatungsstelle der Abteilung für Sexualforschung wegen sexueller Probleme (sexueller Funktionsstörungen, Lustlosigkeit) konsultierten. Patient(inn)en mit anderen Problemen (z.B. Transsexualität, sexueller Abweichungen) sind in der Tabelle nicht berücksichtigt.

Während im Untersuchungszeitraum 1975 bis 1977 bei den Frauen 80% über Erregungs- und Orgasmusprobleme und 12% über Vaginismus klagten und bei den Männern 67% Erektionsstörungen und 29% Ejakulationsprobleme nannten, d.h. bei beiden der Anteil der sogenannten klassischen sexuellen Funktionsstörungen über 90 % ausmachte, hatte sich das Bild im Untersuchungszeitraum 1992-94 – vor allem bei den Frauen – drastisch geändert. Der Anteil der Patientinnen, bei denen sogenannte „sexuelle Lustlosigkeit" diagnostiziert wurde, ist von 8% auf 58% angestiegen, entsprechend ist der Anteil von Erregungs- und Orgasmusstörungen auf 29% gesunken (vgl. Tab. 9.1). Bei der Interpretation dieser Veränderungen ist zu bedenken, daß hier sicher eine Reihe unterschiedlicher Faktoren zum Tragen kommt; es hat sich nicht nur die Realität verändert, sondern auch die Sicht der Expertinnen und Experten aber der Betroffenen auf diese Realität.

Da diese Entwicklung in einer Reihe von neueren Publikationen ausführlich analysiert wird (vgl. z.B. Hauch 1993 und 1995, Hauch u. Lange 1995, Lange 1994, Schmidt 1993 und 1996a,b), will ich sie hier nur kurz an einem Beispiel erläutern: Während wir in den 70er Jahren in Anlehnung an die aus den USA übernommenen Kategorien regelhaft bei einer Frau, die zwar bei der Masturbation nicht aber beim Geschlechtsverkehr mit ihrem Partner zum Orgasmus kommen konnte und keine Lust auf Geschlechtsverkehr mit ihrem Partner hatte, eine – wenn auch partielle – Orgasmusstörung diagnostizierten, fällt sie heute in die Kategorie „Sexuelle Lustlosigkeit". Hier spielt eine Rolle, daß eine Reihe von Untersuchungen gezeigt hat, daß für eine große Zahl von Frauen in den westlichen Industrienationen Geschlechtsverkehr als Stimulationsform zur Erreichung hoher Erregungsstufen und Orgasmen nicht geeignet ist, anders als bei der überwiegenden Mehrzahl der heterosexuellen Männer. Definitiv zugenommen hat in unserer Klientel die Zahl der Frau-

---

1 Hier und im weiteren wird vor allem Bezug genommen auf die Erfahrungen in der Sexualberatungsstelle, einer Außenstelle der Abteilung für Sexualforschung, die neben der Versorgung von Patientinnen und Patienten einen Arbeitsschwerpunkt im Bereich der Fort- und Weiterbildung von in der Praxis Tätigen hat.

en, die bei Petting oder Geschlechtsverkehr sehr wohl zu Orgasmen kommen, aber dennoch keine Lust auf sexuelle Kontakte mit ihrem Partner haben. Hier werden Unterschiede im sexuellen Erleben zwischen Frauen und Männern sichtbar, denen in der konkreten therapeutischen Arbeit mit Paaren, aber auch auf der Ebene der theoretischen Reflexion Rechnung getragen werden sollte, wie vor allem Wissenschaftlerinnen aus dem angelsächsischen Raum vehement einfordern (vgl. z.B. Tiefer 1988, 1991 u. 1994, Irvine 1990, Boyle 1993).

Den Anstieg der „sexuellen Lustlosigkeit" auch bei den Männern im letzten Untersuchungszeitraum von vorher 4% auf immerhin 16% als nur quantitativ nicht aber qualitativ verschiedenes Phänomen zu bagatellisieren, ist zwar verführerisch, läuft aber unter den gegebenen Bedingungen eines asymmetrischen Geschlechterverhältnisses Gefahr, in die Irre zu führen. Dieses Problem spielt zwar in unserer klinischen Praxis eine vergleichsweise geringe Rolle, wird aber auf der Ebene der fachlichen Auseinandersetzung zunehmend in den Blickpunkt gerückt (vgl. z.B. Düring 1996, Rothmaler 1996). Deshalb will ich hier kurz darauf eingehen. Die Daten belegen nicht, daß weniger Männer als Frauen sexuell lustlos sind, obwohl das nicht verwunderlich wäre angesichts eines „herrschenden heterosexuellen Normalitätsdiskurses" (Gavey 1993), der vom „koitalen Imperativ" – wie es Margaret Jackson schon 1984 schön auf den Begriff gebracht hat – geprägt und damit sehr auf „männliche" Bedürfnis- und Befriedigungsstrukturen zugeschnitten ist. Auch wenn der „koitale Imperativ" und der „herrschende heterosexuelle Normalitätsdiskurs" in den letzten Jahren zweifellos immer brüchiger geworden sind, bleibt doch nach meinen Erfahrungen in der Beratungspraxis – gerade angesichts der zunehmenden Desorientierung bezüglich der Angemessenheit sexuellen Verhaltens und Erlebens – der Rückgriff auf alte, überkommene, aber immerhin vertraute Muster eine verbreitete Coping-Strategie, nicht nur bei Männern, sondern auch bei Frauen.

Wenn aber Männer keine Lust auf sexuelles Zusammensein mit ihrer Partnerin haben – und das bezieht sich dann in der Regel nicht nur auf Geschlechtsverkehr, sondern umfaßt auch Petting, Zärtlichkeiten und körperliche Nähe überhaupt – haben sie unter den in der Mehrzahl der heterosexuellen Beziehungen immer noch gegebenen ungleichen sozioökonomischen Bedingungen meiner Einschätzung nach einfach bessere Möglichkeiten, das auch durchzusetzen. So geraten sie seltener als Frauen unter Druck, deshalb professionelle Hilfe zu suchen. Dem entspricht auch die Beobachtung von Ariane von Thüngen-Eschmann (1995), die sich mit unseren eigenen klinischen Erfahrungen deckt, daß nämlich „Lustlosigkeit", wenn überhaupt, eher von Männern aus kinderfreien Partnerschaften zum Thema gemacht wird, d.h. bei Paaren, deren Beziehungsstruktur demographisch gesehen eher egalitär angelegt ist. Schon diese wenigen Gesichtspunkte machen deutlich, daß das Phänomen „Lustlosigkeit" sich sehr unterschiedlich akzentuiert, je nachdem ob es von Frauen oder Männern präsentiert wird.

Eine weitere gravierende Veränderung bei den von den Patient(inn)en präsentierten Problemen, die sich quantitativ aber nicht so gut abbilden läßt, ist die zunehmende Thematisierung von sexueller Gewalterfahrung durch Patient(inn)en, die wegen sexueller Probleme in der Partnerschaft Hilfe suchen. Immer mehr Frauen, aber auch Männer, berichten schon bei den ersten diagnostischen Kontakten von sexuell traumatisierenden Erfahrungen in Kindheit und Jugend. Das entspricht den Entwicklungen in vielen anderen psychosozialen Arbeitsbereichen. Bemerkenswert erscheinen mir dabei vor allem zwei Aspekte:

➤ Im Unterschied zu anderen Arbeitsfeldern, in denen das Ansprechen derartiger sexueller Themen nach langjähriger Tabuisierung eine Fülle neuer Wahrnehmungen und Informationen ermöglichte und vom Effekt her oft fast dammbruchartig anmutete, gehörten bei uns schon Anfang der 70er Jahre Fragen z.B. nach sexuellen Erfahrungen mit Erwachsenen während der Kindheit zum Standardrepertoire bei der Anamneseerhebung (vgl. Hauch et al. 1980). Sie liefen aber überwiegend ins Leere. Das änderte sich erst in der Folge der zunehmenden öffentlichen Auseinandersetzung zu diesem Thema.

➤ Zum anderen finde ich auffällig, daß sich die Berichte über sexuell traumatisierende Erfahrungen, die Frauen oft auch in höherem Lebensalter erfahren haben, so gut wie nie auf die aktuelle Partnerschaft beziehen, obwohl bekannt ist, daß gerade Ehen und Partnerschaften häufig Tatort sexueller Übergriffe, vor allem von Männern gegenüber Frauen sind. Solche Paare suchen oder finden den Weg zu uns vielleicht nicht (vgl. Hauch 1994).

Mit diesen kurzen Schlaglichtern wollte ich den Hintergrund erhellen, vor dem ich das Hamburger Modell der Paartherapie vorstellen will (für eine ausführliche Darstellung siehe Arentewicz u. Schmidt 1993). Es wurde auf der Basis der Ansätze von William Masters und Virginia Johnson (1970) und, in der Folge, Lobitz u. LoPiccolo (1972) und Helen Singer Kaplan (1984) von unserem Therapeut(inn)en-Team an der Hamburger Abteilung für Sexualforschung entwickelt und schon in den 70er Jahren aufwendig empirisch überprüft (Arentewicz u. Schmidt 1980). Zu diesem Zeitpunkt dominierten bei den heterosexuellen Paaren, die professionelle Hilfe suchten, noch die klassischen sexuellen Funktionsstörungen, d.h. bei Männern Erektions- und Ejakulationsprobleme, bei den Frauen Erregungs- und Orgasmusprobleme und Vaginismus (Scheidenkrampf). Für deren Behandlung wurde dieses Paartherapie-Konzept ursprünglich auch entwickelt. Das Konzept hat sich in den vergangenen zwanzig Jahren bewährt und damit die Hoffnungen, die sich auf die hohen klinisch-empirisch erhobenen Erfolgsraten gründeten, weitgehend erfüllt.[2] Es bot aber auch genügend Raum für die Flexibilität, die notwendig war, um sich den gewandelten gesellschaftlichen und klinischen Bedingungen zu stellen.

Funktion und Bedeutungsgehalt sexueller Symptome

Wenn ich jetzt das Symptomverständnis im Hinblick auf sexuelle Funktionsstörungen und sogenannte „sexuelle Lustlosigkeit" kurz skizziere, werde ich auf die Frage organischer Verursachung bzw. Mitverursachung nicht weiter eingehen. Für die Behauptung, die in – seit den achtziger Jahren sintflutartig zunehmenden – Publikationen zur Somatodiagnostik vor allem bei männlichen Funktionsstörungen immer wieder auftaucht, daß der Anteil somatisch bedingter Störungen bisher weit unterschätzt wurde, lassen sich in unserer Klientel keine Belege finden.

Wir gehen davon aus, daß in eine sexuelle Symptombildung vielfältige individuellbiographisch bedingte Erfahrungen eingehen. Dabei kann die Symptombildung sowohl der Reinszenierung von Ängsten – zu nennen wären hier vor allem Trieb-, Beziehungs-, Geschlechtsidentitäts- und Gewissensängste – und den daraus resultierenden Konflikten, als auch deren Abwehr dienen. Zur Symptommanifestation kommt es dann oft erst unter ganz spezifischen Bedingungen, beispielsweise in einer spezifischen Partnerkonstellation. Aber auch wenn das Symptom partnerunabhängig, d.h. in verschiedenen Beziehungen auftritt, gehen wir davon aus, daß es in der Partnerdynamik eine wichtige Rolle spielt und auch für den/die sogenannte/n „symptomfreie/n" Partner/in eine psychisch stabilisierende Funktion hat. In gewisser Weise handelt es sich um eine Art Arrangement, von dem beide

---

2 Masters u. Johnson (1977): über 80 % Besserung oder Heilung. Bei uns (Arentewicz u. Schmidt 1980): 75% Symptombesserung oder Heilung, 78% befriedigendere Sexualität.

Seiten profitieren, wenngleich z.T. in unterschiedlichem, zumindest unterschiedlich offensichtlichem Ausmaß. Es leuchtet unmittelbar ein, daß der Mann einer Frau mit vaginistischer Symptomatik in dieser Partnerschaft vergleichsweise sicher davor sein kann, sich mit seinen Potenzängsten oder auch realen Erektionsproblemen auseinandersetzen zu müssen. Der Partner einer Frau, die sich als sexuell lustlos erlebt, mag auf der bewußten Ebene die Ablehnung sexueller Kontakte seitens der Partnerin als enttäuschend, schmerzhaft und kränkend erleben. Dennoch befindet er sich in der Rolle des „immer Potenten, Triebstarken", was angesichts der kulturell noch vorherrschenden Männerbilder eine wichtige Quelle narzißtischer Bestätigung für ihn sein kann.

Die Funktion einer sexuellen Problematik innerhalb der jeweiligen Paardynamik ist nach dem Geschlecht der Partner unterschiedlich akzentuiert und läßt sich in der Regel nicht sinnvoll parallelisieren. So ist es angesichts der vorherrschenden kulturellen Bilder, in denen beispielsweise nur die (für den Mann) sexuell attraktive Frau als sexuell potente Frau erscheint, für eine Frau sehr schwierig, sich im Erleben ihrer sexuellen Potenz gestärkt zu fühlen, wenn ihr Partner keine Lust auf sexuelle Kontakte zu ihr hat oder im Zusammensein mit ihr keine Erektion mehr bekommt. Ich habe in meiner langjährigen Beratungspraxis nur zwei Frauen erlebt, denen das „gelungen" ist: Im einen Fall war die Frau über zehn Jahre älter, im anderen über zehn Jahre jünger als der Mann. In beiden Fällen lag bei den Männern eine langjährige, partnerunabhängige Erektionsstörung vor. Meiner Erfahrung nach suchen die Frauen meistens zunächst das Problem bei sich, zweifeln beispielsweise an ihrer Attraktivität und fühlen sich – auch auf der unbewußten Ebene – narzißtisch entwertet. Das heißt allerdings nicht, daß die Frau in einer solchen Beziehungskonstellation von dem Symptom des Partners überhaupt nicht profitieren kann. So kann sie sich z.B. von eigenen Sexualängsten entlastet fühlen, Wut- und Racheimpulse kanalisieren usw.

Diese partnerschaftlichen Arrangements können sehr unterschiedlich akzentuiert sein, z.B. Aggressionen ausdrücken oder binden/entschärfen, Nähe-Distanz-Konflikte kanalisieren usw. Paare suchen in der Regel erst professionelle Hilfe, wenn die etablierten Balancen aus den Fugen geraten sind oder zu geraten drohen. Unserer Erfahrung nach geschieht das oft im Zusammenhang mit äußeren, häufig lebensphasischen Veränderungen, beispielsweise anläßlich eines aus biologischen Gründen nicht mehr aufschiebbaren Kinderwunsches beim Vorliegen einer vaginistischen Symptomatik oder einer Erektionsstörung, nach der Geburt von Kindern, nach Arbeitsplatzverlust oder Berentung des Mannes oder etwa nach Abschluß der Arbeiten für ein gemeinsames Haus.

Lern- und Erfahrungsdefizite im Hinblick auf den Umgang mit dem eigenen Körper und dem der Partnerin/des Partners, wie wir sie auch heute noch bei vielen, auch jüngeren und sich liberal gebenden Paaren finden, sind nach unseren Erfahrungen stark überformt und durch die jeweilige Individual- und Partnerdynamik geprägt, also nicht als simple Informationsdefizite zu verstehen und auch nur unter Berücksichtigung dieses Kontextes sinnvoll zu bearbeiten. Sie haben einen nicht unerheblichen Stellenwert.

Last not least wäre noch der Selbstverstärkungsmechanismus zu nennen, von Lobitz et al. (1974) auch als „sich selbst erhaltender Teufelskreis" bezeichnet, eine Formulierung, die oft helfen kann, die Paare zu entlasten. Dabei geht es um einen einfachen Sachverhalt: Das Auftreten einer sexuell eingeschränkten Funktion, in der Regel unter dem Einfluß ungünstiger innerer und äußerer Rahmenbedingungen, wie Alkohol oder Streß, führt zu Erwartungsangst. Diese wiederum beeinträchtigt die Chance ungestörten „Funktionierens" bei der nächsten Gelegenheit usw. Das Vermeiden entweder der sexuellen Begegnung insgesamt oder auch einzelner Interaktionsteile führt zur Angstentlastung und verstärkt sich auf diese Weise selbst: Die sexuelle Funktionsstörung wird gewissermaßen funktionell autonom, d.h. kann auch fortbestehen, wenn die sie ursprünglich bedingenden Ängste und Konflikte, etwa im Rahmen einer längeren psychotherapeutischen Behandlung eines oder auch beider Partner weitgehend bearbeitet werden konnten. Hieraus wurden Konsequenzen abgeleitet, die in der Konzeption des therapeutischen Settings und auch unserer Ausdifferenzierung desselben ihren Niederschlag fanden, so daß die Bearbeitung dieses Problems inzwischen gleichsam selbstverständlich nebenher erfolgt und nicht mehr thematisiert werden muß. Diese Zusammenhänge wurden schon sehr früh auch in der psychoanalytischen Literatur beschrieben und beklagt, etwa 1920 von Stekel, aber erst Masters und Johnson haben diesen eher immer wieder beiläufig erwähnten Mechanismus detailliert beschrieben und daraus wichtige therapeutische Konsequenzen gezogen.

Grundlegende Elemente der Paartherapie
Das Paar wird behandelt

Dieses Prinzip wurde von Masters u. Johnson übernommen und findet sich in vielen Ansätzen zur Behandlung sexueller Funktionsstörungen wieder. Im Unterschied zu Masters u. Johnson, die den Partner/die Partnerin ohne manifeste Symptombildung eher als eine Art Hilfstherapeut(in) einsetzten – wie sich z.B. auch in der aus meiner Sicht hochproblematischen Arbeit mit sogenannten Surrogatpartner(inne)n zeigte – verstehen wir die sexuelle Problematik als eine Störung, die sich in der Beziehung des jeweiligen Paares manifestiert, auch wenn nur bei einem Partner eine manifeste Symptombildung vorliegt. Ihr kann eine wichtige Stabilisierungsfunktion für die jeweilige Partnerschaft bzw. die psychische Balance der beteiligten Partner zukommen. Dabei gehen wir davon aus, daß die individuell biographischen Erfahrungen, gerade auch die frühen Beziehungserfahrungen bei der Partnerwahl zum Tragen kommen und zumindest bei längerdauernden Partnerschaften eine bedeutsame Rolle spielen, sowohl im Hinblick auf konstruktive, wie auch auf destruktive Strukturen.

Die psychotherapeutische Arbeit ist erfahrungsorientiert

Das Paar wird angeleitet, zu Hause den körperlich/sexuellen Umgang mit dem/der Partner(in), aber auch mit sich selbst nach bestimmten Regeln zu gestalten. Die Erfahrungen, die dabei gemacht werden, die Affekte, Konflikte, Widerstände, die in der Interaktion des Paares auftauchen, werden dann in der therapeutischen Sitzung besprochen. Dieses Regelset bietet einen klar strukturierten Rahmen, innerhalb dessen die individuell akzentuierten Probleme des einzelnen Paares, die jeweiligen Ängste, Konflikte und Abwehrstrukturen aktualisiert, thematisiert und bearbeitet werden können.

Settings zur Durchführung der Paartherapie

Die Paartherapie kann in verschiedenen Settings durchgeführt werden:

- ➤ Als „massierte" Therapieform innerhalb von drei Wochen bei täglichen Sitzungen mit einem aus einer Frau und einem Mann bestehenden Psychotherapeut(inn)enteam. Nach Abschluß der dreiwöchigen Intensivphase werden mit dem Paar je ein Nachgespräch nach drei Monaten und einem Jahr vereinbart.
- ➤ Als „verteilte" Therapieform mit wöchentlich ein bis zwei therapeutischen Sitzungen. In diesem Setting kann auch eine Therapeutin bzw. ein Therapeut die Therapie alleine

durchführen, wobei es sich bewährt hat, wenn das Geschlecht von Therapeut(in) und Symptomträger(in) übereinstimmen. In diesem Setting durchgeführte Therapien dauern erfahrungsgemäß etwa 9-15 Monate bei ca. 40-60 Sitzungen.

➤ Als „Paar-Gruppentherapie" mit drei bis fünf Paaren, angeleitet von einem aus einer Frau und einem Mann bestehenden Therapeutenteam. Die etwa drei Zeitstunden umfassenden Sitzungen finden dann wöchentlich statt über einen Zeitraum von etwa einem ¾ Jahr, insgesamt zwischen 20 und 30 Sitzungen. Obwohl auch dieses Setting gute therapeutische Erfolge zeitigte, hat es aufgrund des hohen organisatorischen Aufwandes, den es erfordert, in den letzten Jahren in unserer eigenen Arbeit sehr an Bedeutung verloren.

Indikation

Diese Form der Paartherapie ist indiziert bei Paaren, bei denen eine langdauernde sexuelle Funktionsstörung oder auch sexuelle Lustlosigkeit vorliegt, unter der Voraussetzung, daß beide die Probleme in der sexuellen Beziehung gemeinsam bearbeiten wollen, und zwar unabhängig von der Schwere der neurotischen und Partnerkonflikte. Obwohl eigentlich nichts dagegen spricht, die Behandlungsform auch bei homosexuellen und lesbischen Paaren zu indizieren, liegen dazu nur vereinzelte Erfahrungen vor.

Kontraindikationen sind lediglich schwere Drogen- und Alkoholabhängigkeit und Psychosen. Selbstverständlich ist eine notwendige Voraussetzung zur Durchführung der Therapie die Möglichkeit, sich mit beiden Partnern ausreichend sprachlich verständigen zu können. Es reicht nicht aus, wenn nur einer der Partner ausreichend deutsch oder eine andere den Therapeut(inn)en zur Verfügung stehende Sprache spricht und sich anbietet, für den/die andere(n) zu übersetzen[3]. Die Paare müssen damit einverstanden sein, während der Zeit der Therapie für Empfängnisverhütung zu sorgen und die Realisierung eines vorhandenen Kinderwunsches auf einen Zeitpunkt nach Beendigung der Therapie zu verschieben. Das gilt auch dann, wenn ein drängender Kinderwunsch der Anlaß war, therapeutische Hilfe zu suchen – wie es gerade bei Paaren mit vaginistischer Problematik oft der Fall ist. Ein noch so drängend erlebter Kinderwunsch beinhaltet doch regelhaft Ambivalenzen, die sich oft genug auch im sexuellen Symptom manifestieren. Erst die Bereitschaft eines Paares, sich auf eine solche Regelung einzulassen, ermöglicht dann, diese Thematik im Rahmen der Paartherapie schrittweise zu bearbeiten und bewußteren Entscheidungen zugänglich zu machen.

Auch aktuelle Außenbeziehungen eines oder beider Partner sind erfahrungsgemäß ein Faktor, der die psychotherapeutische Arbeit an der Beziehung im Rahmen dieses Konzeptes weitgehend unmöglich macht, stellen also ein empirisch – nicht ideologisch – begründetes Ausschlußkriterium dar. Gleiches gilt übrigens in der Regel für parallel laufende psychotherapeutische Behandlungen.

Wenn bei einer Partnerin oder einem Partner sexuell traumatisierende Erfahrungen bei der diagnostischen Abklärung deutlich werden, gilt es herauszufinden und mit beiden, ggf. in Einzelsitzungen, zu besprechen, ob nicht eine einzeltherapeutische Behandlung vielversprechender erscheint. Falls dann doch die Entscheidung zur Paartherapie getroffen wird, ist in diesen Fällen besonders darauf zu achten, daß es nicht im Rahmen der angeleiteten Erfahrungen zu Reinszenierungen der alten Traumatisierungen kommt.

---

3 Die Auseinandersetzung mit dem Problem psychotherapeutischer Versorgung von Patient(inn)en aus anderen Kulturkreisen gewinnt nicht nur in diesem Bereich zunehmend an Bedeutung. Die dazu dringend notwendige Debatte kann aber an dieser Stelle nicht geführt werden.

Die Indikationsgespräche dauern in unserer poliklinischen Praxis normalerweise eine bis drei Sitzungen á 50-60 Minuten, aber meist länger, wenn es um das Problem sogenannter sexueller Lustlosigkeit geht. Hier gilt es besonders sorgfältig abzuklären, ob nicht ein ängstlich abgewehrter Trennungswunsch oder besondere Belastungen im Alltag, etwa nach der Geburt von Kindern, der fehlenden sexuellen Lust zugrunde liegen und ob diejenige (meist die Frau), die das Problem präsentiert, eigene Veränderungswünsche im Hinblick auf die Sexualität hat. Diese Klärungsphase entspricht etwa dem, was in den USA als vorgeschaltete „Marital Therapy" bezeichnet wird.

Auf jeden Fall ist eine Indikation zur Paartherapie erst zu stellen, wenn mit beiden Partnern gesprochen worden ist.

Überblick über das therapeutische Vorgehen

Die eigentliche Therapie beginnt mit ausführlichen Einzelexplorationen. Bei Teamtherapien, etwa im Rahmen des massierten Settings, exploriert zunächst die weibliche Therapeutin die Frau und der männliche Therapeut den Mann und anschließend umgekehrt. Diese Exploration umfaßt thematisch die aktuelle Lebenssituation einschließlich der sexuellen Problematik, die individuelle Biographie mit Schwerpunkt auf der psychosexuellen Entwicklung und der Entwicklung der Partnerschaft. Neben der Erfassung negativer Erfahrungen, die der Hypothesenbildung über die individuelle und partnerdynamische Funktion der sexuellen Symptomatik dienen, geht es auch darum, Stärken und konstruktive Bewältigungsmuster herauszuarbeiten, auf die sich in der weiteren Arbeit aufbauen läßt. Diese Art des Vorgehens firmiert inzwischen meines Wissens unter dem Begriff „Ressourcenorientierung".

Die Therapeut(inn)en entwickeln aus den so gewonnenen Informationen – dazu gehört auch die Analyse erster Übertragungs- und Gegenübertragungsreaktionen – ein Verständniskonzept, das sie in der folgenden gemeinsamen Sitzung (Round-Table oder Rund-Tisch-Gespräch genannt) mit dem Paar vor- und zur Diskussion stellen. Ziel ist es, dem Paar Entstehung und Funktion der aktuellen Problematik nachvollziehbar zu machen, um beide erst einmal zu entlasten.

Gegen Ende dieser ersten gemeinsamen Sitzung wird mit dem Paar vereinbart, daß sie bis auf weiteres auf Geschlechtsverkehr, Geschlechtsverkehrsversuche und genitales Petting verzichten. Das hieß früher bei uns ungebrochen „Koitusverbot" in der Tradition des Erlaubens und Verbietens, die bei dem therapeutischen Konzept von Masters u. Johnson eine große Rolle spielte und möglicherweise auch Anflüge von therapeutischen Größenphantasien enthielt. Die Kehrseite war und ist noch immer, daß besonders unerfahrene Therapeut(inn)en sich schwertun, dies dem Partner, in der Regel entsprechend den gängigen heterosexuellen Klischees dem Mann, der in der Beziehung stärker auf mehr Sexualität gedrängt hat, zuzumuten. Das ändert sich erst, wenn sie die Erfahrung gemacht haben, wie entlastend eine solche Vereinbarung auch für den „drängenden" Partner sein kann. Jetzt, da im Rahmen der Umbrüche im Geschlechterverhältnis auch immer mehr Männer eingestehen können, daß die gängigen, am idealtypischen Funktionsablauf der genitalen Reaktionen beim Mann entwickelten Sexualnormen auch sie unter Druck setzen, ist es leichter geworden, sich schon an dieser Stelle gleichsam mit dem Erwachsenen-Ich der Partner(innen) zu verbünden. Dazu wird Ihnen erläutert und kognitiv nachvollziehbar gemacht, daß unsere langjährigen Erfahrungen gezeigt haben, daß so der Raum geschaffen wird für neue emotionale und sexuelle Erfahrungen im Zusammensein. Die Widerstände dagegen sind bei den Paaren erfahrungsgemäß meist deutlich geringer als bei unerfahrenen Therapeuten und Therapeutinnen.

Am Ende dieser ersten gemeinsamen Sitzung werden dem Paar die ersten Verhaltensanleitungen gegeben: Beide werden aufgefordert, sich bis zur nächsten Sitzung zweimal Zeit zu nehmen, um miteinander neue körperliche Erfahrungen zu machen. Sie sollen sich an einen bequemen Ort – das kann, muß aber nicht das Schlafzimmer sein – zurückziehen und dafür sorgen, daß sie möglichst nicht gestört werden. Die Lichtverhältnisse sollen so sein, daß sie sich gegenseitig gut sehen können. Beide sollen sich ganz entkleiden. Dann beginnt das Streicheln: der Mann oder die Frau, in der Regel der- oder diejenige, der/die sonst aktiver ist, wird aufgefordert, sich in möglichst bequemer Haltung auf den Bauch zu legen. Die/der andere soll dann anfangen, den/die Liegende/n zu streicheln. Dabei soll der ganze Körper einbezogen werden, von den Haaren bis zu den Zehen. Es kann sanft und fest, schnell und langsam usw. gestreichelt werden. Nach ca. 5 Minuten – dabei sollte ruhig eine Uhr zu Hilfe genommen werden – gibt die/der „Aktive" das Zeichen zu wechseln und die Rollen werden getauscht. Nach weiteren 5 Minuten geschieht dies wieder; dann legt sich die/der „Passive" auf den Rücken und läßt sich auf der Vorderseite streicheln. Brüste und Genitalbereich, deren Berührung gerade Frauen und Männer in sexuell gestörten Beziehungen massiv unter Erfolgsdruck setzen und damit Angst auslösen kann, sollen von Berührungen zunächst ausgespart werden. Zum Abschluß liegt dann jede(r) nochmals auf dem Bauch und läßt sich am Rücken streicheln.

Dem Paar wird als wichtige Grundregel mitgegeben, für sich selbst Verantwortung zu übernehmen und nichts nur der/m anderen zuliebe zu tun oder auszuhalten. Die/der Streichelnde soll ihre/seine Aktivitäten danach ausrichten, was ihr/ihm gefällt, worauf sie/er gerade Lust hat oder neugierig ist und nicht versuchen, es der/m anderen besonders schön zu machen. Auch in der Rolle als „Passive" sollen sie unterschiedliche Wahrnehmungsqualitäten wie warm/kalt, hart/weich, schnell/langsam usw., wie sie vom Streichelnden vorgegeben werden, auf sich wirken lassen, versuchen, sich dabei zu entspannen und dann sofort Einspruch zu erheben, ein sogenanntes Veto einzulegen, wenn etwas unangenehm wird, z.B. zu hart, kalt, kitzelig usw. Dieser Einspruch muß auf jeden Fall respektiert werden, d.h. der/die Streichelnde muß die als unangenehm erlebte Berührungsform verändern, um herauszufinden, ob das Unbehagen dann nachläßt, was meistens der Fall ist. Falls nicht, beispielsweise wenn jemand friert, soll sie/er die Übung beenden und zu einem anderen Zeitpunkt, möglichst unter günstigeren „klimatischen" Bedingungen, wieder aufnehmen.

Alle Erfahrungen sind wichtig für den Veränderungsprozeß, auch die unangenehmen, sofern sie nicht krampfhaft ausgehalten werden, da sie dann mögliche Fortschritte behindern können. Hier liegt eine zentrale Bedeutung der Grundregel.

Wenn ich diese detailistische Präsentation an dieser Stelle zugemutet habe, dann in der Hoffnung, daß sie einen Assoziationsprozeß dazu in Gang setzt – vielleicht schon jetzt, vielleicht auch erst später – was hier u.U. alles angerührt, aufgebrochen, ich möchte sagen getriggert werden kann.

Eines ist sicher deutlich geworden: Es geht nicht um ein neues Idealbild, wie „richtige" sexuelle Interaktion stattfinden sollte. Kein Mensch – weder Frau noch Mann – käme auf die Idee, das so zu gestalten. Das bedeutet aber auch, alle Paare, so unterschiedlich ihre individuelle und Partnerproblematik auch sein mag, setzen sich hier neuen Erfahrungen aus. Die alten, eingefahrenen Rituale der Vermeidung bzw. die Reinszenierung von Ängsten und Konflikten werden aufgebrochen, müssen sich in diesem Raster neu konstellieren, werden leichter identifizierbar und einer Bearbeitung zugänglich.

Von scheinbar auf Äußerlichkeiten zielenden Streitpunkten, wie etwa der um die Raumtemperatur, die oft das Feld für einen virulenten Machtkampf des Paares darstellen, bis hin zur Inszenierung von Verschmelzung im Dienste der Konfliktverleugnung, wie sie bei Paaren, die die sogenannte sexuelle Lustlosigkeit der Frau in die Therapie geführt hat, besonders häufig anzutreffen ist, oder dem tentativen Ausleben aggressiver Impulse in diesem geschützten Rahmen und der Angst, die diese Erfahrung zunächst auslösen kann – diese Aufzählung ließe sich lange fortführen – wird eine Fülle therapeutisch relevanten Materials produziert, sicher mehr, als im Rahmen eines zeitlich so begrenzten Konzeptes bearbeitbar ist. Hier ist es dann notwendig, aus den Hypothesen über die individuelle und partnerdynamische Funktion des sexuellen Symptoms einen Fokus abzuleiten, der die therapeutische Arbeit strukturiert und die für die therapeutische Technik vorgegebenen Leitlinien akzentuiert. Diese Leitlinien beinhalten vor allem, positive Erfahrungen der Partner(innen) verstärkend aufzugreifen und auftauchende Widerstände erst zu thematisieren, wenn sie persistieren.

Ich will an dieser Stelle noch einen kurzen Überblick über die Abfolge der weiteren Schritte für die Verhaltensanleitungen geben. Die Anfangs- und Endphase, das der Entspannung dienende Streicheln auf dem Rücken, bleibt bei allen weiteren Schritten erhalten. Nach den ersten Sitzungen wird die Grundregel insofern erweitert, als die Partner(innen) in der „passiven" Rolle, wenn sie konkrete Verhaltenswünsche an die/den Streichelnden haben, diese ansprechen sollen. Der/dem Angesprochenen ist freigestellt, auf diese Wünsche einzugehen oder aber ihre Erfüllung im Sinne der Grundregel abzulehnen, wenn sie/er sich dadurch gestört oder überfordert fühlt oder ähnliches.

Im nächsten Schritt wird die Aussparung der Genitalien und Brüste zurückgenommen. Sie sollen in das nicht-fordernde, auf Entspannung zielende Streicheln einbezogen werden. Anschließend wird das Paar angeleitet, sich gegenseitig spielerisch und explorierend mit den Genitalien zu beschäftigen. Dieser Abschnitt geht über in entsprechend spielerisch-explorativen Umgang mit intensiver Stimulation und Erregung, zunächst ohne, später mit Orgasmus. In der letzten Phase wird dann auch die Einführung des Gliedes in die Scheide in den spielerisch-experimentierenden Umgang einbezogen. Im Verlauf dieses Prozesses werden die strengen Reglementierungen im Hinblick auf Zeitvorgaben, Aktivität/Passivität usw. allmählich abgebaut. In der Schlußphase werden dann alle Vorgaben zurückgenommen und dem Paar die Entscheidung über die Gestaltung ihrer körperlich-sexuellen Begegnung ganz überlassen. Eine Ausnahme bildet die Grundregel, die beiden Partnern als wichtige Grundvoraussetzung befriedigender sexueller Beziehungen – in welcher Form auch immer – mit auf den Weg gegeben wird.

Nach den ersten gemeinsamen Erfahrungen werden sowohl die Frau als auch der Mann angeleitet, auch allein Erfahrungen mit dem eigenen Körper zu machen. Diese Anleitungen folgen ähnlichen Prinzipien wie die Anleitungen für die gemeinsamen Übungen. Auf den Einzelerfahrungen kann dann in den gemeinsamen Übungen aufgebaut werden (vgl. Hauch et al. 1993).

Die Zeit, die Paare für die einzelnen Abschnitte brauchen, variiert beträchtlich, abhängig von der jeweiligen Problematik. Nach unseren Erfahrungen können alle Paare von allen Abschnitten profitieren, wenngleich in sehr unterschiedlicher Form. So kann vielleicht ein Paar, das sich im Gefolge einer langjährigen Erektionsstörung des Mannes aufgrund der damit verbundenen Frustrationen und Kränkungen körperliche Kontakte seit langem ganz eingestellt hat, die ersten Streichelübungen, geschützt vor sexuellem Leistungsdruck, als Wiederbelebung langersehnter körperlicher Nähe und Intimität genießen. Dann können eventuell beide sich in ihrem Selbstwertgefühl gestärkt fühlen, da es da doch einen Bereich gibt, in dem sie lustvoll miteinander umgehen können. Ein Paar dagegen, das wegen sexueller Lustlosigkeit in Behandlung gekommen ist und berichtet, daß sie jeden Abend mindestens eine Stunde miteinander kuscheln, kann auf die Anleitung sehr irritiert reagieren – nach dem Motto „das können wir doch, deshalb sind wir nicht hier!" – um dann bei den ersten Erfahrungen nach diesen Vorgaben verunsichert festzustellen, vor welche Herausforderung sie sich gestellt sehen, wenn sie beispielsweise durch die klare Trennung von aktiver und passiver Rolle den Weg in die vertraute symbiotische Verklammerung verstellt sehen, mit der sie bisher alle aggressiven Impulse und damit lebendige Sexualität in ihrer Partnerschaft erstickt haben. Ähnliches gilt auch für die anderen Abschnitte der Verhaltensanleitungen. In unserer klinischen Praxis hat es sich jedenfalls bewährt, mit allen Paaren alle Abschnitte durchzuarbeiten, ggf. nur kurz.

Ich will an dieser Stelle nochmals nachdrücklich darauf hinweisen, daß es sich um ein in reflektierter Praxis entwickeltes und empirisch auf seine Effektivität hin überprüftes therapeutisches Konzept handelt, dessen Wirkfaktoren auf der Basis lerntheoretischer, psychodynamischer und systemischer Ansätze von uns und anderen bisher wohl nur ansatzweise theoretisch erfaßt sind. Das scheint aber in vieler Hinsicht nicht nur von Nachteil zu sein. So hat sich beispielsweise die Annahme von Masters und Johnson, daß sich durch Teamtherapien in der Vierer-Konstellation Übertragungs- und Gegenübertragungsprozesse weitgehend ausschließen lassen, nicht bewahrheitet, was aber für die therapeutische Arbeit keineswegs negativ war, eher im Gegenteil.

Qualifikationsvoraussetzungen von Therapeut(inn)en

„Während die Behandlungsstrategie unkompliziert, vielleicht sogar simpel ist und scheinbar von jedem angewandt werden kann, der die Literatur gelesen hat, ist der Therapieprozeß in Wirklichkeit komplex und erfordert ein großes Ausmaß klinischer und interpersonaler Fähigkeiten" schrieben Lobitz et al. schon 1974 (S.3). Das entspricht auch unseren Erfahrungen. Deshalb begannen wir ab Mitte der 70er Jahre ein Fortbildungscurriculum für unser Modell der Paartherapie zu entwickeln, das wir seit 1979 regelmäßig an der Abteilung für Sexualforschung durchführen. Unsere Zielgruppe sind klinisch Tätige aus unterschiedlichen Arbeitsfeldern (Psycholog(inn)en, Sozialpädagog(inn)en und -arbeiter(innen), Mediziner(innen) etc.). Die bisherigen Teilnehmer(innen) arbeiteten überwiegend in Beratungsstellen, Kliniken oder als Niedergelassene in eigener Praxis. Sie kamen aus dem gesamten deutschsprachigen Raum einschließlich Österreich und der Schweiz; nur die Nachfrage aus den neuen Bundesländern blieb trotz spezieller Angebote leider sehr gering. Unsere Aufnahmekriterien sind eine psychotherapeutische Grundausbildung in einer anerkannten Psychotherapie-Form, praktische psychotherapeutische Erfahrungen sowie ein Arbeitsfeld, in dem sich dieses Konzept prinzipiell anwenden läßt.

Da sich das Konzept am besten durch praktische Erfahrungen vermitteln läßt, war von Anfang an das Kernstück des Curriculums ein dreiwöchiges Intensiv-Seminar mit vorgeschaltetem Einführungswochenende, das während der Sommersemesterferien an der Abteilung für Sexualforschung der Hamburger Universitätsklinik stattfindet. Während dieser Zeit können die Teilnehmer(innen) in Co-Therapie mit erfahrenen Kollegen aus unserem Team selbst eine Therapie nach diesem Konzept durchführen. Parallel dazu können sie den Verlauf einer zweiten Therapie hinter der Einwegscheibe verfolgen. Die Arbeit mit den Patient(inn)en wird täglich in einer Gruppe unter Anleitung erfahrener Supervisor(inn)en vorgestellt, an der auch die jeweiligen Co-Therapeut(inn)en aus unserem Fortbildungsteam teilnehmen.

Nachdem die Paartherapien am Ende der drei Wochen abgeschlossen worden sind, folgt etwa zweieinhalb bis drei Monate später ein Nachbereitungs-Wochenende. Für diesen Zeitpunkt werden auch die Paare von den jeweiligen Therapeut(inn)en zu einem

Nachgespräch eingeladen. Im darauffolgenden Jahr sollen dann die Teilnehmer(innen) an ihrem eigenen Arbeitsplatz alleine eine Paartherapie nach diesem Konzept durchführen. Dazu werden regelmäßige, in der Regel monatlich stattfindende Supervisionen von Kolleg(inn)en aus unserem Fortbildungsteam angeboten, die soweit wie möglich regional organisiert werden[4].

Nach Abschluß des Curriculums haben die Teilnehmer(innen) die Möglichkeit, bei Bedarf an einem Wochenende zur fachlichen Weiterqualifikation teilzunehmen, das wir jedes Jahr anbieten. Zu dieser Veranstaltung werden alle ehemaligen Teilnehmer(innen) eingeladen. Im Zentrum steht die Supervision von Fällen aus der eigenen Praxis, aber es werden auch, je nach den Interessen der Teilnehmer(innen), Arbeitseinheiten zu übergreifenden psychotherapeutischen, theoretischen und sexualpolitischen Themen angeboten. Ziel der Veranstaltung ist Weiterqualifikation durch fachlichen Austausch und Vernetzung zur Verbesserung der Versorgungsstrukturen. Dieses Angebot wird rege genutzt, sicher auch weil immer noch viele Kolleg(inn)en beklagen, daß sie beim Thema Sexualität an ihren jeweiligen Arbeitsplätzen und in bestehenden Supervisionsstrukturen meist keine Ansprechpartner finden.

Modifikationen und Akzentverschiebungen

Selbstverständlich haben sich im Lauf der inzwischen über zwanzig Jahre, während derer wir mit diesem Konzept gearbeitet haben, einige Modifikationen und Akzentverschiebungen ergeben, die ich im folgenden zusammenfassend vorstellen will.

Während anfangs die ersten Abschnitte der Verhaltensanleitungen mehr den Charakter einer Aufwärmphase hatten, gleichsam im Sinne des berüchtigten sogenannten Vorspiels im Hinblick auf das „Eigentliche", den Geschlechtsverkehr, sind sie im Lauf der Jahre zum zentralen Feld für die Bearbeitung der Konflikte avanciert, die der jeweiligen Symptomatik zugrunde liegen. Im Rahmen dieses Abschnittes lassen sich unserer Erfahrung nach Themen wie Nähe-Distanz-Ambivalenzen, regressive Verschmelzung im Dienste der Konfliktverleugnung, Autonomieprobleme, gerade auch im Hinblick auf differenzierte Körperwahrnehmung, Verantwortung für die Wahrung der eigenen Grenzen, die Auseinandersetzung mit eigenen Wünschen, die als bedrohlich erlebt werden usw. besonders gut und erfolgversprechend bearbeiten. Das drückt sich u.a. darin aus, daß wir uns inzwischen in der Regel sehr viel mehr Zeit nehmen, die Erfahrungen mit den grundlegenden Übungen, bei denen es nicht um Erregung und sexuelles Funktionieren geht, zu bearbeiten. Das bedeutet aber nicht, daß die Therapien insgesamt länger werden. Es hat sich vielmehr gezeigt, daß sich die späteren Abschnitte dann meistens sehr viel zügiger durcharbeiten lassen.

Während in den ersten Jahren unserer Arbeit die therapeutischen Interventionen stärker die auf Nähe und Verschmelzung zielenden Elemente der Verhaltensanleitungen betonten (vgl. die Kritik von Reiche 1981), ergab sich allmählich – sicher beeinflußt durch die sich ausdifferenzierende Debatte um Asymmetrie und Gewalt im real existierenden Geschlechterverhältnis – eine stärkere Betonung eines ausbalancierten Verhältnisses von Annäherung und Abgrenzung. Damit ging eine zunehmende Sensibilisierung für die unterschiedliche Bedeutung einher, die diese Elemente angesichts der herrschenden geschlechtsspezifischen Rollenbilder und Identitätskonzepte für Frauen und Männer haben.

---

4 Dies Curriculum zur Weiterbildung in Paartherapie nach dem Hamburger Modell wird in Zukunft zentraler Bestandteil der Sexualtherapeutischen Weiterbildung (Curriculum 2) nach den neu entwickelten Richtlinien der Deutschen Gesellschaft für Sexualforschung (s. Anhang) in Hamburg sein.

In diesem Zusammenhang gewann die o.g. Grundregel zunehmend an Bedeutung, genau wie die Auseinandersetzung damit, Wünsche zunächst differenziert bei sich wahrzunehmen und dann auch der Partnerin/dem Partner gegenüber direkt zu äußern.

Weitere deutliche Verschiebungen ergaben sich im Hinblick auf die Arbeit mit Anleitungen zur körperlichen Selbsterfahrung im Rahmen von Einzelübungen während der Paartherapie. Bei den Frauen hatten wir von Anfang an systematisch Elemente der körperlichen Selbsterfahrung als Ergänzung der Arbeit mit dem Paar auch bei denjenigen einbezogen, die, etwa als Partnerin eines „Symptomträgers", selbst keine sexuelle Funktionsstörung aufzuweisen hatten. Wir trugen damit der Situation Rechnung, daß damals viele Frauen keine oder nur wenig Erfahrung mit Selbstbefriedigung hatten und mit ihrem eigenen Genitale völlig unvertraut waren. Die bei fast allen Männern vorhandene Masturbationserfahrung verführte uns zu der Annahme, daß die Männer mit ihren körperlichen Reaktionen und ihrem Genitale ausreichend vertraut waren. Deshalb beschränkten wir uns bei Männern weitgehend darauf, beim Vorliegen von Ejakulationsstörungen sehr technikorientierte, auf das Symptom respektive die sexuelle Funktion fokussierte Verhaltensanleitungen vorzugeben. Es stellte sich bald heraus, daß die Annahme, Masturbationserfahrung ließe auf differenzierte Körperselbstwahrnehmung und Vertrautheit mit dem eigenen Genitale schließen, in der Mehrzahl der Fälle nicht haltbar war. Wir gingen deshalb immer häufiger dazu über, auch die männlichen Partner, nicht nur wenn sie „Symptomträger" waren, zur körperlichen Selbsterfahrung anzuleiten. Darüber hinaus wurden diese Elemente, die anfangs zusätzlich außerhalb der Vierer-Sitzungen stattfanden, zunehmend in die paartherapeutische Arbeit integriert. Diese Arbeit am Körperselbstbild hat sich bewährt und ist inzwischen selbstverständlicher Bestandteil der Paartherapie.

Die Gefahr, den Verführungen der – von Schnarch (1991) so genannten – „Pro-Sex-Position", zu erliegen, ist gerade bei der erfahrungsorientierten Arbeit am Fokus Sexualität immer gegeben. Sie drückt sich beispielsweise – mit negativen Vorzeichen – in der Phantasie aus, unser Konzept der Paartherapie sei ein technokratisches Programm, mit dessen Hilfe den Paaren effektive sexuelle Techniken „antrainiert" werden sollten. Diese Phantasie wird häufig von Fortbildungsteilnehmer(inne)n geäußert, gekleidet in die Form einer scheinbar sachlichen Kritik, bevor sie sich intensiver damit auseinandergesetzt haben. Therapeut(inn)en, die den explizit von den Paaren an sie herangetragenen Auftrag, ihnen mehr und besseren Sex zu „verschaffen", unreflektiert annehmen und die Verhaltensanleitungen im Sinne eines „Trainings" einsetzen, mögen im sexualfeindlichen Klima des mittleren Westens in den USA der 50er und 60er Jahre, dem Umfeld der ersten Ansätze von Masters und Johnson, noch einige Erfolgsaussichten gehabt haben. In der Bundesrepublik der 90er Jahre laufen sie fast unweigerlich in eine Falle: sie übersehen die andere Seite des Patient(inn)enauftrages, der sich im präsentierten Symptom manifestiert, daß nämlich in der Individual- und Paardynamik Gründe vorliegen, die dem „guten Sex" entgegenstehen und zunächst bearbeitet werden müssen. Wenn, wie vor allem bei Paaren, die wegen sogenannter Lustlosigkeit der Frau um Behandlung nachsuchen, besonders deutlich wird, der explizite Wunsch nach mehr Sexualität partnerdynamisch bei einem der Partner, hier dem Mann, verortet ist, laufen die Therapeut(inn)en darüber hinaus Gefahr, sich mit diesem Partner, dem Mann, gleichsam gegen die Frau zu verbünden, was zwangsläufig zum Scheitern einer Paarbehandlung führen muß. Die oben beschriebenen Modifikationen und Akzentverschiebungen bedeuten auch konzeptuell eine deutlichere Abgrenzung zur Pro-Sex-Position.

Möglicherweise haben wir aufgrund dieser Veränderungen auch bei der Behandlung von „lustlosen" Paaren mit diesem Konzept ermutigende Erfolge erzielt, obwohl das in der Literatur sehr kritisch diskutiert wird. Es geht eben nicht darum, die Paare sexuell zu beglücken, sondern sie darin zu unterstützen, ihre Ängste und Konflikte, soweit sie sich in der körperlich-sexuellen Interaktion manifestieren, zu bearbeiten. Das kann, muß aber nicht dazu führen, daß beide angstfreier, konfliktfähiger, selbstbewußter und lustvoller miteinander umgehen.

Ausgewählte empirische Ergebnisse

Angesichts der oben beschriebenen gesellschaftlichen Veränderungen einerseits und der Modifikationen und Akzentverschiebungen in unserem therapeutischen Konzept andererseits, schien es uns sinnvoll und notwendig, unseren in der therapeutischen Praxis gewonnenen Eindruck, daß das von uns entwickelte Konzept der Paartherapie auch weiterhin eine effektive Behandlungsmöglichkeit für Paare darstellt, die wegen sexueller Funktionsstörungen oder sogenannter sexueller Lustlosigkeit professionelle Hilfe suchen, erneut systematischer empirisch zu überprüfen.

Bei der empirischen Erfassung von Effekten psychotherapeutischer Behandlung stellt sich immer die Frage, welche Ziele durch eine solche Behandlung erreicht werden sollen. Wenn sexuelle Funktionsstörungen Anlaß der Therapie sind, scheint die Antwort auf der Hand zu liegen: die Wiederherstellung der Funktionsfähigkeit. Aber schon die in dem Abschnitt zum Symptomverständnis skizzierten Ausführungen machen deutlich, daß es so einfach nicht ist. Bereits während der ersten Evaluationsphase fiel uns auf, daß bei einigen Paaren während der Behandlung zwar die sexuelle Symptomatik „verschwand", respektive durch sogenannte Funktionsfähigkeit abgelöst wurde, d.h. vorher „anorgastische" Frauen produzierten Orgasmen, vorher „erektionsgestörte" Männer Erektionen usw. Das ging aber keineswegs regelhaft einher mit größerer Lust oder gar Leidenschaft und einer „glücklicheren" Beziehung, wie nicht nur Patient(inn)en sondern zugegebenermaßen auch Therapeut(inn)en fast selbstverständlich erwartet hatten. Ergebnis war oft nur „triste Alltagssexualität", wie Schmidt (1993) es so schön auf den Begriff brachte. Andererseits gab es Paare, bei denen sich im Verlauf der Behandlung der sexuelle Kontakt entspannte und intensivierte, die Kommunikation in der Beziehung offener, empathischer und respektvoller wurde, die bei Abschluß der Therapie und bis hin zum Katamnese-Zeitpunkt – auch im Hinblick auf ihre Sexualität – deutlich zufriedener, wenn nicht gar glücklicher geworden waren, auch wenn sich bezüglich der Symptomatik wenig verändert hatte: Beispielsweise wenn die Frau inzwischen beim sexuellen Zusammensein zwar gelegentlich erregt wurde und das auch genießen konnte, aber weiterhin keinen Orgasmus hatte. Deshalb entschieden wir schon damals, den Therapie-Erfolg nicht ausschließlich auf der Ebene symptomatischer Veränderungen, sondern zusätzlich auch durch die Parameter Zufriedenheit mit der Sexualität und der Beziehung zu erfassen. Inzwischen ist viel offensichtlicher und klarer benennbar, daß das im „ordnungsgemäßen" Vollzug heterosexuellen Geschlechtsverkehrs anscheinend enthaltene Glücksversprechen entgegen dem oberflächlichen Eindruck nie geschlechtergerecht strukturiert war, wie am Beispiel der sogenannten sexuellen Lustlosigkeit deutlich wurde. Zudem scheint es auch für heterosexuelle Männer immer schwieriger einlösbar zu sein. Es liegt also nahe, im folgenden Ergebnisse zu den drei zentralen Bereichen, der Symptomebene, der sexuellen Zufriedenheit und der Paarbeziehung zu präsentieren.

Aus organisatorischen Erwägungen bot sich an, die Untersuchung an den 12 Paaren durchzuführen, die im Sommer 1995 im Rahmen des Fortbildungscurriculums behandelt wurden. Auch das „massierte" Setting stellte keinen Hinderungsgrund dar, da unsere Daten aus den 70er und 80er Jahren belegen, daß der Faktor Setting im Hinblick auf die Ergebnisse der Behandlung vernachlässigt werden darf. Wir planen, diese Untersuchung mit der nächsten Patient(inn)en-Gruppe im Sommer 1997 zu wiederholen und dann anhand der größeren Stichprobe eine differenziertere Auswertung vorzunehmen.

Die Stichprobe umfaßt derzeit also 12 heterosexuelle Paare, d.h. 12 Frauen und 12 Männer, insgesamt 24 Personen. Sieben der Paare waren verheiratet, sechs hatten ein oder mehrere Kinder.

Das Alter der Frauen lag im Mittel bei 37 Jahren, bei einem Range von 23 bis 57 Jahren und einer Streuung von s=9,7. Das Alter der Männer betrug im Mittel 39.3 Jahre, bei einem Range von 23 bis 59 Jahren und einer Streuung von s=9,8. Fünf der Paare waren gleichaltrig (+/−1 Jahr), bei den übrigen Paaren betrug die Altersdifferenz zwischen 2 und maximal 10 Jahren, wobei nur in einem Fall die Frau die Ältere war (+4 Jahre).

Die Dauer der Beziehung schwankte zwischen einem und 25 Jahren, bei einem Mittelwert von m=10,75 und einer Streuung von s=8,2.

Das Spektrum der Berufe reichte von einer Nägelpackerin über technische, kaufmännische und frauliche Berufe bis zu Akademiker(inne)n, wobei letztere überrepräsentiert waren. Acht Frauen und elf Männer hatten Abitur. Vier Frauen und drei Männer waren z.Z. nicht berufstätig, davon je eine Frau und ein Mann noch im Studium. Drei Frauen und zwei Männer waren teilzeitbeschäftigt, fünf Frauen und sieben Männer arbeiteten Vollzeit.

Hinsichtlich der sexuellen Symptomatik lag bei zwei Paaren eine vaginistische Problematik vor, bei drei Paaren eine Erektionsstörung, bei einem Paar eine Erektionsstörung verbunden mit eine Ejakulatio Praecox und bei einem eine Ejakulatio Deficiens. Bei drei Paaren war schon bei der Indikationsstellung eine sogenannte Doppelstörung diagnostiziert worden. Bei allen drei Paaren lag eine Ejakulatio Praecox beim Mann vor, bei zwei Paaren hatte die Frau eine Orgasmusstörung, bei einem Paar handelte es sich bei der Frau um eine vaginistische Problematik. Bei sieben Paaren bestand die Störung schon länger als 5 Jahre, bei vier Paaren zwischen 2 und 5 Jahren und nur bei einem Paar seit weniger als 2 Jahren.

Diese relativ ausführliche Stichprobenbeschreibung gibt einerseits einen Eindruck, welche Paare von uns behandelt werden. Andererseits belegt sie, daß es sich hier nicht um eine Auswahl vergleichsweise „einfacher" Paare zu Fortbildungszwecken handelt. Vielmehr liegen bei fast allen Paaren langjährig verfestigte Symptombildungen vor.

In Anlehnung an unsere frühere Untersuchung schien es uns sinnvoll, den Veränderungsprozeß sowohl aus der Perspektive der Patient(inn)en als auch der Therapeut(inn)en zu erfassen. Vor allem aus Gründen der Vergleichbarkeit griffen wir auf die alten Untersuchungsinstrumente zurück, die z.T. durch offene Fragen ergänzt wurden. Die Therapeut(inn)en wurden aufgefordert, die Rating-Bögen gemeinsam auszufüllen. Die Patient(inn)en dagegen wurden im Hinblick auf eine geplante differenziertere Auswertung zum Faktor Geschlecht und dem Parameter „Symptomträger(in)"/Partner(in) gebeten, die Fragebögen je einzeln auszufüllen. Daher läßt sich aus den ungeraden Werten in den Tabellen auf gelegentliche Diskrepanzen in der Bewertung innerhalb einer Paarbeziehung schließen. Leider erschien eine Auswertung nach Geschlecht angesichts der relativ kleinen Stichprobe auf der quantitativen Ebene wenig sinnvoll. Gleiches gilt für die Differenzierungen nach Symptomatik und „Symptomträger(in)"/Partner(in).

Tabelle 9.**2** zeigt die Ergebnisse eines summarischen Ratings bezüglich der Veränderungen im Vergleich zur Ausgangssituation durch die Therapeut(inn)en.

Tab. 9.2 Einschätzung der Veränderungen bezüglich der Symptomatik durch die Thera-
peut(inn)en bei Therapieende und Katamnese (nach 3 Monaten)

	Therapieende	Katamnese
Verschlechterung	1	0
Symptom unverändert	0	2
leichte Verbesserung bzgl. der sexuellen Symptomatik	4	3
deutliche Verbesserung bzgl. der sexuellen Symptomatik	5	4
Symptom behoben („geheilt")	2	3
N	12	12

Bei Abschluß der Therapie zeigen sich nach Einschätzung der Therapeut(inn)en bei 11 von
12 Paaren positive Veränderungen auf der Symptomebene, bei einem Paar dagegen eine
Verschlechterung, die aber bis zum Zeitpunkt der Katamnese verschwindet. Die Ergebnisse bleiben bis zum Katamnese-Zeitpunkt weitgehend stabil.

Tabelle 9.**3** zeigt die Einschätzung der sexuellen Problematik in Relation zur Situation
bei Therapiebeginn durch die Patient(inn)en bei Therapieende und Katamnese.

Tab. 9.3 Einschätzung der Veränderungen bezüglich der Symptomatik durch die Patient(inn)en
bei Therapieende und Katamnese (nach 3 Mon.)

Unsere sexuellen Schwierigkeiten sind jetzt … in Relation zum Therapiebeginn	Therapieende	Katamnese
verschlechtert	2	0
unverändert	6	4
etwas gebessert	5	8
stark gebessert	11	6
völlig behoben	0	1
N (missing data)	24 (0)	19 (5)

Über 60% der befragten Patient(inn)en geben eine Besserung bezüglich der Symptomatik
an. Daß die Kategorie „unverändert" hier höher besetzt ist als bei der Einschätzung durch
die Therapeut(inn)en, könnte auch damit zusammenhängen, daß hier Enttäuschungen
über das Verfehlen selbstgesetzter Ziele im Hinblick auf die sexuelle Funktion gerade zum
Zeitpunkt des Therapie-Endes eine Rolle spielen. Die tendentiell etwas weniger positiven
Einschätzungen bezüglich der Veränderungen auf der Symptomebene seitens der Pati-
ent(inn)en gleichen sich den Einschätzungen der Therapeut(inn)en zum Katamnesezeitpunkt weiter an.

Daß die Verschlechterung bei einem Paar entsprechend dem Therapeut(inn)en Rating
hier wieder auftaucht und zum Katamnese-Zeitpunkt verschwindet, stützt die Interpretation, daß es sich hier um eine mit dem Ende der massierten Behandlung zusammenhän-
gende Krise gehandelt haben könnte.

Tab. 9.4 Einschätzung der Veränderungen bzgl. der sexuellen Zufriedenheit des Paares durch die Therapeut(inn)en bei Therapieende und Katamnese (nach 3 Mon.)

	Therapieende	Katamnese
sexuelle Beziehung unbefriedigender als vor der Therapie	0	0
sexuelle Beziehung genauso unbefriedigend wie vor der Therapie	2	1
sexuelle Beziehung etwas befriedigender als vor der Therapie	4	6
sexuelle Beziehung befriedigend	6	5
N	12	12

Tab. 9.5 Einschätzung der Veränderungen bzgl. „Genuß in der sexuellen Beziehung" durch die Patient(inn)en bei Therapieende und Katamnese (nach 3 Mon.)

	Therapieende	Katamnese
unverändert	2	3
weniger	2	1
mehr	10	13
viel mehr	10	2
N (missing data)	24	19 (5)

Tab. 9.6 Einschätzung der Veränderungen bzgl. der Beziehung durch die Patient(inn)en bei Therapieende und Katamnese (nach 3 Mon.)

	Therapieende	Katamnese
unverändert (unproblematisch)	4	4
unverändert (problematisch)	1	1
schlechter	1	0
etwas besser	7	8
viel besser	11	6
N (missing data)	24	19 (5)

Tab. 9.7 Einschätzung der Veränderungen bzgl. der Beziehung des Paares durch die Therapeut(inn)en bei Therapieende und Katamnese (nach 3 Mon.)

	Therapieende	Katamnese
verschlechtert (feindseliger, ablehnender, unkooperativer, Kommunikation gestörter als zuvor)	0	0
in gleichem Maße gestört (feindselig, ablehnend, unkooperativ, gestörte Kommunikation)	1	1
unverändert intakt (akzeptierend, kooperativ, befriedigende Kommunikation)	2	2
verbessert (weniger feindselig, weniger ablehnend, kooperativer, befriedigendere Kommunikation)	7	7
„intakt", vorher gestört (akzeptierend, kooperativ, befriedigende Kommunikation)	2	2
N	12	12

Tabelle 9.**4** zeigt, daß die Therapeut(inn)en bei Therapieende bei zehn von zwölf Paaren eine größere sexuelle Zufriedenheit konstatieren. Das entspricht den Angaben der Patient(inn)en auf die Frage, ob sie das sexuelle Zusammensein jetzt in Relation zum Therapiebeginn mehr oder weniger genießen können. Hier geben 20, d.h. über 80% der Befragten, an, daß sie sexuelles Zusammensein jetzt „mehr" oder „viel mehr" genießen können. Das könnte als Beleg für die obige These gewertet werden, daß „Funktiontüchtigkeit" und sexueller Genuß nicht linear und unmittelbar zusammenhängen müssen.

Auch die Veränderungen in der Beziehungsproblematik werden von Patient(inn)en und Therapeut(inn)en übereinstimmend positiv bewertet.

Für neun von zehn Paaren mit problematischer Ausgangslage ergaben sich positive Veränderungen in der Beziehung, die bis zum Katamnesezeitpunkt auch hier weitgehend stabil bleiben.

Die Einschätzungen der Therapeut(inn)en zu positiven Veränderungen nach Abschluß der Therapie werden durch die Angaben der Patient(inn)en weitgehend bestätigt. Von daher bietet sich an, zum Vergleich der hier vorgelegten Daten mit den Ergebnissen unserer früheren Untersuchung aus den 70er und 80er Jahren die zusammengefaßten Angaben des Therapeut(inn)enratings heranzuziehen (vgl. Arentewicz u. Schmidt 1986, S. 68). Die hier vorgelegten Daten bestätigen prinzipiell die damals vorgelegten Ergebnisse, übertreffen sie sogar z.T. tendentiell, was aber angesichts der relativ kleinen Stichprobe nicht überbewertet werden sollte. Bezüglich der Symptomatik wurden damals 75% der Paare als gebessert eingeschätzt. Bei den hier vorgelegten Daten waren es sowohl bei Therapieende als auch zum Katamnesezeitpunkt über 80%. Die Beziehung der Paare wurde damals in 58% der Fälle als verbessert eingeschätzt, bei der hier präsentierten Untersuchung war das zu beiden Untersuchungszeitpunkten für 75% der Paare nach Einschätzung der Therapeut(inn)en gegeben. Die sexuelle Zufriedenheit der Paare wird in dieser Untersuchung zu beiden Erhebungszeitpunkten in über 80% der Fälle höher eingeschätzt, damals bei 78%.

Der konzeptuelle Ansatz, den Fokus Sexualität zu nutzen, um grundlegende Ängste und Konflikte bei den Patient(inn)en zu bearbeiten, wird durch die hier vorgelegten Daten bestätigt. Generell bestätigen die vorgelegten Ergebnisse unseren klinischen Eindruck, daß das von uns entwickelte Modell der Paartherapie zur Behandlung von Frauen und Männern, die unter sexuellen Funktionsstörungen und/oder sexueller Lustlosigkeit in ihrer Beziehung leiden, weiterhin ein erprobtes und erfolgversprechendes Angebot darstellt.

Diese Arbeit erfordert aber die Bereitschaft, sich mit dem auch für Therapeutinnen und Therapeuten häufig heiklen Thema Sexualität explizit auseinanderzusetzen und sich entsprechend zu qualifizieren.

10. Verhaltenstherapie bei sexuellen Störungen

Steffen Fliegel

Nach einer kritischen Einführung folgt ein Überblick über den verhaltenstherapeutischen Prozeß. Sehr konkret und praxisnah werden danach für die Behandlung sexueller Probleme dargestellt:
- Informationsgewinnung in der Verhaltenstherapie
- Problemanalyse mit Bezug zur verhaltenstherapeutischen Sicht von Ursachen sexueller Störungen
- Paar- und gruppentherapeutische Interventionen
- Konzepte der Einzelpsychotherapie.

Ein sehr ausführlicher Fallbericht eines Patienten mit Sexsucht beschließt das Kapitel.

Hinführung zum Thema

Den verhaltenstherapeutischen Ansatz kennzeichnet folgende Sichtweise:

➤ Sexualität ist grundsätzlich etwas Natürliches.
➤ Menschen können mit ihrem Körper und ihrer Psyche generell eine befriedigende Sexualität erleben.
➤ Die natürliche Gegebenheit muß grundsätzlich durch individuelle Lernprozesse ausgeformt und gestaltet werden.
➤ Die Gesellschaft hat auf diesem Wege zahlreiche Stolpersteine ausgelegt, die die Lernmöglichkeiten behindern.
➤ Wo die Lernmöglichkeiten fehlen und Ängste aufgebaut werden, wird eine leidenschaftliche, lustvolle und befriedigende Sexualität behindert.

Voraussetzung für eine befriedigende Sexualität ist zunächst eine grundsätzlich positive Einstellung zum Sex und zum eigenen Körper. Ein gesundes Maß an Egoismus und eine Konzentration auf die eigenen Bedürfnisse sind ebenso notwendig wie die Fähigkeit, diese Bedürfnisse offen in die Kommunikation mit dem Partner oder der Partnerin einzubringen. Jeder ist selbst verantwortlich für die Befriedigung der eigenen Bedürfnisse und die daraus resultierende Fähigkeit zum Wechselspiel von Aktivität und Passivität, zum freien und offenen Gespräch über Sexualität und die gegenseitige, konstruktive und nicht verletzende Anleitung. Zur Verwirklichung einer befriedigenden Sexualität gehören also neben der Fähigkeit des offenen Austauschs über die unterschiedlichen Wünsche, das Wahrnehmen der Stimmen des eigenen Körpers und der eigenen Gefühle sowie das Handeln im Wechselspiel von Geben und Nehmen, von Ying und Yang.

Mythen um richtiges oder falsches Sexualverhalten und viele andere Hindernisse schüren Ängste und behindern Lernprozesse der Sexualität. Normen und Werte prallen den lernbegierigen Menschen entgegen. Wer sexuell ängstlich, gehemmt, verschlossen und unsicher ist, läßt sich von diesen Normen und Mythen beeinflussen und macht sie zu den eigenen Ziel- und Wertvorstellungen (vgl. Sigusch 1996c, Zilbergeld 1994). Viele Menschen jedoch erleben ihre Sexualität lustvoll, haben eine positive Einstellung zu ihrer Sexualität und zu ihrem eigenen Körper. Sie haben ein gesundes Maß an Egoismus, können sich auf ihre eigenen Bedürfnisse konzentrieren und haben auch die Fähigkeit, diese Bedürfnisse offen in die Beziehung mit dem Partner oder der Partnerin einzubringen.

Nicht nur die Gesellschaft mobilisiert Ängste in bezug auf Sexualität, schürt unerfüllbare Erwartungen, Leistungsdruck oder Minderwertigkeitsgefühle, auch die traditionelle „Sexualtherapie" hat die Ansicht eines „richtigen" Sexualverhaltens bestärkt und vertritt die Meinung, daß Probleme zu beheben seien. Begriffe wie Impotenz und vorzeitige Ejakulation lassen glauben, es gäbe nur eine richtige Art und Weise für die sexuelle Reaktion des Mannes. Bezeichnungen für weibliche Funktionsstörungen wie Vaginismus und Frigidität sind häufig ähnlich irreführend, da sie sexuelle Probleme als Krankheit abstempeln, obwohl sie sehr viel mehr mit der Erziehung zur traditionellen Frau oder mit negativen Vorstellungen vom Mann und seinen Bedürfnissen zu tun haben. Der Begriff „Sexualtherapie" sagt lediglich etwas über die zu behandelnde psychische Problematik aus. „Sexualtherapie" ist nicht als eigenständige therapeutische Spezialität zu sehen. Die verhaltenstherapeutisch konzipierte psychotherapeutische Arbeit mit Menschen, die unter sexuellen Störungen leiden, stützt sich auf die gleichen klinisch-psychologischen und empirisch evaluierten Grundlagen wie die Verhaltenstherapie bei anderen psychischen Störungen. Die Verhaltenstherapie verfolgt dabei den von Annon (1974, 1975) beschriebenen Ansatz des sogenannten PLISSIT-Modells, nur soviel professionelle Hilfe wie nötig anzubieten und vorrangig die Selbstheilungskräfte der betroffenen Menschen und ihre Fähigkeiten zur Selbsthilfe zu fördern (vgl. auch Kanfer et al. 1990).

1970 erschien die berühmt gewordene Arbeit von Masters und Johnson „Human Sexual Inadequacy". Sie war bahnbrechend und wegweisend für verhaltenstherapeutische Ansätze und Settings bei der Behandlung sexueller Störungen, insbesondere in der Arbeit mit Paaren (vgl. Kap. 9). Noch heute ist das Konzept von Masters und Johnson (deutsch: Impotenz und Anorgasmie, 1973) Grundlage der Paartherapie bei Problemen mit der Sexualität, hat aber auch viele richtungsweisende Auswirkungen auf die Einzelbehandlung gehabt.

Der therapeutische Prozeß

Verhaltenstherapie ist ein therapeutisches Verfahren, beschreibt aber auch eine therapeutische Haltung bei der Sichtweise und Überwindung psychischer Probleme und Störungen. Im folgenden wird der verhaltenstherapeutische Ablauf bei der Behandlung sexueller Störungen beschrieben. Dazu gehören die Bereiche:

➤ Methodik zur Gewinnung von Informationen
Zu den diagnostischen Verfahren gehören die Exploration, die Selbstbeobachtung, Führung eines Tagebuches und der Einsatz von Fragebögen (vgl. Fliegel u. Heyden 1994).

➤ Erste Verarbeitung der Informationen: Die Problemanalyse
Die sexuellen Störungen werden beschrieben und bezüglich ihrer aufrechterhaltenden Bedingungen analysiert (vgl. Schulte 1996, Fliegel 1996).

➤ Klärung der Veränderungsziele
Dabei wird unterschieden, was durch eigene Unterstützung erreicht werden kann und wofür therapeutische Hilfe notwendig ist. Ebenso wird differenziert zwischen den kurzfristig zu erreichenden Zielen (Therapieziele) und der Verwirklichung langfristiger Wünsche.

➤ Therapieplanung
Konkrete Planung der therapeutischen Interventionen, Klärung der Voraussetzungen, Auswahl der konkreten Methoden, der Reihenfolge und des Ablaufs.

➤ Durchführung der Interventionen
Die ausgewählten Verfahren sind in der Regel erfahrungs- und erlebnisorientiert, konfrontativ und folgen einem Problemlöseansatz.

➤ Diagnostisch-therapeutischer Prozeß
Der beschriebene Ablauf stellt ein flexibles Schema dar, dessen Teilschritte im Verlauf der therapeutischen Behandlung immer wiederholt werden können (vgl. Schulte 1996).

➤ Die therapeutische Beziehung
Es besteht die Notwendigkeit, die therapeutische Beziehung in der Anfangsphase, der Veränderungsphase und der Abschlußphase der Behandlung unterschiedlich zu gestalten.

Erhebung der Informationen

Grundlagen der diagnostischen Informationserhebung bei sexuellen Störungen in der Verhaltenstherapie im Sinne klinischer Diagnostik sind das explorative Gespräch, die Selbstbeobachtung des Patienten und der Patientin, die Selbstbeschreibung in Form einer Tagebuchführung, der Einsatz von Fragebögen sowie gegebenenfalls organische und psychopathologische Abklärungen.

Zielsetzungen der Diagnostik sind die genaue Stellung der Indikation, die exakte Beschreibung der psychischen Problematik, die Erarbeitung aufrechterhaltender und ursächlicher Bedingungen der sexuellen Problematik. Sie dient weiterhin zur Therapieplanung, um in Verbindung mit Verlaufsmessungen die therapeutischen Schritte gegebenenfalls zu modifizieren und außerdem zur Überprüfung der Veränderungen und des Therapieerfolgs.

Organmedizinische Abklärung

Eine organmedizinische Abklärung erscheint am Beginn einer Behandlung dann sinnvoll, (vgl. Hertoft 1989, Zimmer 1995),

➤ wenn Hinweise auf organische Bedingungen der Störung vorliegen (gegebenenfalls bei Schmerzen, extrem niedriger Appetenz, bei Verdacht auf primäre oder sekundäre anatomische Probleme, wenn Erektion, Ejakulation und Orgasmus auch bei Selbstbefriedigung ausbleiben sowie bei anderen somatischen Erkrankungen)
➤ zur eventuellen Erhöhung der Psychotherapiemotivation und Ausschlußdiagnostik für Patienten.

Psychopathologische Abklärungen

Hinweise auf Psychosen, Abhängigkeiten, Depressionen usw. sollten in der Exploration oder durch den Einsatz von Fragebögen vorab geklärt werden.

Explorationsgespräche

In Explorationsgesprächen unterstützen Therapeutin und Therapeut ihre Patientinnen und Patienten darin, die sexuellen Probleme in einer verhaltenstherapeutischen Sprache zu beschreiben. In der Verhaltenstherapie steht zunächst die Problemsicht des Patienten im

Vordergrund. Im ersten Gespräch gibt daher der Therapeut seinem Patienten zunächst Gelegenheit, das auszudrücken, was ihn quält, bzw. was er sich von diesem Gespräch erhofft. Zunehmend strukturiert dann der Therapeut das Gespräch im verhaltenstherapeutischen Setting:

➤ Wie heißt das aktuelle Problem? Z.B. der Orgasmus kommt zu spät, beim Einführen des Penis verkrampft sich oder schmerzt die Scheide, keine Lust auf Sex mit dem Partner, die Ejakulation kommt zu früh.
➤ Welche Verhaltensweisen, Kognitionen und körperlichen Reaktionen stehen im Zusammenhang mit dem sexuellen Problem?
➤ Durch welche inneren Stimuli (Gedanken), Reaktionen (Aufforderung zum Sex, nonverbale Reaktionen im Bett, spezielle Stimulierungen) und äußeren Bedingungen (am Abend, Kinder sind noch auf, Fernseher läuft, bekleidet im Bett) werden die sexuellen Probleme ausgelöst?
➤ Wie sieht das aktuelle Erleben und Verhalten des Patienten bzw. der Patientin oder des Partners aus?
➤ Welche Bereiche von Körperkontakt, Zärtlichkeit und sexuellem Erleben werden als angenehm erlebt?

Frühzeitig bilden sich Therapeutinnen und Therapeuten erste Hypothesen über die aktuellen aufrechterhaltenden Bedingungen der Symptomatik. Grundlage ist ein entsprechendes Ursachenverständnis, welches sich an den beschriebenen problemanalytischen Zusammenhängen orientiert.

Hilfreich bei der Beschreibung der sexuellen Störungen sind die von Arentewicz und Schmidt (1993) vorgeschlagenen Kategorien:

➤ Inhaltlich lassen sich sexuelle Störungen klassifizieren anhand des Zeitpunktes und der Situation der sexuellen Interaktion: Störungen während der sexuellen Annäherung (z.B. Lustlosigkeit), der Stimulierung (Erregungsrückgang, vorzeitiger Samenerguß), des Einführens des Penis in die Scheide (Scheidenkrampf, Schmerzen, vorzeitiger Samenerguß, Erektionsrückgang), der Orgasmusphase (lustloser Orgasmus, Schmerzen beim Orgasmus, verzögerter Orgasmus, ausbleibender Orgasmus), der nachkoitalen Situation (depressive Verstimmung, Schlaflosigkeit, Schmerzen).
➤ Eine weitere, formale, Beschreibungsmöglichkeit ergibt sich dadurch, ob die sexuelle Störung von Anfang an bestand oder im Verlauf der Partnerschaft eintrat (primär oder sekundär), ob sie situationsabhängig ist, partnerabhängig, seit wann sie andauert, ob sie bereits chronifiziert ist usw.

Die klassischen Bezeichnungen sexueller Funktionsstörungen, Impotenz, Frigidität, vorzeitige Ejakulation, Orgasmusstörung, sind für die verhaltenstherapeutisch orientierte Psychotherapie sexueller Probleme weitgehend unbrauchbar. Zum einen sagen diese Begriffe nichts über Ursachen, aufrechterhaltende Bedingungen und therapeutische Ansatzmöglichkeiten aus. Sie vermitteln weiterhin den Anschein, als lasse sich befriedigende Sexualität durch Herstellung der Funktionen (wieder-)erlangen. Diese Bezeichnungen lassen die Sichtweise sexueller Störungen als Beziehungsstörungen, als Partnerschaftsprobleme unberücksichtigt. Sie sagen einseitig aus, es gäbe einen gestörten Partner, nämlich den mit der gestörten Funktion.

Eine Funktion bzw. eine Funktionsstörung stellt nur einen kleinen Teil der Erlebnissphäre von Sexualität dar. Eine „intakte" sexuelle Funktion sagt wenig oder nichts über Intensität und Tiefe der Erlebens, über Lust und Befriedigung aus. Unzufriedene oder gestörte Sexualität läßt sich kaum exakt definieren, da zu viele Ebenen und Aspekte daran beteiligt sind.

Sexualanamnese

In der Regel ist es nicht notwendig, eine ausführliche Sexualanamnese über die gegenwärtige Sexualität und die Sexualgeschichte zu erheben. Aus verhaltenstherapeutischer Sicht sind immer nur so viele Informationen notwendig, wie gebraucht werden, um ein Verständnis von den aktuellen sexuellen Problemen in ihrem Auftreten und ihren aufrechterhaltenden Bedingungen sowie ihrer Entstehungsgeschichte zu haben. Desweiteren zusammen sind nur so viele Informationen notwendig, wie der Patient zu geben bereit ist. Die Exploration findet nicht nur zu einem Zeitpunkt des therapeutischen Prozesses statt. Das diagnostische Gespräch wiederholt sich, wann immer es für die Therapiedurchführung notwendig ist.

Fragenkataloge

Fragenkataloge können gerade weniger erfahrenen Therapeutinnen und Therapeuten helfen, das Explorationsgespräch vorzubereiten und zu strukturieren (vgl. Arentewicz u. Schmidt 1993, Singer-Kaplan 1981). Sie helfen allerdings nicht beim hypothesengeleiteten Fragen.

Grundbedingungen für die Exploration

Bereits Masters und Johnson (1973) formulierten Grundbedingungen, die für die Exploration von therapeutischer Seite erfüllt sein müssen:

- ➤ ein Vertrautsein mit dem Thema „Sexualität" und die Fähigkeit, sachlich auch auf ungewöhnliche Patientenäußerungen und sexuelle Praktiken reagieren zu können
- ➤ Sachkenntnisse offen zeigen, wenn es angebracht ist
- ➤ eine von Vorurteilen freie Atmosphäre schaffen, damit Patienten und Patientinnen unbelastet ihre sexuellen Werte, Vorstellungen und Praktiken darlegen können
- ➤ ausreichend Zeit für das Gespräch haben
- ➤ angstfrei, offen und unbefangen über Sexualität sprechen können.

In der verhaltenstherapeutisch orientierten Paartherapie können neben der Exploration des Paares Einzelgespräche mit beiden Partnern sinnvoll sein, wenn starke Sprechhemmungen und Ängste vor dem Partner bestehen, wenn das gemeinsame Gespräch sehr schnell in destruktive Streitgespräche übergeht oder wenn es Hinweise auf sehr belastende Themen oder eine mögliche Trennung gibt.

Bei sexuellen Problemen ist die Modellfunktion des Therapeuten und der Therapeutin gerade in bezug auf sexuelle Sprache von besonderer Bedeutung. Behutsam kann der Therapeut das Gespräch über Sexualität mit einer für die meisten Menschen vertrauten Umgangssprache (z.B. Glied, Penis, Scheide, Vagina, Koitus, Geschlechtsverkehr) führen und dadurch Patienten und Patientinnen Mut machen, ihre Sexualität ebenfalls zu benennen.

Sexualität hat Sprache, aber sie macht auch sprachlos. Es fällt auch angehenden Sexualtherapeutinnen und Sexualtherapeuten schwer, über Sexualität zu sprechen. Diese Sprachlosigkeit wird um so größer, je mehr die eigene Sexualität betroffen ist. Eine entsprechende Einfühlsamkeit und auch sensible Gratwanderung zwischen den Sprachebenen der Sexualität ist notwendig: medizinische Fachsprache, Alltagssprache, blumige Sprache und vulgäre Sprache. Aber: Ebenso, wie es nicht notwendig ist, eine sehr heftige Sprache von Patientinnen und Patienten zu übernehmen (z.B. „ficken", „nageln"), sollte nicht das Stottern oder Drucksen („äh", „da unten", „Sie wissen schon...") von therapeutischer Seite übernommen, bekräftigt und fortgeführt werden (vgl. Kap. 5).

Fragebögen

Zu Beginn einer ambulanten und stationären Psychotherapie erhalten Patientinnen und Patienten in der Regel einen sogenannten Lebensfragebogen (z.B. Hahlweg et al. 1982). In diesen Lebensfragebögen befassen sich mehrere Items auch mit den Lebensbereichen Sexualität und Partnerschaft. Durch die hier gewonnenen Informationen können Therapeutinnen und Therapeuten bereits nach einem Vorgespräch die Exploration differenziert auch hinsichtlich der Befragung über vorliegende sexuelle Probleme und Partnerschafts- konflikte vorbereiten.

Fragebögen als Selbstbericht der Patientinnen und Patienten stellen darüber hinaus gute Ergänzungen zu den Explorationsgesprächen dar. So lassen sich zahlreiche Informa- tionen über sexuelle Situationen, das Sexualverhalten, die Qualität und Quantität sowie über die partnerschaftliche Sexualität und Kommunikation bereits auf diesem Wege erhe- ben. Darüber hinaus dienen Fragebögen auch der Verlaufs- und Erfolgskontrolle der psy- chotherapeutischen Behandlung.

Brauchbare, am verhaltenstherapeutischen Modell orientierte Fragebögen sind z.B. der „Fragebogen zur sexuellen Interaktion" von Crombach-Seeber und Crombach (1977), der „Anamnesefragebogen zur Sexualität und Partnerschaft" (ASP) und die „Tübinger Skalen zur Sexualtherapie" (TSST), (beide Zimmer 1988).

Tagebuchaufzeichnungen

Es ist zu empfehlen, daß sich Patientinnen und Patienten ein für sie persönliches Tage- buch zulegen (Kladde mit ansprechendem Umschlag), in das sie im Verlauf der Psychothe- rapie persönliche Informationen, Selbstbeobachtungen, Ergebnisse von „Hausaufgaben" eintragen.

Die ersten Tagebuchaufzeichnungen in der diagnostischen Phase können Ergebnisse von Selbstbeobachtungen aus sexuellen und partnerschaftlichen Situationen sein, die den Patientinnen und Patienten in den ersten Therapiesitzungen zu diagnostischen Zwecken aufgetragen werden (in-vivo-Übung).

Diagnostische Arbeit mit Phantasien

Nicht nur das Gespräch über vergangene problematische sexuelle Situationen und Erfah- rungen bietet relevante diagnostische Informationen, auch Phantasiereisen und Phanta- sieübungen sind gerade bei Vorliegen sexueller Probleme zur Informationsgewinnung sehr geeignet. Der Patient bzw. die Patientin wird gebeten, sich im Stuhl oder im Entspan- nungsstuhl bequem hinzusetzen, die Augen zu schließen und eine vorab vereinbarte phantasierte oder real erlebte Situation in einem Phantasiebild herzustellen. Im ganz ak- tuellen Erleben, nämlich während des Phantasieerlebens, kann der Patient über seine Gedanken, körperlichen Reaktionen, über die Situation oder das Verhalten des Partners bzw. der Partnerin sprechen. Der verbale Austausch während des Phantasieerlebens zwi- schen Patient und Therapeut unterstützt den Patienten und intensiviert in der Regel die Vorstellungsstärke. Durch diesen persönlichen Austausch kann der Therapeut bzw. die Therapeutin auch feststellen, ob die Vorstellung eventuell zu aversive Gefühle auslöst und gegebenenfalls verändert werden muß.

Partnerinnen und Partner können gegebenenfalls die gleiche erlebte sexuelle Situation nacheinander oder in getrennten Räumen, auf jeden Fall unabhängig voneinander, in einem Phantasiebild aufbauen und sich anschließend über ihre Erfahrungen austauschen.

Übungen im Therapieraum

Auch partnerschaftliche Übungen im Therapieraum haben einen diagnostischen Stellenwert. Übungen zu Berührungen der Hände, Vertrauensübungen, Körperkontaktübungen, Nähe-Distanz-Übungen usw. können je nach Art der sexuellen oder partnerschaftlichen Problematik Gedanken, Gefühle und körperliche Reaktionen auslösen, die der Therapeut unmittelbar erfragen und in seine Informationserhebung einbeziehen kann. So können sich Patientinnen und Patienten bereits frühzeitig damit vertraut machen, daß zur Verhaltenstherapie nicht nur Gespräche sondern auch Übungen, Konfrontationen und Auseinandersetzungen gehören. Wichtig ist es, für die Auswertung solcher Übungen immer genügend Zeit in der gleichen Sitzung einzuplanen.

Psychophysiologische Untersuchungen

Für die praktische Therapie sind psychophysiologische Untersuchungen der sexuellen Reaktionen kaum von Bedeutung. Da psychophysiologische Verfahren in der Regel sehr aufwendig sind (Messung des vaginalen Blutvolumens, der Erektionsstärke) und bisher wenig Klarheit über den Zusammenhang zwischen z.B. Kognition und physiologischen Reaktionen besteht, kann in der verhaltenstherapeutischen Praxis darauf verzichtet werden.

Problemanalyse

Aus den erhobenen Informationen wird eine Problemanalyse der sexuellen Störungen erarbeitet. Zunächst werden die Bedingungen, die für das aktuelle Bestehen (die Aufrechterhaltung) der sexuellen Problematik verantwortlich sind, hypothetisch festgelegt. Es kann davon ausgegangen werden, daß in der Regel ein Zusammenwirken mehrerer Faktoren sexuelle Störungen entstehen läßt und schließlich zu ihrer Aufrechterhaltung beiträgt.

Exkurs

Die verschiedenen Analysemöglichkeiten des Vaginismus können je nach fachlicher Sichtweise, Disziplin und therapeutischer Kompetenz unterschiedlich analysiert werden:

➤ Eine organische Analyse würde möglicherweise eine Erhöhung des Milcheiweißes in der Vaginalmuskulatur diagnostizieren.
➤ Eine funktionale Analyse würde die Angst der Frau vor den auftretenden Schmerzen bei der Einführung des Penis beschreiben, wodurch im Sinne eines sich selbstverstärkenden Mechanismus und der starken physiologischen Reaktionsanteile (Verkrampfung) auch tatsächlich Schmerzen beim Sexualkontakt auftreten würden.
➤ Die kognitive Analyse würde möglicherweise dysfunktionale Kognitionen (z.B. „jede Berührung tut weh", „ich bin keine richtige Frau", „das wird sich nie wieder ändern") in bezug auf Sexualität und die sexuelle Interaktion als Grundlage des Vaginismus ansehen.
➤ Die Motivationsanalyse würde möglicherweise aufdecken, daß die vaginistische Reaktion die Frau vor dem Wiederbeleben und Aufdecken früherer Mißbrauchserfahrungen schützt.
➤ Die Beziehungsanalyse sieht die sexuelle Störung der Frau als Partnerschaftsproblematik an und bewahrt gegebenenfalls vor einer Trennung des Paares. Eine Kommunikationsstörung oder Kommunikationsdefizite verhindern, daß die Frau die vielleicht ge-

walttätige, penetrationsorientierte und egoistische Sexualität ihres Partners ablehnt. Die „verunmöglichte Sexualität" hilft, die Auseinandersetzung zu vermeiden.

Orientiert an Arentewicz und Schmidt (1993) lassen sich die ursächlichen und aufrechterhaltenden Bedingungen für sexuelle Störungen in sechs Kategorien zusammenfassen:

Erwartungsängste

Sie schaukeln sich in einem Teufelskreis auf. Die Funktionsstörung oder die gehemmte Lust bestätigen die Erwartungsängste und verstärken sie. Dies bekräftigt die Funktionsstörung (Selbstverstärkungsmechanismus). Die Erwartungsängste vor dem wiederholten Versagen, vor den Schmerzen und den Auseinandersetzungen entsprechen in der Regel einem Zusammenspiel von klassischer und operanter Konditionierung. Dieser Selbstverstärkungsmechanismus kann durch eine funktionale Analyse aufgezeigt werden.

Informations- und Erfahrungsdefizite

Sie stärken falsche Vorstellungen über physiologische Abläufe, zufriedenstellendes und lustvolles sexuelles Erleben und verschiedene sexuelle Praktiken. Unwissenheit über Infektionsmöglichkeiten mit HIV, Erfahrungs- und Fertigkeitsdefizite in bezug auf Safer-Sex, wenig Informationen über die sexuelle „Vorgeschichte" des Partners oder Furcht vor einer unerkannten eigenen Infektion mit HIV sind Beispiele für solche Informations- und Erfahrungsdefizite, die zu verschiedenen sexuellen Störungen führen können.

Problemorientierte Normen, Werte und Mythen

Sie wurden in der sexuellen Lerngeschichte in die Köpfe „eingepflanzt". Sie prägen und behindern die Sexualität. In den Medien beschriebene und verkündete „normale" Details über Größen, Häufigkeiten und Reaktionsexzesse formen ein Phantasiemodell vom Sex, deren Anforderungen trotz vielfältigen Vergleichs und Anstrengungen nicht entsprochen werden kann. „Schwänze, die die ganze Nacht nicht schlapp machen", „Feuersbrünste, die Körper ausdörren" und „Höhepunkte, die sich bis zur Ekstase jagen" werden schließlich zu eigenen Ziel- und Wertvorstellungen. Zilbergeld (1994) sieht hierdurch sexuelle Störungen vorprogrammiert. Auch in der Erziehung gelernte Verbote und Tabus gehören in diese Kategorie aufrechterhaltender Bedingungen. Eine kognitive Problemanalyse hilft, diese dysfunktionalen Normen und Werte aufzudecken und ihren Zusammenhang mit der sexuellen Problematik aufzuzeigen.

> Ein 35-jähriger Mann ist fest der Meinung, aufgrund seines zu kleinen Penis Frauen sexuell nicht befriedigen zu können. Als er 11 Jahre alt war und unbekleidet im Bad stand, kam sein Vater herein, schaute an ihm herunter und meinte: „Bei dir ist da unten ja auch nicht viel los ...".
>
> Eine 38-jährige Frau schämt sich, sich nackt vor ihrem Partner zu zeigen. Sowieso lehnt sie ihren eigenen Körper voller Scham ab und hat sehr große Probleme und Widerwillen, bei der Sexualität mit ihrem Partner diesem Berührungen und Streicheln ihres Körpers zu gestatten. Als Vierjährige spielte sie mit ihrer gleichaltrigen Freundin in der Wohnung. Sie zogen sich nackt aus und versteckten sich im Schrank. Sie rief ihre Mutter, daß diese beide suchen möge. Als ihre Mutter sie nackt im Schrank fand, zerrte sie sie aus diesem Schrank heraus und verprügelte sie so fürchterlich, daß sich die heute 38-jährige noch an die damit verbundenen Schmerzen erinnern kann. Während

der Prügel sagte ihre Mutter: „Ich will nie wieder erleben, daß du nackt bist, wenn jemand anderes da ist ...“ (vgl. auch Beck 1992).

Persönliche Ängste und Konflikte

Sie können sich in der sexuellen Störung ausdrücken. Die sexuelle Problematik kann das psychische Gleichgewicht des betroffenen Mannes oder der betroffenen Frau herstellen. Tiefsitzende Ängste vor dem eigenen Versagen, vor dem eigenen Gewissen, vor dem anderen Geschlecht, frühkindlicher sexueller Mißbrauch, Vergewaltigung und andere Quellen aversiver Erfahrung, religiöse Motive oder eine verdrängte Auseinandersetzung mit gleichgeschlechtlichen Bedürfnissen lassen sexuelle Erregung, Orgasmuserleben, sexuelle Interaktionen und Koitus als Gefahr und Bedrohung erleben. Die sexuelle Störung schützt als das „geringere Problem“ vor dem konflikthaften, traumatischen und aversiven Erleben. Die Motivationsanalyse kann helfen, diese Zusammenhänge zu verdeutlichen.

Partnerkonflikte

Sie können sich ebenfalls in der sexuellen Störung ausdrücken und manifestieren. Die sexuelle Störung nimmt eine Funktion innerhalb der Partnerschaft ein, z.B. als Übereinkunft, als Wendung gegen den Partner, für Schuldzuweisungen oder als Austragungsort eines Nähe-Distanz-Konfliktes. Hier kann eine Beziehungsanalyse helfen, diese Notwendigkeit der sexuellen Störung für eine partnerschaftliche Homöostase zu erkennen.

Organische Ursachen

Als aufrechterhaltende Bedingungen sexueller Störungen sind sie ebenso wie psychopathologische Ursachen in einer umfassenden Diagnostik zu überprüfen. „Praktisch jede Krankheit, die eine Beeinträchtigung des Wohlbefindens oder Schmerzen verursacht, kann sich negativ auf das sexuelle Erleben auswirken“ (Zimmer 1995). Von besonderer Bedeutung können Erkrankungen oder Mißbildungen der Genitalien, neurologische Erkrankungen, Hormonstörungen, Durchblutungsstörungen oder Nebenwirkungen von Medikamenten, insbesondere von Psychopharmaka sein. Mitverantwortlich für sexuelle Störungen können Alkoholabusus und Suchtmittelabhängigkeiten sein.

Auch andere psychische oder psychiatrische Erkrankungen haben gegebenenfalls negative Auswirkungen auf die Sexualität. Daher sind für die Ätiologie sexueller Störungen gute nosologische und differentialdiagnostische Kenntnisse erforderlich. (Zu Literatur zu organischen Bedingungen und zur Diskussion um den Stellenwert organischer Gründe für sexuelle Störungen vgl. Arentewicz und Schmidt 1993).

Eine etwas andere Sichtweise der Symptomatologie und Ätiologie sexueller Störungen vermitteln Willi (1981) und Keen (1985). Sie sehen sexuelle Störungen des Mannes und der Frau als körperliche Reaktionen auf die inneren und äußeren Lebens- und Situationsbedingungen an. Sie schlagen vor, die Sprache des Körpers, also die sich körperlich äußernde sexuelle Störung, zu übersetzen, um zu einer veränderten Sichtweise, einer neuen Beschreibung, einer veränderten Ursachendefinition der sexuellen Problematik zu kommen. „Wenn die Säfte nicht fließen oder bei der Frau keine Leidenschaft aufkommt, welche Botschaft drückt der Körper dann durch seine Weigerung aus? ... Könnte ein Mann auf alle Stimmen in seinem Inneren hören und die Vielfalt seiner Gefühle anerkennen, dann müßte sein Penis nicht die Rolle des Sprachlosen spielen“ (Keen 1985). Die Schlußfolgerung: Es gibt keinen impotenten Mann, und es gibt auch keine frigide Frau. Liegen keine organischen Bedingungen vor, sind Männer wie auch Frauen potentiell und grundsätzlich in der Lage, sexuelle Erregung zu spüren, leidenschaftliche Gefühle zu erleben und einen Orgasmus zu haben.

Sie sind nicht ohne Lust, sondern sie haben keine Lust auf den Partner. Sie haben es vielleicht satt, als Objekt behandelt zu werden. Vielleicht fühlen sie sich schuldig oder haben Angst vor Verletzungen. Vielleicht wünschen sie sich mehr Aktivität vom Partner, mehr Vertrauen, mehr Zärtlichkeit, mehr Verlangen. Vielleicht kennen sie sich noch nicht genug, sind einfach müde, sind gekränkt oder gönnen dem Partner und der Partnerin nicht die sexuellen Gefühle. „Was, wenn mit der wilden Hypothese gespielt wird, daß die Impotenz und Frigidität nicht Dysfunktionen sondern Geschehnisse sind, die verstanden werden müssen? Was, wenn die Impotenz nicht eine verlorene Kraft, sondern eine verschlüsselte Mitteilung ist, die entziffert werden muß? Was, wenn Frigidität nicht eine Schande ist, die die Frau ertragen muß, sondern das Anzeichen einer auftauchenden Leidenschaft? Was, wenn jeder authentische Liebhaber das Schattental der Impotenz durchqueren oder eine Zeit in der Frigidität verbringen muß?" (Keen 1985).

Verhaltenstherapeutische Interventionen

Patientinnen und Patienten ohne Partner können in der Einzeltherapie oder in der Gruppenpsychotherapie verhaltenstherapeutische Hilfe bei ihren sexuellen Problemen finden. Das gleiche gilt, wenn ein Patient die Therapie mit Partnerin verweigert oder die Partnerin nicht an der Therapie teilnehmen möchte.

Das einzeltherapeutische Vorgehen bei sexuellen Problemen orientiert sich am bereits beschriebenen verhaltenstherapeutischen Setting: Informationserhebung, Problemanalyse, Zielfestlegung, Therapieplanung und Durchführung therapeutischer Interventionen.

Im einzeltherapeutischen Setting bei der Behandlung sexueller Probleme finden sich häufig folgende therapeutische Ansatzpunkte und Zielsetzungen:

> Bewältigung negativer Emotionen (z.B. Angst, aversive Gefühle, Befürchtungen vor Versagen)
> Förderung sexueller Lust
> Erweiterung des Verhaltensrepertoires (z.B. Erlernen von Zärtlichkeitsverhalten, Konflikfähigkeit, Äußern von Wünschen und Bedürfnissen, Reflexion des eigenen Verhaltens in der partnerschaftlichen Sexualität)
> Wissenserweiterung, Veränderung von Kognitionen und Einstellungen (z.B. Behebung von Informationslücken über sexuelle Abläufe beim Mann und bei der Frau, Wissen um sexuelle Reaktionen, Funktionen, Stellungen usw., Entzaubern und Verändern von Mythen, Arbeit an Normen und Schuldgefühlen, Veränderung der Aufmerksamkeitslenkung in der sexuellen Situation)
> Entwicklung positiven Erlebens (z.B. durch körperliche Selbstakzeptanz, Körperwahrnehmung, Zulassen von Lust und Luststeigerung, genußvolle Erfahrungen durch das Zulassen und Erleben sexueller Phantasien mit Entspannung)
> Förderung und Stärkung der sozialen Kompetenz (z.B. das soziale Verhalten in der Partnerschaft und in der partnerschaftlichen Sexualität, Förderung konstruktiver und offener Kommunikation, Wünsche äußern und auch NEIN sagen können).

Zahlreiche verhaltenstherapeutische Verfahren und Methoden können in der Einzeltherapie beim Erreichen der beschriebenen Zielsetzungen hilfreich sein. Dazu gehören u.a.:

> Verfahren zum Angstabbau: graduierte konfrontative Verfahren in der Vorstellung (z.B. systematische Desensibilisierung, Angstbewältigungstraining)

- ➤ Körperorientierte Verfahren zur körperlichen Selbsterfahrung (z.B. Spiegelübungen, Ertasten und Erkunden des Körpers, Wahrnehmung und Erleben des eigenen Körpers und der Körperreaktionen sowie einzelner Körperteile durch sinnlich-genußvolles Baden, Eincremen, Berühren, Streicheln usw.)
- ➤ Kognitive Verfahren (z.B. Bearbeitung von Informationsdefiziten und Mythen, Veränderung von Leistungsangst und Versagensängsten, Veränderung der Aufmerksamkeitslenkung, Veränderung negativer automatischer Gedanken, Behebung von Kommunikationsstörungen, „Erlauben", Entlasten und Entdramatisieren)
- ➤ Phantasiearbeit (Veränderung aversiver Gefühle, Förderung positiven Erlebens, Auslösung erotischer Erregung, Auseinandersetzung mit der sexuellen Orientierung, Erlangen positiver Einstellungen zur eigenen Sexualität und zur Sexualität in der Partnerschaft, Umsetzung sexueller Wünsche in konkrete Erlebnisse unter Prüfung der emotionalen Befindlichkeit)
- ➤ Soziale Kompetenztherapie (Lernprozesse zum Aufbau und zur Gestaltung sozialer Beziehungen, zum Äußern von Wünschen, zum Ansprechen von Konflikten, Veränderung von Geschlechtsrollenverhalten, Stärkung der sozialen Sicherheit in sexuellen Interaktionen, Lernen, Grenzen zu ziehen usw.)
- ➤ Genußtraining (Aufbau und Förderung genußvoller Aktivitäten und genußvollen Verhaltens, Sensitivierung, Fähigkeit, genießen zu können)
- ➤ Emotionales Training (Lust, Freude, Erregung und andere positive emotionale Reaktionen in sexuellen Situation erleben können und mit sexuellen Stimuli verknüpfen lernen)
- ➤ Themenbezogene Medien (z.B. Bücher, Broschüren, Filme).

Weiterführende und konkretisierende Literatur findet sich z.B. bei Zilbergeld 1994, Barbach 1977, Buddeberg 1996, Hoyndorf et al. 1995 und Zimmer 1985.

Auch gruppenpsychotherapeutische Verfahren bieten sich für die verhaltenstherapeutische Behandlung sexueller Störungen vor allem für Einzelpatientinnen und -patienten an. In sogenannten „problemanalytischen Gruppen" unter therapeutischer Anleitung versuchen die Gruppenmitglieder im Erfahrungsaustausch die individuellen aufrechterhaltenden Bedingungen der sexuellen Probleme herauszuarbeiten, Lösungswege zu suchen und neue Erfahrungen zu reflektieren (vgl. Barbach 1977, Fiedler 1996). In Sozialen-Kompetenz-Therapiegruppen lernen Patientinnen und Patienten, soziale Ängste und Defizite abzubauen und sozial kompetentes Verhalten für den Aufbau und die Gestaltung von Partnerschaften und das partnerschaftliche Zusammenleben zu lernen (vgl. Pfingsten u. Hinsch 1991, Fliegel et al. 1994[3], Hahlweg et al. 1982).

Eine verhaltenstherapeutisch orientierte Paartherapie wurde an der Abteilung für Sexualforschung der Universität Hamburg erarbeitet und mit hoher Effektivität erprobt (Arentewicz u. Schmidt 1993). Dieses paartherapeutische Vorgehen erinnert am ehesten an das von Masters und Johnson (1970) beschriebene Behandlungsprogramm, stellt jedoch insbesondere in der Berücksichtigung psychodynamischer und kognitiver Ansätze eine deutliche Erweiterung dar (vgl. Kap. 9).

Eine deutliche Unterscheidung zum einzeltherapeutischen Vorgehen liegt in den Partnerschaftsübungen, die zur Behandlung der sexuellen Störung in den Therapiesitzungen besprochen, vorbereitet und nachbereitet und von dem Patientenpaar zu Hause gemeinsam durchgeführt werden. Dabei lernen die Partner schrittweise, Ängste in der sexuellen Interaktion abzubauen und neue positive sexuelle und partnerschaftliche Erfahrungen zu machen. Dieses erlebnisorientierte Vorgehen hilft, das Verhaltensrepertoire zu erweitern sowie problemfördernde Kognitionen zu erkennen und zu korrigieren. Körperliche Erkundungen, sinnliche Erfahrungen im Wechselspiel zwischen Erregung und Entspannung können schließlich Körperkontakt ohne Angst ermöglichen. Die meist einseitige Ausrichtung auf Koitus und Orgasmus kann aufgegeben und die Wahrnehmung und das Zulassen eigener Gefühle und Körperreaktionen als neue positive Erfahrungen erlebt werden.

Je nach Art der sexuellen Probleme und Ausprägungen, beim Mann oder bei der Frau, gibt es eine Reihe zusätzlicher und spezieller Übungen und Verfahren, die ergänzend auf die Bewältigung der jeweiligen Problematik bzw. Funktionsstörung ausgerichtet sind. Dabei kann es sich z.B. um eine spezielle Massage der Scheidenmuskulatur beim Vaginismus der Frau handeln, um Masturbationsübungen bei Orgasmusproblemen, um Übungen der Körperwahrnehmungen bei Männern mit verzögerter Ejakulation oder um ein Schwellentraining zur Überwindung der vorzeitigen Ejakulation (vgl. Arentewicz u. Schmidt 1993, Barbach 1977, Heimann et al. 1978, Zilbergeld 1994, Hoyndorf et al. 1995).

Für einige der genannten Übungen ist die Unterstützung durch die Partnerin/den Partner sinnvoll und notwendig, andere Übungen sind dem einzeltherapeutischen Vorgehen zuzurechnen.

Früher wurden Patientinnen und Patienten ab einer bestimmten Phase des therapeutischen Prozesses zum „Erproben" und Erfahren neuer sexueller Verhaltensweisen sogenannte „Surrogatpartner" im therapeutischen Setting „zur Verfügung gestellt". Diese Ersatzpartner waren ausgewählte und im Therapiekonzept trainierte Personen beiderlei Geschlechts. Der Einsatz von Surrogatpartnern, auf die heute kaum noch zurückgegriffen wird, ist als sehr problematisch abzulehnen. Beispielsweise ist es ungeklärt, ob die so gemachten Erfahrungen auf spätere Partnerschaften generalisiert werden, zum anderen beheben sie keine sozialen Defizite in bezug auf Kontaktaufnahme sowie den Aufbau und die Gestaltung von Beziehungen.

Auch der Psychotherapeut und die Psychotherapeutin stehen aus ethischen Gründen für sexuelle Aktivitäten nicht zur Verfügung. Es ist ein therapeutischer Kunstfehler, wenn sich Therapeuten und Therapeutinnen auf eine erotische oder sexuelle Beziehung mit ihren Patientinnen und Patienten einlassen, auch wenn diese entsprechende Wünsche äußern oder Signale aussenden. Sexuelle Übergriffe in der Psychotherapie, die immer in der Verantwortung des Therapeuten und der Therapeutin liegen, stellen einen Straftatbestand dar (vgl. Frauen gegen sexuelle Übergriffe 1995 u. Pope et al. 1996).

Die therapeutische Beziehung in der Verhaltenstherapie ist eine Arbeitsbeziehung, die in der Anfangsphase, der Veränderungsphase und der Abschlußphase der Behandlung unterschiedlich zu gestalten ist (vgl. Fliegel u. Walsheim 1983). Während es in der Anfangsphase der Behandlung von besonderer Bedeutung für die therapeutische Beziehung ist, daß der Therapeut oder die Therapeutin Modell gibt, annimmt, erlaubt und entlasten kann und offen ist für jegliche Art sexueller Probleme, gehört zur Veränderungsphase vor allem die Fähigkeit, den Patienten oder das Paar kompetent zu Übungen anzuleiten sowie Probleme und Störungen sensibel aufzugreifen. In der Abschlußphase steht die rechtzeitige Vorbereitung der Ablösung des Patienten vom Therapeuten bzw. die Kompetenzauflösung der therapeutischen Beziehung im Vordergrund. Helen Singer-Kaplan betrachtet es für jede Phase der Behandlung als „entscheidend wichtig, daß zwischen Therapeut und Patient und zwischen Therapeut und beiden Partnern eines Paares eine enge und vertrauensvolle Beziehung besteht. Aus der therapeutischen Beziehung muß der Patient das Selbstvertrauen gewinnen, das er braucht, um die emotionalen Risiken des Behandlungsprozesses zu tragen und seine Abwehr aufgeben zu können" (1981, S. 98).

Spezifische Weiterbildungen ermöglichen es, auf die Herausforderungen bei der Behandlung sexueller Probleme angstfrei und kompetent reagieren zu können. Sensibilität und fachliche Kompetenz sind notwendig, um einzelne Menschen und Paare bei der Bewältigung ihrer sexuellen Störungen unterstützen zu können. Neben der Fähigkeit, sexuelle Problematiken zu erkennen und in ihren Zusammenhängen zu analysieren und zu behandeln, helfen Selbsterfahrung und Selbstreflexion in der Ausbildung, angstfrei über Sexualität sprechen zu können, eigene Ängste und Erfahrungen zu reflektieren und ihren Einfluß auf die therapeutische Intervention sowie die helfende Beziehung erkennen zu können. Therapeutische Selbsterfahrung und fortlaufende Supervision helfen auch bei der Erfahrung, wie sich bestimmte Einstellungen, Vorlieben und Abneigungen, heimliche oder offene Wünsche auf seiten des Therapeuten und der Therapeutin auf die Behandlung sexueller Störungen auswirken.

Zusammenfassung

In der Verhaltenstherapie werden sexuelle Probleme als Resultat mangelnder oder fehlender sozialer Lernprozesse angesehen. Patientinnen und Patienten werden mit ihren geäußerten sexuellen Problemen in der Therapie ernst- und aufgenommen. Der Therapeut bzw. die Therapeutin suchen einen direkten Zugang zu den sexuellen Schwierigkeiten, den Zielverhaltensweisen, Wünschen und Bedürfnissen. In der Problemanalyse werden die aktuellen aufrechterhaltenden Bedingungen der sexuellen Störung analysiert und anschließend zum Ansatzpunkt in der Therapie genommen. Die Behandlungsverfahren werden individuell auf die Ansatzpunkte in der Therapie zugeschnitten. Je nach Art der Problematik wird auf Standardverfahren in spezifischer Kombination zugegriffen. Die Therapie ist erfahrungs- und erlebnisorientiert und bezieht die persönlichen Realitäten und Lebensbedingungen der Patientinnen und Patienten ein. Die Übertragung der neuen Erfahrungen in die Alltags- und Lebenssituation der Patientinnen und Patienten werden durch Übungen, „Hausaufgaben" und andere reale Konfrontationen unterstützt. Verhaltens- und operationale Definitionen ersetzen Etikettierungen, feste Diagnosekategorien, Persönlichkeitstheorien und globale Zuschreibungen.

Der verhaltenstherapeutische Prozeß bezieht die Selbstheilungs- und Selbsthilfekompetenzen der Patientinnen und Patienten ein. Bereits Kurzinterventionen können Patientinnen und Patienten helfen, Erwartungsängste abzubauen und den Teufelskreis zwischen negativen Erfahrungen und Rückzug zu durchbrechen und aufgrund eines lösungsorientierten Vorgehens den weiteren Veränderungsprozeß im Sinne von Selbstmanagement fortzuführen (Kanfer et al. 1990).

Fallbericht Sexsucht

Vermittelt durch eine ihn betreuende Sozialarbeiterin meldete sich der Patient in einem ambulanten Psychotherapiezentrum an. Er war bereits längere Zeit arbeitsunfähig geschrieben, lebte zum Zeitpunkt der Anmeldung familiär eingebunden mit seiner Frau und seinen zwei weniger als 10 Jahre alten Kindern in einer gemeinsamen Wohnung. Bereits zum Zeitpunkt der Anmeldung berichtete der Patient von schweren familiären Störungen, insbesondere in seiner ehelichen Partnerschaft.

Der Patient wurde psychisch als sehr unruhig und instabil erlebt. Körperlich befand er sich in einem schlecht ernährten Zustand, was seinen eigenen Angaben nach auf wenig gesunde Nahrung mit häufigem und zum Teil starkem Alkohol- und Cannabismißbrauch zurückzuführen war.

Insbesondere aufgrund der bereits länger bestehenden Krankschreibung, des nicht mehr „Ein-noch-Aus-Wissens", der sehr angespannten familiären Situation und einer sexuellen Suchtproblematik erhielt der Patient innerhalb von drei Wochen einen Psychotherapieplatz.

Als offizielle Aufnahmediagnose wurde aus Datenschutzgründen (Betriebs-krankenkasse) die Diagnose: „Schwere Zwangsstörung" gestellt, die interne Aufnah-mediagnose entsprach dem Anmeldegrund des Patienten: „Suchthaftes Sexualverhal-ten".

Zu Beginn der Behandlung war der Patient von seiner Familie weggezogen und lebte allein in einer Zwei-Zimmer-Wohnung.

Der Patient beschrieb seine aktuelle Problematik als sexuelle Suchtsymptomatik mit starker Abhängigkeit von visuellen und kognitiven Reizen. Die symptomatische Reak-tion bestand im exzessiven Onanieren, mit Unterbrechungen bis zu acht Stunden täg-lich. Die Selbstbefriedigung wurde körperlich begleitet von unangenehmen Anspan-nungsreaktionen, die im Verlauf dieser sexuellen Handlungen schubweise auftraten. Die kognitiven Reaktionsanteile bestanden in sexuell visualisierten Gedanken. Emo-tional (und körperlich) empfand der Patient während des gesamten sexuellen Vorgan-ges wechselnde, in der Regel sehr starke sexuelle Erregungen. Die motorische Reaktion bestand im Onanieren mit der Hand, zeitweise unterbrochen durch das Rauchen von Cannabis.

Direkte Stimuli für die sexuellen Handlungen waren das Betrachten sexueller Bilder und Filme einerseits, die ritualisierte Vorbereitung des Raumes (Kerzen, Videovorbe-reitung), zusätzlich das Rauchen von Cannabis. Weitere vorausgehende Bedingungen für das Onanieren waren aversive Erlebniszustände (z.B. Auseinandersetzungen mit der Ehefrau), das Anstehen von Alltagshandlungen (z.B. Behördengänge, Hausarbeiten, soziale Verpflichtungen) oder Gefühle von Versagen, Auseinandersetzungen mit der beruflichen Situation, Überforderungsgefühle oder Beziehungskonflikte mit seinen El-tern.

Als Organismusvariable im Sinne einer Steigerung des sexuellen Erlebens ließ sich die Cannabis-Wirkung anführen.

Nachfolgende Bedingungen waren ein Nachlassen des psychischen Erregungszustan-des, körperliche Ermüdung sowie ein zunehmendes Nachlassen der mit den aversiven Gefühlszuständen verbundenen Kognitionen.

Im Verlauf der langen Selbstbefriedigungsphase onanierte der Patient nie bis zu einem Orgasmus oder einer Ejakulation. Wurde die Erregung zu stark, unterbrach er für einen Moment, um nach Abklingen der Erregung das Onanieren fortzusetzen. Auch erledigte er zwischen zwei Phasen des Onanierens unabdingbare Aufgaben (Bankgeschäft, Ein-kaufen) und besorgte sich in der Videothek neue Sexfilme. Zu Hause onanierte er dann gleich weiter. Einen Orgasmus, den er in jedem Moment der sexuellen Handlungen hätte erreichen können, „genehmigte" er sich meist erst nachts vor dem Schlafenge-hen.

Problemanalyse

Problemanalytisch ließ sich ein enger Zusammenhang der sexuellen Abhängigkeits-problematik mit den Kompetenzen und Lebensbedingungen des Patienten vermuten. Die sexuellen Handlungen waren zwar durch die starke sexuelle Erregung selbstver-stärkend, besaßen aber auch den nur situativ festzustellenden Aspekt, aversiven Si-tuationen zu entfliehen und sie zu vermeiden. Mit Hilfe der sexuellen Handlungen ge-lang es dem Patienten fast durchgängig, die Auseinandersetzung mit Defiziten, Kompetenzmangel und Alltagsbelastungen zu reduzieren bzw. ganz zu vermeiden. Dies zeigte sich insbesondere dadurch, daß der Patient in der Regel nicht bis zum Or-gasmus onanierte, sich dadurch die sexuelle Erregung beibehielt, um bei aversiven Gedanken, aversiver Anspannung und nicht zu bewältigenden Alltagsanforderungen sofort und ohne mögliche Behinderung durch eine sexuelle Latenzphase wiederum in seine Sexualität „abtauchen" zu können. Der Genuß von Cannabis erhöhte einerseits die fortwährende sexuelle Bereitschaft, andererseits wurde die die sexuellen Handlungen selbstverstärkende Erregung deutlich intensiviert. Cannabisgenuß führte aber auch dazu, daß der Patient fortwährend ein Gefühl von Unkonzentriertheit und Antriebshemmung verspürte.

Ein immer wiederkehrender Handlungsablauf sah folgendermaßen aus: Alltagsaktivitäten stehen an – Unruhe kommt auf – durch Kerzen, Bilder, Filme, bereitliegendes Cannabis, Gestaltung der Sitzecke usw. wird ritualisiert die sexuelle Handlung vorbereitet – die sexuelle Erregung nimmt zu – Cannabis-Genuß und Visualisierung sexueller Gedanken durch Bilder, Filme usw. – langanhaltendes Onanieren – körperliche Unruhe läßt nach, notwendige Durchführung der Alltagsaktivitäten gerät zunehmend in den Hintergrund, unangenehme Gedanken und Gefühle bezüglich der eigenen Inkompetenz lassen nach, die sexuelle Stimulierung fördert angenehme körperliche und psychische Gefühlszustände.

Im Sinne des funktionalen Bedingungsmodells lassen sich die exzessiven sexuellen Reaktionen als operante Reaktionen beschreiben, die einerseits durch den respondenten Erregungsverlauf und andererseits durch eine negative Verstärkung (Wegfall negativer Anfangsbedingungen und Konsequenzen) aufrecht erhalten werden.

Motivationsanalytisch wird das gestörte Sexualverhalten (gestört nicht normativ, sondern durch den Leidensdruck des Patienten) dadurch aufrechterhalten, daß es einen Ausgleich bzw. eine Kompensation hinsichtlich des Selbstwertgefühls und hinsichtlich der Defizite in der sozialen und in der Alltagskompetenz des Patienten darstellt. Die sexuellen Probleme verhindern weiterhin eine Auseinandersetzung mit der konflikthaften Familienstruktur bzw. dem gestörten Eheleben des Patienten.

Zu den angesprochenen Defiziten gehören u.a. die fehlende Fähigkeit, Alltagsaktivitäten und Erledigungen durchzuführen, die Probleme in der beruflichen Situation und der anstehenden Weiterbildung selbst in die Hand zu nehmen sowie soziale Kontakte einzugehen und länger aufrechtzuerhalten. Die beschriebene Unfähigkeit hinsichtlich der Erledigung von Alltagsangelegenheiten resultierte einerseits aus fehlenden Lernprozessen, da die Mutter des Patienten ihn in seiner Kindheit und Jugend (und teilweise auch heute noch) von Problemen fernhielt und immer alles für ihn erledigte, „damit er sich nicht so belasten mußte". Andererseits konnte bei dem Patienten eine Antriebslosigkeit und eine lange Zeit des Nicht-Erlangens von Selbst- und Fremdverstärkungen festgestellt werden. Selbstverstärkungen scheiterten wiederum an dem damals ausgeprägten geringen Selbstwertgefühl, welches sich bei dem Patienten kognitiv gefestigt hatte. Die negativ besetzten Kognitionen wiederum bestimmten das Nicht-Handeln (Teufelskreis).

Der Patient litt stark unter der, wie er sagte, ihm entglittenen Kontrolle und Steuerung seiner sexuellen Bedürfnisse. Er empfand sich wie im Rausch und auf der immer wiederkehrenden Suche nach sexuellen Erlebnissen und Befriedigungen. Häufige Fahrten in nahegelegene Sex-Viertel, häufige Besuche von Peep-Shows und Benutzung von Videokabinen in den Etablissements sowie das Entleihen von Hardcore-Filmen in Videotheken hatten sein Krankengeld so strapaziert, daß ihm Geld für genügend Nahrungsmittel fehlte.

Zum Zeitpunkt des Therapiebeginns hatte er mit drei Frauen regelmäßige Sexualkontakte.

Auf Grundlage der Problemanalyse wurden beim Patienten folgende Diagnosen gestellt: Sexuelle Störung, Eheprobleme, andere psychosoziale Probleme.

Therapeutische Ansatzpunkte

Als therapeutische Ansatzpunkte ergaben sich so: sexsüchtiges Verhalten, Antriebsschwäche, Inkompetenz bezüglich des Alltags, familiäre und Beziehungskonflikte, berufliche Konflikte.

Im Zusammenhang mit dem sexsüchtigen Verhalten sollte auch das Problem des häufigen Cannabis-Rauchens aufgegriffen werden, wobei allerdings bei dem Patienten nicht von krankhafter Abhängigkeit gesprochen werden konnte.

Aus den therapeutischen Ansatzpunkten ergaben sich nach Zielanalyse und Zieldiskussion folgende therapeutische Ziele in der therapeutisch anzugehenden Reihenfolge:

➤ Förderung verstärkender Alltagskompetenzen
➤ Aufbau einer zufriedenstellenden beruflichen Situation
➤ Veränderung der selbstwertbestimmenden Kognitionen auf der Grundlage bis dahin erfolgter Problembewältigungen
➤ Stärkung der sozialen Kompetenz
➤ Abbau von Ängsten und Hemmungen im Zusammenhang mit partnerschaftlicher Sexualität und Aufbau einer befriedigenden und leidenschaftlichen Sexualität, frei von äußeren Zwängen
➤ Konfliktlösungen im familiären und partnerschaftlichen Bereich.

Eine Psychotherapie im Sinne einer Problemlösetherapie sollte den Patienten so lange unterstützen, bis er weitere Bearbeitungen und Veränderungen selbständig bewirken konnte. Auch die mögliche Unterstützung durch eine Selbsthilfegruppe (es gab in der Umgebung zwei Selbsthilfegruppen für Sexsüchtige) sollte helfen, so war es geplant, den psychotherapeutischen Prozeß frühzeitig zu entlasten.

Ein erster therapeutischer Schritt bestand darin, den Patienten bezüglich seines sexsüchtigen Verhaltens zu entlasten. Ihm wurde von therapeutischer Seite „erlaubt", seine sexuellen Aktivitäten zunächst weiterhin so zu gestalten, wie es seinen Bedürfnissen entsprach. Im Zusammenhang mit der Besprechung der Problemanalyse wurden dem Patienten die aufrechterhaltenden Bedingungen für seine „Art, Sex zu leben" mit den bestehenden Defiziten, Konflikten und spannungsgeladenen Inkompetenzen erklärt. In diesem Zusammenhang wurde ein Notplan für die finanzielle und zeitliche Sicherung seiner Ernährung aufgestellt.

Mehrmalige Gespräche mit dem Patienten, Beobachtungen und Supervision bestätigten das Gleichgewicht der therapeutischen Beziehung. Sie wurde auf seiten des Patienten mit Begriffen wie Offenheit und Vertrauen angenommen, auf therapeutischer Seite mit Begriffen wie Akzeptanz, Annehmen können und Dienstleistungserbringung charakterisiert. Es ist zu erwähnen, daß der Patient im Verlauf der gesamten Therapie alle Sitzungen pünktlich und zuverlässig wahrnahm und aktiv im therapeutischen Geschehen mitarbeitete.

Im Verlauf der ersten 15 Behandlungssitzungen standen nach der diagnostischen Phase die Veränderungsziele „Bewältigung der beruflichen Probleme" und „Förderung verstärkender Alltagskompetenzen" auf dem Therapieplan. Dem Patienten gelang es mit therapeutischer Hilfe, die Kündigung an der bisherigen Arbeitsstelle vorzubereiten und zu vollziehen und parallel dazu eine Umschulung zum Reiseverkehrskaufmann über das Arbeitsamt genehmigt zu bekommen. Weiterhin lernte er in dieser Zeit im schrittweisen Alltagshandeln, seine Wohnung zu renovieren und weiter einzurichten, liegengebliebene Behördenschreiben und Rechnungen zu bearbeiten, seinen kleinen Haushalt zu führen und eine geregeltere Struktur bezüglich Ernährung und der Bewältigung persönlicher und beruflicher Aktivitäten zu erlangen. Ab der 10. Sitzung wurde das Thema „Kinder und Vaterrolle" zusätzlich bearbeitet. Dem Patienten gelang es schrittweise, den in seinen Kopf eingepflanzten Mythos „Ich bin kein guter Vater, ich kann mich mit meinen Kindern nicht beschäftigen" zu hinterfragen und seine diesbezügliche Einstellung durch Probehandeln zu verändern. Etwa nach 18 Sitzungen Therapie hatte der Patient seine Kinder regelmäßig einen halben Tag pro Woche und vierzehntägig einen Tag pro Wochenende bei sich und stellte fest, daß er sich mit ihnen gut beschäftigen und ein nach seiner eigenen Einschätzung zufriedenstellend guter Vater sein kann.

(Die zur Bewältigung dieser Problembereiche eingesetzten kognitiven, konfrontativen, übenden und problemlösungsorientierten Verfahren und Interventionen sollen aufgrund der Thematik dieses Artikels an dieser Stelle nicht ausführlicher beschrieben werden.)

Therapeutische Bearbeitung des Therapiezieles

Die therapeutische Bearbeitung des Therapiezieles „Abbau von Ängsten und Hemmungen im Zusammenhang mit partnerschaftlicher Sexualität" und der Aufbau einer befriedigenden und leidenschaftlichen Sexualität, frei von äußeren Zwängen, wurde durch drei Aspekte möglich:

➤ Die erlebte Fähigkeit zur Konfliktlösung und Problembewältigung förderte bei dem Patienten die Bereitschaft für eine neue Partnerschaft. Mit seiner Noch-Ehefrau verbanden ihn zunächst die gemeinsamen Kinder. Die Trennung voneinander war wegen der Zerrüttung der Beziehung und der Unmöglichkeit, die bestehenden Konflikte miteinander zu lösen, unabdingbar. Die Befreiung aus seiner Ehe empfand der Patient als eine „Erlösung", wenngleich er noch zahlreiche Kränkungen unbearbeitet mit sich trug.

➤ Der Patient war bereit, seine Suchtstrukturen zu hinterfragen, hatte aber lange Zeit im Verlauf der Therapie starke Ängste, daß er seine Gier nach sexueller Erregung und sexueller Befriedigung reduzieren oder aufgeben müsse. Die Entlastung durch die anfängliche therapeutische Erlaubnis zunächst an seinem Sexualverhalten nichts zu ändern, machte den Patienten zunehmend offener, immer wieder über seine sexuellen Erfahrungen zu sprechen.

➤ Nach etwa der 10. Therapiesitzung lernte der Patient eine Frau kennen. Beide hatten zunächst hin und wieder, dann häufiger sexuelle Kontakte, aus denen sich eine intensive sexuelle Beziehung und schließlich zunehmend eine intensive Partnerschaft entwickelte. Die Partnerin des Patienten, die auch mehrmals zur Therapie kam, zeigte sich sehr neugierig bezüglich der sexuellen Erfahrungen des Patienten, setzte ihm aber auch deutliche Grenzen in bezug auf manche sexuelle Verhaltensweisen. So hatte sie kein Interesse an seinem „stundenlangen Rammeln" und auch nicht daran, „sich bezüglich seines exzessiven Sexualtriebes benutzen zu lassen".

Von der 15. bis zur 25. Sitzung standen neben der Weiterführung der anderen Problembereiche schwerpunktmäßig das sexuelle Erleben und das sexuelle Verhalten des Patienten im Vordergrund der Psychotherapie. Diesbezüglich konkrete therapeutische Zielsetzungen waren:

➤ Die Auflösung der kognitiv-emotionalen Verbindung: Auf das Orgasmuserleben müssen zwangsläufig negative Konsequenzen folgen (Unerledigtes, ein nicht zu bewältigender „Problemberg" und persönliche Inkompetenzen werden deutlich).

> Erweiterung des Verhaltensrepertoires mit der Erfahrung, daß Erlebnisse und Erfahrungen von sexueller Erregung, Lust und Leidenschaft nicht nur durch exzessives Onanieren erreichbar sind.
> Förderung sexueller Lust in Verbindung mit Genuß, Erregung und Entspannung.
> Förderung eines positiven Erlebens im Zusammenhang mit Sexualität durch körperliche Selbsterfahrung und mit stärkerer Beziehung zu innerer Stimulierung anstatt der Abhängigkeit von äußeren Stimulierungen.
> Veränderung der Aufmerksamkeitslenkung weg von exzessiver Erregung und Orgasmuskontrolle hin zu genußvollem Erleben, Lustwahrnehmung und -empfindung durch ein Wechselspiel von Steigerung und Abklingenlassen sexueller Erregung, wobei nicht Verhinderung und Zulassen eines sexuellen Höhepunktes, sondern Lust und Erregung das sexuelle Spiel und das sexuelle Verhalten leiten.

Mit dem Patienten wurden in den Therapiesitzungen spezielle Übungen für zu Hause kognitiv und gegebenenfalls in Phantasieübungen vorbereitet sowie die häusliche Durchführung der Übungen nachbereitet. Nach körperorientierten Selbsterfahrungsübungen (sinnlich-genußvolles Baden, Spiegel-Übungen) lernte der Patient bei der Selbstbefriedigung mit Entspannung und Erregung zu spielen und die Aufmerksamkeit statt auf den Orgasmus auf vielfältige Gefühle im Zusammenhang mit sexueller Erregung zu lenken.

Sicherlich nicht durch Zufall aber durch das große Glück der neuen Partnerschaft und durch die Wünsche, Bedürfnisse und Neugierde seiner Partnerin, aber auch durch die von ihr gesetzten Grenzen gelang es dem Patienten zunehmend, eine für ihn befriedigende und lustvolle partnerschaftliche Sexualität auszuprobieren und zu erfahren. Auch seine Wünsche nach oraler Stimulierung, nach Analverkehr, Sex in zahlreichen Stellungen, an verschiedenen Orten, zu unterschiedlichen Gelegenheiten und Anlässen sowie nach leichten sado-masochistischen Verhaltensweisen fanden Platz und konnten vor allem durch eine große Hemmungslosigkeit und häufige Lust auf Sex bei beiden Partnern verwirklicht werden. „Sexualprotokolle" zeigten, daß der Patient und seine Partnerin einen großen Teil ihrer Freizeit mit vielfältigem Sex verbrachten und anscheinend befriedigend leben konnten.

Gegen Ende der Therapie (in der 25. Sitzung) bekundete der Patient noch einmal seine Sorge, daß er in einer schweren Krise (z.B. die Partnerin trennt sich von ihm) wieder in das konfliktverdrängende exzessive Onanieren und damit wieder in ein tiefes Loch fallen könnte. Im Sinne eines lösungsorientierten Vorgehens wurde mit dem Patienten präventiv noch einmal herausgearbeitet, wie er solche Krisen und damit verbundene problematische Verhaltensweisen erkennen, wie er die aufrechterhaltenden Bedingungen herausarbeiten, seine vorhandenen Kompetenzen und Ressourcen prüfen und Veränderungsschritte einleiten könnte. Ansonsten wurde ihm eine psychotherapeutische „Auffrischung" angeboten, die er jederzeit in Anspruch nehmen könnte. Bis heute (zwei Jahre nach Ende der Therapie) hat sich der Patient noch nicht wieder gemeldet.

Diskussion

Der Fallbericht zeigt, daß eine ursprünglich gestellte Diagnose im Bereich sexueller Störungen im verhaltenstherapeutischen Ansatz durch die aufrechterhaltenden Bedingungen in mit der sexuellen Störung verbundene Teilprobleme untergliedert werden kann. Ansatzpunkte waren im Fall dieses Patienten zunächst vom direkten sexuellen Erleben und Verhalten abgegrenzte Problembereiche in seinem alltäglichen, persönlichen, familiären und privaten Leben.

Ohne die neu eingegangene Partnerschaft hätte die Psychotherapie sicherlich länger gedauert und noch anderer Behandlungsschwerpunkte bedurft. Aber auch mit und in der neuen Partnerschaft hat der Patient am Ende der therapeutischen Behandlung sehr starke sexuelle Bedürfnisse gehabt, die er weiterhin durch zum Teil intensives Onanieren und häufigen Sex mit seiner Partnerin befriedigend ausleben konnte. Zielsetzung konnte und sollte auch nicht sein, die Exzessivität seiner Sexualität zu verändern, sondern vor allem die Motive für seine Exzessivität und Suchthaftigkeit zu erkennen und zu modifizieren. Die Befürchtung des Patienten, daß ihm in der Therapie etwas von seiner Erregung und der Häufigkeit seines sexuellen Erlebens genommen werden sollte, waren unbegründet. Die therapeutischen Ziele, welche der Patient durch neue Erfahrungen erreichen konnte, waren ein größerer Genuß und ein intensives sexuelles Erleben mit mehr Ruhe und Entspannung bei weiterhin großer Leidenschaft, weniger Fixierung, aber das Erleben einer größeren sexuellen Vielfalt, größere Beachtung und Wahrnehmung seiner sexuellen Gefühle und inneren Reize und nicht ausschließliche Stimulierung von außen.

Eine gute therapeutische Beziehung, in der der Patient von Beginn an mit seiner Sexualität ohne Angst, Abneigung, Abwehr und Neid angenommen werden konnte, trug sicherlich wesentlich zum positiven Verlauf der Behandlung bei.

Die Therapie wurde zu einem Zeitpunkt in gegenseitigem Einverständnis beendet, als der Patient „auf seinen Weg gekommen war", auf dem er aber noch eine Reihe von Problemen und Konflikten zu bestehen hatte. Aus therapeutischer Sicht konnte darauf vertraut werden, daß der Patient neue Problemlösungsressourcen erlernt hatte, daß ihm die weiteren Veränderungsschritte vertraut waren und er auch sehr motiviert war, seinen begonnenen Weg weiterzugehen. Auch hatte er die Sicherheit, weiterführende therapeutische Hilfe in Anspruch nehmen zu können.

11. Systemisch-verhaltenstherapeutisch orientiertes Paargruppenkonzept zur Behandlung des Vaginismus

Ulrike Brandenburg

Nach einigen allgemeineren Angaben zur Diagnostik des Vaginismus stellt dieser Beitrag ein gruppentherapeutisches Behandlungskonzept für dieses Störungsbild vor, in dem der „klassische" – auf Masters und Johnson basierende Therapieansatz – mit Konzepten systemischer Therapie verbunden wird. Behandlungssetting und Therapieprozeß werden durch Fallbeispiele illustriert. Die Erfahrungen zeigen, daß sich durch diesen Ansatz bedeutsame Veränderungen im Hinblick auf die Selbstsicherheit und Autonomie der Betroffenen, aber auch hinsichtlich der Symptomatik erzielen lassen.

Allgemeines zum Vaginismus und seiner Behandlung

Unter Vaginismus – differentialdiagnostisch abzugrenzen von der Dyspareunie, der Koitusphobie und „kognitiven Sexualängsten" (Sharpe u. Meyer 1973) – versteht man die unwillkürliche Verkrampfung des Scheideneinganges und der Beckenbodenmuskulatur. Diese Verkrampfung tritt bei dem Versuch auf, etwas in die Scheide einzuführen, sei es den Finger, einen Tampon oder auch den Penis. Sie kann unterschiedlich stark ausgeprägt sein. So ist es den betroffenen Frauen in sehr schweren Fällen unmöglich, sich vaginal untersuchen zu lassen oder auch den Finger oder einen Tampon einzuführen. In anderen Fällen ist letztgenanntes möglich, nicht aber das Einführen des Penis. Bei sehr geringer Ausprägung der vaginistischen Symptomatik kann es sogar vorkommen, daß das Einführen des Penis in seltenen Fällen, dann aber meist nur unter Schmerzen möglich ist. Es ist zu unterscheiden zwischen primärem und sekundärem Vaginismus. Beim primären Vaginismus war es der betroffenen Frau zu keinem Zeitpunkt nach dem Eintreten ihrer sexuellen Reife möglich, etwas in die Scheide einzuführen. Beim sekundären hingegen besteht ein nachpubertäres, symptomfreies Intervall, in dem die Frauen über keinerlei Beschwerden berichten. Erst durch ein traumatisierendes Ereignis, sei es ein sexueller Übergriff, eine äußerst schmerzhafte Geburt, eine Operation oder ein Abort, wird die vaginistische Störung reaktiv ausgelöst.

Immer noch wird vaginistischen Frauen nicht selten aufgrund ihrer Unfähigkeit, sich penetrieren zu lassen, ihre sexuelle Lust abgesprochen. Dem Gebot, das sogenannte normale heterosexuelle Sexualitätsdesign zu erfüllen, nicht folgend, werden sie allzu schnell als die Sexualität verweigernd und asexuell lebend dargestellt. Das Gegenteil ist der Fall. Vaginistische Frauen sind im allgemeinen orgasmusfähig und leben meist eine für sie und ihre(n) Partner(in) ausgesprochen lustvolle und befriedigende Sexualität. Das macht auch die klinische Erfahrung deutlich, die zeigt, daß vaginistische Frauen meist nicht wegen – wie so oft vermutet – mangelnder sexueller Zufriedenheit sexuologische Hilfe suchen, sondern vielmehr, weil sie entweder schwanger werden wollen oder/und die Kontrolle über das Öffnen und Schließen ihrer Scheide gewinnen wollen und damit ein Mehr an sexueller Autonomie anstreben.

Dadurch, daß die vaginistische Reaktion über lange Zeit als ein sehr simpel konditioniertes Reflexverhalten verstanden wurde, das bereits nach kurzer Zeit funktionell autonom abläuft, entwickelten sich zwei vom Ansatz her sehr ähnliche Therapierichtungen, um vaginistische Störungen zu behandeln. Das waren zum einen stufenweise Verhaltensanleitungen, die die Patientin tatsächlich durchführte, also übte, zum anderen systematische Desensibilisierungsschritte, welche die Patientin phantasierte. Dies geschah entweder mittels progressiver Muskelrelaxation oder unter Hypnose. Zum Teil wurden dabei Medikamente eingesetzt. Bahnbrechend war das Konzept von Masters und Johnson (1973) zur Behandlung sexueller Funktionsstörungen. Es gründet primär auf den sexualphysiologischen Untersuchungen der Autoren und den von ihnen daraus abgeleiteten, systematisch zusammengestellten Verhaltensanleitungen. In seiner ursprünglichen Form nimmt es wenig Bezug auf entwicklungspsychologische wie auch psychodynamische Aspekte. Um diese ergänzt wurde es aber insbesondere in den 70er- und 80er Jahren von Kaplan (1974, 1981) wie auch durch die Beiträge der Arbeitsgruppe um Arentewicz und Schmidt (1993, S.63 ff., vgl. auch Kap. 9).

Eine besondere Modifikation des Therapiekonzepts von Masters und Johnson, speziell zur Behandlung des Vaginismus, ist der Einsatz von Stäben in zunehmender Stärke. Die Anwendung von Stäben wurde bereits Anfang des 20. Jahrhunderts von Walthard (1909), der überhaupt erstmalig den Vaginismus in einer nach wie vor gültigen Form definierte, empfohlen. Auf der einen Seite hat sich diese psychotherapeutische Technik äußerst bewährt. Unbewußte archaische Ängste vor Verletzung physischer wie psychischer Integrität können dadurch, daß die Patientin selbständig die Stäbe in ihre Scheide einführt, über die neue Erfahrung der Nichtverletzung und des Zugewinns an sexueller Autonomie fallengelassen werden. Aḟ der anderen Seite wird der Einsatz von Stäben – insbesondere aus feministischer Sicht – heftig und kontrovers diskutiert in Zusammenhang mit einer Instrumentalisierung und Enteignung weiblicher Sexualität unter dem Paradigma eines allgemein gültigen Heterosexualitätsgebotes.[1]

Ein systemisch-verhaltenstherapeutisch orientiertes Konzept der Paargruppentherapie zur Behandlung des Vaginismus

Da wir sexuelle Probleme als Beziehungs- und damit als Paarprobleme verstehen, wir außerdem seit Jahren gute Erfahrungen mit dem erprobten paartherapeutischen Konzept von Masters und Johnson in seinen vielfältigen Modifikationen gemacht hatten, entschieden wir uns, für die Behandlung des Vaginismus ein Paartherapiesetting zu wählen. Aus der Literatur war bekannt, daß die Wirksamkeit von Einzelpaar- und Paargruppentherapien durchaus vergleichbar ist (vgl. Arentewicz u. Schmidt 1993), weswegen aus ökonomischen Gründen ein Paargruppenangebot gemacht wurde.

Es ist eigentlich erstaunlich, daß systemtherapeutische Ansätze nach wie vor relativ selten im Rahmen der Behandlung sexueller Störungen angewandt werden, während sie in

---

[1]   In einem interessanten Fallbericht einer Paartherapie eines vaginistischen Paares betonen Lange und Rethemeier (1997, S. 37), daß es bei der psychotherapeutischen Arbeit mit Stäben nicht vorrangig um eine systematische Desensibilisierung in einem verhaltenstherapeutisch-technizistischen Sinne geht, sondern sehr viel mehr darum, individuelle und Partnerkonflikte wahrnehmbar und damit bearbeitbar zu machen. Sie weisen den Vorwurf, daß diese Art der Therapie Frauen an eine koitus-fixierte und männer-bestimmte Sexualität anpasse, zurück, kommen vielmehr zu dem Schluß, daß viele Patientinnen die Möglichkeit, Geschlechtsverkehr haben zu können, als befreiend und als einen Zuwachs an Autonomie erleben würden.

der Therapie anderer psychosomatischer Erkrankungen mittlerweile fest integriert sind. Unsere Anregung zur Integration systemischen Denkens und systemischer Techniken soll keinesfalls eine Alternative zum alterprobten Paartherapiekonzept sein, sondern vielmehr eine – aus unserer Sicht – äußerst fruchtbare und wirksame Modifikationsmöglichkeit.

Der systemische Ansatz fokussiert Beziehung, Beziehung zwischen Subjekten innerhalb eines Systems, ausgedrückt durch Kommunikationsstrukturen. Interaktionelle und damit interpersonelle Zusammenhänge, Abhängigkeiten, Blockaden wie auch Ressourcen eines Systems sollen beleuchtet und verständlich gemacht werden. Es würde zu weit führen, an dieser Stelle genauer auf die systemische Theorie einzugehen (vgl. dazu Bateson 1973, Maturana u. Varela 1980, Prigogine u. Stengers 1985, Waldrop 1992). Die systemische Therapie unterscheidet sich von den meisten anderen Psychotherapien dadurch, daß sie den Fokus nicht primär auf das Intrapersonelle, sondern auf das Interpersonelle und damit auf die Beziehung setzt. Das führt natürlich auch zu einer Desorientierung in der Begrifflichkeit von Störungen, z.B. von Persönlichkeitsstörungen. So würden radikale Systemiker(innen) eine Person per se nicht als abhängig oder als narzißtisch oder als sexuell inappetent bezeichnen. Eine vaginistische Frau kann aus systemischer Sicht als solche nur bezeichnet werden in bezug auf ihr „Sich-nicht-öffnen" im Rahmen ihrer sexuellen Beziehungen, d.h. im Rahmen ihrer sozialen Interaktionen. Insofern betrachtet die Systemtheorie Persönlichkeitsmerkmale oder auch Symptome als Ausdruck spezifischer Interaktionen und damit Beziehungskonstellationen. Insofern setzt sie natürlich ihren Behandlungsschwerpunkt nicht primär bei der Indexpatientin oder dem Indexpatienten, sondern am jeweiligen Beziehungssystem an, in das sie oder er eingebunden ist.

Auch sexuelle Probleme sind nichts anderes als Beziehungsprobleme und damit Störungen im Beziehungs- bzw. im Paarsystem. Interaktion, Kommunikation und Metakommunikation, Double-bind-Situationen, Autopoiese, Selbstorganisation, alles zentrale Begriffe der systemischen Therapie die Phänomene beschreiben, die auch in sexuell gestörten Systemen stattfinden.

Die Tatsache, daß systemische Therapie insbesondere den interaktionellen Aspekt betont und untersucht, schien hilfreich für die Therapie sexueller Probleme zu sein, da diese immer etwas mit dem individuellen Beziehungssystem der betroffenen Person zu tun haben. Schließlich kommt kaum ein Patient oder eine Patientin wegen Masturbationsproblemen. Normalerweise kommen die Patienten wegen sexueller Probleme, in die eine andere Person involviert ist. Man könnte sagen, sie kommen wegen sexueller Probleme, die sie haben, weil eine andere Person involviert ist.

Es war einerseits das wissenschaftstheoretische Konzept der systemischen Therapie, das uns verführte, systemische Aspekte in das Paartherapiekonzept von Masters und Johnson zu integrieren. Andererseits gab es auch praktische und pragmatische Gründe, die uns die systemische Therapie nicht nur wissenschaftstheoretisch, sondern auch in ihrer praktischen Relevanz besonders attraktiv erscheinen ließen zur Behandlung sexueller, in diesem Fall vaginistischer Störungen:

➤ Systemische Therapie basiert auf Respekt, zum einen auf Respekt vor den individuellen Regeln an autonomer Selbstorganisationslogik eines Systems, zum anderen – damit verbunden – auf Respekt vor den Ressourcen eines Systems. Die Patienten selbst werden angesehen als Experten darin, ihre Beziehungen und ihre Situation zu regulieren. Die Therapeuten spielen lediglich die Rolle der Verstörer, haben das System zu irritieren, um es in Bewegung zu bringen. Systemische Therapie ist eine ausgesprochen mündige und selbstverantwortliche Art der Psychotherapie.

➤ Systemische Therapie fokussiert Beziehungen zwischen Menschen. Insbesondere fokussiert sie die Art der Kommunikation. Sie betrachtet nicht nur die direkte Kommunikation, sondern auch die Metakommunikation. Insofern setzt sie sich zutiefst mit dem auseinander, was Kommunikation für jedes Individuum meint, nämlich mit der *Bedeutung* von Kommunikation. Das wird deutlich an der Technik des zirkulären Fragens. Mit der Frage z.B.: „Was glauben Sie, daß er (der Partner) glaubt, worunter Sie am meisten leiden bezüglich Ihrer vaginistischen Symptomatik?", wird nach der Metakommunikation, also damit nach der Kommunikation zweiter Ordnung gefragt. Indem diese wahrgenommen, ausgetauscht und gewürdigt wird, kommt eine völlig neue Dimension von versteckten, indirekten Kommunikationsstrukturen ins Spiel, wird wahrgenommen und in ihrer Potenz bearbeitbar und auswertbar. Dadurch, daß diese unterschiedlichen Ebenen von Kommunikation offengelegt werden, entstehen neue Informationen, die die PatientInnen darin unterstützen, die Bedeutung ihrer (sexuellen) Probleme in ihrer Beziehung wahrnehmen, erforschen und kommunizieren zu lernen.

> Die Arbeit mit dem Genogramm, bzw. der Familienrekonstruktion ist eine weitere Art, die Perspektiven des betroffenen Individuums zu öffnen, zu erweitern. Indem der Blick in die vorausgegangenen wie auch möglichen nachfolgenden Generationen gelenkt wird, wird das Problem der betroffenen Person in ein sehr viel größeres Bild gerückt und erhält dadurch eine andere Bedeutung, meist eine mit sehr viel weniger persönlicher Schuld verbundene. Außerdem beruhigt es, wenn z.B. die Frage: „Wie drücke ich mein sexuelles Begehren als Frau aus, wie drücke ich es als Mann aus?" nicht mehr als eine primär personenzentrierte, sondern als eine, die bereits Generationen zuvor beschäftigt hat, erfahren wird. Es stimmt milder und friedlicher und nimmt persönliche Schuld.

> Systemische Therapie ist in ihrer Natur sehr lebendig und aktiv. Über ihre Lebendigkeit löst sie eine hohe Intensität aus. Diese Intensität wiederum hilft dabei, Affekte, Gefühle wahrzunehmen und sie auszudrücken.

> Die systemische Therapie entpathologisiert den/die Indexpatienten/in dadurch, daß das Symptom nicht mehr – wie sonst üblich – individuen-, sondern beziehungs- und systemgebunden verstanden wird. Dadurch erfährt der/die Indexpatient(in) eine große Entlastung, was seine/ihre persönliche Schuld, Scham und Verantwortung für in diesem Fall die vaginistische Symptomatik betrifft. Die Verantwortung gehört dem System, der Beziehung, nicht nur dem Individuum. Dadurch entsteht Entlastung, was die Individualisierung von Pathologien betrifft, gleichzeitig werden Symptome komplexer.

Beschreibung des Settings

Wir haben bisher zwei Paargruppentherapien durchgeführt. In der ersten Gruppe waren vier, in der zweiten Gruppe fünf Paare mit einer primär vaginistischen Symptomatik. Die Therapie wurde von einem Therapeutenteam (weibliche Therapeutin und männlicher Therapeut) durchgeführt. Hinter der Scheibe saß während der gesamten Therapiedauer eine Doktorandin, die den Verlauf videographierte, wie auch aus der Außenperspektive heraus dokumentierte.

Dem Beginn der Therapie ging eine ausführliche diagnostische bzw. Indikationsphase voraus. Sowohl der Mann als auch die Frau eines jeweiligen Paares hatten mindestens zwei Einzelgespräche, jeweils mit männlichem Therapeut und weiblicher Therapeutin, wie auch ein gemeinsames Gespräch. In unklaren Fällen fanden weitere zusätzliche Gespräche statt. Ausschlußkriterien, die gegen eine Aufnahme in die Gruppe sprachen, waren: sexueller Mißbrauch in der Biographie, schwere psychische Störung wie auch eine sehr instabile Paarsituation.

Die Therapie setzte sich aus zwei Phasen zusammen. Die erste Phase war ausschließlich systemisch orientiert und bestand im wesentlichen in der Arbeit mit dem Genogramm, mit der Familienrekonstruktion. Unter Einbeziehung der Gruppe und damit natürlich auch des eigenen Partners bzw. der Partnerin, stellte jedes Gruppenmitglied seinen/ihren Stammbaum vor und erarbeitete mit Hilfe der Therapeuten bestimmte Familienthemen, -aufträge, -delegationen, für die Familie typische Verhaltensmuster, Bewältigungsstrategien. Die Genogrammarbeit wurde stark unter geschlechterdifferenten Aspekten durchgeführt. Zu diesen gehören weibliche Rollenvorschriften, männliche Rollenvorschriften, Machtverhältnisse, bis hin zu dem überlieferten Design von Sexualskripten für Frauen und für Männer in der Familie. Insgesamt dauerte diese Phase in der ersten Gruppe mit 8 Teilnehmer(inne)n 8 Abende á 1 1/2 Std., in der zweiten Gruppe mit 10 Teilnehmer(inne)n 10 Abende á 1 1/2 Std. Systemische Techniken, die während dieser Phase eingesetzt wurden, waren zirkuläres Fragen, Skulpturarbeit, Rollenspiel, paradoxe Interventionen, positives Konnotieren, etc.

Analog dem Modell von Masters und Johnson nahm sich das Therapeutenpaar nach dieser ersten Phase ausreichend Zeit, um die während der Stammbaumarbeit gewonnenen Ergebnisse zum einen unter dem Aspekt der individuellen Entwicklung jedes Gruppenmitgliedes, zum anderen unter dem Aspekt der Konstellation der jeweiligen Paarbeziehung zu analysieren. Besonderer Wert wurde darauf gelegt, das Symptom in seiner Funktion für das Paar zu verstehen. Die vom Therapeutenpaar nun gewonnenen Hypothesen wurden jeder Frau, jedem Mann bzw. jedem Paar im Rahmen einer Gesamtgruppensitzung analog dem round-table-Gespräch von Masters u. Johnson vorgestellt und mit den Paaren diskutiert (vgl. Kap. 9). Während alle anderen Sitzungen 1 1/2 Std. dauerten, nahmen wir uns für diese jeweils 2 Std. Zeit. Wie bei Masters u. Johnson wurde am Ende dieser Sitzung das „Koitusverbot" ausgesprochen und die erste Übungsanleitung gegeben.

Der weitere Verlauf der Therapie orientierte sich eng am Konzept von Masters und Johnson und ihren entsprechenden Verhaltensanleitungen (vgl. Kap. 9). Zudem haben wir vor dem Einsetzen der Hegar-Stäbe, die die Frauen sich selbst einführten oder durch den Partner einführen ließen, einen Teil körperliche Selbsterfahrung, sowohl für die Frauen als auch für die Männer, integriert. Dabei ging es für beide Partner darum, den eigenen Körper zu erkunden, kennenzulernen und mit ihm, bzw. mit speziellen Arealen des Körpers, wieder in Kontakt zu treten. Das galt sowohl für die Frauen, als auch für ihre männlichen Partner. Die Anleitung, die Hegar-Stäbe einzuführen, gaben wir den Frauen nach dieser körperlichen Selbsterfahrung. Wir stellten der Frau anheim, ob sie den jeweiligen Stab allein einführen oder durch ihren Partner einführen lassen wollte. Der Großteil der Frauen führte diese Übung zunächst allein im Anschluß an die Körperselbsterfahrung durch. Im Verlaufe der weiteren Therapie integrierten die Frauen das Einführen der Stäbe mehr und mehr in die gemeinsamen Paarübungen.

Während der gesamten Zeit der verhaltenstherapeutisch orientierten Phase nahmen wir immer wieder Bezug auf das in der primär systemisch ausgerichteten Phase gewonnene Material. Familienthemen, Delegationen, Aufträge, Ängste, sich fallenzulassen, Ängste, Nähe auszuhalten, Ängste, Konflikte im Sexuellen zu benennen etc. wurden fokussiert, reaktiviert und bearbeitet. Neben der engen Orientierung an Masters' und Johnsons sexualtherapeutischem Konzept integrierten wir über den gesamten Zeitraum der Therapie systemisches Handwerkszeug, wie insbesondere das zirkuläre Fragen. Sozusagen addiert zum klassischen Vorgehen legte es die Kommunikation zweiter Ordnung, die Metakommunikation offen und damit auch ihre Double-binds, ihre Ambivalenzen. Diese wurden insofern verstehbarer und darüber leichter zu bewältigen.

Der therapeutische Prozeß

Der therapeutische Prozeß gestaltete sich sehr stark durch die Akzentuierung der beiden Phasen, der ersten rein systemisch orientierten und der zweiten primär verhaltenstherapeutischen, systemisch modifizierten Phase. Es war eindrucksvoll, welche Potenz in der Arbeit mit der Familienrekonstruktion lag. Allein der aufgemalte Stammbaum am Flipchart ließ das System deutlich, auch körperlich näher rücken. Dadurch, daß auch all die Namen der einzelnen Familienmitglieder im Raum waren, waren diese plötzlich greifbarer. Es entstanden Bilder, Mythen und Hypothesen zu ihren Einstellungen. Mit bestimmten Familienmitgliedern identifizierten sich bestimmte Gruppenmitglieder, mit anderen wiederum identifizierte sich keiner. Auch fiel bei manchen Familienrekonstruktionen ein krasser Unterschied bezüglich der Präsenz der väterlichen und der mütterlichen Seite auf. Gab es zu der einen Seite sehr viel Information und Wissen, gab es zu der anderen manchmal fast keine. Die Dynamik, die diese bisher unbewußte, nun bewußte Disbalance für den oder die Rekonstrukteure bedeutete, war zum Teil gewaltig. Eindrucksvoll war auch die Wirkung dieser Arbeit auf das Paar, wenn ein Partner/Partnerin seine/ihre Familiengeschichte vorstellte, während der/die andere zuhörte. Fast immer taten sich große Bereiche auf, von denen die Partner über einander gar nichts wußten oder über deren Bedeutung sie sich nicht im Klaren gewesen waren. Immer verschob sich nach einer solchen Rekonstruktion auch der Blick der Partner aufeinander.
Dazu ein Beispiel:

Paar 1: Beide sind Anfang 30, sie Sozialpädagogin, er KFZ-Mechaniker.
Ihr Stammbaum: Sie ist einziges Kind, beide Eltern – mittlerweile Rentner – waren immer berufstätig, der Vater als Bahnbeamter, die Mutter als Sekretärin. Ihre Kindheit beschreibt sie als äußerst harmonisch, sie habe alles bekommen, was sie sich gewünscht habe, auch habe es viel Zärtlichkeit gegeben. Insbesondere der Vater habe bis zur Pubertät viel mit ihr gekuschelt. Mutter sei eher die Dominante gewesen, die über Lebensdesign, Art des Wohnens und über die Einteilung des Geldes entschieden habe. Erst 11 Jahre nach der Heirat der Eltern kam die Patientin zur Welt. Die Legende dazu ist, daß die Mutter nie ein Kind hätte haben wollen. Der Vater sei dann letztendlich nach vielen Jahren Geduld zu seiner Schwiegermutter gegangen und habe sich über die Kompromißlosigkeit seiner Frau bei dieser beklagt. Prompt sei die Mutter der Patientin daraufhin schwanger geworden.
Interessanterweise gibt es mütterlicherseits in fast allen Paarbeziehungen entweder Kinderlosigkeit oder ein mehrjähriges kinderloses Intervall zwischen Heirat der Paare und Geburt des ersten Kindes. Kinder gibt es sowieso wenige. Zudem fällt auf, daß bis in die Großmuttergeneration mütterlicherseits alle Frauen berufstätig waren. Die väterliche Seite der Familie bleibt eigentümlich blaß. Es gibt wenig Informationen. Alle Anekdoten gehören zur mütterlichen Linie. Auffallend ist auch, daß die Patientin sprachenergetisch ganz unterschiedlich über beide Linien berichtet. So vermittelt sie uns auf der direkten Kommunikationsebene zwar ihre tiefe Verbundenheit mit dem Vater, daß sie eigentlich immer Vaters Kind gewesen sei, daß er ihr Beschützer sei. Auf der metakommunikativen Ebene jedoch vermittelt sie etwas Deprimiertes, etwas Zaghaftes, etwas Gedrücktes. Die Stimme wird leiser, die den sprachlichen Ausdruck unterstreichenden Bewegungen werden reduzierter und sie wirkt insgesamt deutlich weniger lebendig, als wenn sie über die mütterliche Seite berichtet. Tut sie das hingegen, ist interessant, daß sie auf der einen Seite lebendig, entschlossen, durchsetzungsfähig und aktiv wirkt, auf der anderen Seite auf der metakommunikativen Ebene etwas leicht Entwertendes mitschwingt.

Äußerst eindrucksvoll ist die Skulptur, die sie baut, indem sie die einzelnen Familienmitglieder zueinander positioniert. Zunächst stellt sie Vater zu Mutter, Großmutter und Geschwister deutlich fern ab. Offenbar ist dieses Bild aber nicht stimmig für sie. Sie bastelt weiter daran herum und empfindet letztlich die Skulptur als stimmig, in der die Frauen, d.h. die Mutter, die Großmutter und die Schwestern der Mutter eine eigene Einheit bilden. Sie stehen in einem Kreis und fassen sich an. Der Vater steht hinter der Mutter, hat keinen Körperkontakt mit ihr und schaut auf die Patientin, die, mit dem Rücken am Rücken der Mutter lehnend, zwischen den Eltern steht und zum Vater schaut. Das anschließende Gespräch mit der Patientin über diese Skulptur macht deutlich, wie sehr berührt und auch irritiert die Patientin über die Botschaft dieses von ihr selbst konstruierten Beziehungssystems ist. Das Bild, das sie bis dahin hatte, war ein anderes, was die Beziehungen der einzelnen Familienmitglieder untereinander betraf. Der Konflikt, sich einerseits sicher in der Riege der Frauen zu fühlen, dort auch in Kontakt mit der eigenen Potenz zu sein, sich auf der anderen Seite aber zutiefst danach zu sehnen, den Vater, den Mann, das Männliche zu erreichen, wurde sehr fühlbar für sie. Die Dynamik des Spannungsfeldes zwischen dem mütterlichen Auftrag: „Wir Frauen schaffen es allein, traue den Männern nicht, krieg' bloß kein Kind, sei autonom" und dem nicht klar faßbaren väterlichen Auftrag: „Sei lieb zu mir, hole mich rein, komm wenigstens Du zu mir", löst Betroffenheit aus.

Plötzlich ergänzt sie die Legende von harmonischer Familiengeschichte um die konflikthaften Schattenseiten. So berichtet sie, daß sie immer das Gefühl gehabt habe, daß die Eltern sexuelle Probleme gehabt hätten. Vater habe das manchmal angedeutet. Mutter habe nie darüber sprechen wollen. Heute sei es manchmal ein eigenartiges Gefühl, daran zu denken, daß Vater und sie so viel miteinander gekuschelt haben, als sie klein war. Zunehmend deutlicher wird der Patientin, daß sie neben aller „gut gemeinten Liebe", die sie von den Eltern erhielt, zum Teil auch instrumentalisiert worden war, sozusagen als Kitt, als Brücke zwischen den beiden zu fungieren, um deren Kontakt und damit auch Intimitäts- und Sexualstörung zu kaschieren. Gleichzeitig wird ihr bewußt, daß die Aufrechterhaltung ihres derzeitigen Konfliktes zwischen der ihr unvereinbar erscheinenden eigenen, weiblichen Potenz und der Sehnsucht nach Hingabe und Vertrauen zu einem Mann, eine Möglichkeit für sie schafft, den kontroversen Aufträgen der Eltern zu entsprechen, also ein „braves Mädchen" zu sein. Kommuniziert sie mit der Mutter, leugnet sie die Sehnsucht nach dem Mann, kommuniziert sie mit dem Vater, leugnet sie die eigene Potenz. Ähnliche Strukturen entdeckt sie auf der Ebene ihrer eigenen, aktuellen Paarbeziehung. Auch hier entstehen dann für sie Schwierigkeiten, wenn sie die eigene Potenz zu integrieren versucht in Inszenierungen von Nähe und von Intimität. Dann, so befürchtet sie, werde ihr Mann Gefühle von Unterlegenheit entwickeln, aufgrund derer er sie vielleicht irgendwann allein lassen werde. Erstmalig fühlt sie die Bedeutung der schützenden Funktion ihrer vaginistischen Symptomatik, schützend insofern, als diese aufgrund einer sozusagen von außen verschriebenen, nicht überwindbaren Distanz, die Krise der Eheleute verhindert, die entstehen würde, wenn diese sich tatsächlich aufeinander einließen.

Sein Stammbaum: Er ist der Älteste von vier Geschwistern und der einzige Sohn. Die Eltern haben sich kennengelernt, als sie 18 und 20 waren und haben ein Jahr später geheiratet. Die Mutter war und ist Hausfrau, der Vater Automechaniker. Obwohl der älteste Sohn, hatte er eigentlich nichts zu sagen. Die Macht hatten aus seiner Sicht die Schwestern. Die wußten immer, wo es langging, und bestimmten eigentlich auch immer, was für ihn das Beste sei bzw. was er zu tun hätte. (Eine ähnliche Dynamik spiegelt sich mit seiner Ehefrau während der Rekonstruktion ab. Er erzählt, sie unterbricht ihn ununterbrochen, ergänzt Details und korrigiert ihn.)

Mittelpunkt dieser Rekonstruktion ist die Schwester des Vaters des Patienten. Abwertend wie auch ein bißchen bewundernd berichtet der Patient über ihren illustren Lebenslauf. Sie war zweimal verheiratet, zweimal geschieden, hat aus jeder Ehe einen Sohn und soll – aus Sicht der Familie – mehr oder weniger das Leben einer Prostituierten geführt haben. Selbst über ihren Tod hinaus kann der Vater des Patienten seiner Schwester nicht verzeihen. Angst vor weiblicher Dominanz, Kastrationsangst, tiefe Unsicherheit, was männliche Identifikationsmuster betrifft, ausgeprägte Zweifel am Wert der eigenen Person, all das sind Botschaften, die deutlich werden während dieser Rekonstruktion. Interessanterweise werden sie von den Gruppenmitgliedern übernommen, gefühlt und geäußert, vom Vortragenden hingegen abgewehrt. Zutiefst ist seine Angst zu spüren, sich mit diesen, seinen abgespaltenen Bereichen, auseinandersetzen zu müssen. Auch zu spüren aber ist, daß die Abwehr an Stabilität nachläßt, daß bereits durch die vorangegangene Rekonstruktion seiner Frau von ihm abgewehrte Gefühle und Ängste aus ihrer zutiefst ummauerten Verborgenheit in vorbewußte Bereiche gerückt und damit beunruhigend für ihn geworden sind. Es scheint, als ahne er, daß seine Frau im Begriff ist, das derzeitig bestehende Paararrangement in Frage zu stellen, und damit die Nähe-Frage und nicht zuletzt auch die Macht-Frage stellen wird. Ihm ist es bisher gelungen, über eine gewissermaßen „Frauen entwertende oder Frauen verachtende Haltung" aufgrund seiner Familiengeschichte sich vor wirklicher, intimer Nähe zu Frauen zu schützen. Tiefe Nähe zu Frauen würde ihn bedrohen, würde alte Kinderängste von nicht „gut genug", nicht „toll genug" zu sein, mobilisieren, reaktivieren und damit fühlbar machen. D.h. sie würde ihn in *die* Auseinandersetzung zwingen, die er zutiefst fürchtet.

Die Diskrepanz zwischen dem Wunsch der Frau, sich mit den eigenen Ängsten vor dem „Nichteinlassenkönnen" auseinanderzusetzen, um damit dem geliebten Manne näher zu kommen, und der Angst des Mannes, von einem solchen „Einlassen" existenziell bedroht zu sein, mündete in einen Abbruch der Therapie seinerseits. Nachdem alle Gruppenmitglieder ihre Rekonstruktion gemacht hatten, das round-table-Gespräch stattgefunden hatte und damit auch die erste Übungsanleitung gegeben war, tauchte er nicht mehr auf. Trotz Bemühens seiner Ehefrau wie auch einiger Gruppenmitglieder, die von sich aus Kontakt aufgenommen hatten, hörten wir nichts mehr von ihm. Für die Ehefrau war das äußerst schwierig. Sie wollte zunächst nicht auch einfach aufhören müssen, sondern blieb noch für zwei Sitzungen in der Gruppe, brach dann aber auch ab. Neben dem Ausstieg aus der Gruppe bedeutete das Tun ihres Ehemannes natürlich auch für sie einen zumindest partiellen Ausstieg aus der gemeinsamen Paarbeziehung. Diese Tendenz wurde in den nächsten Wochen sehr schnell deutlich. Er wandte sich einer anderen Frau zu, zog von zu Hause aus. Das war alles in allem eine sehr dramatische Entwicklung. Wir nahmen die Patientin in Einzeltherapie. Sie geriet in eine schwere Krise, war doch das passiert, was sie eigentlich immer befürchtet hatte: *Folgt sie dem eigenen Weg, so wird sie allein gelassen.* Bewundernswert war, daß sie trotz vorübergehender schwerer Angstzustände wie auch allgemeiner psychosomatischer Beschwerden diesen Weg nicht mehr verließ. Nach ca. einem Jahr Therapie wie auch einem Aufenthalt in einer Psychosomatischen Klinik war es ihr möglich – im Kontakt mit der eigenen Potenz, wie auch den eigenen Ängsten – den Wünschen nach intimer Hingabe vorsichtig zu entsprechen, ein Experiment höchsten emotionalen Risikos also. Sie lernte einen Mann kennen, mit dem sie eine völlig andere Kommunikationsstruktur aufbaute als mit ihrem nun „Ex-Ehemann". Über ein Mehr an Kommunikation und damit auch an Vertrauen entstand zwischen ihr und ihrem neuen Partner ein Boden von tragender intimer Sicherheit, der es ihr möglich machte, sich auch auf sexueller Ebene zu öffnen. Im Rahmen einer Paar-Sexualtherapie vermochte sie ihre vaginistische Symptomatik weitgehend zu überwinden. Mit weitgehend ist gemeint, daß sie mittlerweile (1/2 Jahr nach Abschluß der Therapie) im allgemeinen nicht mehr auftritt, sich hin und wieder aber noch in Form von plötzlicher Angst und nachfolgender plötzlicher Verkrampfung im Scheidenbereich äußert.

Ich erwähne diese Kasuistik so ausführlich, weil wir viel aus ihr lernen konnten. Trotz des letztlich „guten Endes", haben wir möglicherweise die Indikation, dieses Paar in unsere Gruppe zu nehmen, zu weit gestellt. Bereits in den der Gruppe vorausgehenden Explorationsgesprächen war deutlich geworden, daß es sich um eine äußerst instabile Paarsituation handelte. Insofern hätten wir vielleicht mit dem das Paar sehr belastenden Therapieabbruch rechnen können. Auf der anderen Seite hat dieser Abbruch – systemisch betrachtet – eine Pertubation in diesem Paarsystem ausgelöst, die es ihm ermöglichte, sich aufzulösen und sich unabhängig voneinander zu re-konfigurieren.

Dieser Therapieabbruch war ungewöhnlich und bisher der einzige, den wir in unseren Gruppen verzeichnen konnten. Alle übrigen Paare begannen und beendeten die Therapie gemeinsam.

Es sei noch ein weiteres, bezüglich seines Therapieverlaufes typischeres vaginistisches Paar über die Familienrekonstruktion beschrieben:

> Paar 2: Beide Studenten (er Student der Physik, sie Studentin der Erziehungswissenschaft), beide Ende 20.
>
> Sein Stammbaum: Es gibt zwei beherrschende Themen in seiner Familiengeschichte: Alkoholabusus und Trennung. Die Männer trinken, die Frauen verlassen ihre Männer. Als der Patient 14 Jahre alt war, verließ seine Mutter den Vater und auch ihn. Die Schwestern waren bereits aus dem Haus. Kein Wunder also, daß er Mühe hatte bzw. immer noch hat, eine eigene männliche Identität zu finden. Genauso wenig verwunderlich ist es, daß er die Nähe zu einer Frau gleichsetzt mit der Gefahr, von ihr verlassen zu werden. Fazit also: Er hält Frauen auf Distanz.
>
> Ihr Stammbaum: Was die Familiengeschichte der Patientin, der Partnerin, betrifft, so bietet sie fast Material für ein barockes Drama. Ihre Mutter, eine Frau von niedrigem Stand, heiratete einen Mann von edler Herkunft. Dafür, daß er diese Frau heiratete, sprach die Familie die Fehde über ihn aus, brach mit ihm. Trotz dieser schwierigen Umstände liebte sich das Paar und bekam zwei Kinder. Dennoch schwebt über allem bis heute ein Geheimnis. Als die Patientin 8 Jahre alt war, nahm ihre Mutter beide Kinder und verließ ihren Mann. Ein Jahr später starb der Vater der Patientin. Bis heute kennt diese weder die Umstände seines Todes noch kennt sie die Gründe ihrer Mutter, ihren Vater zu verlassen. Bis zum heutigen Tage verharren die, die es wissen könnten, wenn sie gefragt werden, in tiefem Schweigen. Betrogen von der Mutter und verlassen vom Vater, so beschreibt und versteht diese Frau ihre Lebensgeschichte.

So wurde über ihre beiden Familienhistorien deutlich, daß Frau wie auch Mann ganz ähnliche, unbewußte Muster haben, was Beziehung betrifft. Man könnte sie verstehen als ein sogenanntes Distanz-Agreement. Die vaginistische Symptomatik unterstützt dieses Distanz-Agreement und stabilisiert dadurch noch zusätzlich die ohnehin schon sehr solide Partnerschaft dieser beiden Menschen.

Unser klinischer Eindruck war, daß es während der Zeit der Familienrekonstruktion zu einer deutlichen Verschiebung der Angst kam, sowohl intrapersonal, wie auch auf der Ebene des Paarsystems, wie auch auf der Ebene der Gesamtgruppendynamik. Insbesondere auf seiten der Frauen war es zu einer deutlichen Verminderung ihrer Scham bezüglich ihrer bisher subjektiv von ihnen als defizitär erlebten Sexualität gekommen. Tabus waren gelüftet worden, wodurch alte Rigiditäten aufgebrochen worden waren. Angst war verschoben worden, von den Frauen hin zu den Männern. Auf der Ebene des Gruppenprozesses hatte sich eine enorme Annäherung über das hergestellt, was jeder vom anderen erfahren hatte. Das hatte sehr positive Effekte. Alle Teilnehmer meldeten zurück, daß sie sich früher durch ihre Symptomatik wie stigmatisiert gefühlt hätten, als wären sie die einzigen in dieser Welt, die unter einem derartig obskuren Symptom leiden würden. Über den Austausch mit den anderen Paaren, über den Austausch der Männer, wie auch der Frauen untereinander, hatte sich Erleichterung und Entspannung und darüber Entpathologisierung eingestellt, die äußerst wohltuend für alle war. Diese war unterstützend in der nun folgenden Phase, in der es darum ging, sehr konkret über Körperübungen, über dabei erfahrene Entspannung und Erregung, über die Erkundung des eigenen und des Körpers des anderen sprechen zu lernen. Dadurch reduzierte sich das Gefühl der Scham und damit auch die mit diesen Themen verbundene persönlich gefühlte Schuld.

Die Verschiebung der Angst, die Enttabuisierung von alten schambesetzten Bereichen, wie auch die neu entstandene Akzeptanz und das neue Verständnis gegenüber der unbewußten Erbschaft alter familiärer Muster, löste einen sehr unterschiedlichen Prozeß für Männer und Frauen aus. So hatten die Frauen zunächst Schwierigkeiten, sich fallenzulassen bzw. die Kontrolle aufzugeben. Das wurde deutlich daran, daß sie sich beim Streicheln in der ersten Übung (Streicheln des Gesamtkörpers unter Auslassung der erogenen Zonen) zunächst eher angespannt und verkrampft fühlten. Auf dem Bauch zu liegen und sich auf dem Rücken streicheln zu lassen, ging ohne Anspannung. Auf dem Rücken zu liegen und sich über den Oberkörper, den Bauch und die Beine streicheln zu lassen, fühlte sich für die meisten bedrohlich an. Einige Frauen berichteten, das Bedürfnis zu haben, die Augen zu öffnen, um die Situation besser kontrollieren zu können. Sofern sie dies taten, fühlten sie aber, daß sie sich erneut für die Kontrolle und gegen die Hingabe entschieden. An dieser Stelle waren systemische Interventionen wie zirkuläres Fragen ergiebig.

Ein Beispiel:

> Therapeutin: „Was glauben Sie, was befürchtet Ihre Partnerin, wenn sie sich fallenläßt, wenn sie sich Ihnen übergibt?"
> Mann: „Sie hat Angst, daß ihr irgend etwas passiert."
> Therapeutin: „Was glauben Sie, daß sie glaubt, das ihr passieren könnte?"
> Mann: „Daß etwas sie verletzt, ihr weh tut."
> Therapeutin (an die Frau gerichtet): „Stimmt das, was er sagt?"
> Frau: „Ja, das stimmt. Irgendwie habe ich Angst, daß mir etwas passiert."

Diese kurze Sequenz, die für beide Partner deutlich machte, daß, in diesem Fall er, ihre Perspektiven erfühlen und benennen konnte, war enorm wichtig für beide. Sie machte deutlich, daß jeder/jede den/die andere/n fühlte. Über das Wissen und das einander Fühlen entstand die Sicherheit, die es ermöglichte, mehr Intimität zuzulassen. Diese wiederum erleichterte das weitere Sich-Ein- und Fallenlassen. Darüber war es den Frauen möglich, mehr und mehr ihre Ängste zu reduzieren. Das zeigte sich daran, daß sie bis dato tabuisierte Konflikte deutlicher zur Sprache bringen konnten. Was die Männer betrifft, so konnten wir diese Veränderungen nicht bestätigen, möglicherweise spielten sie sich aber auch mehr im Verborgenen ab. Die zunehmende Präsenz der Frauen spiegelte sich auch darin, daß sie im Verlauf der Übungsanleitungen deutlich engagierter ihre sexuellen Bedürfnisse zum Ausdruck brachten. So waren sie, nachdem ihnen das Einführen der Hegar-Stäbe gelungen war, stolz und erleichtert. Die neue Erfahrung und das Wissen darum, das Öffnen und Schließen ihrer Vagina wieder zu sich genommen zu haben, gab ihnen Sicherheit und sexuelle Autonomie. Diese drückte sich deutlich aus in der Art, wie gegen Ende der Therapie die Frauen Bereitschaft dafür signalisierten, die Penetration zu versuchen.

Die Männer hingegen bekamen zu diesem Zeitpunkt deutlich Angst. Es kam zu der berühmten und vielfach beschriebenen „Symptomverschiebung". Auch diese eröffnete – unter systemischen Gesichtspunkten exploriert – eine schillernde Vielfalt von möglichen Perspektiven, sie zu verstehen.

Ein Beispiel:

Therapeut (an die Frau gerichtet): „Was glauben Sie, wovor hat er Angst? Warum muß er jetzt plötzlich die Wohnung renovieren? Was glauben Sie, daß er glaubt, das ihm passieren könnte, wenn er in Sie eindringt?"

Frau: „Ich weiß es auch nicht so genau. Vielleicht ist es ungewohnt für ihn, daß ich jetzt plötzlich aktiv bin. Vielleicht hat er jetzt, wo ich will, ja auch Angst, daß nun seinerseits irgend etwas schiefgehen könnte."

Therapeut: „Was glauben Sie, würde es für ihn bedeuten, wenn Sie könnten und er nicht?"

Frau: „Oh, ich glaube, das wäre schon ziemlich schockierend für ihn. Bisher war ja immer ich diejenige, mit der etwas nicht stimmte, während mit ihm ja immer alles in Ordnung war. Ich glaube, das würde ihm Angst machen."

Therapeut: „Was glauben Sie überhaupt, was es für Ihren Partner bedeutet, wenn Sie plötzlich sexuell so aktiv sind?"

Frau: „Das macht mich auch unsicher. Daß ich signalisiere, daß ich mit ihm schlafen will, das kennen wir ja gar nicht. Für mich ist es auch ganz fremd. Für ihn könnte ich mir vorstellen, daß er irgendwie das Gefühl hat, daß ich plötzlich ganz anders werde, vielleicht irgendwie männlich."

Interessant ist, wie der Mann – zwar zögerlich, aber doch eindeutig – genau diese Annahmen seiner Frau bestätigt. Auch hier entstand durch das zirkuläre Fragen und die Verdeutlichung von Metaperspektiven des einen über den anderen ein deutliches Zunehmen an Kommunikation zwischen den Partnern. Gleichzeitig kam es zu einer bewußten Wertschätzung dessen, was an Austausch zwischen den beiden stattgefunden hat und ständig stattfindet. Das wiederum eröffnete dem Paar die Möglichkeit, Ressourcen, die es in den vergangenen Jahren wenig wahrgenommen hatte, neu mit Respekt und Wertschätzung zu besetzen, sie wiederzueröffnen und diese als eine tiefe, dauerhafte Quelle für ihr Lebens- und Partnerschaftsdesign zu betrachten.

Gefreut hat uns am Ende der Therapie, daß Frauen wie Männer insgesamt als größten Erfolg der Therapie einen Gewinn an Selbstsicherheit und an Autonomie angaben. Erst an zweiter Stelle gaben sie den Verlust des Symptoms an. Frauen wie Männer sprachen über einen leichten Zugewinn an sexueller Zufriedenheit, sahen diesen allerdings vielmehr begründet im Zuwachs ihrer Kommunikationsfähigkeit im sexuellen Bereich als im Verlust des Symptoms.

Erfreulich für uns war ferner, daß alle Teilnehmer und Teilnehmerinnen der Gruppe unsere systemischen Ansätze als hilfreich, als zum Teil provokant, absurd oder witzig erlebt hatten. Auf dem Boden einer tragenden Beziehung zu dem Therapeutenpaar hätten speziell die irritierenden, systemischen Interventionen sie zunächst verwirrt, ihnen dann aber über die Verwirrung neue, ungewohnte Perspektiven eröffnet.

Bis auf das erstgenannte Paar war es allen Paaren möglich, nach dieser Therapie einen sogenannten „normalen" Koitus zu praktizieren. Längst nicht alle dieser Paare aber haben die Penetration als einen zu ihrem „normalen" Sexualitätsdesign zugehörigen Akt integriert. Mindestens die Hälfte der Paare lebt nach wie vor primär ein lustvolles Petting und führt den Koitus eher selten durch.

12. Sexuelle Sucht

Ulrich Clement

Es wird die Symptomatik der „sexuellen Sucht" beschrieben. Ihre krankheitstheoretische Kennzeichnung als Sucht, als Zwangsstörung oder als Störung der Impulskontrolle wird diskutiert. Im Anschluß an ätiologische Fragen wird gezeigt, daß im Zentrum der sexuellen Sucht eine Phantasiestörung steht. Daraus werden Konsequenzen für die psychotherapeutische Behandlung gezogen.

Einleitung

Die klinisch-diagnostische Beurteilung von chronisch gesteigertem sexuellen Verlangen ist aus verschiedenen Gründen schwierig. Sie ist abhängig von normativen Vorstellungen, vom Leidensdruck und von krankheitstheoretischen Überlegungen. Es gibt eine Zurückhaltung gegenüber der Kennzeichnung dieses Verhaltens als „sexuelle Sucht", damit bleibt aber eine auf der klinisch-phänomenalen Ebene gut beschreibbare Symptomatik ohne diagnostische Zuordnung. Sie ist gekennzeichnet durch eine ständige Beschäftigung mit Sexualität, in der Phantasie oder im Verhalten, die sich schwer kontrollieren und eingrenzen läßt. Charakteristisch für die sexuelle „Sucht" sind nach den klinisch weitgehend übereinstimmenden Beschreibungen nicht in erster Linie äußere Merkmale wie Frequenz, Promiskuität oder Normabweichungen, sondern das subjektive Erleben der Unkontrollierbarkeit der eigenen sexuellen Impulse. Die Symptomatik ist in sexuologischen Ambulanzen nicht selten, meist wird sie aber diagnostisch ignoriert oder als Nebenaspekt einer anderen Diagnose subsumiert.

Symptomatik

Herr A., ein 40-jähriger Patient der psychosomatischen Ambulanz, beschreibt folgendes Problem: Er habe eine Sucht, die ihn jahrelang fast zum Selbstmord getrieben habe. Seit seinem 12. Lebensjahr habe er ständig onaniert, habe als Jugendlicher jüngere Kinder mißbraucht, indem er sie zum Onanieren gedrängt habe oder sie gezwungen habe, sich Gegenstände anal oder vaginal einzuführen, habe wie zwanghaft Pornohefte und Pornofilme angesehen, sei dann als Jugendlicher kokain- und amphetaminabhängig geworden und mehrfach zu stationärem Entzug gewesen. Seit seiner Pubertät gebe es nur Sex und Drogen als Hauptthemen seines Lebens. Er selbst bringt das in Zusammenhang damit, daß sein Vater einen „Don Juan-Komplex" gehabt habe, immer viele Frauen hätte haben müssen und nur über Sex gesprochen habe. Die Mutter, die sehr unter den Eskapaden des Vaters gelitten habe, habe ihn vergöttert, sei aber eine schwache Person gewesen. Offenbar hat er von der Mutter wenig Tragfähigkeit erlebt. So berichtet er von einer Jugenderinnerung, als er in seinem Unglück zur Mutter gesagt habe: „Mama, ich möchte sterben!" Sie habe ihm geantwortet: „Ja, mein Sohn, ich auch."

Sein aktuelles Problem sei, daß er mehrere Stunden täglich in Pornokinos zubringe, dort exzessiv onaniere und sich dann leer und erschlagen fühle. Seine Freundin sei ebenfalls kokainabhängig. Die Sexualität mit der Freundin finde statt, sei aber schwierig und unbefriedigend. Er habe zwar früher sehr viele Frauen gehabt, jetzt spielten andere Frauen aber kaum eine Rolle. Über seine finanzielle Lage und über seinen Lebensunterhalt läßt er den Therapeuten im unklaren. In drei aufeinanderfolgenden Gesprächen wiederholt er die gleiche Inszenierung: er beschreibt seine schillernde Lebenssituation und Biographie, geht auf Nachfragen aber nicht ein, sondern bittet nach einer halben Stunde, das Gespräch abzubrechen, weil es ihn zu sehr anstrenge.

Frau B., eine 36-jährige Patientin, stellt sich in der psychosomatischen Ambulanz vor. Sie erklärt direkt, sie habe eine Sucht nach Sex. Sie schaffe es nicht, morgens das Haus zur Arbeit zu verlassen, wenn sie sich nicht befriedigt habe. Wenn sie nicht wenigstens einmal täglich mit ihrem Partner Sex haben könne, sei sie unzufrieden, unausgeglichen, fühle sich nicht begehrt und unwert. Da ihr Partner ihren Wünschen nicht genüge, müsse sie sich häufig mit einem Vibrator zufriedengeben. Sie habe deswegen einen Vorrat von vielleicht 200 Batterien für die Vibratoren angelegt. Aus dieser Sucht seien verschiedene Folgeprobleme erwachsen. Häufig komme es vor, daß sie erheblich verspätet zur Arbeit komme, weil sie erst aus dem Haus gehen könne, wenn sie morgens einen Orgasmus erlebt habe. Aufgrund ihrer Orgasmusschwierigkeiten brauche sie dazu aber sehr lange, meist weit über eine Stunde. Der Versuch, ohne morgendlichen Orgasmus zur Arbeit zu gehen, sei gescheitert; sie könne dann nicht arbeiten, sei völlig unkonzentriert. Sie sei gegenwärtig krankgeschrieben, ihr stehe die Kündigung ihrer Tätigkeit als Verkäuferin in einem Juweliergeschäft bevor. Auch der Fortbestand der seit 1 1/2 Jahren bestehenden Partnerschaft sei gefährdet, da sie ständig daran denke, sich bei anderen Männern das zu holen, was sie von ihrem Partner nicht bekomme. Der Partner seinerseits fühlt sich völlig überfordert von ihren Wünschen, hat selbst Trennungsgedanken.

Ihr biographischer Hintergrund zeigt eine ausgeprägte Verwöhnungsgenese. Die Patientin ist zusammen mit ihrer Schwester bei wohlhabenden und überfürsorglichen Eltern aufgewachsen. Früh hat sie einen ebenfalls wohlhabenden Mann geheiratet, der ihr sowohl materiellen Luxus bot als auch ausgiebige emotionale Aufmerksamkeit und sexuelle Zuwendung. Aus dieser Ehe stammen zwei Kinder, die bei der Scheidung aufgrund ihrer Abhängigkeit dem Ehemann zugesprochen wurden. Auch in der darauffolgenden Partnerschaft habe sie ein Übermaß an emotionaler und materieller Zuwendung bekommen. Die sexuelle Problematik war in diesen beiden Partnerschaften nicht virulent gewesen, sondern war nach dem Entzug aufgetreten.

Wenn die Patientin nicht von Einzelheiten ihrer Symptomatik spricht, kann sie ohne sehr aktive Nachfrage kaum etwas berichten. Hinter ihrer schillernden Symptomatik wirkt sie leer und perspektivlos. Die Patientin war bis zu einer Entziehung vor 1 1/2 Jahren alkohol- und tablettenabhängig gewesen. In der Klinik lernte sie ihren jetzigen Partner kennen, auch er alkoholabhängig. In der vorausgehenden Partnerschaft habe sie jeden Tag mit dem Partner Verkehr gehabt, sei sich aber sofort entwertet vorgekommen, wenn es ausnahmsweise einmal nicht dazu kam.

Tab. 12.1 Symptomatik, Nosologie, Ätiologie und Therapie der sexuellen Sucht	
Sexuelle Sucht	
Symptomatik	Ständige Beschäftigung mit Sexualität in Phantasie oder Verhalten ohne Befriedigung; subjektiv schwer kontrollierbar, dadurch Leidensdruck; Wechsel von Erregung und Depression
Begründung der krankheitstheoretischen Zuordnungen	Keine Paraphilie – Sucht: entspricht dem subjektiven Erleben der Patienten, hohe Komorbidität mit Substanzabhängigkeit – Zwangsstörung: Wiederholungscharakter; Symptomatik reduziert Angst – Störung der Impulskontrolle: Spannungs- und Erregungsgefühl vor der Impulshandlung; kurzfristige Entlastung nach der Impulshandlung; Impulsstörung,
Ätiologische Faktoren	Mißbrauchsvorgeschichte familiäre Intimitätsdysfunktion Selbststörung, Strukturdefizit Phantasiestörung
Therapeutische Ansätze	Strukturiertes Gruppenprogramm, z.T. in Kombination mit Antiandrogenen und Tranquilizern; Strukturierung und „Dramatisierung" der Phantasie in der Psychotherapie

Ohne auf die Psychodynamik im einzelnen einzugehen, sei zunächst auf die charakteristischen Symptome hingewiesen: Die sexuellen Gedanken und Handlungen

➤ werden nicht als lustvoll und nicht unbedingt, wie im Fall B., als Ausdruck primär sexueller Wünsche erlebt
➤ treten auf als Folge von dramatischen Angst- und Leeregefühlen, nicht begehrt zu werden, also als Folge einer Selbstwertkrise
➤ können diese Angst kurzfristig binden
➤ führen zu Beschämung und Unwertigkeitsgefühlen
➤ werden als nicht kontrollierbar erlebt
➤ betreffen nicht alle Aspekte der Sexualität (z.B. verhalten sich beide Patienten nicht promisk)
➤ führen zu einem kurzfristig erleichternden, nicht aber als befriedigend empfundenen Orgasmus
➤ haben selbstschädigende Konsequenzen (drohender Arbeitsplatzverlust).

Beide Beispiele illustrieren die Symptomatik, die verschiedene Autoren als „sexuelle Sucht" beschrieben haben. Sie ist gekennzeichnet durch eine ständige Beschäftigung mit Sexualität, in der Phantasie oder im Verhalten, die sich schwer kontrollieren und eingrenzen läßt. Charakteristisch sind nach den klinisch weitgehend übereinstimmenden Beschreibungen nicht in erster Linie äußere Merkmale wie Frequenz, Partnerzahl oder ungewöhnliche Praktiken, sondern das subjektive Erleben der Unkontrollierbarkeit der eigenen sexuellen Impulse.

Dieses Verhalten läßt sich nicht einfach als Abweichung sehen, die erst durch eine normative Definition einen Symptomwert bekommt. Nicht die Häufigkeit oder Dauer der sexuellen Gedanken oder der Masturbation definieren das Symptom, sondern der mit einem massiven Leidensdruck verbundene Verlust der Kontrolle darüber.

Terminologisch-nosologische Fragen

Die krankheitstheoretische Zuordnung der beschriebenen Symptomatik ist unsicher und strittig. Ein markantes Beispiel dafür ist die Subsumption unter die sexuellen Funktionsstörungen (F52), wie sie die ICD-10 vornimmt (vgl. Kap. 3). Hier wird „gesteigertes sexuelles Verlangen" unter F52.7 parallel mit Ejaculatio praecox, Orgasmusstörung und Vaginismus eingeordnet, obwohl man von einer Funktionsstörung hier sicher nicht sprechen kann. Eine gewisse Berechtigung mag höchstens darin liegen, daß in der Kategorie „sexuelle Funktionsstörungen" auch der „Mangel oder Verlust von sexuellem Verlangen" und die „sexuelle Aversion", also gewissermaßen die Symptome am Gegenpol des sexuellen Verlangens, geführt werden.

Vor allem aufgrund seiner Dynamik wird dieses Verhalten als Sucht (sexual addiction) beschrieben (Carnes 1983, Schwartz u. Brasted 1985, Kafka u. Prentky 1992). Ähnlich wie der Konsum von Alkohol oder anderen Drogen kann sexuelles Verhalten zu einem Hochgefühl führen, das beängstigende Emotionen wie innere Leere, Depression, Unwertigkeits- und Kleinheitsgefühle relativ schnell verdecken kann. Die Wirksamkeit dieser Abwehr ist aber kurz. In der Folge kommt es häufig zu heftigen Scham- und Schuldgefühlen und zu einer Verstärkung der bedrohlichen Emotionen, die dann erneut durch sexuelles Verhalten überdeckt werden.

Die Symptomatik ist als solche nicht neu. Sie ist in älteren Sexualpathologien unter den Diagnosen Nymphomanie, DonJuanismus, Satyriasis, Erotomanie, sexuelle Hyperästhesie, Hypersexualität oder Hyperlibido zu finden. In dieser Literatur (z.B. bei Krafft-Ebing 1886, Forel 1904, Bloch 1906) wird das unkontrollierte Sexualverhalten an relativ selten vorkommenden Sonderfällen behandelt.

Später hat Giese in seiner „Psychopathologie der Sexualität" (1962) dem „süchtigen Erleben" eine krankheitstheoretisch zentrale Position zugeschrieben. Er versteht es als eines der Leitsymptome sexueller Perversionen. Giese schließt sich an Überlegungen von Gebsattels an, der sich drei Jahrzehnte zuvor ausführlich mit dem Suchtcharakter des perversen Erlebens befaßt hat. Beide bewegen sich hier im begrifflichen Kräftefeld der anthropologischen Medizin, die – unterlegt mit dem basso continuo ihrer etwas sakral anmutenden Vorstellungen von der „normgemäßen Liebeswirklichkeit" – sehr subtile phänomenologische Beschreibungen geliefert hat, an denen sich leicht erkennen läßt, daß wir es nicht mit einem neuen Phänomen zu tun haben.

Von Gebsattel verstand die sexuelle Sucht nicht als eigene Störung, sondern als die charakteristische Erlebensqualität der Perversion. „Die Sucht stellt eine Reaktion dar auf den Zustand der Unbefriedigtheit, der das paraphile Verhalten begleitet. Sie bezeichnet, die Sucht, nicht eine neue Perversion des Geschlechtslebens, sondern den Ablaufmodus der Perversion." Giese übernimmt diesen Gedanken, wenn er formuliert: „Praktisch erscheint das süchtige Erleben als ein notwendiger Ablaufmodus der Perversion, gleich welcher Stilart. Es handelt sich um ein Hineintreiben, das in der perversen Handlung vorgezeichnet liegt, besser gesagt: um ein *Verkommen* , das dem perversen Akt innewohnt." (Giese u. Schorsch 1973, S.199).

Schorsch (1973) hat in der Einleitung zu der Neuauflage der „Psychopathologie der Sexualität" Gieses Konzept der sexuellen Süchtigkeit kritisiert. Er beschränkt sich allerdings mit seiner Kritik auf die begriffliche und krankheitstheoretische Ebene. Die deskriptive Ebene der Symptombeschreibung läßt er gelten, faßt sie aber in eine neue Begrifflichkeit. Mit Bezug auf die empirischen Daten seiner Habilitationsschrift (Schorsch 1971) belegt er die empirisch gut gesicherte Unterscheidung zwischen progredienten und nicht-progredienten Verlaufsformen sexueller Perversionen. Mit der Überführung des alten Süchtigkeitsbegriffs in den der Progredienz hat Schorsch aber nicht nur eine terminologische Aktualisierung vollzogen. Er hat damit auch anthropologische Perversionskonzepte Gebsattels und Gieses entschärft und den Blick dafür geöffnet, daß sich bei der Mehrzahl der Perversionen progrediente Entwicklungen, die ja für Giese pathognomonisch waren, gar nicht zeigen.

Ist dieses Verhaltensmuster angemessen als „Sucht" beschrieben? In dem terminologischen Streit um den adäquaten Begriff und dem nosologischen um die krankheitstheoretische Zuordnung lassen sich drei Positionen erkennen:

➤ Das Verhalten sei als *Sucht* zu bewerten. Insbesondere Carnes (1991) rechtfertigt diese Zuordnung zum einen mit der Selbstbeschreibung der von ihm Befragten als Süchtige, die Sexualität als starke Droge bezeichnen, von der sie sich abhängig fühlen. Zum anderen berichtet er von einer häufigen doppelten oder mehrfachen Abhängigkeit; nur in 17% seiner Stichprobe sei die sexuelle Sucht die einzige gewesen. 42% hatten außerdem eine Suchtmittelabhängigkeit, 38% Eßstörungen. Im Fallbeispiel spricht für die Kennzeichnung einer Sucht zunächst die offensichtliche Symptomverschiebung von der Medikamenten- und Alkoholabhängigkeit auf die Abhängigkeit vom Sex. Auch die suchtanaloge Unfähigkeit, ohne die „Droge" Sexualität im Alltagsleben zu funktionieren, ist deutlich. Der Einwand, daß Sucht nur als Substanzabhängigkeit definiert ist, relativiert diese Parallelen allerdings.

➤ Das Verhalten sei eine *Zwangsstörung* (sexual compulsivity, compulsive sexual behavior) (Quadland 1985, Coleman 1986, 1987 u. 1992). Coleman (1986), der am explizitesten für diese Zuordnung votiert, bringt im wesentlichen drei Argumente gegen die Sucht. Erstens könne Sucht sich nur auf eine Substanz beziehen, nicht auf ein Verhalten. Zweitens lege der Suchtbegriff fälschlicherweise nahe, daß sich „Sexsucht" auf alle Formen von Sexualität und nicht nur auf bestimmte Objekte oder Verhaltenssequenzen beziehe. Schließlich impliziere der Suchtbegriff auf der therapeutischen Ebene das Ziel der Abstinenz, das hier inadäquat sei. Sein Argument für die Klassifikation des CSB (compulsive sexual behavior) als Zwangsstörung setzt an der Dynamik an, indem er als zentralen Mechanismus die Angstreduktion des CSB zum definitorischen Kriterium macht. Auch diese Position ist umstritten (Levine u. Troiden 1988). Mit der Bemerkung, daß eine Sucht sich in Form zwanghaften Verhaltens ausdrücke, entschärft Giddens (1992) die terminologische Differenzierung. In den Fallbeispielen lassen sich die zwanghaften Aspekte einfacher den Handlungen als den Gedanken zuordnen. Zwangsgedanken werden üblicherweise als sinnlos empfunden, was sich angesichts des sexuellen Inhalts relativiert, der ja keinen weitergehenden „Sinn" haben muß. Vor allem haben die sexuellen Gedanken für die Patientin nicht per se einen unangenehmen Inhalt. Die Eigenschaften einer Zwangshandlung sind zum Teil gegeben: Das sexuelle Verhalten hat einen wenig flexiblen, stereotypen Charakter; es dient dazu, eine unangenehme Situation erträglich zu machen. Interessanterweise läßt sich die Zuordnung zu den Zwangsstörungen nach der DSM-IV-Definition besser halten als nach der ICD-10-Definition: Letztere betont die häufige Bindung der Zwangshandlungen an Reinlichkeit und Ordnung, wie auch die Befürchtung von Gefahren, was beides hier nicht gegeben ist.

➤ Die Symptomatik sei eine atypische Störung der *Impulskontrolle* (impulse control disorder) (Barth u. Kinder 1987). Barth und Kinder argumentieren explizit gegen die Kategorisierung als zwanghaftes Verhalten, weil es sich – anders als beim Zwang – um eine Flucht vor einer aktuellen Angst handle, die nicht auf ein zukünftiges befürchtetes Ereignis bezogen ist, und weil es – ebenfalls anders als beim Zwang – eine intrinsisch lustvolle Aktivität sei. Die definitorischen Kriterien der atypischen Impulskontrollstörung des DSM-IV seien durchweg erfüllt, nämlich die Unfähigkeit, einem selbst- oder fremdschädigenden Impuls zu widerstehen, ein zunehmendes Spannungs- und Erregungsgefühl vor der Durchführung der Impulshandlung und das Empfinden von Befriedigung oder Entlastung während der Impulshandlung. Zu Recht räumen die Autoren ein, daß das erstgenannte Kriterium der Selbst- oder Fremdschädigung nicht unbedingt gegeben sein muß. Sie beziehen diese auf die Infektionsgefahr mit HIV und auf mögliche soziale und emotionale Schäden für die Partner. In einer nosologisch zurückhaltenden, aber terminologisch wie deskriptiv hilfreichen Unterscheidung differenziert Exner (1992) zwischen sexueller Zwanghaftigkeit (sexual compulsivity) und sexueller Impulsivität (sexual impulsivity). Danach geht das Konzept der sexuellen Zwanghaftigkeit von einem internen Auslöser sexuellen Verhaltens aus, welches dann die Funktion der Angstreduktion hat. Das Konzept der sexuellen Impulsivität geht dagegen von sichtbaren externen Stimuli aus, die ein dann ebenfalls schwer kontrollierbares Verhalten auslösen.

Trotz dieser Differenzen herrscht Einigkeit darüber, daß die Symptome nicht den Paraphilien zugeordnet werden können[1]. Auch wenn „sexuelle Süchtigkeit" bei Paraphilien vorkommen kann und selbst wenn sie, wie bei Giese (1962), sogar als Leitsymptom der Perversionen ausgewiesen ist, ist sie nicht auf diese beschränkt.

Insgesamt wird zumindest die krankheitstheoretische Zuordnung des symptomatischen Verhaltens zur Sucht und zum Zwang als problematisch gesehen. Sowohl die Definitionen nach dem DSM-IV wie die nach der ICD-10 treffen nicht oder nicht mit hinreichender Eindeutigkeit. Die Zuordnung als Impulskontrollstörung nach dem DSM-IV trifft zwar zu. Wenn man aber eine Impulshandlung als unmittelbar und schnell erfolgend definiert, läßt sich, wie Exner (1993) zu Recht ausführt, angesichts des langen Ruminierens der sexuellen Gedanken auch diese Zuordnung nicht befriedigend treffen.

Trotz der nosologischen Uneindeutigkeit lassen sich „sexuelle Sucht" oder „sexuell süchtiges Verhalten" als deskriptive Begriffe zur Symptombeschreibung verwenden. Auch die Magersucht und Spielsucht haben sich als Begriffe etabliert, ohne den an die Substanzabhängigkeit gebundenen Suchtbegriff bisher in Frage zu stellen.

Zur Epidemiologie

Für diese Symptomatik wird eine vergleichsweise große Verbreitung reklamiert, obwohl sich angesichts des völligen Fehlens epidemiologischer Daten keine validen Aussagen treffen lassen. Die empirische Lücke wird aber mit hoch angesetzten Schätzungen gefüllt. So vermutet Coleman (1992), sogar mit einer Warnung vor einer Überschätzung der Prävalenz, diese in der Größenordnung von 5%. Carnes (1991) legt den Daumen auf 6%, bei einer Mann/Frau-Ratio von 4:1. Immerhin berichtet er in seiner populär referierten Untersuchung (Carnes 1991), die auch in einer deutschen Ausgabe (1992) vorliegt, über fast 1000 „Sexsüchtige", die er in Zusammenarbeit mit vier Selbsthilfegruppen befragen konnte. Auch die Tatsache, daß im Internet mehrere hundert Adressen mit Populärliteratur, Selbsthilfegruppen und Diskussionsforen zur „sexual addiction" zu finden sind, ist zumindest als Hinweis auf eine nennenswerte Verbreitung zu werten. Größenordnungen im Prozentbereich, wie die oben angegebenen, sind aber um Dimensionen überschätzt. Schätzungen, die über den Promille-Bereich hinausgehen, dürften durchweg zu hoch angesetzt sein.

---

[1] Umgekehrt werden aber von paraphilen Patienten überdurchschnittlich viele nicht-paraphile Symptome „sexueller Süchtigkeit" berichtet, zwanghafte Masturbation, ich-dystone Promiskuität und Pornographiekonsum (Kafka & Prentky 1992).

Ätiologische Fragen

Die ätiologischen Thesen (und mehr als Thesen sind es nicht), die in der Literatur diskutiert werden, sind ausgesprochen unbefriedigend, auch wenn man einräumen muß, daß
sehr generalisierende und vage ätiologische Annahmen auch für andere psychische und
Verhaltensauffälligkeiten durchaus üblich sind. Carnes (1992) dekliniert verschiedene
Formen des Mißbrauchs als Ursache. In seiner Stichprobe will er emotionalen Mißbrauch
bei 97%, sexuellen Mißbrauch bei 82% und körperlichen Mißbrauch bei 72% gefunden
haben. Das veranlaßt ihn, die sexuelle Sucht unter dem Gesichtspunkt des posttraumatischen Streß zu sehen. Coleman (1987) schließt sich der Mißbrauchsthese an, die er unter
der Überschrift der „familiären Intimitätsdysfunktion" abhandelt. Als Folge des Mißbrauchs entwickeln sich danach starke Scham, Gefühle der Unwertigkeit und ein basales
Gefühl, die eigene Persönlichkeit sei defekt. Um diese psychischen „Schmerzen" zu erleichtern, suchten die Patienten nach einem schnell wirkenden Analgetikum, das – neben
Drogen, Alkohol, Essen, Spielen – auch bestimmte sexuelle Verhaltensweisen sein können.
Durch die Erfahrung, daß diese Substanzen und/oder Verhaltensweisen zumindest zeitweise Erleichterung verschaffen, werden sie immer wieder eingesetzt, bis sich ein Teufelskreis aus psychischem Schmerz und süchtiger Schmerzlinderung schließe.

Ohne auf die Mißbrauchsthese einzugehen, beziehen sich auch Quadland (1985),
Schwartz und Brasted (1985) und Barth und Kinder (1987) auf den ätiologischen Kern
eines schwachen Selbstwertgefühls, ein Selbstbild des Scheiterns und eine basale Hilflosigkeit, auf Selbststörungen also, die mit der sexuellen Symptomatik abgewehrt werden.

Dieser auf klinischen Eindrücken beruhende und nicht systematisch überprüfte ätiologische Konsens ist deskriptiv nachvollziehbar, wenn auch theoretisch wenig befriedigend. Immerhin sind hier Ähnlichkeiten mit der „Plomben"-Metapher erkennbar, die
Morgenthaler (1974) in seiner Perversionstheorie entwickelt hat, und mit den defensiven
(nicht kompensatorischen) Strukturen Kohuts (1979), also Erklärungsmodellen, die beide
nicht primär konflikttheoretisch angelegt sind. In der Tat ist es fraglich, ob sich die sexuelle Sucht im Rahmen des Konfliktmodells der Neurosenlehre erklären läßt. Im klassischen
Neurosenmodell sind die sexuellen Wünsche durch eine starke Abwehr daran gehindert,
realisiert oder auch nur phantasiert zu werden. Das Neurosenmodell geht dabei von einer
relativ „reifen", also differenzierten psychischen Struktur aus, die stark und wirksam genug ist, diese Abwehr auch zu gewährleisten.

Im Fall der sexuellen „Sucht" kann man von einer starken und gut integrierten Struktur
nicht ausgehen. Kernberg hat vorgeschlagen, auch sexuelle Störungen danach zu unterscheiden, auf welchem psychischen Strukturniveau sie organisiert sind. Was bedeutet hier
psychisches Strukturniveau? Der Arbeitskreis OPD (Operationalisierte Psychodynamische
Diagnostik, 1996) hat sechs Dimensionen definiert, die die Integration der psychischen
Struktur ausmachen, nämlich Selbstwahrnehmung, Selbststeuerung, Abwehr, Objektwahrnehmung, Kommunikation und Bindung. Auf die beiden Fallbeispiele angewendet
zeigt sich schnell, daß insbesondere die Bereiche Abwehr, Impulssteuerung und Selbstwahrnehmung, aber auch Objektwahrnehmung, deutlich beeinträchtigt sind. Im Vergleich
zum konfliktneurotischen Modell von Sexualstörungen, das die Sexualität als überkontrol-
liert beschreibt, ist hier gewissermaßen die umgekehrte Situation gegeben: Aufgrund der
ich-strukturellen Schwäche ist die Sexualität hier unterkontrolliert, kann also nicht psychisch gebahnt, kanalisiert, auf Objekte bezogen, situativ dilatiert werden. Das betrifft
insbesondere die sexuelle Phantasie und die sexuelle Befriedigung.

Sexuelle Sucht als Phantasiestörung

Die sexuelle Befriedigung steht in besonderer Weise im Zentrum der sexuellen Suchtdynamik. Die an einer sexuellen Sucht Leidenden sind durch einen körperlichen Orgasmus nur ganz kurzfristig befriedigt, vielleicht wäre es besser zu sagen: befriedet. Durch Wiederholung kommt es irgendwann zu einem Gefühl der Erschöpfung, aber nicht zu einem der Befriedigung. Deshalb kurz eine Bemerkung zur Voraussetzung des Erlebens sexueller Befriedigung. Sexuelle Befriedigung braucht eine Dramaturgie, d.h. sie lebt durch den Aufbau und Abbau von Spannung, durch die Induzierung von Phantasie, die auch ein Eigenleben führt, ehe sie sich realisiert. Sie folgt also einer dramatischen Figur, einem Skript. Diese Skripte können sehr differenziert ausgestaltete Sequenzen sein, sie können aber auch fragmentarischen Charakter haben, also sich auf ein wesentliches Element konzentrieren. Sie können kulturell präformierten Vorbildern ähneln, können aber auch ausgesprochen idiosynkratischer Natur sein.

Es lassen sich drei Elemente dieses Skripts[2] unterscheiden: der Skriptentwurf, die Skriptinszenierung und die Skriptkonsequenz.

> Der Skriptentwurf ist das Ergebnis der Wunschproduktion. Er ist die vorphantasierte Verhaltenssequenz, die Szene oder Szenenfolge, in der sich der Wünschende selbst und seine Interaktionspartner so verhalten, daß sie den Wünschenden optimal erregt und befriedigt. Der Wünschende ist zugleich Autor, Regisseur und Protagonist seines Skripts. Im Gegensatz zu eher statischen Konzepten von sexueller Phantasie, die spezifisch präferierte Teilobjekte oder Eigenschaften eines sexuellen Objekts meinen, ist der Skriptentwurf dynamisch konzipiert, umfaßt also Vorstellungen von aufeinander bezogenen Handlungen des phantasierenden Subjekts und des begehrten Objekts. Im Skriptentwurf ist dieser Bezug von Subjekt- und Objekthandlung berechenbar und steuerbar und damit, im Sinne des Wünschenden, optimal.

> In der Skriptinszenierung bezieht der Wünschende seinen Skriptentwurf auf den interaktionellen Kontext, in dem er sich befindet oder in den er sich begibt. Hier kommt die Wahrnehmung der realen sexuellen Interaktionspartner ins Spiel. Der wünschende Protagonist prüft deren Bereitschaft, wieweit sie sich auf seinen Skriptentwurf beziehen wollen. Dazu muß der Protagonist seinen Entwurf und seine Intentionen erkennbar machen und sich vergewissern, ob sein Interesse erwidert, ob sein Angebot beantwortet wird. Im Gegensatz zur Entwicklung des Skriptentwurfs erfordert die Skriptinszenierung kommunikative Aufmerksamkeit und Objektwahrnehmung. Im dramaturgi-

---

[2] Die skripttheoretischen Überlegungen sind an anderer Stelle näher ausgeführt (Clement 1994). Hier nur kurz eine Bemerkung zu den theoretischen Koordinaten des Skriptkonzepts, wie es hier verstanden wird. Mit seiner dramaturgischen Konzeption, die übrigens der Idee des Skriptbegriffs am nächsten kommt, grenzt sie sich von anderen Skriptkonzepten ab. Zum einen geht sie weit über die rein behaviorale Konzeption hinaus, wie sie von Abelson (1981) eingeführt wurde. Hier wird ein Skript im wesentlichen als beobachtbare Verhaltenssequenz mit hoher Vorhersagbarkeit verstanden, ganz unabhängig von den begleitenden emotionalen und kognitiven Prozessen. Zum anderen wird aber den inneren Prozessen, wie sie vor allem von transaktionsanalytischen Autoren (Sabghir 1982) in Anlehnung an Berne (1962) als unterliegende Ebene von Interaktionsmustern verstanden werden, kein ausschließlicher oder primärer Stellenwert zugesprochen, der das beobachtbare Verhalten nur noch als sekundäre Symptomebene begreift. Verhalten und innere Prozesse werden als theoretisch gleichwertige Ebenen verstanden, die sich wechselseitig bedingen, aufrechterhalten und stören können. Keine Ebene ist die „eigentliche" und demzufolge hat auch nicht die jeweils andere Ebene eine nachgeordnete Bedeutung.

schen Ablauf ist die Skriptinszenierung mit Spannungszunahme verbunden. Damit Spannung entstehen kann, muß ein Minimum an Nichtvorhersagbarkeit gegeben sein. Zugleich darf aber die Nichtvorhersagbarkeit nicht zu sehr ausgeprägt sein, weil sonst die Spannung in Angst umschlagen kann. So gewinnt eine sexuelle Inszenierung ihre erotische Spannung durch die Dynamik von Nichtvorhersagbarkeit ("Fremdheit") eines potentiellen sexuellen Interaktionspartners einerseits und das Interaktionsangebot von Verhaltensweisen, die versuchen, das Gegenüber in den eigenen Skriptentwurf einzufädeln, andererseits.

➤ Diese Dynamik kann sich auf eine symmetrische oder komplementäre Gegenseitigkeit einspielen – oder auch nicht. Entsprechend ist die Skriptkonsequenz eine Mischung von Bestätigung und Widerlegung des Skriptentwurfes, die emotional begleitet ist von Gefühlen des Triumphes, des Stolzes, der Dankbarkeit oder auch der Blamage und Bloßstellung oder einfach der Enttäuschung. Jede Skriptkonsequenz, also jede Erfahrung, kann an den Skriptentwurf rückgekoppelt werden und diesen verändern. Dramaturgisch gesehen kann die Skriptkonsequenz eine Bestätigung des Skriptentwurfs sein und dadurch zur Entspannung führen, daß eine narrative "Gestalt" geschlossen wird. Dies ist Voraussetzung dafür, daß sexuelle Befriedigung erlebt werden kann. Sexuelle Befriedigung ist aus dieser skripttheoretischen Perspektive also gebunden an die Schließung einer zunächst offenen narrativen Gestalt. In dem Maße, wie in relevanten sexuellen Interaktionen Befriedigung erlebt wird, also Skriptentwürfe bestätigt werden, entwickelt sich eine stabile sexuelle Identität, die durch das gestützt ist, was Pohlen und Wittmann (1981) als "Befriedigungsgewißheit" bezeichnet haben. Sie wird durch die wiederholte Erfahrung erworben, daß die mit Spannung assoziierte offene Gestalt eines sexuellen Interaktionsablaufs so geschlossen werden kann, daß der Skriptentwurf im wesentlichen bestätigt wird. Entsprechend kann sich bei unsicherer Befriedigungsgewißheit, die sich auf die Konsistenz des Skriptentwurfs und die Flexibilität der Skriptinszenierung auswirken kann, nur eine fragile sexuelle Identität ausbilden.

Die Ausgestaltung sexueller Interaktionen, die mit Erregung und Befriedigung erlebt werden, setzt eine einigermaßen kohärente sexuelle Identität voraus. Aus dieser Identität heraus können in der Phantasie Skripte entworfen werden und in Begegnungen mit realen oder potentiellen Partnern inszeniert und ausgestaltet werden. Sexuelle Phantasien erhalten ihr belebendes – und identitätsstiftendes – Potential dadurch, daß sie narrativen Abläufen folgen, also einen spannenden Anfang und ein entspannendes Ende haben. Das ermöglicht es dem Phantasierenden, sexuelle Phantasien auch wieder abzuschließen und sich anderen Inhalten zuzuwenden. Sexuelle Phantasien sind erst dann belebend, wenn es auch nichtsexuelle Phantasien gibt.

Natürlich hat nicht jede sexuelle Phantasie und jede sexuelle Interaktion den Charakter einer vollständigen narrativen Figur. Sexuelle Phantasien können sehr flüchtig sein, und sexuelle Interaktionen können sich auf die Sekunde eines Blickkontaktes oder einer kurzen Berührung beschränken. Sie können, auch in dieser Kürze, als erfrischend und belebend oder auch als belästigend und übergriffartig erlebt werden, weil sie sich assoziativ an die bereitliegenden Narrative koppeln und deren emotionale Färbung übernehmen. Sie sind dann gewissermaßen – um in der dramaturgischen Begrifflichkeit zu bleiben – kurze Zitate aus bekannten Filmen.

Auf diesem Hintergrund läßt sich die sexuelle Sucht als Störung der sexuellen Phantasie verstehen: Sexuell Süchtigen stehen nur unvollständige sexuelle Narrative zu Verfügung. Dies zeigt sich auf allen drei Skriptkomponenten. Im Skriptentwurf sind die Objektrepräsentanzen oft sehr schwach, haben also ein kaum ausgeprägtes "Eigenleben" und sind wenig konturiert. Die Phantasien haben einen eher medialen als objektalen Charakter, sind also mehr durch Stimmungszustände und Befindlichkeiten gekennzeichnet als durch prozeßhafte Geschichten. Dem entspricht, daß in der Skriptinszenierung die Objektwahrnehmung insofern reduziert ist, als die sexuellen Interaktionspartner nur wenig als Personen mit eigenen Motivationen und Gefühlen wahrgenommen werden, was ja Voraussetzung dafür ist, daß ein gegenseitig bezogenes Interaktionsspiel des Herausforderns und Eingehens in Gang kommen kann.

Für die Dynamik des sexuellen Suchtverhaltens zentral ist die Verflüchtigung der Skriptkonsequenz. Die sexuelle Phantasie findet kein Ende. Die Qual der sexuell Süchtigen liegt darin, daß sie aus der sexuellen Thematik nur schwer aussteigen können, also nicht vom sexuellen in den nichtsexuellen Phantasiebereich übertreten können. Das liegt einmal daran, daß nichtsexuelle Phantasien nur wenig ausgestaltet sind und damit jeder Inhalt schnell sexualisiert wird. Zum anderen – und das ist unter dramaturgischer Perspektive die Tragik sexuell Süchtiger – kann die narrative Gestalt nicht geschlossen werden. Die sexuelle Erregung bleibt heimatlos, ständig auf dem Weg zu einem Ziel, das so diffus ausgestaltet ist, daß sich kein Gefühl des Stimmens oder Passens einstellen kann, wenn es erreicht ist. Damit fehlt der sexuellen Befriedigung ein konstitutives Element.

Orgasmus und Befriedigung kommen bei sexuell Süchtigen nur schwer zur Deckung. Sie divergieren in sehr unterschiedlicher Weise. Der Patient A. hat keine Orgasmusschwierigkeiten im engeren Sinne. Er erlebt bei der Ejakulation ein Orgasmusgefühl, kann den Orgasmus aber nicht an eine Phantasie koppeln, die seine sexuelle Spannung narrativ schließt. Er sexualisiert seine Umgebung, aber nicht im Sinne einer erotischen Aufladung konkreter Personen durch ausgestaltete reizvolle oder romantische Phantasien. Er erlebt also seine sexuellen Gedanken zunächst mit einer kurzfristigen Intensität als „high", dann aber schnell als lästig, als bedrängend und gleichzeitig eher stereotyp und arm, also alles andere als spielerisch, vital und lebendig.

Frau B. im obigen Fallbeispiel hingegen hat Orgasmusschwierigkeiten, die eine entsprechende klinische Diagnose rechtfertigen würden. Sie kann ihre Phantasien und Wünsche durchaus auf Personen beziehen, die freilich in ihrem Bericht sehr blaß und konturlos bleiben, was darauf hindeutet, daß sie sie auch wenig als strukturierte Gegenüber mit eigenen Motivationen und eigenen Gefühlen wahrnimmt, auf die sie sich einstellt. Sie erlebt die Objekt-Reaktionen als frustrierend und stets hinter ihrem unendlichen Zuwendungsbedarf zurückbleibend. Insofern kann sie ihre narrative Gestalt nicht schließen, weil sie die ersehnte Zuwendung nie als genügend erlebt. Wenn sich nach langem Abmühen schließlich ein Orgasmus einstellt, erlebt sie ihn dann auch mehr als das erleichternde Ende einer langen masturbatorischen Quälerei und nur wenig genußvoll.

Therapie

Die in der Literatur beschriebenen therapeutischen Ansätze berücksichtigen die Dynamik der Phantasie nicht, sondern konzentrieren sich durchweg auf das manifeste Verhalten. Carnes (1991), Quadland (1985), Schwartz u. Brasted (1985) und Coleman (1987), (1992) beschreiben mehr oder weniger ausgefeilte Behandlungsprogramme. Trotz unterschiedlicher Ansätze sind sie sich in zwei Punkten einig. Erstens wird durchweg nicht sexuelle Abstinenz, sondern Kontrolle über das sexuelle Verhalten als Ziel gesehen. Zweitens wird Gruppentherapie der Vorzug vor Einzeltherapie gegeben.

Carnes' Programm (1992) ist eine direkte Übernahme des 12-stufigen Programms der Anonymen Alkoholiker mit einem stark bekennenden und an positiven, z.T. religiösen Werten orientierten Konzept. Quadland (1985), dessen Therapiebericht sich ausschließlich auf homosexuelle Männer bezieht, beschreibt eine konzeptuell nicht näher spezifizierte

Gruppentherapie über 20 Wochen. Schwartz und Brasted (1985) legen ein sehr detailliertes verhaltenstherapeutisches Programm über 6 Stufen vor, das auch die Medikation mit Antiandrogenen und Tranquilizern beinhaltet. Ihr definiertes Therapieziel ist eine sexuell befriedigende monogame Beziehung. Häufig werden Partner mit einbezogen. Coleman (1992) bezieht ebenfalls Partner oder andere Familienmitglieder ein. Noch deutlicher als die anderen Autoren betont er den zentralen Stellenwert, den Sexualität auch nach der Therapie hat. Auch er verwendet Medikationen, bevorzugt aber serotonerge Antidepressiva (Fluoxetin) gegenüber Antiandrogenen.

Meines Erachtens sollte die Therapie den Aspekt der Phantasiestörung zum Fokus machen. Davon ausgehend, daß bei einer sexuellen Suchtsymptomatik ich-strukturelle Störungen eine wichtige Rolle spielen, muß hier der therapeutische Prozeß nicht so sehr auf das freie Ermöglichen von Phantasie ausgerichtet sein, sondern auf Strukturierungshilfen für die Phantasie. So ist es sinnvoll, mediale Befindlichkeitsbeschreibungen zu unterbrechen und sie narrativ zu strukturieren, etwa indem Auslösesituationen oder der Kontext von Intensitätsveränderungen genauer exploriert werden, indem verstärkt auf beteiligte (Phantasie-)Personen eingegangen wird. Ziel einer solchen therapeutischen Gesprächsgestaltung ist es, die entdramatisierte Phantasie zu re-dramatisieren, von Befindlichkeitsbeschreibungen des Getriebenseins oder Leerseins zu prozeßhaften Geschichten zu kommen. Gesprächstechnisch sind dabei die in der systemischen Therapie entwickelten hypothetischen Fragetechniken sehr hilfreich („Angenommen, alle Porno-Kinos wären geschlossen, was würden Sie dann tun?" „Angenommen, Sie hätten keine sexuelle Sucht, womit würden Sie sich dann beschäftigen?").

Giddens (1992), der sich aus einer soziologischen Perspektive mit der sexuellen Sucht als post-permissivem Phänomen beschäftigt hat, sieht als maßgebliche kulturelle Voraussetzung für das Entstehen der sexuellen Sucht den Verlust der Verführung, die nicht mehr inszenierbar ist, wenn die sexuellen Möglichkeiten ubiquitär sind. An der Figur des Casanova stellt er dar, wie dieser in der Verführung von Frauen wenigstens noch gegen Vorstellungen der Tugend verstoßen konnte, wie die Verführungen noch durch einen Akt der Widerständigkeit gekennzeichnet waren. Aber „the womanizer of today is not someone who cultivates sexual pleasure, but a thrill-seeker in a world of open sexual opportunities" (Giddens 1992, S. 84). Sexuelle Sucht ist demnach auch ein Verlust des verführbaren Gegenübers. Aus dem Objekt der Begierde wird ein manipulierbarer und flüchtiger Stimulus der Selbstregulation. In diesem Sinne folgt die Therapie der sexuellen Sucht der leitenden Idee, den Weg von der sexuellen Selbstregulation zum sexuellen Begehren zu finden.

13. Psychotherapie bei sexueller Delinquenz

Wolfgang Berner, Reinhard Kleber, Hartwig Lohse

In diesem Kapitel haben wir uns bemüht, auf die Besonderheiten der Behandlung von sexuellen Störungen hinzuweisen, die von den Betroffen zunächst nur teilweise oder gar nicht als Störung erlebt werden, die sie aber mit gesellschaftlichen oder Partnerinteressen in Konflikt bringen. Es ist daher zuallererst das Thema der Motivation und des Arbeitsbündnisses zu behandeln. Es folgt ein Exkurs über Typologien, die für die Behandlungskonzepte dieser Störungen von Bedeutung sind und zwei Gruppen bilden: die (eher neurotisch strukturierten) Perversionen und die Paraphilien, die eher mit einer Borderline-Persönlichkeitsstruktur einhergehen. Im Hauptteil des Kapitels wird anhand von vier Fallbeispielen, die ein positives Therapie-Ergebnis zeigten, diese Typologie und die sich daraus ergebenden unterschiedlichen therapeutischen Vorgehensweisen noch einmal exemplifiziert. Es handelt sich dabei durchgehend um psychodynamisch orientierte Konzepte, die allerdings Vergleiche mit kognitiv-verhaltenstherapeutischen Konzepten, die heute in der Literatur viel diskutiert werden, zulassen. Die möglichen Kombinationen mit medikamentöser Therapie werden im Anschluß nur kurz dargestellt. Zum Abschluß werden die Gegenübertragung und mögliche emotionelle Probleme für den Therapeuten behandelt.

Dieses Kapitel handelt von Therapieformen bei Störungen, die in den meisten Fällen zunächst nicht von den Betroffenen selbst, sondern von gesellschaftlichen Instanzen – besonders Gerichten – geändert werden wollen. Von daher besteht das Besondere der hier angesprochenen Therapie darin, daß zunächst die Motivation der von der Störung Betroffenen geklärt werden muß. Der Prozeß des Erarbeitens eines Arbeitsbündnisses, eines „Kontraktes", stellt für diese Therapien nicht nur eine wichtige Einleitung dar, sondern begleitet sie fortwährend bis zu ihrem Abschluß, bei dem wieder zwischen der Gesetzeskonformität im Sinne der Erfüllung von Behandlungsauflagen und dem therapeutisch-funktionellen Ende unterschieden werden muß.

Die Besonderheit dieser Motivationsarbei· ʿoll aber auch nicht übertrieben werden, da es kaum Störungen im neurotischen oder Borderline-Bereich gibt, die nicht auch ich-syntone neben ich-dystonen Symptome haben und bei denen Widerstand als therapeutische Herausforderung oder auch Motiv zur Beendigung einer Therapie auftreten kann. Wenn aber ein Dritter als kontrollierende Instanz Therapeuten und Patienten über die Schulter sieht, kann das eine solche Widerstandsdeutung sehr fragwürdig erscheinen lassen: Appelliert der Therapeut an das Ich des Patienten, weil er weitere Selbstschädigung ahnt – oder weil er als Agent einer als feindlich erlebten Strafinstanz handelt? Wir werden die Besonderheiten dieses „Kontrakt-Prozesses" darstellen.

Diagnostische und Verlaufsuntersuchungen der letzten Jahre haben nahegelegt, daß wir heute drastischer als früher neben der Beachtung der sexuellen Symptomatik selbst und ihrer mehr oder weniger „süchtig-progredienten Verlaufsform" im Sinne Gieses (1962) mehr Wert auf gleichzeitig bestehende Persönlichkeitsstrukturen legen und hier besonders zwischen neurotischer und Borderline-Struktur unterscheiden. Die neurotischen

Perversionen im eigentlichen Sinn werden ähnlich klassischen Neurosen behandelt, mit einem Schwerpunkt auf der Arbeit an unbewußten Konflikten und verdrängten erotischen Wünschen. Die Borderline-Perversionen oder Paraphilien mit ihrem Überwiegen von Spaltungen und unbewußt aggressiven Triebanteilen erfordern mehr Klärung und Konfrontation. Auch ein gelegentliches Intervenieren, das auch als Mitagieren verstanden werden könnte, muß dann in Kauf genommen werden, um nicht allzusehr den raschen und massiv agierenden Manipulationstendenzen der von diesen Störungen Betroffenen zu erliegen. Unsere Fallbeispiele sollen das veranschaulichen.

Abschließend werden allgemein-empirische Therapieberichte mit den Ergebnissen unserer psychoanalytisch-dynamischen Überlegungen verglichen.

Zum Therapie-Kontrakt

Nach zwei Tagungen in Sankelmark haben Beier u. Hinrichs (1995) „Thesen für die Psychotherapie mit Straffälligen" veröffentlicht, die von den Tagungsteilnehmern – Angehörigen unterschiedlicher Professionen aus dem forensischen Bereich – erarbeitet und verabschiedet wurden. Sie forderten ein Minimum an „Freiwilligkeit" zur Therapieentscheidung und ein Minimum an garantierter therapeutischer Verschwiegenheit. Es wurde unter anderem versucht, den für die Therapie dieser Patientengruppe spezifischen Konflikt zwischen gesellschaftlicher Kontrolle der Destruktivität und dem therapeutischen Freiraum zu deren Bearbeitung zu regeln. Grundsätzlich wird empfohlen, zwischen therapeutischer und gutachterlicher bzw. Berichts-Funktion personell zu trennen, auch im stationären Setting. Wir sehen aber, daß in besonderen Fällen, in denen im Verlauf des therapeutischen Prozesses der Therapeut wesentliche Ich-Funktionen übernimmt, diese Trennung nicht sinnvoll sein muß. Von der rechtlichen Ausgangslage her gibt es unterschiedliche Forderungen der Gerichte. Bei Maßnahmenuntergebrachten muß das Gericht viel ausführlicher über den Therapiefortgang in der forensischen Einrichtung informiert werden als bei vereinbarten Therapien mit unabhängigen Therapeuten, die sich weitgehend auf ihre Verschwiegenheitspflicht (§203 StGB) berufen können. Jedoch haben auch diese „freien Therapeuten" die Bedingungen der §138 (Nichtanzeige geplanter Straftaten) und §139 (Straflosigkeit der Nichtanzeige) zu beachten. Therapeuten sind danach zur Anzeige verpflichtet, wenn der Patient nicht nur tentativ, sondern eindeutig ein Kapitalverbrechen ankündigt. Wer die Ausführung oder den Erfolg solcher Taten anders als durch Anzeige abwendet oder sich wenigstens ernsthaft bemüht hat, bleibt straffrei. Auf dem Hintergrund dieser Rechtslage muß der Therapeut zu Beginn der Therapie mit dem Patienten besprechen, wie weit seine Verschwiegenheit reicht, unter welchen Bedingungen er Dritte – auch das Gericht – informieren wird. Wenn der Patient den Therapeuten nachträglich von seiner Verschwiegenheit entbindet – um z.B. durch einen positiven Befund eine Beurlaubung im Maßregelvollzug durchzusetzen – kann sich der Therapeut auf seine Fürsorgepflicht berufen und im Interesse der Therapie eine Auskunft ablehnen. Wird er jedoch als sachverständiger Zeuge vom Gericht geladen, kann er sich im Falle einer Verschwiegenheitsentbindung nicht mehr auf sein Zeugnisverweigerungsrecht berufen, sondern muß vollständig aussagen.

Bei gerichtlich angeordneten Therapien genügt meist die Mitteilung über ihre Durchführung. Über den Erfolg der Therapie muß nur in Maßregelanstalten berichtet werden. Details aus der Lebensgeschichte oder Angehörige betreffende Informationen sind für die gerichtlich vorgeschriebenen Entscheidungen meist nicht relevant und können Therapiegeheimnis bleiben.

Es mag erstaunlich erscheinen, daß unter solchen Rahmenbedingungen ein therapeutisches Vertrauensverhältnis überhaupt entstehen kann. Viele Therapeuten lehnen daher schon aus theoretischen Gründen ab, im forensischen Bereich zu arbeiten. Dies ist ungerechtfertigt, da „Vertrauen", ähnlich wie die „therapeutische Neutralität", ein relativer Begriff ist. Es genügt, neutraler und vertauenswürdiger als andere zu sein, um beim Patienten ein Bedürfnis auszulösen, sich mitzuteilen. Manche Psychotherapeuten, die sich entschlossen haben, in Haftanstalten zu arbeiten, stellten mit großem Erstaunen fest, daß Patienten, denen sie Verschwiegenheit zugesichert hatten, es trotzdem vorzogen, ihre sensibelsten Probleme einem Wachbeamten mitzuteilen, der zur Weitergabe der Informationen gezwungen gewesen wäre. Aufgrund einer emotionellen Bindung an jemanden, der – wie die Eltern – Macht über sie hatte, fühlten sie für Augenblicke die Notwendigkeit, si‐ ¯nzuvertrauen und bereuten es oft später wieder. Andererseits wird das Anvertrauen von Geheimnissen im forensischen Setting oft manipulativ benutzt. Hier gilt es, den schwierigen Pfad zwischen Komplizenschaft und Therapie für sich selbst zu klären, bevor man zuhört.

Nach Klärung der rechtlichen Rahmenbedingungen für die Entwicklung einer Vertrauensbeziehung muß vor der eigentlichen inhaltlichen Arbeit durch den therapeutischen Kontrakt ein Rahmen für die Therapie geschaffen werden. Dieser enthält:

➤ Eine Einigung über den Anlaß der Therapie und eine vorläufige Beschreibung der Probleme, die der Patient und der Therapeut bearbeiten wollen. Ein Delikt, das der Patient abstreitet, der Therapeut jedoch für erwiesen hält, kann nicht gemeinsam als Therapieanlaß formuliert werden. Der Therapeut sollte vor der Übernahme einer Therapieverpflichtung die Aktenlage und das Urteil, das zur Therapie führte, genau kennen, denn innerpsychische Abspaltung sowie auch bewußte Täuschung gehören geradezu regelmäßig zur Pathologie der Betroffenen. Was geschehen kann, wenn man sich nur auf die Informationen des Patienten stützt, hat Reiche für den Fall eines Kindesmißbrauchs anschaulich dargestellt (vgl. Reiche 1996, S.260-263).
➤ Eine Beschreibung der Möglichkeiten des Therapeuten und auch seiner Grenzen. Das beginnt mit den Grenzen seines Vertrauens in den Patienten, seiner Zeit (Setting), seiner Interventions- und Beziehungsmöglichkeiten.
➤ Die Klärung der Folgen, wenn sich der Patient an Abmachungen nicht hält, zur Therapie nicht erscheint oder sich selbst durch Trinken oder anderes Risikoverhalten gefährdet.
➤ Klärungen über Finanzierung. Der Patient darf nicht den Eindruck bekommen, die Therapie sei ein großzügiges Geschenk des Therapeuten. Es soll ganz klar sein, von wem und aus welchen Gründen sie bezahlt wird.
➤ Abmachungen über die Beendigung der Therapie. Was geschieht, wenn das Gericht keine Weiterbehandlung fordert, oder wenn das Gericht sie fordert, ohne daß der Therapeut oder der Patient dem innerlich zustimmen.

Zur Therapiemotivation

Nur sehr selten wird allein das Vorliegen einer perversen oder paraphilen Störung beim Betroffenen zum Motiv, einen Therapeuten aufzusuchen. Fast alle in der Literatur beschriebenen Patienten kommen zunächst aus ganz anderen Gründen zum Therapeuten. Nun wissen wir aber besonders aus der Sucht-Therapie, daß leichter Druck von außen durchaus Therapie anstoßen kann, ja sogar bei Symptomen, die – wie der Drogenrausch – zunächst rasche Erleichterung in unerträglichen Situationen schaffen, die einzige Möglichkeit zu sein scheinen, einen selbstdestruktiven Teufelskreis zu durchbrechen. Bei Patienten, die aus ihren Symptomen immer wieder, wenn auch nur kurzfristig, Befriedigung ziehen, ist die Motivation zur Behandlung daher schwankend von situativen Elementen und jeweiliger Affektlage sehr ab• ¯¤ig. Um hier die Motivation beurteilen zu können, empfiehlt es sich, ein Modell heranzuziehen, das Dahle (1995) aufgrund seiner empirischen Untersuchungen an Strafgefangenen entwickelt hat. Danach sollen sieben Fragenbereiche eingeschätzt werden:

> ➤ Problembelastung: Inwiefern erlebt sich der Betroffene durch das angesprochene (sexuelle) Symptom auch tatsächlich belastet.
> ➤ Problemverarbeitung: Inwiefern ist er bereit, zumindest eigene Anteile am Zustandekommen des Problems zu sehen (Attribuierung).
> ➤ Hafterleichterung: Sich zu erhoffen, daß Einwilligung zur Therapie auch Hafterleichterung bringt, ist menschlich. Als einzige Motivationsquelle ist dies jedoch nicht ausreichend.
> ➤ Therapiebewertung: Annahmen über die Therapien und über die eigenen Fähigkeiten, sich zu ändern, können die Motivation stark beeinflussen.
> ➤ Therapieverfügbarkeit: Die Annahme, Therapie nicht selbst organisieren oder bezahlen zu können, kann zur rationalisierenden Überzeugung führen, sie nicht zu benötigen.
> ➤ Haftbezogene Vorbehalte: Hierher gehört die Klärung der oben besprochenen Vertrauensfrage ebenso wie Vermutungen, das Therapieangebot hätte nur Alibifunktion zur Entlastung des Strafvollzugs von Vorwürfen.
> ➤ Handlungsalternativen: Die starke Tendenz, beim vertrauten Lebensmuster zu bleiben, wird nur dann überwunden, wenn dieses Muster mit heftigsten Problemen einhergeht und gleichzeitig Handlungsalternativen gesehen werden können.

Aus der Abschätzung dieser Faktoren ergibt sich ein gewisses Motivationsspektrum, das anzeigt, ob mit Therapie unmittelbar begonnen werden kann, oder erst in einem Vorstadium zur eigentlichen Therapie an Ansatzpunkten der Motivation zu arbeiten ist. Therapiekontrakt und Motivationsarbeit sind die wichtigsten Elemente der beginnenden Therapie in unserem Kontext.

Zur Typologie

Aus Platzgründen kann hier nicht auf die Problematik der phänomenologischen Typenbildung sexuell aggressiver Patienten eingegangen werden. Wir beschränken uns daher auf das für Therapie-Entscheidungen unmittelbar Relevante. Rehder (1996a und b) hat versucht, mit Hilfe von Clusteranalysen empirisch Gruppen in dem von ihm sexualtherapeutisch behandelten Kollektiv inhaftierter Straftäter zu bilden und konnte sich dabei zu einer Lösung durchringen, die nicht nur Parallelen zu amerikanischen Autoren (z.B. Prentky 1995) zeigt, sondern auch halbwegs im Einklang mit den von Schorsch et al. (1985) herausgearbeiteten Gruppen steht. Der durch das Gesetz vorgegebenen Einteilung in Täter gegen Frauen und Täter gegen Kinder entspricht keineswegs eine gleiche trennscharfe Einteilung im psychologischen oder medizinischen Sinn, wenn auch erwartet werden kann, daß man unter Männern, die vergewaltigen, mehr Impulsivität, Aggressivität und soziale Inkonstanz findet, und unter Männern, die Kinder mißbrauchen, mehr Angst, Hemmung und Rückzug. Vielmehr gibt es – besonders psychodynamisch – auch viele Gemeinsamkeiten: In den untersuchten Täterkollektiven lassen sich am häufigsten jeweils vier Untergruppen bilden. Es gibt Patienten, bei denen Depressivität im Vordergrund steht, die durch sexuelle Stimulierung abgewehrt werden soll; andere, bei denen schwere Persönlichkeitsstörungen zu Antisozialität und Randständigkeit geführt haben; eine dritte

Gruppe, die starke Autonomiebedürfnisse zeigt, Bindung vermeidet, aber sonst sozial relativ unauffällig bleibt. Sexueller Sadismus im eigentlichen Sinn (vierte Gruppe) kann mit Vergewaltigung, aber auch mit Mißbrauch verbunden sein. Diese empirisch gefundene Gruppenbildung beginnt sich auch in den psychodynamisch-theoretischen Konzepten anzudeuten. Es läßt sich dabei zwischen einer Perversion unterscheiden, die sich mehr auf einem neurotisch-gehemmten Persönlichkeitshintergrund entwickelt, und einer Paraphilie, die mehr im Zusammenhang mit einer Borderline-Persönlichkeits-Organisation steht (Berner 1996) (vgl. Tab. 13.1). Die Perversion entspricht dabei dem, was Freud vorfand und was uns auch heute z.B. im unten dargestellten Fall des pädophilen Werkzeugmachers begegnen kann; für die Paraphilie steht zum Beispiel ein Vergewaltiger, der, abgespalten vom sonstigen Sexualleben, in Frustrationssituationen eine Frau gewissermaßen „jagen und erlegen" muß, um sein narzißtisches Gleichgewicht zu stabilisieren.

Tab. 13.1 Merkmale von Perversion und Paraphilie

	Perversion	Paraphilie
Persönlichkeitsstruktur	neurotisch	borderline
„eigentlicher Wunsch"	verdrängt verschwindet hinter deviantem Ritual	abgespalten besteht neben fast unauffälliger Sexualität
Beziehungsstruktur	Empathie und Rücksichtsfähig-keit erhalten, Wunsch perverses Ritual in Beziehung zu integrie-ren „ganze Objekte"	manipulativ Kampf gegen Abhängigkeit Kampf und Flucht „Partialobjekte"
Symptombildung	zwanghaft ritualisiert	suchtartig impulsiv
Triebgleichgewicht	Aggression im Dienste der Libido	Libido im Dienste der Aggres-sion

Die folgenden vier Fallbeispiele veranschaulichen eine sehr unterschiedliche Symptombildung, Psychodynamik und Persönlichkeitsstruktur. Wir möchten damit die große Heterogenität der Gruppe der Sexualstraftäter und die Vielfalt therapeutischer Möglichkeiten darstellen. Besonders die Unterschiede in der Persönlichkeitsstruktur machen ein differenziertes Therapieangebot notwendig.

Fall A: Neurotischer Patient mit reaktivem Exhibitionismus

Ein 25-jähriger Patient, Soldat bei der Bundeswehr in der Funktion eines Fahrlehrers, wird wegen wiederholten Exhibierens von dem zuständigen Bundeswehrarzt zur Psychotherapie geschickt. Der äußere Druck ist ein doppelter: Ihm droht Inhaftierung, da er schon vorher mehrmals der Polizei aufgefallen war und Strafen zur Bewährung ausgesetzt wurden. Außerdem hat ihn die Bundeswehr degradiert, er ist nur noch einfacher Soldat in einer Lagerverwaltung.

Beim Erstgespräch wirkt der Patient jungenhaft, etwas unbedarft, als werde er durchs Leben geschickt. Er habe vor zwei Jahren erstmalig zu exhibieren begonnen und zwar jeweils mehrmals über einen Zeitraum von einigen Monaten. Er lebe seit längerer Zeit isoliert, fühle sich einsam. In wenigen kurzen Beziehungen zu gleichaltrigen jungen Frauen habe er sich schnell beengt gefühlt und sei geflüchtet. Er sei häufig mit seinem auffälligen Auto in der weiteren Umgebung seines kleinen Heimatortes herumgefahren und habe sich aus der Situation heraus dann kurz völlig nackt jungen Frauen gezeigt. Er sagt, er wolle bemerkt werden, flüchtet dann und masturbiert später. Als er (erstmals) eine feste Freundin hatte, verschwand der Drang. Nach dem Bruch der Beziehung – seine Freundin verläßt ihn – exhibiert er wieder mit gleichem Muster. Der Patient hat kaum Zugang zu seinen Emotionen und Affekten. Er lebt bei seinen Großeltern. Der Großvater ist ein in der Gegend bekannter Bauunternehmer, die Großmutter achtet darauf, was die Leute sagen. Der Patient wird materiell verwöhnt und allein gelassen. Für die Großeltern, die ihn aufziehen, bleibt er das Kind. Seine Mutter starb, als er zwei Jahre alt war. Zu dieser Zeit verschwand auch der Vater aus ihm unbekannten Gründen. Einige Jahre später taucht er mit einer Stiefmutter auf und nimmt den Patienten mit. Diese Zeit erinnert er erst während der Therapie, als er nachzuforschen beginnt. Er wird vernachlässigt – auch körperlich – ist unterernährt. Als die Stiefmutter mit dem Erziehungsheim droht, versucht er, brav und unauffällig zu sein. Er flüchtet aber gelegentlich von zu Hause und stromert allein in der Gegend herum. Als die Stiefmutter den Vater nach kurzer Zeit wieder verläßt, kommt er wieder zu den Großeltern, und der Vater bleibt von jetzt an für ihn verschollen. Er spielt viel draußen, läuft mit Gleichaltrigen mit. Später – im Jugendalter – gilt er als zurückgeblieben. Seine Freunde haben Freundinnen, er ist Mädchen gegenüber gehemmt. Er zieht sich zu seinem Hobby, seinem Auto, das er aufwendig ausrüstet und pflegt, zurück. In seiner freien Zeit fährt er in der Gegend herum. Schließlich wird er Fahrlehrer, verbindet das Angenehme mit dem Nützlichen.

Als seine erste Freundin zeigt, daß sie sich für ihn interessiert, fühlt er sich angenommen, phantasiert sich ein Zuhause. Als sie ihn verläßt, weil sie ihn „zu blaß" findet, meint er, sie habe mit ihm nur gespielt.

Im sexuellen Agieren versucht er zu bewältigen, was er als eine immer wiederkehrende Niederlage erlebt: Es wird über ihn verfügt, er wird emotional im Stich gelassen. Im Exhibieren sucht er, geschützt durch die Distanz, für einen Moment eine Begegnung, ein kurzes, vielleicht staunendes Interesse hervorzurufen. Er flüchtet aber dann, um sich vor Autonomieverlust, vor verletzendem Verlassenwerden und einer möglichen Niederlage gegenüber vermeintlichen Rivalen zu schützen. Hintergründig schwingt Wut und Rache mit, was er in der Therapie lange nicht sehen kann. Annehmen kann er bald, daß er im Exhibieren aus der Enge der von ihm nur unklar wahrgenommenen Bevormundung ausbricht, sich bis auf die nackte Haut aller Konventionen entledigen möchte. Der momentane Ausbruch endet aber in einem noch größeren Autonomieverlust: die Gesellschaft verfügt über ihn.

In der Therapie, die 80 Stunden über einen Zeitraum von zweieinhalb Jahren läuft, wird dieser Zirkel durchbrochen. Der Therapeut verbündet sich im ersten Schritt mit den unbewußten Ausbruchsimpulsen des Patienten, die im Symptom verschlüsselt sind. Der Patient lernt, seine Entmündigung und das Leiden daran wahrzunehmen und direkt aufzubegehren. Er beginnt, sich von seinen Großeltern zu lösen. Das aktualisiert seine Verlustängste und Einsamkeitsgefühle. Im zweiten Schritt gelingt es, wenn auch nur begrenzt, Zugang zu den regressiven Wünschen zu bekommen und Trauerarbeit zu leisten. Er kann sich jetzt von seiner Freundin, mit der er über lange Zeit trotz äußerer Trennung voller Sehnsucht und Wut verbunden blieb, innerlich lösen. Die exhibitionistischen Wünsche verschwinden. Durch Erinnerungsarbeit, unterstützt durch Recherchen in seiner Familie, gelingt es dem Patienten, die diffuse Verlorenheit, die seine Lebensgeschichte prägt, faßbar zu machen. Besonders die Rolle seines Vaters interessiert ihn. Sehnsucht und Ärger prägen auch hier, wie bei den Frauen, die Beziehung. Nach Auseinandersetzung mit dem Väterlichen in der Übertragung – mangelnde Verfügbarkeit des Therapeuten – beginnt er, sich in sich selbst heimischer zu fühlen. Seine Umtriebigkeit verringert sich. Er wagt jetzt wieder, eine Beziehung zu einer Frau einzugehen, erlebt die dadurch aktualisierten Ängste jetzt bewußter. Zum Ende der Therapie nimmt ein neuer Lebensentwurf Gestalt an, der eine neue berufliche Orientierung und die auch räumliche Trennung von den Großeltern beinhaltet.

Die grundsätzlich neurotische Struktur des Patienten zeigt sich am strengen Über-Ich, an der Hemmung und weitgehenden Verdrängung nicht nur der aggressiven, sondern auch der libidinösen Triebanteile, mit relativ ganzheitlich auf das Objekt gerichteten Wünschen und mit einem gut funktionierenden Ich, das Konstanz in vielen Lebensbereichen erreichte und eine Überanpassung auf Kosten eigenständiger Befriedigung in Kauf nahm. Das traumatische Element des frühen Elternverlustes und der „bösen Stiefmutter" ist unübersehbar. Es macht manches der Furcht vor intimen Beziehungen zu Frauen verständlich, auch die Tendenz, Frustration durch narzißtische Erotisierung des eigenen Körpers zu bekämpfen und durch schockierend provokante Demonstration des erregend besetzten Körper-Selbsts. Da aber neben den traumatischen Beziehungen auch „gute Objekte" in Form der Großeltern zur Verfügung standen und vom Patienten entwicklungsfördernd internalisiert werden konnten, wird Psychotherapie möglich. In dieser gelingt es, die sexuell aggressiven Impulsdurchbrüche als Reaktionen auf Frustrationen zu erkennen und zu bearbeiten. Nach bewußter Auseinandersetzung mit der Aggression und Wut gegenüber den Primärobjekten und deren Übertragungsfolgen konnte der Patient ein neues Anpassungsgleichgewicht finden. Es ist zu erwarten, daß er zunächst das sexuell-aggressive Agieren nicht mehr zu seiner Selbststabilisierung brauchen wird. Sollten aber neue Frustrationen zu Wiederholungstendenzen führen – was wir ja bei keiner Neurosentherapie ausschließen können – dann müßte der Patient gut genug vorbereitet sein, wieder Hilfe aufzusuchen. Der Erfolg der bisherigen Therapie sollte ihm dazu Mut gemacht haben.

Das nun folgende Fallbeispiel zeigt einen Patienten mit einer tiefergehenden, kaum mehr reaktiv verstehbaren Störung.

Fall B: Perversion bei einer neurotisch strukturierten Persönlichkeit (Langzeittherapie)

Der 43-jährige Patient kommt auf Vermittlung seines Rechtsanwaltes, der durchgesetzt hat, daß eine mehrjährige Haftstrafe auf dem Gnadenwege ausgesetzt wird, um dem Patienten Therapie zu ermöglichen. Seit dem zwanzigsten Lebensjahr wird er wegen Exhibierens immer wieder auffällig. Mit 25 beginnt ein in Häufigkeit und innerer Dranghaftigkeit eskalierender Voyeurismus. Er wird einige Male zu Bewährungsstrafen verurteilt. Mit Anfang 30 steigert sich das voyeuristische Agieren. Er dringt in Wohnungen von Frauen ein, die er vorher beobachtet hat, wühlt dort herum, steckt Gegenstände von unterschiedlichem Wert, selten Geld ein. Schließlich deckt er auch die dort schlafenden Frauen und Mädchen auf, flieht aber sofort, wenn sie erwachen. Als er nach einigen Jahren gefaßt wird, können ihm mehrere hundert Einbrüche nachgewiesen werden, die er gleich zugibt. Obwohl er zur Zeit der Inhaftierung voller Scham die Aufmerksamkeit der Medien registriert, wiederholen sich die Straftaten nach dem gleichen Muster schon kurz nach der Entlassung aus der mehrjährigen Haft. Im Kontrast zu dieser ausufernden Delinquenz steht ein äußerlich geordnet erscheinendes bürgerliches Leben.

Der Patient, klein aber von kräftiger Statur, kommt überpünktlich in die ersten Therapiestunden. Er kommt in Arbeitskleidung, wirkt erschöpft, muß nach der Stunde gleich wieder zurück zur Arbeit. Er ist resigniert, schuldbewußt, voller Scham. Den perversen

Impulsen fühlt er sich ausgeliefert. Wenn er von sich spricht, bittet er gleichsam um Verzeihung. Dem Therapeuten gegenüber ist er unterwürfig, gibt sich bei ihm quasi ab. Andererseits bleibt er mißtrauisch und verschlossen. Es ist schwer, mit ihm in eine lebendige Beziehung zu kommen.

Die bestimmende Figur seines Lebens ist bis heute die Mutter. Obwohl fast erblindet, hält sie die Familie zusammen und sorgt besonders in den Kriegs- und Nachkriegsjahren für den Lebensunterhalt. „Sie hat alles für uns getan". Er bleibt lange Zeit ihr Sorgenkind. Im Gegensatz zur robusten und extravertierten jüngeren Schwester ist er kränkelnd und schwach, verschlossen, meidet den Kontakt zu anderen Kindern, näßt und kotet lange Zeit ein. Voller Scham erinnert er eine Szene, in der die Mutter, als er 10 Jahre alt ist, von russischen Soldaten vergewaltigt wird, und er hilflos daneben steht. Für ihre Stärke und Aufopferung bewundert er sie, fühlt sich ihr verpflichtet, will alles für sie tun und hat ständig Schuldgefühle, ihr nicht zu genügen. Der Vater bleibt blaß, spielt in der Familie und auch für den Patienten keine Rolle. Er kommt versehrt aus dem Krieg, trinkt, arbeitet nur sporadisch. Häufig muß der Patient ihn auf Geheiß der Mutter aus der Kneipe holen. In der Schule und der Klempnerlehre ist der Patient strebsam, sorgfältig, kann niemandem etwas abschlagen. Er will der Mutter zeigen, daß er etwas kann. Obwohl bei Kollegen und Meistern beliebt, arbeitet er am liebsten allein und geht keine freundschaftlichen Beziehungen ein.

In der Pubertät beginnt er, Mutter und Schwester heimlich beim Entkleiden zu beobachten, bald auch Frauen und Mädchen in der Nachbarschaft. Mädchen gegenüber bleibt er gehemmt. Mit 19 Jahren lernt er seine spätere Ehefrau kennen, zu ihr hat er gleichzeitig seine erste sexuelle Beziehung. Er zeugt mit ihr einen Sohn und zieht ins Haus der Mutter. Wegen Konflikten mit der Mutter und einer sehr eingeschränkten Sexualität kommt es bald zur Trennung. Eine zweite Ehe verläuft nach ähnlichem Muster, er fühlt sich der Frau gegenüber unterlegen, abgewertet und entwickelt Erektionsstörungen. Er flüchtet in die Arbeit und in seine Perversion, die einen immer breiter werdenden Raum in seinem Denken einnimmt. Um der Perversion zu entfliehen, läßt er sich sogar von seiner Frau zur Arbeit begleiten. Während der ersten Haft kommt es auf Betreiben der Frau zur Scheidung, seine Mutter stirbt kurz nach der Entlassung. Sofort heiratet er die erste Frau wieder, die inzwischen von einem anderen Mann zwei weitere Kinder bekommen hat. Wieder fühlt sich der Patient in der Beziehung allein, entwickelt keinen Kontakt zu den Stiefkindern, ist voller sexueller Versagensängste gegenüber der Frau, die ihn dominiert. Wieder flüchtet er in die Arbeit und seine erregenden nächtlichen Streifzüge. Parallel dazu entwickelt die Frau einen Kaufzwang, der ihn viel Geld kostet, das er schuldbewußt abgibt.

Bei diesem Patienten besteht eine von starker Autoerotik und narzißtischer (triumphaler) Befriedigung gezeichnete „gestaltstabil" differenzierte Perversion auf dem Hintergrund einer depressiv-abhängigen Persönlichkeitsstörung mit selbstschädigend-masochistischen Tendenzen. Es zeigt sich ein zentraler Konflikt zwischen kindlichen Abhängigkeitswünschen (ursprünglich der Mutter gegenüber) und Ängsten vor Einengung, Kontrolle und Verlust einer nur brüchig entwickelten Autonomie. Das traumatische Erlebnis, Zeuge der Vergewaltigung der Mutter geworden zu sein, und die schlechte Beziehung der Mutter zum abgewerteten Vater hat die Entwicklung seiner männlichen Identität stark in Frage gestellt. Bestätigung findet diese Identität nur in der abgespaltenen Form seiner Perversion. Dies erzeugt aber sekundär wieder tiefe Schuldgefühle und eine Selbstentwertung als Mann. Das perverse Symptom drückt den Konflikt zwischen gewünschter Nähe und Unabhängigkeit deutlich aus, wenn der Patient sich im Verborgenen den gefürchteten Frauen nähert und sexualisiert regressive Wünsche befriedigt, ohne kontrolliert und vereinnahmt werden zu können, wie das in der Beziehung zu seinen Ehefrauen immer wieder geschieht. Indem er in die Intimsphäre der Frauen eindringt, dort herumwühlt, die Frauen berührt – sich so ihrer bemächtigt – inszeniert er aktiv und aggressiv deren Entmachtung. Im Mitnehmen beliebiger materieller Dinge bricht ungerichtet seine verleugnete Bedürftigkeit durch. Das Doppelleben seiner nächtlichen Streifzüge ist auch als Ausbruch aus der ehelichen Enge in eine Welt des Risikos und der Spannung zu verstehen, Elemente, die er in seiner bürgerlichen Arbeitswelt weit von sich weist.

Diese Perversion ist tiefer determiniert als im ersten Fall. Das traumatische Erlebnis der Vergewaltigung ist nur Ausgangspunkt einer Entwicklung, in der das Erleben realer Gewalt einen wesentlichen Stellenwert hat und – wie im oberen Fall auch die Unmöglichkeit, den schwachen Vater zum Vorbild zu nehmen. Diesmal gibt es aber keinen Großvater, der als Ersatz hätte einspringen und den internalisierten Gewalttätigkeiten ein Gegengewicht gegenüberstellen können.

Der erste Psychotherapie-Abschnitt umfaßt in mehreren Schritten und 68 Sitzungen den Zeitraum von zweieinhalb Jahren. Zunächst hat der Therapeut sich entschieden, dem Patienten sehr direkt auf der Ebene des konkreten Verhaltens und Erlebens durch verhaltenstherapeutische Anleitungen aus der Krise zu helfen. Interpretationen und konfrontatives Nachfragen hätten zu dem Zeitpunkt bei dem verunsicherten labilen Patienten das negative Selbstbild weiter fixiert. Die Unterordnung unter den idealisierten Therapeuten beinhaltet jedoch auch die Gefahr, die Passivität des Patienten noch zu bestärken. Die Besserung der sozialen Interaktion durch konkrete verhaltenstherapeutische Ratschläge führt zu einer Verringerung von Unsicherheit und Hemmung, was auch zunächst die Notwendigkeit zum schambesetzten perversen Agieren abschwächt. Der Patient kann jetzt verstehen, daß er in der Perversion seine Ohnmacht umkehrt, indem sie ihm ermöglicht, Überlegenheit über Frauen zu spüren. Im Schutze der therapeutischen Beziehung gelingt es ihm erstmals, sich der Kontrolle durch die Ehefrau zu widersetzen. In diesem Therapieabschnitt verschwinden seine perversen Wünsche, es kommt aber zu aggressiven Auseinandersetzungen mit der Frau, die die Ehe gefährden. Daher wird beim weiteren Vorgehen die Frau miteinbezogen. In der Paartherapie wird die wechselseitige Einengung und Verklammerung thematisiert. Die Ehefrau kann sehen, daß auch sie den Patienten aus eigener Abhängigkeit heraus abwerten muß. Ein Prozeß gegenseitigen Verstehens kann in Gang gesetzt werden. Die Erektionsstörung des Patienten und die Orgasmushemmung der Frau verschwinden, ohne daß die Sexualität Therapiefokus ist. Als jedoch das Ende der Therapie in Aussicht steht, kommt es zu einem problematischen Agieren des Patienten. Er schädigt sich nun durch risikoreiches Fahren ohne Führerschein und Mißachten von Verkehrsregeln. In dieser Phase des ersten Therapie-Abschnitts wird die Beziehung zum Therapeuten das zentrale Thema. Der Patient versucht, durch selbst-gefährdendes Verhalten an die Hilfsimpulse des Therapeuten zu appellieren und belebt damit noch einmal seine Vatersehnsucht. Die vorsichtige Zurückweisung dieser Rolle durch den Therapeuten läßt endlich auch aggressive Aspekte in der Übertragung deutlich werden und bearbeiten. Es wird klar, wie sehr der Therapeut bisher mit dem vermißten idealisierten Vater übereinstimmte und auch dadurch Entwicklung ermöglichte.

Nach Beendigung der Therapie wird dem Antrag auf Haftstrafenerlaß auf dem Gnadenwege stattgegeben.

Über vier Jahre nach Beendigung dieser Therapiesequenz bleibt die Situation des Patienten stabil. Trotz deutlich größerer Lebendigkeit und Gleichwertigkeit in der Beziehung zentriert sich der Patient weiter auf seine Arbeit und beginnt, sich von der Familie wieder zu isolieren. Der Macht-Konflikt der Eheleute beginnt, sich nun auf die inzwischen erwachsen gewordenen Kinder zu konzentrieren, die die Frau – nicht zuletzt durch finanzielle Zuwendungen – mehr und mehr an sich bindet. Der Patient fühlt sich wieder an den Rand gedrängt, ausgebeutet, zu kurz gekommen, kann sich nicht wehren und beginnt wieder mit dem voyeuristischen Agieren. Das Symptom ist allerdings nicht nur abgeschwächt in Häufigkeit und Intensität, sondern verlagert sich auch mehr in den Bereich der materiellen Aneignung, zu sexuellen Übergriffen kommt es nicht. Nach einer Verhaftung sucht der Patient wieder den Therapeuten auf: „Ich habe sie enttäuscht", sagt er.

Es folgt ein zweiter Therapieabschnitt von 50 Stunden, verteilt auf zwei Jahre. Der Patient erkennt rasch die Dynamik des Geschehens und findet nach wenigen Wochen wieder Anschluß an die alte Stärke. Er setzt sich gegen Frau und Kinder durch, die perversen Wünsche verschwinden schlagartig. Die Therapie bleibt aber überschattet von der neuerlichen Verurteilung zu drei Jahren Haft – deren Antritt bis zur Beendigung der Therapie aufgeschoben wird. Die Hoffnung auf neuerliche Begnadigung zerschlägt sich, der Patient muß für zwei Jahre in Haft, hält aber brieflichen Kontakt. Nach der Entlassung absolviert er noch einige Sitzungen und beginnt dann, mit großem Elan – gemeinsam mit seiner Frau – eine neue berufliche Existenz aufzubauen.

In zwei katamnestischen Gesprächen, nach zwei und vier Jahren, zeigt sich der Patient stabil. Insgesamt erstreckt sich der therapeutische Kontakt über 15 Jahre.

Der Fall ist in vieler Hinsicht exemplarisch:

➤ Therapien mit paraphil oder pervers gestörten Patienten müssen nach intensiven Einleitungsphasen oft sehr lange niederfrequent fortgesetzt werden, da der Wiederholungszwang – ähnlich wie bei Drogenabhängigen – in Krisensituationen sehr stark sein kann.

➤ Ein Rückfall sollte darauf untersucht werden, inwiefern sich die Problematik abgeschwächt hat. Oft kann ein Rückfall – ebenso wie bei Süchtigen – als ein letztes Ausprobieren des alten vertrauten Abwehrverhaltens mit deutlich geringerem Drang-Charakter verstanden werden.

➤ Trotz einiger Borderline-Elemente (z.B. Impulsivität, Doppelleben) ist die Persönlichkeitsstruktur des Patienten insgesamt noch neurotisch, was sich an einem relativ eindeutigen Identitätsgefühl ablesen läßt.

➤ Die Perversion hat einen viel tiefer verwurzelten Charakter als im ersten Fall. Trotz der idealisierten Mutter besteht eine sehr brüchige Mutter-Imago, die – nicht zuletzt durch das traumatische Erlebnis, Zeuge ihrer Vergewaltigung geworden zu sein – entstanden sein dürfte. Die Arbeit am Bild von der Frau, das so traumatisch entstellt und durch spätere Erlebnisse noch negativ verstärkt wurde, gelingt durch das Erlebnis der Übertragung zum Therapeuten, der sich vom idealisierten, immer vermißten Vater zum nur beschränkt helfen könnenden, realen Menschen wandelt, der nicht immer zur Verfügung steht und sich auch gelegentlich entzieht.

Fall C: Narzißtische Persönlichkeitsstörung mit paraphiler Pädophilie

Das Problem eines narzißtisch strukturierten 47-jährigen Patienten scheint zunächst nur darin zu bestehen, daß die Justiz die Liebe zu pubertierenden Knaben sanktioniert. Das Leben des gelernten alleinstehenden Werkzeugmachers funktioniert reibungslos, Unruhe erfährt es nur durch einen 12-jährigen Strichjungen, der den Patienten durch seine unglaubliche Ungehemmtheit in seinen Bann schlägt. Dessen laszive Ausgelassenheit auch anderen Männern gegenüber macht ihn zum ersten Mal im Leben sehr eifersüchtig. Als er sich rächt und seinerseits immer mehr und immer unvorsichtiger Strichjungen in seine Wohnung lockt, fällt er der Polizei auf und wird verhaftet. Das

Gefühl der Abhängigkeit von einem als ideal empfundenen jugendlichen Körper erlebt der Patient als selbstgefährdend, er möchte es los werden, sich nie wieder verlieben.

Der Patient ist das Kind eines amerikanischen Besatzungssoldaten, das in einem Kinderheim mit (nie geliebten) Ersatzmüttern und etwa zwanzig „Geschwistern" aufwuchs. Außer einem in der Schulzeit aus der Ferne beobachteten blonden Mädchen „aus gutem Haus", mit dem er nie sprach, gibt es kein positives Frauenbild in seiner Phantasie, nur sexuelle Spielereien mit gleichaltrigen Jungen. Von Mädchen fühlt er sich wegen seines kleinen Gliedes verlacht und verachtet. Sein männliches Vorbild ist der distante Heimleiter und der nie gekannte Vater. Eine von Männern ausgehende Kastrationsdrohung ist weder direkt noch indirekt in der Therapie dieses Patienten zu beobachten, nur Haß auf Männer, die mit ihrer primitiven „Schwanz-Loch-Sexualität" kein Verständnis für seine feinsinnigen Interessen an Zartheit haben. Natürlich meint der Patient zunächst, im Therapeuten auch so einem „primitiven" Mann zu begegnen. Erst als eine Soziologiestudentin, die Erinnerungen an seine frühe Kinderliebe weckt, ihn zu besuchen und zu umwerben beginnt und in die „Liebe einführt", faßt er wieder Vertrauen. Mit dieser jungen Frau, die aufgrund eines alkoholischen Vaters selbst genug Gründe für eine negative Einstellung und Haß gegenüber offener Maskulinität hatte, entwickelt er bald eine kollusive Abwehr gegen Erwachsenensexualität. Ihre körperlichen Zärtlichkeiten sind spielerisch kindlich. Beide gestatten sich bald homosexuelle Nebenbeziehungen – ihre eigene Beziehung zueinander wird platonisch freundschaftlich.

Durch eine korrigierende Bearbeitung der manchmal fast paranoiden Einstellungen des Patienten dem Therapeuten gegenüber, der ihn vermeintlich zur Heterosexualität zwingen will und durch die intimen körperlichen Vertautheiten mit seiner Freundin wird dem Patienten die fehlende affektive Gegenseitigkeit in seinen Kontakten zu Kindern klar, und seine Einsamkeit, die sich aus der Differenz zwischen erwachsener und kindlicher Erregtheit ergibt. Er kann auf die Verwirklichung seiner pädophilen Phantasien verzichten und in Beziehungen zu (viel jüngeren) Männern annäherungsweise Befriedigung finden. Dominanz und Bewunderung bleiben dabei führende Themen, ebenso das Vermeiden von wirklicher Abhängigkeit, die er als masochistische Unterwerfung würde erleben müssen. Nach dreijähriger wöchentlicher Sitzungsfrequenz wurde ein monatlicher Kontakt für unbestimmte Zeit weitervereinbart (vgl. Berner 1993). Der Patient bleibt bis fünf Jahre nach der Entlassung aus der Unterbringung straffrei.

Die narzißtische Persönlichkeitsstruktur dieses Patienten ist eine stabile und angepaßte Form einer Borderline-Organisation, die ohne Spaltung, besonders im erotischen Bereich, nicht auskommt: Auf der einen Seite steht die abstoßende Erwachsenen-Welt mit ihrer rohen, schmutzigen animalischen „Schwanz-Loch-Sexualität". Frauen sind hier genauso animalisch, verschlingend und gierig, wie Männer ausbeutend und gewalttätig. Kinder und er selbst bleiben fein, zart, rücksichtsvoll, verspielt, zu nichts verpflichtet, nie ernst. Verletzungen geschehen höchstens unschuldig ohne Absicht.

Die Therapie kann die Spaltung aufheben, indem sie den Patienten dazu befähigt, jetzt seine eigenen aggressiven und bemächtigenden Wünsche Kindern gegenüber und die kindlichen Anteile seiner Freundin zu sehen, um die er sich nun kümmern kann. Die sexuelle Orientierung verschiebt sich nur leicht, indem er Kinder nun nur mehr in der Phantasie, aber nicht in der Realität als ideale Partner erlebt, und junge Männer ein möglicher Kompromiß werden.

Fall D: Jugendlicher mit Borderline-Struktur und sexueller Gewaltdelinquenz

Die Therapie, deren Beginn hier exemplarisch dargestellt werden soll, beginnt auf Vermittlung eines Anwalts. Sie dauert etwas über zweieinhalb Jahre bei wöchentlichen Sitzungen. Es handelt sich um einen 19jährigen Patienten mit Vergewaltigungsdelikten, der nach zwei Monaten mit einer Therapieauflage aus der Untersuchungshaft entlassen wurde. Erst fünf Monate nach Gesprächsbeginn fand die Verhandlung statt, zu der der Therapeut, ohne es zu wollen, als sachverständiger Zeuge geladen wurde.

Aus Sicht des Patienten war sein Erscheinen beim Therapeuten zum Erstgespräch das Ergebnis einer Nötigung. Er wußte nicht, was er bei ihm sollte. Seine betont männlich vorgetragene Abwehrhaltung wirkt grotesk: Da sitzt ein muskulöser, trotzig-angespannter junger Mann, der, immer wieder unvermittelt ins Leere starrend, behauptet, die drei Vergewaltigungen, derentwegen er angeklagt sei, resultierten aus einer familiären Verschwörung gegen ihn. Man habe ihn wegen seiner Freundin isoliert, man habe seine Freundin zu einer Abtreibung im fünften Monat gezwungen, das sei Mord. Im gleichen Atemzug beschwört er die Solidarität seiner Familie, sein Vater sei wegen Mißhandlungen bei seiner Festnahme bereit gewesen, zusammen mit seinen Brüdern das gesamte Polizeihochhaus „aufzumischen". Mittlerweile habe die Familie ihren Vorbehalt gegen seine Freundin zurückgenommen. Alle meinten jetzt, er brauche Therapie, er sei aber sicher, daß so etwas nicht mehr vorkomme. Die Frage, ob die anderen öfter für ihn Entscheidungen treffen, bejaht er. Besonders seien alle, auch seine Freunde, gegen die Freundin eingestellt. Auf seinen Ärger angesprochen, meint er: Wütend? Nein, er höre dann Musik, dabei gehe die Wut weg.

Nochmals auf die Umstände der Delikte angesprochen, berichtet er, ihm sei in den Stunden vor den Vergewaltigungen jedesmal die Decke auf den Kopf gefallen, da habe er rausmüssen. Aus Einsamkeit? Ja. Zu Beginn der zweiten Stunde beteuert er zunächst wieder, daß er sich gezwungen fühle zu kommen. Dann erzählt er überraschend bereitwillig von sich und läßt dabei einen schüchternen Jungen zum Vorschein kommen. Geschlagen worden sei er nur einmal von einem Kind mit Brett und Nagel. In der Grundschulzeit sei er Zeuge eines tödlichen Verkehrsunfalls geworden. Danach habe er oft geträumt, selbst überfahren zu werden. Die Familie sei in allen Lagen ihm gegenüber loyal gewesen. Die Lehre habe er wegen giftiger Dämpfe nicht geschafft, die Familie besorgte einen Packerjob. Im Knast sei er Stationssprecher gewesen, er habe sich mit fast allen dort gut verstanden außer mit jenen, die ihn „getriezt" hätten. Er esse und übernachte jetzt in der elterlichen Wohnung. In seiner Wohnung halte er sich nur zum Fernsehen und Musikhören auf.

Der Therapeut wird mißtrauisch, ob er durch eine ungewöhnliche Vertrauens-Vorgabe abgelenkt werden soll. Der Patient scheint aus dem Bündnis mit der Familie heraus „über den Zaun zu schauen", holt den Therapeuten in Rufnähe, signalisiert aber, daß er immer noch im elterlichen Revier Schutz sucht. Am Ende der Stunde erwähnt er, halb widerspenstig, halb unterwürfig fragend, er könne sich wegen der Therapie wohl jetzt keine Arbeit suchen.

Im Sinne des entstehenden Therapiekontraktes werden mit dem Patienten Termine vereinbart, wobei ihm die Entscheidung über seine Arbeit überlassen bleibt. Es wird ihm aber deutlich gemacht, daß er das eine gegen das andere nicht ausspielen könne. Er bittet zunächst nur um einen Folgetermin. In der nächsten Stunde berichtet er wieder anscheinend freimütig von den Vergewaltigungen. Er habe „alles in kurzer Zeit haben wollen", aber das damals auslösende Moment, die Verzweiflung und „das Kletten" seiner Freundin, gebe es nun nicht mehr, folglich sei er nicht mehr rückfallgefährdet.

In einer solchen Atmosphäre des Ungeschehenmachens, kann die Arbeit am Kontrakt nur stufenweise erfolgen, ein Drängen erzeugt noch mehr Mißtrauen. So entbindet der Patient – trotz gegenteiliger Empfehlung – für die bevorstehende Verhandlung den Therapeuten von der Schweigepflicht, wohl in der Hoffnung, er würde Schützenhilfe bekommen. Der Therapeut kann nur noch einmal auf den Sinn und die Notwendigkeit der Schweigepflicht hinweisen, besonders für den Fall einer Therapie nach der Verhandlung. Im Vorfeld der Verhandlung kommt es zu einem telefonischen Kontakt zwischen dem Richter und dem Therapeuten, der im Interesse der Therapie vorschlägt, daß er als sachverständiger Zeuge zu Details aus den Therapiegesprächen nicht befragt wird. So macht der Patient – bei der Verhandlung schüchtern wie ein Schuljunge, in der Pause eingekreist von seiner Familie – die Erfahrung, daß der Therapeut das bisher in den Stunden Gesagte weder offen legt, noch einer Bewertung unterzieht.

Zur Therapiestunde nach der Verhandlung kommt der Patient triumphierend: Zwei Jahre, auf drei Jahre Bewährung, er sei erleichtert. Die eine der von ihm vergewaltigten Frauen sei eine „blöde Ziege" gewesen, weil sie nur „reingequasselt" habe, die Anwältin habe „nicht richtig getickt" und daß die andere Frau aus Scham weggeblieben sei, beeindrucke ihn nicht, sie hätte sich ein Stück von ihm abschneiden sollen, er habe sich der Scham tapfer gestellt. Den größten Teil der Therapie habe er außerdem sowieso schon abgeleistet. Als er dann noch seine Mutter zitiert, daß die mit den „Malkastengesichtern" und den „Miniröcken" es nicht anders verdient hätten, kann der Therapeut seinen Ärger nicht mehr verbergen, nimmt zu den Vergewaltigungen Stellung und droht mit dem Abbruch der Gespräche. Der Patient ist erstmals ehrlich betroffen und begibt sich damit wieder auf die andere Seite der Spaltung. Erst jetzt läßt sich ein richtiges Arbeitsbündnis herstellen und die Schuldseite bearbeiten. Dabei wird deutlich, daß er immer in familiäre Intrigen verwoben gewesen ist: Von den Eltern wurden die Brüder ständig gegeneinander ausgespielt und konkurrierten ihrerseits untereinander im Stadtteil um Einfluß. Da er ihnen lange physisch unterlegen war, hatte er die schlechtesten Karten. Durch die Vergewaltigungen sicherte er sich zuallererst seine narzißtische Balance. Einerseits wollte er den regressiven Wünschen seiner 14-jährigen Freundin nicht länger ausgeliefert sein, andererseits nahm er an dem von der Familie durchgesetzten „Mord am Kind" Rache, wenn er subjektiv mächtig und frauenjagend durch den Stadtteil zog. Mit Hilfe der Therapie erkämpft der Patient sich jetzt – ohne Faustrecht anzuwenden – mehr Distanz zu seiner Herkunftsfamilie.

Es würde den Rahmen der Arbeit sprengen, den weiteren Verlauf der Therapie – die sich im wesentlichen als klassische Borderline-Therapie gestaltete – wiederzugeben. Zur Veranschaulichung erwähnen wir nur eine zentrale Passage.

Der Patient wird selbst Opfer eines Überfalles an einer Tankstelle. Erst zu diesem Zeitpunkt gelingt es dem Therapeuten, eine Identifizierung mit den Opfern seiner Vergewaltigungen erlebbar zu machen. Der Patient spricht von nicht mehr gutzumachender Schuld und von quälenden Selbstvorwürfen, die er vor seiner Familie verborgen hält.

Bei der Beendigung der Therapie wird die Kontraktfrage wieder in zwiespältiger Weise aufgeworfen. Zunächst ist der Patient nach Anfrage vom Gericht in der Lage, von sich aus eine Fortsetzung der Therapie zu wünschen, dann kommt es zu einem Abschluß, den er selbst festlegt, allerdings nicht ohne zu bedauern, daß dieser Abschluß nicht vom Therapeuten „angeordnet" wurde. Soweit uns Informationen zugänglich sind, blieb der Patient acht Jahre nach Abschluß der Therapie straffrei.

Diskussion der Psychotherapiefälle

Motivations- und Kontraktarbeit

Je mehr die Störung auf neurotische Anteile beschränkt bleibt, um so leichter und unaufwendiger gelingt die Kontraktbildung und um so weniger Motivationsarbeit ist zu leisten. Das wird deutlich am Fallbeispiel A, während Patienten mit Narzißmus und Borderline-Struktur, besonders wenn gleichzeitig ein antisoziales Milieu kriminelle Einstellungen unterstützt, bis zum Ende der Behandlung nur teilweise änderungswillig sind und auch nur partiell kontraktfähig werden. Darum haben wir die Kontraktproblematik anhand des Fallbeispiels D dargestellt, in dem die Therapie fast vollständig in der Motivations- und Kontraktarbeit aufgeht.

Strukturdiagnostik

Unsere Falldarstellung soll auch deutlich machen, daß wir nicht nur reaktive Perversionen bei neurotischen Strukturen unter unseren Patienten antreffen (wie in Fall A), sondern alle Varianten von Borderline-Organisation mit Narzißmus. In diesen Fällen bevorzugen wir die Bezeichnung Paraphilie. Es soll damit zum Ausdruck gebracht werden, daß es im Rahmen von Borderline-Symptomatik und Narzißmus zu einer zumindest partiellen Beeinträchtigung des Einfühlens und der Rücksichtsfähigkeit kommt, und eine irreale emotionale Entstellung des Bildes vom anderen die Sexualität bestimmt. Im Fallbeispiel C wird das narzißtische Element besonders deutlich, das im anderen fast ausschließlich idealisierte oder entwertete Selbstanteile wahrnimmt. Im Fallbeispiel D werden sadistische und paranoide Elemente nicht nur am Umgang mit „den Feinden der Familie" deutlich, sondern auch in der Übertragung, in der der Therapeut unbekümmert instrumentalisiert und seiner Funktion beraubt wird. Schon in den ersten Sitzungen erscheint die „doppelte Familie" – die für die Abtreibung, den „Kindermord" zuständige – und die, die ihn verteidigt und ihm hilft.

Unterschiede in der therapeutischen Intervention

Im ersten Fall, bei dem neurotischen Patienten mit reaktiver Exhibition, kann das Setting einer psychoanalytischen Psychotherapie praktisch beibehalten werden. In den drei folgenden Fällen mußten zusätzliche Interventionen zur Anwendung kommen. Im Fallbeispiel B wird z.B. zunächst ein verhaltenstherapeutischer Vorlauf zur Begrenzung der Gefährdung eingeführt In einem weiteren Abschnitt kommt Paartherapie zur Anwendung. Trotzdem wird gegen Ende der Therapie eine neutrale Haltung des Therapeuten und eine Deutung der Übertragung möglich. Im Fall C geht die Therapie in eine langfristige Betreuung mit monatlichen Treffen über. Außerdem wäre die Therapie ohne Intervention der Soziologie-Studentin, die sich geradezu als Lehrmeisterin anbot, nicht möglich gewesen. Im Fallbeispiel D lassen sich Interventionen bei Gericht nicht vermeiden. Hier sind auch konfrontative Stellungnahmen zum Delikt, die die emotionale Betroffenheit des Therapeuten sichtbar machen, besonders hervorgetreten. Insgesamt spielt hier die Klärung der Situationen und die Konfrontation mit Spaltungen eine viel wesentlichere Rolle als der deutende Bezug zur Vergangenheit.

Vergleiche mit der kognitiven Verhaltenstherapie

In den Arbeiten von Laws (1989) sowie Pithers (1990) und Marshall (1996) werden besonders für pädophile Patienten neuartige verhaltenstherapeutische Strategien beschrieben, die unter dem Begriff „Rückfallverhütung" (relapse-prevention) ein deutlich bescheideneres Ziel anstreben als frühere Programme, die eine Änderung der sexuellen Vorlieben versuchten, indem sie mit Hilfe von Aversionsreizen die Reaktion auf deviante Stimuli ausschalten wollten. Die „Aversionstherapie" gilt als gescheitert (Nagayama Hall 1995). Auch die Verhaltenstherapeuten haben „Beziehungsfähigkeit" und „Empathie mit dem Opfer" als wichtigeres Ziel formuliert. Sie gehen jetzt davon aus, daß es in Situationen, die zur Tat führen, zu einer drastischen Änderung der Emotionalität kommt, die alles kognitiv in einem anderen Licht erscheinen läßt. Deswegen sind Vorkehrungen zu treffen, daß in solchen Situationen nicht aus dem augenblicklichen Affekt und den damit verbundenen Einstellungen heraus gehandelt wird. Rückfallverhütung kommt aus der Suchtbehandlung, verwendet ähnliche Begriffe wie Abstinenz und Abstinenzbruch (Hudson et al. 1992) und seine Wirksamkeit scheint erwiesen zu sein (Marques et al. 1994). Allerdings benötigt die Rückfallverhütung den Hintergrund der Arbeit an Beziehungen, an der Einstellung zu Frauen und Kindern, besonders an den versteckt feindseligen Gefühlen sowie der Arbeit an der Impulsivität ganz allgemein, auch außerhalb des sexuellen Bereichs (Prentky 1995). Die Gemeinsamkeit dieser Ansätze mit der Entwicklung in den psychodynamischen Schulen besteht darin, daß die Behandlung des Beziehungskontextes gegenüber dem reinen sexuellen Wunsch und seiner Behinderung in den Vordergrund getreten ist. Feindseligkeit und Aggression spielen heute eine viel zentralere Rolle als früher, als man meinte, sie nur als Frustrationsreaktion verstehen zu müssen. Die wesentlichen Unterschiede der psychodynamischen zu den verhaltenstherapeutischen Schulen bestehen darin, daß psychodynamisch ein größerer Schwerpunkt auf die Konfliktbearbeitung gelegt und die Beziehung zum Therapeuten exemplarisch zur Bearbeitung genutzt wird (Arbeit an der Übertragung).

Weitere Therapiemöglichkeiten

Nicht erwähnt haben wir bisher die Fälle, bei denen Psychotherapie nicht ausreicht, um drohende Gefahr für den Betroffenen oder seine Umwelt abzuwenden, bzw. bei denen Entwicklungsmöglichkeiten gar nicht gegeben scheinen. In solchen Fällen ist an eine Kombination von Psychotherapie mit medikamentöser Therapie zu denken oder, wenn auch das nicht ausreicht oder vom Betroffenen nicht gewünscht wird, auch an eine langfristige Unterbringung. Die Diskussion dieser Fragen ist vorwiegend ein forensisches Thema und kann deshalb an dieser Stelle nicht ausführlich geführt werden. Allgemein gilt für die Kombination von medikamentöser und Psychotherapie, daß es günstiger ist, die medizinische von der psychotherapeutischen Behandlung zu trennen. Dies macht dem Patienten deutlich, daß die Arbeit mit Phantasien – in der Psychotherapie – und die Arbeit an gestörter Impulskontrolle – mit Hilfe von Medikamenten – nicht dasselbe ist. In manchen Fällen, wie z.B. bei sehr agierenden Patienten, bei denen oft rasch und effektiv interveniert werden muß, kann es jedoch notwendig sein, alles in einer Hand zu lassen.

Bei der medikamentösen Therapie haben sich in letzter Zeit drei Wirkprinzipien durchgesetzt.

➤ Dies ist erstens eine neue Gruppe von Antidepressiva, die sich in der Behandlung von Angstanfällen und ungebremster Impulsivität besonders bewährt hat. Es sind dies SSRI-

Substanzen (Selektive-Serotonin-Wiederaufnahme-Hemmer, Fluctin, Seroxat etc.), über die uns positive Ergebnisse vorliegen (vgl. Gijs u. Gooren 1996).

> Länger eingeführt, aber viel massiver in der Art des Eingreifens ist die Behandlung mit Antiandrogenen, deren Wirkung einer Kastration gleichkommt, solange das Medikament zugeführt wird.

> Ähnlich in der Wirkung ist eine dritte Art von Medikamenten, die die Produktion von Androgenen schon auf der Ebene des Hypothalamus bremst. Es handelt sich um eine „LHRH-Agonisten" genannte Medikamentengruppe (Triptorelin und Gosirelinacetat), die weniger Nebenwirkungen hat als die klassischen Antiandrogene und leichter verabreicht werden kann. (Zu speziellen Indikationsmöglichkeiten vgl. Gijs u. Gooren 1996).

Zur emotionellen Beteiligung des Therapeuten

Wie die Fallbeispiele, insbesondere Fall D, zeigen, kann gewalttätiges Handeln des Patienten und auch seine Tendenz, die Rechte anderer Personen zu beschneiden, den Therapeuten in reale und emotionelle Schwierigkeiten bringen. Andererseits stellt sich die Frage, ob sich ein Therapeut mit einem Patienten identifizieren kann, wenn er das, was dieser als erotisch empfindet, nicht nachvollzieht. Mintzer (1996) hat die Literatur zur Gegenübertragung zusammengefaßt und auf drei extreme Empfindungen aufmerksam gemacht, die alle in gleicher Weise therapieavers wirken:

> Der Therapeut erlebt den Patienten nur als Opfer und übersieht wichtige Aspekte seiner tatsächlichen Destruktivität.

> Oder – ganz im Gegenteil – der Therapeut „verfolgt" den Patienten mit negativen Beurteilungen und ergeht sich in Begründungen für dessen Therapie-Resistenz, sich selbst überzeugend, daß es keinen Sinn habe, die wertvolle Behandlungszeit mit so hoffnungslosen Patienten zu verschwenden.

> Eine dritte, nicht minder gefährliche Haltung ist es, sich vom Patienten ausbeuten und erpressen zu lassen. Das kann bis zur Komplizenschaft und Fluchthilfe gehen.

Nur die Reflexion eigener „Retter-" und „Beschützer-Ansprüche" oder auch eigener Auflehnung gegen Ungerechtigkeiten der Gesellschaft oder des Rechtssystems kann zu einer ausgewogenen, nicht zu optimistischen Einstellung führen. Sie hilft Gegenübertragungsgefühle als diagnostische Signale zu benützen, die Leitlinien vorgeben, aber nicht gleich zum Agieren zwingen. Es ist geradezu typisch für diese Therapien, daß sie den Therapeuten Gefühle von Ohnmacht erleben lassen, die der Patient durch sein Agieren vermeidet. Aufgrund der Heftigkeit der Gefühle, die sehr rasch ausgelöst werden und in ungünstigen Fällen zu ganz irrationalen Interventionen führen können, ist Supervision ganz wichtig und sollte rechtzeitig in Anspruch genommen werden. Auch in der Therapie Erfahrene können sich dem Sog der einengenden Gegenübertragung und den daraus resultierenden Impulsen nie vollständig entziehen und benötigen daher immer wieder Supervision zur Erweiterung ihres Gesichtsfeldes.

Die Therapie bei Straftätern steht immer unter einem besonderen Rechtfertigungsdruck und muß mehr als andere Therapieformen ihre Wirksamkeit beweisen. Dies ist nicht zuletzt aus Gründen der Vergleichbarkeit von individuellen Fällen nicht leicht. Da wir hier die laufende Diskussion nicht in aller Breite darstellen können, zitieren wir nur eine der jüngsten Meta-Analysen, die aus zwölf Einzeluntersuchungen mit Vergleichsgruppen von Unbehandelten und einer Gesamtzahl von 1300 Straftätern die Wirksamkeit von Psychotherapien sowie von Hormonbehandlung beweisen konnte (Nagayama Hall 1995). Diese Beweisführung und die eigene klinische Erfahrung läßt uns jene vorsichtig optimistische Haltung aufbringen, ohne die man nicht erfolgreich therapeutisch arbeiten kann. Statt vieler hier nur andeutbarer Zeichen, die am Anfang einer Therapie auf positiven Ausgang hoffen oder negativen befürchten lassen, möchten wir hier nur eine sehr allgemeine Regel erwähnen: Je mehr wir beim Patienten feststellen können, daß bei dem immer stattfindenden Widerstreit der Kräfte die libidinösen über die aggressiven Antriebe siegen und daraus eine eher libidinöse als eine aggressive Einstellung zur Welt resultiert, um so eher können wir damit rechnen, daß die Therapie positiv enden wird.

Die dargestellten Fälle sollen deutlich machen, daß Psychotherapie immer nur vorhandene Entwicklungsmöglichkeiten verstärken, bzw. mildern kann. Nie führt sie zur totalen Beseitigung sexueller Orientierungen oder zur Neuschaffung von vorher nicht vorhandenen Bedürfnissen. Das bedeutet auch, daß im Verlauf einer Therapie nie von einem „Durchbruch" gesprochen werden sollte, der unbewußt von Therapeuten häufig wegen der existentiellen Bedeutung für den Patienten und wegen der von der Gesellschaft geforderten Rückfallprophylaxe erhofft wird. Bei den meisten Menschen ist zum Glück ein gewisses Spektrum sexueller Orientierungsmöglichkeiten vorhanden und damit auch Ansätze für Änderungen. Sie zu sehen und zu nutzen, macht die Geschicklichkeit des Psychotherapeuten aus. Denn einen Veränderungsprozeß zu initiieren und zu begleiten, macht die Arbeit mit diesen Patienten auch für Therapeuten trotz der hohen emotionellen Belastung immer wieder lohnend.

14. Psychotherapie bei Transsexualität

Sophinette Becker

Zunächst werden die bei der Transsexualität gegebenen besonderen Beziehungen zwischen Psychotherapie und somatischen Behandlungen in ihrer historischen Bedingtheit reflektiert und das heute übliche therapeutische Vorgehen skizziert. Dann werden die spezifischen Probleme von Psychotherapie bei Transsexualität dargestellt, insbesondere die therapeutische Haltung gegenüber dem transsexuellen Wunsch und Probleme der Gegenübertragung. Anschließend werden der transsexuelle Wunsch im Erstgespräch, Psychotherapie und Alltagstest sowie Frequenz und Dauer der Psychotherapie diskutiert.

Das Phänomen Transsexualität

„Mit den Begriffen Transsexualismus bzw. Transsexualität wird ein Phänomen bezeichnet, bei dem es um die Überschreitung von Geschlechtergrenzen geht. Es gibt Männer, die von sich sagen, sie erlebten sich als Frauen, und umgekehrt gibt es Frauen, die von sich sagen, sie erlebten sich als Männer. Sind solche Selbstattribuierungen bei nicht-akut-psychotischen Patienten verbunden mit entsprechendem Verhalten und dem nachdrücklichen und kontinuierlichen Bestreben, körperlich, sozial und rechtlich einen Geschlechtswechsel zu erlangen, spricht man von Transsexualität." (Pfäfflin 1993, S.1)

„Transsexualität zielt auf geschlechtliche, ja personale Identität hin ... Transsexualität ist ein Name für ein besonders spannungsreiches Verhältnis sich selbst gegenüber." (Plettner 1997, S.13)

Beide Definitionen, die lakonische eines TS-Experten und die auf ein existentielles Problem verweisende einer Transsexuellen-Selbsthilfegruppe, markieren das komplexe Spannungsfeld zwischen dem individuellen Leiden und der Suche nach einem Ausweg der transsexuellen Patienten einerseits und der gesellschaftlich-medizinischen Konstruktion von Transsexualität andererseits.

Die historische Entwicklung des „medizinischen Projekts Transsexualität" (Hirschauer 1993) ist nicht mehr rückgängig zu machen: Medizin und Rechtsprechung haben sich auf den Geltungsanspruch der Transsexuellen eingelassen, sind ihrem Verlangen nach Geschlechtswechsel bzw. Geschlechtsumwandlung (wenn auch mit Vorbehalten, Bedenken und entsprechenden „Hürden") entgegengekommen. Was technisch machbar ist, wird – ungeachtet der jeweiligen ethischen Zweifel daran – faktisch auch gemacht: das reicht von geschlechtsumwandelnden Operationen über in-vitro-Fertilisation bis hin zur Gentechnologie. Durch ihr Entgegenkommen haben Medizin und Rechtsprechung das transsexuelle Verlangen weitgehend unter ihre Kontrolle gebracht, nicht zuletzt im Interesse der Aufrechterhaltung der traditionellen Geschlechterordnung. Die medizinischen Behandlungsmöglichkeiten haben wiederum das klinische Erscheinungsbild des transsexuellen Wunsches beeinflußt. Ging es Hirschfelds (damals noch als „Transvestiten" bezeichneten) transsexuellen Patienten noch um die Berechtigung, Kleidung und Namen des anderen Geschlechts zu tragen (Hirschfeld 1926), gehört das Verlangen nach hormoneller und chirurgischer Behandlung heute regelhaft zum transsexuellen Wunsch. Das hatte entsprechende Rückwirkungen auf die Diagnose Transsexualität, auf die Indikation zu somatischen Behandlungen und auf die Verschränkung zwischen beiden. Es kam zu einer sich selbst ad absurdum führenden automatischen Kopplung zwischen Diagnostik und Behandlungsindikation, die im Sinne eines Zirkelschlusses praktisch bedeutete: transsexuell ist, wer anhaltend und überzeugend geschlechtsumwandelnde Operationen anstrebt – bei Vorliegen einer Transsexualität sind geschlechtsumwandelnde Operationen indiziert. Das ging so weit, daß jeder Bericht über eine therapeutische Behandlung mit einem transsexuellen Patienten, im Laufe derer der Wunsch nach einer geschlechtsumwandelnden Operation aufgegeben wurde (z.B. Schwöbel 1960, Springer 1981, Janssen 1984, Küchenhoff 1988), von anderen Autoren dahingehend kommentiert wurde, daß es sich um einen „fraglichen" Fall von Transsexualität gehandelt habe. Aufgrund der diagnostisch-therapeutischen Falle, und weil zudem Transsexualität letztlich eine (psychologische) Selbstdiagnose mit einer Selbstindikation (zu somatischen Behandlungen) ist, ging es bei allen diagnostischen und differentialdiagnostischen Unterscheidungen (z.B. in „primäre" und „sekundäre" Transsexuelle, Person u. Ovesey 1974), ebenso wie bei allen Behandlungsprogrammen[1] immer auch darum, die Selbstdiagnose bzw. -indikation des Patienten abzulehnen bzw. zu bestätigen: Handelt es sich bei dem Patienten um einen „echten" Fall von „eindeutig und total transponierter Geschlechtsidentität" (Eicher 1992)? Ist der Patient „wirklich" transsexuell? Die Suche nach der „eindeutigen" Diagnose Transsexualität hatte zwar eine entlastende Funktion für die Behandler als Legitimierung der irreversiblen somatischen Eingriffe und versprach eine gewisse Erfolgsgarantie durch sorgfältige Auswahl der „geeigneten" Kandidaten. Sie kam auf der Beziehungsebene dem Wunsch der transsexuellen Patienten nach Eindeutigkeit entgegen. Gleichzeitig verengte sie aber auch den klinischen Blick auf das Geschlecht und seine operative Korrektur und versperrte den auf die Vielfalt der Geschlechtsidentitätsstörungen. Die zunehmende Reflexion dieses Problems in den letzten Jahren (vgl. Langer 1985, Pfäfflin 1993, Becker u. Hartmann 1994) hat ansatzweise zu einer „Enttotalisierung des Transsexualismus" (Sigusch 1991a) und damit auch zu der Aufgabe einer abgrenzbaren Krankheitseinheit Transsexualität geführt. Eine Folge davon ist die Entkoppelung der Diagnostik/Differentialdiagnostik der Geschlechtsidentitätsstörungen von den Indikationskriterien für geschlechtsumwandelnde Operationen[2].

---

[1]   Das bekannteste und einflußreichste war das Frankfurter „Untersuchungs- und Behandlungsprogramm" (Sigusch u. Reiche 1980); für die jüngere Zeit vgl. z.B. Clement u. Senf 1996.

[2]   DSM IV (APA 1994) trägt dieser Entwicklung Rechnung durch die Aufgabe der Diagnose „Transsexualität" zugunsten von „Geschlechtsidentitätsstörungen"; dagegen ist im ICD 10 (WHO 1993) und im DSM III R (APA 1987) der Wunsch nach hormoneller und chirurgischer Behandlung noch Bestandteil der Diagnose Transsexualität. Wie den Kommentaren beteiligter Experten zu entnehmen ist (Bradley et al. 1991, Levine 1992), ist die nosologische Richtungsänderung im DSM IV von der Intention getragen, den Stellenwert geschlechtsumwandelnder Operationen als der „Lösung" für Geschlechtsidentitätsstörungen zugunsten einer Vielfalt von „Lösungen" zu verändern.

Behandlung

Nach etwa 40 Jahren klinischer Erfahrung mit transsexuellen[3] Patienten und mit geschlechtsumwandelnden Operationen[4], die von heftigen wissenschaftlichen Kontroversen über die „richtige" Behandlung (Psychotherapie oder Operation) geprägt waren[5], hat sich mittlerweile ein zeitlich gestuftes, prozeßhaftes diagnostisch-therapeutisches Vorgehen durchgesetzt, das psychotherapeutische und somatische Behandlungen nicht als Alternativen versteht: Der Behandlungsprozeß kann, aber muß nicht zu hormoneller und chirurgischer Behandlung führen. Ein völlig beliebiger Zugang (auf bloßes Verlangen) zu den somatischen Behandlungen soll jedoch verhindert werden. Dieses Vorgehen orientiert sich prinzipiell an den 1979 erstmals vorgelegten und seitdem mehrfach überarbeiteten „Standards of Care" der Harry Benjamin International Gender Dysphoria Association, deren liberale Bestimmungen in der Praxis jedoch überwiegend strenger gehandhabt werden, besonders in bezug auf die Länge der einzelnen Behandlungsabschnitte[6].

Für die spezifisch deutschen Verhältnisse wurden kürzlich (1997) von einer Expertenkommission „Standards der Behandlung und Begutachtung von Transsexuellen" erarbeitet, die von den drei sexualwissenschaftlichen Fachgesellschaften (der Deutschen Gesellschaft für Sexualforschung, der Akademie für Sexualmedizin und der Gesellschaft für Sexualwissenschaft) getragen werden.

Abgesehen von kulturellen Differenzen unterscheiden sich die Verhältnisse in den verschiedenen Ländern insbesondere bezüglich der rechtlichen Situation Transsexueller und der Regelungen der Kostenübernahme für die somatischen Behandlungen durch die Krankenkassen. In der Bundesrepublik Deutschland gibt es seit 1980 das Transsexuellengesetz (TSG), das die juristischen Voraussetzungen der Vornamens- und Personenstandsänderung regelt. Die Änderung des Vornamens (ohne Personenstandsänderung), die sogenannte „kleine Lösung" nach §1 TSG, setzt keinerlei somatische Behandlung voraus und ist auch für verheiratete Transsexuelle möglich. Die Personenstandsänderung nach §8 TSG ist erst nach der geschlechtsumwandelnden Operation möglich und setzt voraus, daß der Antragsteller nicht verheiratet ist. In beiden Verfahren müssen Gutachten von Sachverständigen erstellt werden, die „aufgrund ihrer Ausbildung und ihrer beruflichen Erfahrung mit den besonderen Problemen des Transsexualismus ausreichend vertraut sind". Die Sachverständigen (das TSG beschränkt den Sachverstand nicht auf Ärzte) müssen im Gutachten nach §1 TSG zu den Fragen Stellung nehmen, ob die antragstellende Person sich „aufgrund ihrer transsexuellen Prägung nicht mehr dem in ihrem Geburtseintrag angegebenen, sondern dem anderen Geschlecht zugehörig empfindet und seit mindestens drei Jahren unter dem Zwang steht, ihren Vorstellungen entsprechend zu leben" und „ob mit hoher Wahrscheinlichkeit anzunehmen ist, daß sich ihr Zugehörigkeitsempfinden zum anderen Geschlecht nicht mehr ändern wird". In dem Gutachten nach §8 TSG (Personenstandsänderung) muß darüber hinaus dazu Stellung genommen werden, ob die antragstellende Person „dauernd fortpflanzungsunfähig" ist und „sich einem ihre äußeren Geschlechtsmerkmale verändernden operativen Eingriff unterzogen hat, durch den eine

---

[3] Aus den vorangegangenen Erörterungen ergibt sich, daß hier und im folgenden „transsexuell" immer für „mit transsexuellem Wunsch" steht.

[4] Synonym werden folgende Begriffe gebraucht: geschlechtsangleichende, geschlechtstransformierende, geschlechtskorrigierende Operationen; im angloamerikanischen Sprachraum hat sich die Bezeichnung „sex-reassignment-surgery" durchgesetzt.

[5] Zu dieser Diskussion vgl. Sigusch 1991 und Pfäfflin 1993.

[6] Vgl. die 19 Behandlungszentren in Nordamerika und Europa erfassende Vergleichsstudie von Peterson u. Dickey 1995.

deutliche Annäherung an das Erscheinungsbild des anderen Geschlechts erreicht worden ist". (Zum Verständnis bzw. zur Interpretation der vom Gutachter nach §1 und §8 TSG zu beantwortenden Fragen vgl. Standards der Behandlung und Begutachtung von Transsexuellen 1997, und Pfäfflin 1996).

Das Hauptproblem der Begutachtung nach §1 TSG ist im Gesetz selber angelegt: Einerseits soll die „kleine Lösung" dem Betroffenen vor der Entscheidung zu irreversiblen somatischen Eingriffen den Alltagstest, d.h. die Erprobung des Lebens im gewünschten Geschlecht in allen sozialen Bereichen (z.B. am Arbeitsplatz), erleichtern. Andererseits verlangt §1 TSG vom Gutachter die Festlegung auf eine endgültige, prognostisch sichere Diagnose Transsexualität, die, soweit überhaupt, frühestens nach einem längeren Alltagstest möglich ist. Dadurch bekommt die Vornamensänderung nach §1 TSG ein weit über die „kleine Lösung" hinausgehendes Gewicht und präjudiziert damit Entscheidungen zu den somatischen Behandlungen. Dieses Problem stellt sich noch verschärft dadurch, daß nicht wenige Transsexuelle den Antrag auf die Vornamensänderung nach §1 TSG vor jeglicher fachkundiger Beratung/Psychotherapie und häufig auch vor jeglicher sozialer Erfahrung im gewünschten Geschlecht stellen.

Ob der behandelnde Psychotherapeut auch der Gutachter im TSG-Verfahren sein sollte, läßt sich nicht prinzipiell beurteilen, da es sowohl für die Trennung der Funktionen (der Patient steht in der Psychotherapie nicht unter Beweisdruck und fühlt sich weniger abhängig) als auch für die Doppelfunktion (der Therapeut kennt den Patienten am besten) gute Gründe gibt. Die Frage läßt sich nur im Einzelfall entscheiden, muß aber in jedem Fall von Anfang an mit dem Patienten geklärt werden; das gleiche gilt für die Beteiligung des Psychotherapeuten an der Indikationsstellung zu den somatischen Behandlungen.

1987 hat das Bundessozialgericht in einer Grundsatzentscheidung Transsexualität versicherungsrechtlich als Krankheit und geschlechtsumwandelnde somatische Behandlungen als medizinische Heileingriffe unter der Voraussetzung eingestuft, daß ein erheblicher psychischer Leidensdruck vorliegt, der nicht anders gelindert werden kann. Seitdem werden die somatischen Behandlungen grundsätzlich von der Krankenkasse finanziert, die Überprüfung der notwendigen Voraussetzungen (Indikationskriterien[7]), wird allerdings von den verschiedenen Krankenkassen und ihren Medizinischen Diensten sehr unterschiedlich gehandhabt. Viele Krankenkassen orientieren sich in ihren Bestimmungen an den Voraussetzungen für eine Vornamensänderung nach dem TSG und akzeptieren die entsprechenden Gutachten als Indikation für die geschlechtsumwandelnden somatischen Behandlungen – obwohl diese explizit dafür nicht gedacht sind und diese Handhabung den Sinn der „kleinen Lösung" pervertiert. Andere Krankenkassen bzw. ihre medizinischen Dienste legen das Urteil des Bundessozialgerichts so aus, daß in jedem Fall eine Psychotherapie im Sinne eines „Umstimmungsversuchs" (Bosinski et al. 1994) versucht worden sein muß, bevor eine Kostenübernahme für geschlechtsumwandelnde somatische Behandlungen erfolgen könne – unter solchen Voraussetzungen macht Psychotherapie keinen Sinn, wie im folgenden noch deutlicher werden wird.

Sowohl das TSG-Verfahren und die damit zusammenhängenden Begutachtungen als auch die Regelungen der Kostenübernahme für die somatischen Behandlungen bei Transsexuellen beeinflussen den gesamten Behandlungsprozeß (und damit auch die Psychotherapie) auf komplexe und oft nicht durchschaubare Weise. Die „Standards" verfolgen nicht zuletzt die Absicht, durch „verbindliche Richtlinien" mehr Transparenz herzustellen.

---

[7]   Zur Indikationsstellung zur hormonellen und chirurgischen Behandlung vgl. Standards der Behandlung und Begutachtung von Transsexuellen 1997 und Pfäfflin 1996.

Die „Standards" sind ein in Anerkennung der normativen Kraft des Faktischen pragmatischer Versuch der Schadensbegrenzung, der selbstverständlich auch eine Kontrollfunktion impliziert. Sie stellen kein therapeutisches „Manual" im engeren Sinne dar, sondern formulieren allgemeine Rahmenbedingungen, die möglichst individuelle, auf Dauer lebbare, d.h. psychisch und sozial stabilisierende Lösungen für die Patienten und ihr spezifisches Geschlechtsidentitätsproblem ermöglichen sollen. Im einzelnen geht es um Standards der Diagnostik, der Differentialdiagnostik, der Psychotherapie/psychotherapeutischen Begleitung, der Indikation zur somatischen Behandlung, der somatischen Behandlung, der Begutachtung nach dem TSG, die im folgenden auszugsweise vorgestellt werden sollen.

1. Die breit angelegte Diagnostik soll folgende Bereiche umfassen:

> das Strukturniveau der Persönlichkeit und deren Defizite
> das psychosoziale Funktionsniveau
> neurotische Dispositionen bzw. Konflikte
> Abhängigkeit/Süchte
> suizidale Tendenzen und selbstschädigendes Verhalten
> Paraphilien/Perversionen
> psychotische Erkrankungen
> hirnorganische Störungen
> Minderbegabungen.

2. Folgende Differentialdiagnosen sind zu beachten:

> Unbehagen, Schwierigkeiten oder Nicht-Konformität mit gängigen Geschlechtsrollenerfahrungen, ohne daß es dabei zu einer überdauernden und profunden Störung der geschlechtlichen Identität gekommen ist
> partielle oder passagere Störungen der Geschlechtsidentität, etwa bei Adoleszenzkrisen
> Transvestitismus und fetischistischer Transvestitismus, bei denen es in krisenhaften Verfassungen zu einem Geschlechtsumwandlungswunsch kommen kann
> Schwierigkeiten mit der geschlechtlichen Identität, die aus der Ablehnung einer homosexuellen Orientierung resultieren
> eine psychotische Verkennung der geschlechtlichen Identität
> schwere Persönlichkeitsstörungen mit Auswirkung auf die Geschlechtsidentität.

3. In der Psychotherapie müssen bezüglich des transsexuellen Wunsches vor der Einleitung organmedizinischer Maßnahmen zumindest folgende Kriterien gegeben sein:

> die innere Stimmigkeit und Konstanz des Identitätsgeschlechts und seiner individuellen Ausgestaltung
> die Lebbarkeit der gewünschten Geschlechtsrolle
> die realistische Einschätzung der Möglichkeiten und Grenzen somatischer Behandlungen.

4. Vor der Indikation zur Hormonbehandlung müssen folgende Voraussetzungen erfüllt sein:

> Der Therapeut kennt den Patienten in der Regel mindestens seit einem Jahr.
> Der Therapeut hat die diagnostischen Kriterien überprüft.
> Der Therapeut ist zu dem klinisch begründeten Urteil gekommen, daß bei dem Patienten die drei genannten Kriterien der Psychotherapie (die innere Stimmigkeit und Konstanz des Identitätsgeschlechts und seiner individuellen Ausgestaltung, die Lebbarkeit

der gewünschten Geschlechtsrolle und die realistische Einschätzung der Möglichkeiten und Grenzen somatischer Behandlung) gegeben sind.

➤ Der Patient hat das Leben in der gewünschten Geschlechtsrolle mindestens ein Jahr lang kontinuierlich erprobt (sogenannter Alltagstest).

5. Vor der Indikationsstellung zur geschlechtsumwandelnden Operation müssen neben der Überprüfung der Diagnose und des Vorliegens der drei Kriterien der Psychotherapie folgende Voraussetzungen erfüllt sein:

➤ Der Therapeut kennt den Patienten in der Regel mindestens seit eineinhalb Jahren.
➤ Der Patient hat das Leben in der gewünschten Geschlechtsrolle mindestens seit eineinhalb Jahren kontinuierlich erprobt (sogenannter Alltagstest).
➤ Der Patient wird seit mindestens einem halben Jahr hormonell behandelt.

Die Standards basieren, neben der klinischen Erfahrung und publizierten Behandlungsverläufen, auf katamnestischen Untersuchungen operierter Transsexueller. Es hat sich gezeigt, daß nicht die somatische Behandlung für sich genommen, sondern ihre Einbettung in einen langfristig angelegten Behandlungsprozeß entscheidend für die postoperative psychische Stabilität der Patienten war. Als besonders bedeutsame Faktoren erwiesen sich dabei[8]:

➤ der kontinuierliche Kontakt über einen längeren Zeitraum mit einer Behandlungseinrichtung/einem Forschungsprogramm;
➤ der sogenannte Alltagstest („real life test"), d.h. das kontinuierliche Leben im gewünschten Geschlecht in allen sozialen Bereichen *vor* den somatischen Behandlungen. Der Alltagstest bedeutet, sich im gewünschten Geschlecht durch umfassende soziale Erfahrungen auszuprobieren; das beinhaltet auch die Konfrontation mit den Reaktionen der Umwelt, sowohl der nicht-informierten (die den Transsexuellen nur im gewünschten Geschlecht kennt) als auch der vertrauten, d.h. Familie, Partner, Freunde, Kollegen etc.;
➤ die psychiatrisch-psychotherapeutische Begleitung/Beratung und/oder Behandlung.

Entsprechend wird in den „Standards" (1997) der Psychotherapie „in Verbindung mit dem Alltagstest zentrale Bedeutung in der Behandlung transsexueller Patienten" zugemessen und sie „muß in jedem Fall vor der Einleitung somatischer Therapiemaßnahmen stehen". Der Psychotherapie kommt dabei letztlich die Funktion einer selektiven Verlaufsdiagnostik zu bzw. einer Schritt-für-Schritt-Absicherung der Indikation zur somatischen Behandlung.

Dies wissen auch die transsexuellen Patienten, es strukturiert ihre Erwartungen mit, was in Bemerkungen wie „Wie lange muß man Psychotherapie machen, bevor es los geht?" zum Ausdruck kommt. Auch die therapeutische Beziehung bleibt davon nicht unberührt. Dessen muß sich der Psychotherapeut ebenso bewußt sein wie der Tatsache, daß letztlich jeder Patient selbst entscheidet, ob und wie weit er den transsexuellen Weg geht. Dabei muß berücksichtigt werden, daß Hormone auf dem Schwarzmarkt und auch von vielen Ärzten leicht zu erhalten sind und nicht wenige transsexuelle Patienten ohne jede Indikationsstellung operiert werden. So gerät Psychotherapie mit Transsexuellen „immer in die Nähe der Gefahr, entweder Hürde oder Transsexualitätsschulung darzustellen" (Langer 1985, S.79). Anders gesagt: im ungünstigsten Fall ist die Psychotherapie nur eine „Auflage", die vom Patienten abgesessen wird, oder ein Einüben in die Geschlechts-

---

[8]   Vgl. die umfassende und kritische Darstellung aller 1961 bis 1991 dokumentierten Katamnesen operierter Transsexueller von Pfäfflin u. Junge (1992).

rollenklischees des Therapeuten bzw. ein Anpassungsprozeß an das Bild des Therapeuten vom idealen Kandidaten für geschlechtsumwandelnde Operationen. Im günstigsten Fall dagegen stellt die Psychotherapie einen in der therapeutischen Beziehung gehaltenen Entwicklungsraum zur Verfügung, innerhalb dessen der Patient seinen spezifischen Weg finden und sich auf diesem entfalten und stabilisieren kann. Um diesen therapeutischen Raum zu gewährleisten, muß sich der Therapeut gegenüber dem transsexuellen Wunsch abstinent verhalten, d.h. für jeden möglichen Ausgang des Prozesses[9] offen sein, ohne einen von ihnen prinzipiell als Erfolg bzw. Mißerfolg zu werten, und dies dem Patienten auch vermitteln.

Diese therapeutische Haltung ist nicht einfach und nur möglich, wenn der Psychotherapeut den transsexuellen Wunsch/die transsexuelle Identität potentiell als Selbstheilungsversuch des Patienten, als Abwehrleistung mit einer protektiven Funktion für das Selbst im Sinne der „narzißtischen Plombe" (Morgenthaler 1974) versteht.

Wenn der transsexuelle Wunsch die Funktion einer „narzißtischen Plombe" hat, schützt er den Patienten vor schwerer narzißtischer Depression (vor Gefühlen der Leere, der Nicht-Existenz, der Nicht-Identität) und vor Desintegration, d.h. dem Überflutetwerden durch archaische Ängste vor Verschmelzung, Auflösung, Vernichtung, Zerstückelung etc. (der Qualität dieser Ängste entsprechen „frühe" Abwehrmechanismen, insbesondere Spaltung). In diesem Sinne stellt der transsexuelle Wunsch einen narzißtischen Stabilisierungsversuch, eine „Lösung" (Oppenheimer 1991) eines unerträglichen, existentiell bedrohlichen psychischen Dilemmas dar. Aus dieser Perspektive macht es Sinn, den transsexuellen Wunsch als (über-)lebensnotwendige Abwehr zu respektieren; in der Psychotherapie geht es dann darum zu klären, ob und inwieweit der transsexuelle Wunsch und seine Realisierung diese protektive Abwehrfunktion erfüllen und ob infolgedessen dem Patienten im anderen Geschlecht mehr psychische Entwicklung bzw. Individuation möglich ist. So wichtig die Differentialdiagnostik ist, die Frage nach der Tragfähigkeit der Abwehr ist letztlich die entscheidende. Dies wird besonders deutlich bei Übergängen z.B. von einer transvestitischen in eine transsexuelle Entwicklung.

Mit bedacht werden muß immer die besondere, interaktive Qualität der transsexuellen Abwehr, das Angewiesensein des transsexuellen Patienten auf „den anderen", der mitmacht, d.h. ihn anerkennt, bestätigt und ihn bei der Realisierung seines transsexuellen Wunsches unterstützt („all-autoplastische Verschränkung", Pfäfflin 1993).

Probleme der Gegenübertragung

Psychotherapie mit Transsexuellen[10] setzt einen besonders sorgfältigen Umgang mit der Gegenübertragung voraus. Wer sich mit transsexuellen Patienten psychotherapeutisch einläßt, also nicht gleich das Gespräch verweigert, wenn er „transsexuell" hört, muß sich mit eigenen heftigen Affekten auseinandersetzen. Spezifische Gefühle können beim Therapeuten ausgelöst werden:

➤ tiefe Ohnmachtsgefühle, Gefühle des Entwertetseins und Manipuliertwerdens
➤ Allmachtsgefühle (ich kann dem Patienten helfen, ihn erlösen, ob mit Psychotherapie oder mit Operation)

---

[9]   Im wesentlichen gibt es drei: 1. der Patient versöhnt sich mit seinem biologischen Geschlecht; 2. der Patient richtet sich irgendwo zwischen den Geschlechtern ein (ohne oder mit partieller somatischer Behandlung, d.h. Hormonen) oder 3. der Patient geht den transsexuellen Weg mit allen medizinischen und juristischen Möglichkeiten.

[10]   Zur besonderen Therapeut/Patient-Beziehung vgl. Pfäfflin (1996).

> Wünsche nach völliger Übereinstimmung mit dem Patienten, nicht nur, weil es dann keine Konflikte mit ihm gibt (statt dessen sehr dankbare, idealisierende Patienten), sondern wirklich tiefe, quasi symbiotische Einfühlung in seinen transsexuellen Wunsch
> schroffe Distanzierung, blanker Haß und Entwertung (Einfühlung verweigernde Ablehnung des transsexuellen Wunsches, die den Zugang zum Patienten versperrt und schnell zum Abbruch des Kontaktes führt)
> Lähmung und Ratlosigkeit
> Aktivismus (reine Affirmation: tun, was der Patient will, z.B. schnelle Indikation zur somatischen Behandlung)
> Angst, z. B. Kastrationsangst, Angst vor Vernichtung, vor dem Verlust körperlicher Unversehrtheit
> Druck, den der Patient auch oft genug macht, z.B. Suiziddrohungen
> und nicht zuletzt Verwirrung. Transsexuelle Patienten verwirren nicht nur Therapeuten oft in bezug auf ihr Geschlecht, man nimmt sie mal als „er", mal als „sie", oft auch im Laufe der Behandlung eindeutig im gewünschten Geschlecht wahr. Transsexuelle Patienten rühren auch beim Therapeuten tief an die Entwicklung der eigenen Geschlechtsidentität (mit allen ihren Narben und Brüchen), an die Verarbeitung der eigenen kindlichen bisexuellen Omnipotenz inklusive des Schicksals der infantilen Wünsche nach Überwindung des Geschlechtsunterschiedes mit allen dazugehörenden Phantasien, vom gebärfähigen Mann mit Brüsten bis zum mütterlichen Phallus.

Wer mit transsexuellen Patienten zu tun hat, bleibt in keinem Falle unschuldig. Wenn er sich grundsätzlich gegenüber dem transsexuellen Wunsch verweigert, läßt er den Patienten allein, was zu Suizidalität, zu vorschnellen Operationen führen und zu einer besonders unglücklich verlaufenden transsexuellen Entwicklung beitragen kann (Delegation des Problems an andere). Wenn er aktiv wird bzw. nicht ausschließt, im Laufe der Psychotherapie aktiv zu werden bzw. keine Auflagen macht (im Sinne eines Verbots somatischer Maßnahmen), den transsexuellen Wunsch vielleicht deutet, aber seine Realisierung nicht behindert (vergleichbar dem Umgang mit einem Kinderwunsch), wenn er sogar im Laufe der Psychotherapie Hormone und Operation befürwortet oder irgendwie mitträgt, beteiligt er sich an Verstümmelung, irreversiblen Entscheidungen, an Psychochirurgie.

Für den Umgang mit transsexuellen Patienten ist es von zentraler Bedeutung, sich die besondere Weise, in der man (ob man will oder nicht) von Anfang an involviert ist, ständig bewußt zu machen. Darin liegt zwar ein Schutz vor verführerischen diagnostischen Gewißheiten und falschen Eindeutigkeiten. Das kann auch den Patienten helfen, Ambivalenzen zulassen zu können. Es bringt es aber auch mit sich, immer wieder erneut alle die genannten Gefühle erleben zu müssen und immer wieder alles zu bezweifeln, was man tut.

Der transsexuelle Wunsch im Erstgespräch

Transsexualität ist, wie bereits gesagt, keine Krankheitseinheit, sondern die gemeinsame Endstrecke („final common pathway", Person u. Ovesey 1974) ganz unterschiedlicher psychischer Entwicklungen, deren gemeinsame Charakteristika die gestörte konflikthafte Geschlechtsidentität und der Wunsch/das Verlangen nach Geschlechtswechsel/Geschlechtsumwandlung sind. Der transsexuelle Wunsch ist ein ich-syntones Symptom, das sehr verschiedene psychodynamische/psychopathologische Hintergründe haben kann. Entsprechend gibt es auch keine spezifische Ätiologie, jedoch eine Reihe wichtiger Verstehensansätze[11]. Wie bei der transsexuellen Abwehr schon angedeutet, geht es dabei um Störungen der Selbstentwicklung, des Separations-/Individuationsprozesses, der Symbolisierungsfähigkeit (vgl. Limentani 1979, Oppenheimer 1991). Nach acht Jahren intensiver psychotherapeutischer Beschäftigung mit transsexuellen Patienten ordne ich persönlich die meisten transsexuellen Entwicklungen ätiologisch irgendwo zwischen der Perversion und der frühkindlichen psychosomatischen Erkrankung ein.

Der transsexuelle Wunsch/die transsexuelle Gewißheit[12] hat zwei Facetten, deren Nuancen und Gewichtung untereinander im Einzelfall sehr unterschiedlich sind.

➤ Leiden, Unglücklichsein, Ablehnung, Nicht-Zugehörigkeitsgefühl gegenüber dem eigenen anatomisch gegebenen Geschlecht
➤ ein Zugehörigkeitsgefühl zum anderen Geschlecht bzw. der Wunsch, im anderen Geschlecht zu leben und anerkannt zu werden.

Ich will das an einigen Fallvignetten verdeutlichen:

> Eine 17jährige Patientin: „Ich wollte nie ein Mädchen sein, habe immer mit Jungen gespielt. Als die Periode kam und die Brust anfing zu wachsen, brach eine Welt für mich zusammen. Seitdem hasse ich meinen Körper, habe mich ganz zurückgezogen, gucke viel Fernsehen, dabei bin ich immer der Held."

> Ein 40jähriger verheirateter Patient mit langer transvestitischer Vorgeschichte (der Transvestitismus war in die eheliche Sexualität integriert gewesen) wurde nach einer Hodenkrebserkrankung (Verlust eines Hodens) zunächst depressiv, entwickelte dann einen sehr heftigen drängenden transsexuellen Wunsch: „Als Mann bin ich eine Karikatur, ein Troll – da kann ich mich gleich aufhängen."

Auch das Zugehörigkeitsgefühl zum anderen Geschlecht wird sehr verschieden artikuliert: von stereotypen Äußerungen wie „Ich war schon immer eine Frau", „Ich lebe seit meiner Geburt als Mann" über „Ich möchte gern ein Mädchen sein", „Ich möchte ein Mann/eine Frau werden" bis hin zu „Ich bin neidisch auf Frauen/auf Männer".

In diesem Zusammenhang ist die Frage wichtig, wie der Patient seinen Wunsch, im anderen Geschlecht zu leben und anerkannt zu werden, bisher in seinem Leben umgesetzt und welche Erfahrungen und Ziele er für seinen weiteren Weg hat (unter anderem, ob er hofft, durch die Operation zum Mann/zur Frau zu werden, oder ob er die Operation als Konsequenz des Lebens im anderen Geschlecht bzw. als Bestandteil eines prozeßhaften Geschlechtswechsels sieht).

> Eine burschikos-weiblich wirkende 30jährige Patientin: „Ich lebe eigentlich immer schon als Mann. Jetzt möchte ich die Geschlechtsumwandlung." Ihre Familie wisse ebenso Bescheid wie die Kollegen am Arbeitsplatz, alle akzeptierten sie als Mann und wüßten, daß sie sich umwandeln lassen werde. Bei näherem Befragen stellt sich heraus, daß das „Akzeptieren als Mann" darin besteht, daß alle Bescheid wissen, daß sie sich so fühlt, aber keiner sie so wahrnimmt. Alle rufen sie mit ihrem geschlechtsneutralen Kinderspitznamen und sprechen nur von „sie". Auf die Frage, warum sie erst jetzt kommt, berichtet sie von einer achtjährigen Beziehung mit einer Frau („die war

---

[11] Zur psychoanalytischen und sexualwissenschaftlichen Diskussion vgl. Pfäfflin (1993) und Becker und Hartmann (1994).
[12] Transsexuelle verleugnen nicht wahnhaft ihren biologischen Körper; sie wissen, daß er da ist, aber sie empfinden ihn als „falsch", als „Gefängnis", als nicht zu ihnen gehörend, lehnen ihn ab, hassen ihn oft, verstecken ihn, versuchen, ihn zu ignorieren, manche attackieren ihn auch, verletzen ihn, vom autoaggressiven Abbinden des Penis oder der Brust bis zu Autokastrationsversuchen.

heterosexuell und hat mich als Mann geliebt"), die letztlich daran gescheitert sei, daß die Freundin sich mit ihr nicht in der Öffentlichkeit habe zeigen wollen: „Die war ja nicht lesbisch und wollte nicht jedem erklären, daß ich eigentlich ein Mann bin".

Umgekehrt verhält es sich im folgenden Fall:

Eine 25jährige Patientin, die wie ein jüngerer Mann wirkt, kommt mit ihrer Ex-Freundin. Sie ist seit ihrem 12. Lebensjahr außerhalb der Familie nur als Junge aufgetreten und als solcher problemlos akzeptiert worden; seit dem Auszug aus dem Elternhaus und mit Beginn der Lehre dann überall außer am Arbeitsplatz. Von ihrem heutigen Freundeskreis weiß keiner, daß sie eine Frau ist. Sie hat mehrere Beziehungen zu Mädchen und Frauen gehabt, in denen sie ihr biologisches Geschlecht verheimlicht hat. In der letzten, mehrjährigen Beziehung schöpfte die Freundin allmählich Verdacht (weil die Patientin sich nie ganz ausziehen wollte und dies mit „Impotenz" begründete), die Patientin offenbarte sich ihr schließlich, worauf die Partnerin sie verließ. („Ich sehe dich immer noch als Mann, aber den Vertrauensmißbrauch kann ich dir nicht verzeihen.") Die Patientin möchte „Klarheit in mein Leben bringen", insbesondere eine mögliche nächste Beziehung „nicht mehr auf Lügen aufbauen" und am Arbeitsplatz nicht mehr als geschlechtsneutraler „Kumpel", sondern als Mann akzeptiert werden. „Später" will sie dann Hormonbehandlung und Operation.

Ein 20jähriger, unauffällig feminin wirkender Patient, fühlt sich „schon so lang als Mädchen", trägt manchmal heimlich zu Hause Frauenkleider, war immer schüchtern und hatte keine Freunde, seit der Pubertät nur noch eine gute Freundin. Vor kurzem hat er sich der Mutter, zu der er ein sehr enges Verhältnis hat (sein Vater ist kurz vor seiner Geburt tödlich verunglückt) anvertraut, die ihm zwar gesagt hat, daß sie immer zu ihm halten werde, aber auch sehr geweint hat und seitdem bedrückt ist. „Ich möchte so gern ganz als Frau leben, will mich auch irgendwann operieren lassen, aber ich will meiner Mutter nicht wehtun."

Ein 35jähriger, männlich wirkender, verheirateter Patient (zwei Kinder) sagt, er habe lange versucht, doch noch als Mann zu leben, es gehe aber nicht, er sei immer wieder depressiv geworden, jetzt sei er sich ganz klar darüber, daß er die Geschlechtsumwandlung wolle. Die Ehefrau sei informiert und einverstanden, wolle mit ihm zusammenbleiben. Er habe sich umfassend über Transsexualität und über alle notwendigen Schritte informiert. Er werde nächsten Monat mit dem Alltagstest beginnen, habe alles vorbereitet, unter anderem mit seinem Chef und seinen Kollegen gesprochen; nach einem vierzehntägigen Urlaub dürfe er als Frau arbeiten. Wie oft er während des einjährigen Alltagstests bei mir erscheinen solle?

Die Fallbeispiele zeigen, wie bereits im Erstgespräch die Vielfalt der Transsexualitäten und die daraus resultierenden, ganz unterschiedlichen Erwartungen an den Psychotherapeuten deutlich werden.

Psychotherapie und Alltagstest

Je nach Ausgangslage wird der Alltagstest von den transsexuellen Patienten als zu absolvierende Prüfung, als Performance/Inszenierung, als überfordernde Belastung, als unzumutbare Beschämung, als „Coming out", als konflikthafte, aber bereichernde Erfahrung, als Quelle enormer narzißtischer Gratifikation, als zweite, dieses Mal „glückliche" Pubertät etc. erlebt, oft auch als sukzessive oder abwechselnde Mischung aus alledem. Entsprechend klischeehaft dargestellt oder individuell entwickelt wird auch das Leben im gewünschten Geschlecht. Geht es bei den einen vor allem um die Perfektion des äußeren Erscheinungsbildes, kommt es bei anderen zu einer Differenzierung des Selbstbildes.

Die Bearbeitung der Erfahrungen des Patienten im Alltagstest ist, besonders unter dem Aspekt der Tragfähigkeit der transsexuellen Abwehr, von großer Bedeutung. Sie kann sehr fruchtbar für die Psychotherapie sein, weil häufig bestimmte Konfliktbereiche und Dimensionen des Selbsterlebens des Patienten auf einer tieferen Ebene zugänglich werden. Durch den Alltagstest „angestoßen" werden insbesondere folgende Themenbereiche:

➤ Die Selbstwahrnehmung im Zusammenhang mit der Wahrnehmung durch andere: der Wunsch nach Bestätigung, Angenommenwerden, „Spiegelung", nicht nur im gewünschten Geschlecht, sondern auch als ganze Person – und die entsprechenden „Defizite", Angst vor Ablehnung, Nicht-Wahrgenommen-Werden etc. auf allen Stufen der infantilen Entwicklung. Lothstein (1983) weist in diesem Zusammenhang darauf hin, wie wichtig es ist, Deutungen auf die ganze Person zu beziehen und nicht auf die Geschlechtsidentitätsproblematik zu focussieren. Man kann die Psychotherapie bzw. die therapeutische Beziehung als zentralen Bestandteil des Alltagstests sehen: „Hier, in der Erfahrung des Akzeptiert-Werdens, liegt eine Chance der psychotherapeutischen Betreuung in der Beeinflussung der psychosozialen Entgrenzung solcher Patienten" (Benedetti 1981).

➤ Die Beziehung zu Eltern und Geschwistern, deren Dynamik durch das transsexuelle Coming out und die Reaktion darauf aktualisiert wird. Die Reaktionen der einzelnen Familienmitglieder reichen von Ablehnung/Verstoßung über allzu schnelle, in Richtung Operation drängende Zustimmung bis hin zum allmählichen Akzeptieren. Eine nicht seltene, für die Patienten besonders schmerzliche Reaktion ist die des Ignorierens, weil sie bei vielen genau an das psychische Dilemma (Nicht-Existenz) rührt, dem sie durch den transsexuellen Weg zu entkommen suchen. Häufig führt das transsexuelle Coming out auch zum manifesten Aufbrechen bis dahin latenter Konflikte in der Familie, z.B. zwischen den Eltern.

➤ Gegenwärtige und vergangene Liebesbeziehungen, Wünsche, Ängste, Vermeidungen gegenüber nahen Beziehungen.

Natürlich spielen auch äußerliche körperliche Gegebenheiten (z.B. Körpergröße, Bartwuchs, Größe der Brust etc.) eine Rolle für den Verlauf des Alltagstests und müssen in ihrer subjektiven Bedeutung für den Patienten bearbeitet, gegebenenfalls auch „betrauert" werden. Sie sind auch im Kontext geschlechtsspezifisch unterschiedlicher, gesellschaftlicher Anforderungen an Transsexuelle zu sehen, die ebenfalls den Alltagstest beeinflussen:

➤ Zu Beginn spüren Frau-zu-Mann-Transsexuelle (FM-TS) die Diskrepanz zwischen ihrem Geltungsanspruch als Mann und ihrer weiblichen Existenz deutlicher und ihr Leiden ist für den Therapeuten deutlicher spürbar. Mann-zu-Frau-Transsexuelle (MF-TS) stellen sich dagegen oft bereits zu Beginn so dar, als sei ihr Geltungsanspruch, Frau zu sein, bereits eingelöst, sie leiden scheinbar nicht. Im Laufe der transsexuellen Entwicklung kippen die Verhältnisse zwischen FM-TS und MF-TS häufig: Wenn FM-TS erst einmal als Männer leben, werden sie als solche anerkannt, setzen sich leichter als solche durch, selbst wenn ihr biologisches Geschlecht bekannt ist. MF-TS haben es dagegen im weiteren Verlauf oft schwerer: sie bleiben oft (Stimme, Bart, Körperbau) als „frühere Männer" erkennbar und sie bleiben für die Umwelt, so lange sie einen Penis haben, ein Mann.

➤ Beziehungen zu Frauen bei FM-TS werden von der Umwelt als heterosexuell wahrgenommen, also als Bestätigung der männlichen Identität. Umgekehrt werden Beziehungen von MF-TS zu Männern vor der Operation als homosexuell bewertet, gefährden also die Bestätigung ihrer weiblichen Identität.

➤ FM-TS müssen keine „Kerle" sein, um als Männer anerkannt zu werden, ihre Partnerinnen schätzen oft gerade das „Zarte" an ihnen. MF-TS unterliegen viel stärker dem Druck, „wohlgestaltete", besonders feminine Frauen zu sein.

➤ FM-TS können in vielen Abstufungen allmählich zum Mann werden, MF-TS müssen einen viel radikaleren Schnitt zwischen immer noch Mann- und Frausein machen.

Der Psychotherapeut sollte die unterschiedlichen Schwierigkeiten, die Frauen und Männer auf ihrem transsexuellen Weg (und damit auch im Alltagstest) haben, kennen, um sie auch in ihrer gesellschaftlichen Bedingtheit zu sehen und dadurch entsprechende Gegenübertragungsprozesse besser zu verstehen.

Kommt es im Laufe des Alltagstests zu einer deutlichen psychischen Stabilisierung im gewünschten Geschlecht (also zu einer Stabilisierung der Abwehr), läßt die Angst und der Druck bei dem Patienten oft nach, was gleichzeitig zu einer Lockerung der Abwehr führt[13]. Die Patienten werden dann oft individueller, widersprüchlicher, sprechen mehr über Phantasien und über Konflikte, die nicht im Zusammenhang mit der Geschlechtsidentität stehen. Der Geltungsanspruch „Ich bin eine Frau/ein Mann" wird mehr zu der Frage, „Was für eine Frau/ein Mann bin ich?". Beim Therapeuten entsteht entsprechend nicht nur ein Evidenzgefühl „Das ist ein Mann/eine Frau" (im Sinne des gewünschten Geschlechts), sondern er entwickelt ein inneres Bild des Patienten von einer Frau, einem „Mann mit Eigenschaften".

Frequenz und Dauer der Psychotherapie

Nicht mit allen transsexuellen Patienten ist Psychotherapie möglich, man kann und sollte auch keinen dazu zwingen (der Alltagstest dagegen ist nach aller klinischen Erfahrung unverzichtbar vor jeder somatischen Behandlung). Bei manchen Patienten ist tatsächlich nur eine Verlaufsdiagnostik, eine „Wiedervorstellung" in bestimmten Abständen möglich, die man auch nicht beschönigend als „stützende, niederfrequente psychotherapeutische Begleitung" bezeichnen sollte. Andererseits hängt es, wie ausgeführt, in erheblichem Maße von der Art des therapeutischen Angebots ab (Akzeptieren des transsexuellen Wunsches, Offenheit für jeden Ausgang), ob die Patienten für eine Psychotherapie motiviert werden können. Ein therapeutisches Angebot ohne Zeitvorgabe erhöht die Möglichkeit für die Patienten, die Bedeutung der somatischen Behandlung (auch wenn sie stattfindet) zu relativieren bzw. als Teil einer prozeßhaften Entwicklung zu erleben, die mit der Operation nicht abgeschlossen ist.

Bei manchen Patienten ist es wegen der Fragilität ihrer Abwehr sinnvoll, zunächst niederfrequent, d.h. ein- bis zweimal pro Monat, zu beginnen und erst, wenn die therapeutische Beziehung sich gefestigt hat und es die Patienten auch häufig selber wünschen, die Frequenz zu erhöhen.

Psychotherapie mit transsexuellen Patienten nach geschlechtsumwandelnden Operationen kommt aus sehr unterschiedlichen Gründen zustande: Manche – nach meiner Erfahrung insbesondere jüngere Patienten, die die ganze Zeit in Psychotherapie waren – erleben die Operation nicht als Abschluß ihrer persönlichen Entwicklung und setzen die

---

[13] Vielen MF-Transsexuellen ist diese Entwicklung erst während der Hormonbehandlung, manchen Patienten überhaupt erst nach der Operation möglich.

Psychotherapie fort. Andere transsexuelle Patienten sind überhaupt erst nach der Operation in der Lage, sich auf eine Psychotherapie einzulassen. Ein Patient drückte dies so aus: „Weil ich operiert bin, kann ich mir jetzt leisten zu fragen, wer ich bin". Andere kommen (erstmals oder erneut) zum Psychotherapeuten, weil die transsexuelle Abwehr nicht trägt, sie weiter psychisch instabil sind, z.B. unter Depressionen leiden, oder ständig weitere, neue Kämpfe um Anerkennung führen müssen. Manche kommen, weil sie unter den sozialen Folgen ihrer Transsexualität leiden, z.B. unter Partnerschaftskonflikten, Einsamkeit, sozialem Abstieg etc.

Aufgrund der gleichzeitigen Lockerung und Stabilisierung der Abwehr im Laufe des Behandlungsprozesses ist es manchen Patienten möglich, nach der Operation bis dahin nicht zugängliche Themen zu bearbeiten. So konnte ein Patient drei Jahre nach der Operation erstmals von dem sexuellen Mißbrauch durch den Vater sprechen und sich auch damit konfrontieren, ob dieser mit zu seinem transsexuellen Wunsch geführt habe. Andere Patienten konnten sich erstmals mit hochbedrohlichen (z.B. aggressiven) Selbstanteilen auseinandersetzen bis an die – riskante – Grenze der Genese des transsexuellen Wunsches. Ein Patient fragte mich (und sich) in diesem Zusammenhang: „Wenn ich früher an all das drangekommen wäre, glauben Sie, ich hätte mich nicht operieren lassen?" Aufgrund der psychischen Gesamtentwicklung dieses Patienten (und nicht einfach wegen der Irreversibilität des operativen Eingriffs) antwortete ich ihm, daß er ohne seinen transsexuellen Weg wohl nie bis dahin gekommen wäre.

Manche Patienten haben sich durch den gesamten Behandlungsprozeß so stabilisiert und entwickelt, daß sie nicht nur wieder stärker Eigenschaften zulassen können, die dem „abgelegten" Geschlecht zugerechnet werden, sondern sich auch mit den Grenzen ihrer „Geschlechtsumwandlung" auseinandersetzen können: „Umgekehrt ist es Waltrauds vielleicht wichtigster Schritt in ihrem Frau-Werden gewesen, zu begreifen und auch zu akzeptieren, wieviel ihr doch an wirklichem Frau-Sein fehlt und immer fehlen wird. Sich selbst ist sie genug Frau und dem geliebten Menschen auch und sicher auch genug für die Umwelt und vor dem Gesetz ist sie Frau wie jede andere auch. Und das genügt ... Frau ist Waltraud Schiffels geworden, als sie begriffen hat, daß Weiblichkeit für sie immer eine nicht erreichbare Utopie bleiben wird" (Schiffels 1991).

15. Sexuelle Traumatisierungen

Hertha Richter-Appelt

Nach einer kurzen historischen Betrachtung zur Bedeutung sexuell traumatisierender Erfahrungen in der Kindheit wird der Begriff des sexuellen Mißbrauchs genauer bestimmt. Nach Angaben zur Prävalenz und zu den Folgen sexuellen Mißbrauchs werden einige therapeutisch bedeutsame Aspekte sexueller Traumatisierung bzw. traumatisierter Sexualität diskutiert.

Einleitung

Die Bedeutung sexuell traumatisierender Erfahrungen in der Kindheit für die psychische Entwicklung wurde erstmals 1896 von Freud in seiner in den letzten Jahren neuerlich diskutierten Arbeit „Zur Ätiologie der Hysterie" hervorgehoben. Ausgehend von den Erfahrungen mit 18 Patienten, 6 Männern und 12 Frauen, stellte er die Hypothese auf, Verführung zu sexuellen Handlungen durch Erwachsene im Kindesalter würde im Erwachsenenalter zu konversionsneurotischen (hysterischen) Symptomen führen. Im Unterschied zur aktuellen Diskussion zum sexuellen Mißbrauch, in der Erfahrungen unter Kindern ausgeschlossen werden, bezog Freud diese in seine Überlegungen mit ein. Diese später durch Kris (1954) als Verführungstheorie bekannt gewordene Hypothese – Freud selbst hatte diese Bezeichnung nie verwendet – hat er in seiner Absolutheit bald in einem Brief an seinen Freund Wilhelm Fließ (1897) wieder in Frage gestellt, was ihm von der Mehrzahl der Autor(inn)en der sogenannten Mißbrauchsliteratur vorgeworfen wird (vgl. Richter-Appelt 1997b). Aus deren Ausführungen wird jedoch deutlich, daß diese meist weder die Originalarbeit aus dem Jahre 1896 noch spätere Werke Freuds gelesen haben. Nur so ist es möglich, daß eine so renommierte Autorin wie Trube-Becker (1997) die Auseinandersetzung Freuds mit Verführung und Trauma mit der Behauptung kurz abhandelt: „Ihm (Freud [Verf.]) gebührt zwar das Verdienst, sich Gedanken über die Entstehung der Hysterie gemacht und den Zusammenhang mit sexuellem Mißbrauch in der Kindheit aufgedeckt zu haben, um dann aber den Zusammenhang zu leugnen und die von seinen Patientinnen geäußerten Erlebnisse in den Bereich der Phantasie zu verbannen" (S.44). Bezeichnenderweise bezieht sie sich dabei auf Miller (1981) und nicht auf Freud im Original. Sonst hätte sie nämlich gemerkt, daß er sich nicht nur auf Frauen bezog, und wäre auf Stellen wie die folgende aus dem Jahre 1932 aus der 23. Vorlesung gestoßen:

„Besonderes Interesse hat die Phantasie der Verführung, weil sie nur zu oft keine Phantasie, sondern reale Erinnerung ist ... Glauben Sie übrigens nicht, daß sexueller Mißbrauch durch die nächsten männlichen Verwandten dem Reiche der Phantasie angehört. Die meisten Analytiker werden Fälle behandelt haben, in denen solche Beziehungen real waren und einwandfrei festgestellt werden konnten" (S. 385).

Auch die moderne Auseinandersetzung mit dem Thema sexueller Mißbrauch ging nicht von Beobachtungen an Kindern, sondern von erwachsenen Frauen aus, die unterstützt von der Frauenbewegung mit Berichten über ihre Kindheitserfahrungen an die

Öffentlichkeit gingen. Schon früh wurde von diesen betont, ihre Schwierigkeiten im Erwachsenenalter seien auf ihre Mißbrauchserfahrungen in der Kindheit zurückzuführen. Da es sich bei diesen ersten Fällen um schwere Mißbrauchserlebnisse mit Inzestbeziehungen handelte, dürfte dies für sie auch zugetroffen haben. Heute wissen wir jedoch, daß man von einem „post-sexual-abuse-syndrome" nicht sprechen kann, worauf Beitchman et al. (1992) in ihrer Überblicksarbeit hinweisen. Dies liegt zum einen daran, daß unter sexuellem Mißbrauch ganz unterschiedliche Phänomene verstanden werden und dieser andererseits nicht isoliert, sondern meist in Kombination mit körperlicher und seelischer Mißhandlung und Vernachlässigung auftritt, die ebenfalls zu schwerwiegenden Folgen führen (vgl. Richter-Appelt 1997a).

Zur Begriffsbestimmung von sexuellem Mißbrauch

Bei Durchsicht der empirischen Literatur zum Thema „Sexueller Mißbrauch" könnte man den Eindruck gewinnen, es handle sich um ein klar beschreibbares, in seiner Häufigkeit bestimmbares Phänomen. Dies geht soweit, daß in vielen Arbeiten gar nicht mehr angegeben wird, was man unter sexuellem Mißbrauch – im Englischen gerne mit CSA (Child Sexual Abuse) abgekürzt – zu verstehen hat. Je nach Autor wird vom Inzest bis zur sexuellen Belästigung etwa durch Exhibitionisten alles darunter verstanden. Betrachtet man die Literatur der letzten Jahre, könnte man den Schluß ziehen, es gebe nur diese Formen der sexuellen Traumatisierung. Sexuelle Traumatisierungen in Form einer Sexualisierung der Beziehung – und zwar nicht als Folge von sexuellem Mißbrauch – oder Unterdrückung bzw. Bestrafung einer entwicklungsadäquaten sexuellen Handlung eines Kindes (z.B. kindliches Masturbieren) spielen in der aktuellen Auseinandersetzung genauso wenig eine Rolle wie ein extrem liberaler Umgang mit Körper und Sexualität, der es nicht möglich macht, ein gesundes Schamgefühl zu entwickeln. Es wird somit nur eine ganz bestimmte Form von sexueller Traumatisierung untersucht, die sicherlich am leichtesten zu operationalisieren und damit empirisch erfaßbar ist.

Um die Traumatisierung einer sexuellen Mißbrauchshandlung zu untersuchen, erscheint es zunächst wichtig, kurz auf die Definition von Trauma einzugehen.

Dazu meint Hirsch (1997): „Ob ein gegebener Reiz zu einem psychischen Trauma führt, hängt von der Ich-Stärke und einigen Ich-Funktionen ab, z.B. Antizipation, Gedächtnis, motorische Kontrolle, Qualitätseinschätzung usw., ebenso auch von bestimmten Ich-Schwächen oder übermäßigen Empfindlichkeiten aufgrund von früheren Ereignissen in der individuellen Geschichte. Dazu kommt, inwieweit die äußere Gefahrensituation an innere Triebreize erinnert und beide zusammen wirken" (S.114). Und weiter meint Hirsch: „Ein traumatisches Ereignis geschieht durch das Eindringen von Reizen in den psychischen Apparat, wodurch eine Reihe von intrapsychischen Vorgängen dadurch ausgelöst wird (traumatischer Prozeß), daß die Kapazität des Ichs überfordert ist. Dieser intrapsychische Prozeß führt zu einer Schwächung der Grenzen oder der Abwehrmöglichkeiten des Ichs, so daß ein Zustand der Sicherheit nicht wieder erreicht werden kann. Es entsteht ein Zustand (traumatischer Zustand) des Gefühls der psychischen Hilflosigkeit, ein Gefühl des Fehlens von Kontrolle und eine Verletzbarkeit für weitere Reize. Wenn dieser Zustand anhält, ist er in sich selbst ein pathologischer Zustand" (S. 114).

Beim sexuellen Mißbrauch sind nun diese traumatisierenden Reize sexueller Natur. Der traumatische Zustand muß allerdings nicht in einer Störung der Sexualität bestehen. Es können auch depressive Verstimmungen, Ängste u.a. die Folge der Traumatisierung sein. Der (objektbeziehungstheoretische) Aspekt, daß die Art der Beziehung zu dem

„Täter" eine ganz entscheidende Rolle dafür spielt, ob und in welchem Ausmaß eine Traumatisierung stattfindet, wird in diesen Definitionen zunächst vernachlässigt.

Ganz anders wird sexueller Mißbrauch in der empirischen Literatur definiert. Hier wird das Augenmerk auf die Handlung gelegt. Damit wird bereits die Reduktion eines komplexen Geschehens auf eine isoliertes Ereignis bzw. isolierte Ereignisabläufe vorgenommen. In der Literatur werden vor allem die folgenden fünf Merkmale als für den sexuellen Mißbrauch charakteristisch beschrieben:

- eine sexuelle Handlung
- eine Abhängigkeitsbeziehung
- eine Bedürfnisbefriedigung der Mächtigeren
- die mangelnde Einfühlung des Täters in das Kind
- das Gebot der Geheimhaltung.

Die sexuelle Handlung

Die sexuelle Handlung kann durchaus in Situationen ohne Berührung stattfinden, wenn dem Kind z.B. pornographisches Material gezeigt wird oder es sich nackt zur Schau stellen muß. In vielen Fällen geht es jedoch um Handlungen mit Körperkontakt, die vom Zungenkuß über das gegenseitige Masturbieren bis zum oralen, analen oder genitalen Verkehr reichen können. Der sexuelle Charakter ist von einem Außenstehenden nicht immer leicht ersichtlich. So kann beispielsweise Baden, Abtrocknen und Eincremen eine ganz alltägliche angenehme, ja lustvolle Erfahrung sein. Es ist aber auch denkbar, daß die Pflegeperson das Kind in unangemessener Weise stimuliert oder Handlungen vornimmt, um selbst erregt zu werden. Auch bei sexuell motiviertem Schlagen läßt sich der sexuelle Charakter der Handlungen nicht leicht beschreiben, geschweige denn systematisch erfassen. In solchen Fällen kommt dem subjektiven Erleben des Kindes eine besondere Bedeutung zu. Sehr häufig wird die Entscheidung, ob es sich um einen sexuellen Mißbrauch handelt, in wissenschaftlichen Studien, wie auch bei Strafprozessen allein durch die Beschreibung der Handlung bestimmt.

Die Abhängigkeitsbeziehung

Unter den Begriff der Abhängigkeit fallen ganz unterschiedliche Aspekte: der Altersunterschied zwischen Täter und Opfer, die körperliche Überlegenheit, erziehungsbedingte, arbeitsbedingte oder hierarchische Abhängigkeiten. Auch unter Kindern kann man von Abhängigkeitsbeziehungen sprechen, wenn ein Kind sich dem anderen unterlegen fühlt und sich ohne die Hilfe Dritter nicht zur Wehr zu setzen weiß. Die Bedeutung von Abhängigkeitsbeziehungen unter Gleichaltrigen wird in der Auseinandersetzung über Mißbrauch und Mißhandlung weitgehend unterschätzt.

Die Bedürfnisbefriedigung des Mächtigeren

Nicht nur die Befriedigung sexueller, sondern auch narzißtischer Bedürfnisse nach Nähe und Körperkontakt müssen hier Berücksichtigung finden. Vor allem bei emotional vernachlässigten Kindern können Wünsche nach Nähe, Anerkennung und Körperkontakt wachgerufen und auch scheinbar befriedigt werden unter Inkaufnahme altersinadäquater sexueller Handlungen. Die Kinder lernen auf diesem Weg Anerkennung und Nähe, vor allem in einer sexualisierten Atmosphäre zu erhalten. So kommt es immer wieder dazu, daß der mißbrauchende Erwachsene meint, Wünsche des Kindes zu erfüllen. Dies darf nicht darüber hinwegtäuschen, daß dieser dabei die emotionale Bedürftigkeit des Kindes für seine Interessen und Bedürfnisbefriedigung ausnutzt.

Die mangelnde Einfühlung in das Kind

Die Gefühle des Kindes und vor allem spätere Auswirkungen auf das Kind werden vom mißbrauchenden Erwachsenen nicht wahrgenommen, ja meist sogar geleugnet, entwertet und verdreht. Das Kind kann sich diesen Verleugnungsmechanismen nicht entziehen und übernimmt sie oft, d.h. auch das Kind unterdrückt mit der Zeit seine Gefühle, deutet sie um und entwertet sie. In empirischen Arbeiten wird dieses Phänomen nicht weiter erklärt. Ferenczi (1933) spricht in diesem Zusammenhang von der Identifikation mit dem Aggressor.

Das Gebot der Geheimhaltung

Sexuell mißbrauchten Kindern wird auf vielfältige Weise gedroht, damit sie niemandem von den Übergriffen erzählen. Die Druckmittel reichen von körperlicher Gewalt über die Drohung des Liebesentzugs oder des Auseinanderbrechens der Familie bis zur Androhung einer Gefängnisstrafe für den Täter und das Kind. In vielen Fällen ist es nicht einmal nötig, dem Kind zu drohen, da es oft selbst ahnt, etwas Unerlaubtes zu tun. Wird eine Handlung plötzlich abgebrochen, wenn sich ein Dritter nähert oder werden Spuren verwischt, so wird das Kind von sich aus das Erlebnis geheimhalten.

Die genannten Kennzeichen erweisen sich bei näherer Überprüfung als ungenau. Es fehlt vor allem das subjektive Erleben der mißbrauchten Person. Das Traumatisierende einer Handlung ist nicht die Handlung selbst, sondern das Erleben derselben. Ein und dieselbe Handlung wird von unterschiedlichen Personen sehr unterschiedlich erlebt und bewertet. So wird im einen Fall ein Kuß auf den Mund unter Familienangehörigen zum Begrüßungsritual gehören, in anderen Fällen genau diese Handlung als eine Grenzüberschreitung angesehen werden. Ganz entscheidend ist dabei, welche Phantasien und Ängste die Handlungen bei den Beteiligten auslösen.

Prävalenz und Folgen von sexuellem Mißbrauch

Nachdem die ersten Berichte über sexuelle Mißbrauchserfahrungen in der Kindheit veröffentlicht waren, stand zunächst im Vordergrund des wissenschaftlichen Interesses die Prävalenz von Mißbrauch. Hintergrund war hier zu zeigen, daß es sich um ein weit verbreitetes Phänomen handelt. Andere Autoren wollten dagegen darauf hinweisen, daß diesem Problem aufgrund der geringen Häufigkeit keine besondere Bedeutung beizumessen sei.

Es gibt kaum eine Gruppe von psychiatrischen oder psychosomatischen Patientinnen und Patienten, für die heute keine Studie zur Häufigkeit von sexuellem Mißbrauch vorliegt. Unter den nicht-klinischen Stichproben wurden die meisten Untersuchungen an Studentinnen und Studenten durchgeführt. Auch wenn dies gerne kritisiert wird, kann man argumentieren, daß derartige Stichproben gut geeignet sind, exemplarische Ergebnisse zu erhalten, die dann an einer schwerer zu erreichenden Klientel überprüft werden können (vgl. Richter-Appelt u. Tiefensee 1996a, b). Finkelhor stellte einen Vergleich 20 verschiedener Länder an, aus denen Studien zur Häufigkeit von sexuellem Mißbrauch vorliegen (Finkelhor 1994; deutsch 1997). In allen Untersuchungen wurden sexuelle Mißbrauchserfahrungen bei wenigstens 7% der Frauen und 3% der Männer gefunden. Bei den Frauen lag Österreich mit 36% an der Spitze, bei den Männern Südafrika mit 29%. Finkelhor betont allerdings zu Recht, daß die Daten keinen direkten Vergleich zulassen, da die Untersuchungsinstrumente und die Art der Datenerhebung sehr unterschiedlich waren.

Kein Zweifel besteht heute darüber, daß zwischen psychopathologischen und psychosomatischen Auffälligkeiten und Erkrankungen im Erwachsenenalter und sexuellen Mißbrauchserfahrungen in der Kindheit Zusammenhänge bestehen. In letzter Zeit wurde jedoch in zunehmendem Maße diskutiert, inwiefern man von einem kausalen Zusammenhang zwischen sexuellem Mißbrauch und späteren Auffälligkeiten sprechen kann oder vielmehr andere Faktoren wie z.B. soziodemographische, familiäre oder psychodynamische eine viel entscheidendere Rolle dafür spielen, ob nach sexuellen Mißbrauchserfahrungen in der Kindheit lang- oder kurzfristige Folgen auftreten (vgl. Richter-Appelt 1997a).

Unter den kurzfristigen Folgen werden folgende Auffälligkeiten genannt (vgl. z.B. Moggi 1997):

Tab. 15.1 Folgen sexueller Mißbrauchserfahrungen
Emotionale Reaktionen wie Ängste, Depressionen u.a.:
➤ unangemessenes Sexualverhalten ➤ Auffälligkeiten im Sozialverhalten ➤ somatische und psychosomatische Folgen
Zu den Langzeitfolgen zählen:
➤ emotionale und kognitive Störungen ➤ posttraumatische Belastungsstörungen ➤ dissoziative Störungen ➤ Persönlichkeitsstörungen ➤ Somatisierungen ➤ Schlafstörungen ➤ Eßstörungen ➤ substanzgebundenes Suchtverhalten ➤ Störungen der interpersonellen Beziehungen ➤ Probleme der sozialen Anpassung

Es kann also fast jedes Störungsbild infolge von sexuellem Mißbrauch auftreten. Diese Liste bestätigt die bereits erwähnte Tatsache, daß es kein typisches „Mißbrauchssyndrom" gibt. Daraus läßt sich auch ableiten, daß sexueller Mißbrauch keine Diagnose ist, sondern ein Ereignis, das zur Entstehung und Aufrechterhaltung unterschiedlichster Störungsbilder beitragen kann.

Sexuelle Traumatisierung und traumatisierte Sexualität

Es stellt sich die Frage, inwiefern neben den für die spezifischen Störungsbilder üblichen Therapieformen bestimmte Aspekte Berücksichtigung finden müssen, wenn sexueller Mißbrauch in der Vorgeschichte vorliegt. Wichtig ist zu betonen, daß sexuelle Traumatisierungen nicht in jedem Fall zu Störungen im Bereich der Sexualität führen, andererseits sexuelle Störungen durch Traumatisierungen im nichtsexuellen Bereich entstehen können.

Unter psychodynamischen Gesichtspunkten ist dies nicht weiter verwunderlich, unter lerntheoretischen Gesichtspunkten leuchtet dies nicht ohne weiteres ein.

In letzter Zeit wurden vermehrt von anderen Psychotherapeuten Patientinnen an mich überwiesen, die wegen ihrer Angstsymptomatik über einige Monate verhaltensttherapeutisch behandelt worden waren, bei denen die Behandlung jedoch in dem Moment stagnierte, in dem sexuelle Mißbrauchserfahrungen – sei es durch den Therapeuten provoziert oder auf Initiative der Patientin – zur Sprache kamen. Hatte über lange Zeit die Angstproblematik das Bewußtsein dieser Patientinnen bestimmt, so gelangten mit Besserung der akuten Symptomatik Erlebnisse ins Bewußtsein, die einerseits mit Angst verbunden waren, andererseits aber auch ambivalente Gefühle hervorriefen. Während Patientin und Therapeut mit den Angstgefühlen im verhaltenstherapeutischen Setting gut umgehen konnten, fanden unbewußte Schuldgefühle und ödipale Konflikte in diesem Setting keinen Raum.

Eine Patientin suchte einen Verhaltenstherapeuten auf, als sie nach dem Auszug ihrer Tochter zunehmend Schwierigkeiten mit ihrem Mann bekam und plötzlich heftige Angstgefühle auftraten. Die zunächst erfolgreiche Verhaltenstherapie stagnierte jedoch, als die Patientin zaghaft anfing, von ihrer Inzest-Beziehung zu ihrem Vater zu sprechen. Die Angstzustände nahmen sogar zu, nachdem der Therapeut sie aufgefordert hatte, über ihre traumatischen Erfahrungen zu berichten. Die Patientin hatte zwar Angst, wollte aber die Erfahrungen mit ihrem Vater nicht als traumatisch bezeichnet wissen und zog sich daraufhin zurück. Da die Therapie keine weiteren Fortschritte machte, wurde die Patientin an mich als Psychoanalytikerin und auf dem Gebiet des Mißbrauchs erfahrene Therapeutin überwiesen.

Die Patientin meint, sie würde ihren Vater immer noch lieben und wirft sich vor, mit dem Vater ohne Wissen der Mutter von ihrem 12. bis zu ihrem 15. Lebensjahr eine sexuelle Beziehung gehabt zu haben. Als die Patientin merkt, daß ich Verständnis für die positiven Gefühle gegenüber ihrem Vater habe, kann sie nach einiger Zeit auch ihre Enttäuschung und Wut über ihn äußern. Sie entwickelt zunächst eine idealisierende Mutter-Übertragung, wie sie für den Anfang der Therapie mit sexuell mißbrauchten Patientinnen von Hirsch wiederholt beschrieben wurde (Hirsch 1997) und idealisiert auch den Vater, was von dem ersten Therapeuten nicht erkannt wurde.

Die Patientin gibt an, mit ihrem Ehemann, mit dem sie seit dem Auszug aus dem Elternhaus mit 18 Jahren glücklich verheiratet war, keine sexuellen Probleme gehabt zu haben. Erst der Auszug der Tochter hätte zu Konflikten geführt, worauf die Patientin mit Angstzuständen reagiert habe. Nun drängten sich plötzlich die fast vergessenen Erinnerungen ins Bewußtsein. Panikzustände seien aufgetreten, Sexualität zwischen ihr und ihrem Mann nicht mehr möglich gewesen. Vor Beginn der Therapie trennte sich ihr Mann von ihr.

Dieses kurze Fallbeispiel mag erklären, warum in mehreren Studien bei in der Kindheit sexuell mißbrauchten Frauen keine sexuellen Störungen gefunden wurden (vgl. Mullen 1997). Es ist durchaus möglich, daß eine Partnerbeziehung Ängste und Konflikte im Zusammenhang mit Sexualität vorübergehend stabilisieren kann. Außerdem wird deutlich, wie wichtig es ist, im Umgang mit Patientinnen und Patienten mit sexuellen Mißbrauchserfahrungen zu berücksichtigen, daß diese dem „Täter" gegenüber durchaus positive bzw. ambivalente Gefühle haben.

Weiter stellt sich die Frage, welche sexuellen Störungen nach sexuellen Mißbrauchserfahrungen in der Kindheit später auftreten können. Dabei läßt sich zusammenfassend sagen, daß zwei Formen der Beeinflussung der Sexualität immer wieder beschrieben wurden: Sexuelle Überstimulierung und Hemmung der sexuellen Reaktionen.

Es wurde vor allem nach sexuellen Funktionsstörungen bei sexuell mißbrauchten Frauen und Männern gefragt. Die Ergebnisse dazu sind widersprüchlich. Silverstein (1989) berichtete von einer besonderen Häufung sexuellen Mißbrauchs unter vaginistischen Frauen. Während etwa Fromuth (1986) und Greenwald et al. (1990) in nichtklinischen Stichproben hinsichtlich der Häufigkeit sexueller Funktionsstörungen keine Zunahme bei Frauen nach sexuellem Mißbrauch fanden, berichteten Kinzl et al. (1997) von hochsignifikanten Unterschieden zwischen Frauen mit und ohne Mißbrauch, nicht aber bei Männern. In der Hamburger Studie (Richter-Appelt 1995) über Mißbrauch und Mißhandlung bei einer nichtklinischen Stichprobe wurde nicht nur nach Funktionsstörungen sondern auch nach Masturbationserfahrungen und hetero- und homosexuellen Erfahrungen bei jungen Erwachsenen mit und ohne Mißbrauchs- und/oder Mißhandlungserfahrungen gefragt. Während in der Häufigkeit von Masturbationserfahrungen kein Unterschied zwischen den Gruppen bestand, konnten hinsichtlich der Bewertung, sowohl bei den Männern als auch bei den Frauen, aber auch zwischen den Geschlechtern signifikante Unterschiede gefunden werden (vgl. Richter-Appelt 1995). Nur sexuell mißbrauchte Frauen bewerteten ihre Masturbationserfahrungen besonders positiv, nur körperlich mißhandelte Männer ihre Masturbationserfahrungen besonders negativ. Außerdem hatten sowohl bei den Frauen wie auch bei den Männern diejenigen die meisten Erfahrungen mit homosexuellen Kontakten und Beziehungen, die sexuell mißbraucht und körperlich mißhandelt worden waren.

Die Auseinandersetzung mit Weiblichkeit und weiblicher Sexualität in den letzten Jahrzehnten, hat sicherlich dazu geführt, daß Frauen heute selbstbewußter und autonomer mit ihrem Körper umgehen als Frauen früherer Generationen. Vor allem Frauen, die sexuell mißbraucht, nicht aber körperlich mißhandelt worden sind, bewerten ihre Masturbation besonders positiv. Immer wieder wurde beschrieben, daß sexueller Mißbrauch zu einer intensiveren Beschäftigung mit Sexualität, zu einer Überstimulierung führen kann, manchmal verbunden mit gleichzeitiger Angst vor heterosexuellen Kontakten. Dies dürfte sich in einer positiveren Bewertung der Masturbation und vermehrten Zuwendung zu Frauen als Sexualpartnerin widerspiegeln. Bei sexuell mißbrauchten Frauen könnte allerdings die überaus positive Bewertung der Masturbation eine Abwehr depressiver Gefühle im Zusammenhang mit einer Überstimulierung darstellen.

Bei den Männern hingegen findet man vor allem bei den nur körperlich mißhandelten nicht aber sexuell mißbrauchten eine negative Bewertung der Masturbation, bei nur sexuell mißbrauchten jedoch weniger Erfahrungen mit Koitus und heterosexuellen Beziehungen. Dem männlichen Körper wurde in letzter Zeit nur wenig Beachtung geschenkt, Selbstbefriedigung wird von vielen als Notlösung, entwürdigend erlebt. Körperlich mißhandelte Männer dürften in der Selbstbefriedigung eine Kränkung ihres mißhandelten Körpers wiedererleben.

Sowohl bei den Männern als auch bei den Frauen findet man eine deutliche Häufung von homosexuellen Erfahrungen und Beziehungen unter denjenigen, die sexuell mißbraucht und körperlich mißhandelt worden waren oder nur sexuell mißbraucht wurden. Man könnte vermuten, eine sexuelle Mißbrauchserfahrung führe zu einem größeren Interesse an homosexuellen Erfahrungen. Offen bleibt die Frage, warum Frauen sich dabei Partnerinnen suchen, die nicht dem Geschlecht des „Täters" gleich sind, Männer jedoch nach Partnern des Geschlechts des „Täters" suchen. Es könnte auch sein, daß Kinder mit homosexuellen Neigungen für sexuelle Übergriffe anfälliger sind.

Diese Detailergebnisse sollten hier Erwähnung finden, da Aussagen zu Auswirkungen von sexuellem Mißbrauch auf die Sexualität sich meist darauf beschränken, nach sexuellen Funktionsstörungen und Problemen der sexuellen Orientierung zu fragen, ohne weitere Aspekte, v.a. die Beurteilung der Sexualität, mit zu berücksichtigen. Natürlich werden damit noch nicht unbewußte, ungelöste Konflikte erfaßt, die vielleicht über Jahre „schlummern" und dann plötzlich, meist ausgelöst durch bestimmte Lebenserfahrungen, an Bedeutung gewinnen und Symptome einer Posttraumatischen Belastungsstörung hervorrufen.

Schlußfolgerungen für die Therapie

➤ Es gibt kein spezifisches Symptom, das nach sexuellen Mißbrauchserfahrungen in der Kindheit auftritt.

➤ Unter sexuellen Mißbrauchserfahrungen werden ganz unterschiedliche Erfahrungen verstanden. Kommt eine Patientin oder ein Patient und berichtet, sie/er sei sexuell mißbraucht worden, ist es sehr wichtig zu verstehen, was denn wirklich vorgefallen ist und welche psychischen Begleit- und Folgeerscheinungen auftraten. Dies kann viel Zeit in Anspruch nehmen.

➤ Bei der Anamneseerhebung und am Anfang einer Therapie ist es wichtig, nicht durch vorschnelle Wertungen – die meist mit Gegenübertragungsgefühlen des Therapeuten verbunden sind, die abgewehrte Anteile des Patienten widerspiegeln – die Gefühle der Patienten zu verletzen.

➤ Ein Charakteristikum der Posttraumatischen Belastungsstörung ist, daß sie nicht unmittelbar auf das Trauma folgen muß, sondern ausgelöst durch bestimmte Erlebnisse (Stimulierungen) auch noch nach langer Zeit plötzlich auftreten kann.

➤ Sexuelle Mißbrauchserfahrungen mit wichtigen Bezugspersonen gehen keineswegs nur mit negativen Gefühlen dem „Täter" gegenüber einher. Gerade die widersprüchlichen Gefühle müssen in der Therapie Berücksichtigung finden können.

➤ Unter Personen mit sexuellen Mißbrauchserfahrungen findet man häufig solche, die immer wieder Situationen ausgesetzt waren, in denen sie mißbraucht wurden. Sie können sich also besonders schlecht vor Reviktimisierungen schützen.

➤ Nach sexuellen Mißbrauchserfahrungen in der Kindheit kann es sowohl zu einer Tendenz der Sexualisierung von Beziehungen und einer Überstimulierung kommen, die sich in Prostitution und Promiskuität widerspiegeln kann, aber auch zu einer Hemmung der Sexualität. Gerade der erste Aspekt erfordert besonderes therapeutisches Geschick, worauf etwa Hirsch (1997) hinweist.

In dieser Arbeit wurden nur einige Aspekte sexueller Traumatisierungen dargestellt. Weitere Ausführungen finden sich bei Amann u. Wipplinger (1997), Egle et al. (1997) und Richter-Appelt (1997b).

16. Psychologische Betreuung HIV-infizierter und Aids-kranker Menschen

Martina Belz-Merk u. Jürgen Bengel

Der Beitrag charakterisiert die HIV-Infektion und Aids-Erkrankung als chronische Erkrankung und formuliert Konsequenzen für die psychologische Betreuung; er gliedert sich in vier Abschnitte. Im ersten Abschnitt wird auf die psychischen Belastungen HIV-Infizierter und Aids-Kranker eingegangen, der zweite Abschnitt behandelt die Kriterien zur Indikation und formuliert Therapieziele. Die therapeutische Beziehung wird im Abschnitt drei thematisiert. Im vierten Abschnitt werden krankheitsspezifische Aspekte des therapeutischen Settings und der therapeutischen Beziehung erörtert. Ein abschließendes Fallbeispiel verdeutlicht, wie verlaufsspezifische Belastungen und Bewältigungsanforderungen unterschiedliche Interventionen und Betreuungsmaßnahmen erforderlich machen.

Einleitung

HIV-Infizierte und Aids-Kranke repräsentieren zahlenmäßig eine vergleichsweise kleine Patientengruppe. Sie gehören zu den Patienten und Patientinnen, die nicht primär psychisch auffällig sind bzw. unter psychischen Störungen leiden. In der symptomlosen Zeit und im Krankheitsverlauf kann im Rahmen der Belastungsverarbeitung und Krankheitsbewältigung jedoch eine psychologisch-psychotherapeutische Betreuung indiziert sein. Aufgrund der Besonderheiten des Krankheitsbildes stellen die HIV-Infizierten und Aids-Kranken spezielle Anforderungen sowohl an den ärztlichen als auch psychologischen Behandler und Betreuer. Auf die medizinischen Grundlagen soll hier nicht ausführlich eingegangen werden (vgl. hierzu Gölz et al. 1995).

Psychische Belastungen und Krankheitsverarbeitung

Psychosoziale Belastungsbereiche

HIV-Infektion und Aids-Erkrankung gehören zu den Infektionskrankheiten und können als chronische Krankheiten bezeichnet werden. Die Belastungen und Beeinträchtigungen sind zunächst jedoch kaum körperlicher Art. Vielmehr zeichnet sich diese Erkrankung oft durch eine jahrelange symptomlose Phase aus, in der psychosoziale Belastungen und Beeinträchtigungen im Vordergrund stehen (Franke 1990). Dies ist um so bedeutsamer als die bisherige Befundlage darauf hinweist, daß andauernde Belastungen und Beanspruchungen bei HIV-Positiven zu einer Immunderegulierung führen, ohne daß von einem linearen Zusammenhang von psychologischen und Immunparametern ausgegangen werden kann.

Die psychosoziale Belastung wird sowohl durch gruppenspezifische Lebensbedingungen (Marginalisierungsprozesse), Lebensereignisse (Verlust infizierter Partner und Freunde) und emotionale Dauerbelastungen (Angst und Depressivität) als auch durch medizinisch bedingte „spontane" Schwankungen des Gesundheitszustandes nach Ausbruch der Erkrankung verursacht.

Aufgrund dieser Belastungsbereiche ergeben sich bestimmte Anforderungen an die Krankheitsverarbeitung und Bewältigung, mit denen HIV-positive Patienten und Patientinnen konfrontiert sind. Aus psychologischer Perspektive fordert der Umgang mit der Infektion vom Einzelnen ein hohes Maß an Selbstverantwortung, sozialer Kompetenz, Problemlöse- und Bewältigungsfähigkeit. Die Bewältigungsanforderungen einer HIV-Infektion sind, wie der Verlauf der Infektion selbst, nicht konstant sondern variabel, d.h. der Prozeß der Bewältigung verläuft in Phasen. Der Verlauf der Infektion zeichnet sich dabei durch eine geringe Kontrollierbarkeit und Vorhersagbarkeit aus. Gleichzeitig sind diese Krankheitscharakteristika Anlaß für immer wieder auftretende Ängste und Phantasien bezüglich der weiteren Entwicklung des Gesundheitszustandes. Vorstellungen der eigenen Pflegebedürftigkeit, von Verfall und Tod drängen sich den Betroffenen immer wieder auf. Im folgenden sollen die zentralen Lebensbereiche, die durch eine HIV-Infektion besonders belastet sind, ausführlicher dargestellt werden (vgl. auch Becker u. Clement 1996).

Belastungen im emotionalen Bereich

Im Gegensatz zu anderen chronischen Erkrankungen sind in erster Linie relativ junge Menschen (20-50 Jahre) mit Stigma, Isolation, Entstellung und einer ungewissen Todesbedrohung konfrontiert. Infizierte müssen sich ständig damit auseinandersetzen, daß durch das Fehlen einer Impfmöglichkeit und kausalen Therapie eine Heilung ihrer Infektion bisher nicht möglich ist und daß bei Ausbruch der Krankheit mit einem tödlichen Ausgang zu rechnen ist. Durch die lange Inkubationszeit treten jedoch erst längere Zeit nach der Erstinfektion Krankheitssymptome auf. Hier sind die Infizierten gefordert zu erkennen, daß sie Virusträger mit allen psychosozialen und medizinischen Konsequenzen sind und sich evtl. bereits in einem lebensbedrohlichen Zustand befinden. Da es sich um eine relativ junge Krankheit handelt, ist das Wissen über den langfristigen Verlauf noch vergleichsweise gering. Zudem ist der Verlauf der Infektion so variabel, daß die dadurch ausgelöste Ungewißheit viel Raum für Ängste und Hoffnungen läßt (Hoffnung, daß die medikamentöse Therapie wirkt, Langzeitüberlebender zu sein etc.).

Belastungen im Bereich Sexualität und Partnerschaft

Das Wissen um die eigene HIV-Infektion zieht erhebliche Belastungen im Bereich Partnerschaft und Sexualität nach sich. Zum einen hat sich ein großer Teil der HIV-positiven Menschen auf sexuellem Wege angesteckt, zum anderen kann die Infektion genau auf diesem Wege weitergegeben werden. Durch entsprechende Schutzmaßnahmen wie die konsequente Verwendung von Kondomen beim Geschlechtsverkehr läßt sich die Weitergabe des HI-Virus zwar vordergründig relativ einfach vermeiden, gleichzeitig belastet jedoch das Bemühen um eigene Schutzmaßnahmen bzw. das Einfordern präventiver Verhaltensweisen vom Partner bzw. der Partnerin das sexuelle Erleben mit Gedanken an eine mögliche Infektion. Sexualität und Liebe erfahren dadurch eine Verknüpfung mit den angstbesetzten Themen Krankheit und Tod. HIV-positive Menschen sind auch mit der gesellschaftlichen Anforderung nach sexuellen Verhaltensänderungen konfrontiert, die oft im Widerspruch zu eigenen sexuellen Vorstellungen und dem Wunsch nach Fortführung der gewohnten Sexualpraktiken stehen.

Aufgrund der sexuellen Vorgeschichte wird die eigene Sexualität auf seiten der Infizierten oft schuld- und angstbesetzt sowie wenig befriedigend erlebt. Der weitere Umgang mit dem Partner bzw. der Partnerin wird auch durch dessen bzw. deren HIV-Status bestimmt. Falls der Partner oder die Partnerin HIV-negativ ist, wächst die Angst, vom anderen verlassen zu werden oder für diesen als Sexualpartner bzw. -partnerin nicht mehr in Frage zu kommen. Bei HIV-Positiven, die mit einem Partner bzw. einer Partnerin mit gleichem HIV-Status zusammenleben, ist zwar die gegenseitige Unterstützung wahrscheinlicher, gleichzeitig ist die Bedrohung, den Partner oder die Partnerin durch Krankheit und Tod zu verlieren, ständig präsent und oft auch bittere Realität.

Auch wenn ein Großteil der heutigen Aids-Kranken sich zu einer Zeit infiziert hat, als das Wissen über die Übertragungswege noch gering war, wird in der Öffentlichkeit häufig von einer selbstverschuldeten Ansteckung ausgegangen. Die anderen chronisch Kranken zugestandene Opferrolle wird den Infizierten vorenthalten. Bei heterosexuellen HIV-Positiven wird im Kontext von Sexualität und Partnerschaft auch das Thema Kinderwunsch aktualisiert. Insbesondere Frauen setzen sich intensiv mit der Vorstellung auseinander, eventuell trotz eigener Infektion ein gesundes Kind zur Welt bringen zu können oder ganz von dem Wunsch nach Familie und Partnerschaft Abschied nehmen zu müssen.

Belastungen im sozialen Bereich

Von Beginn an kann das Wissen um die HIV-Infektion dazu führen, daß es zu einer sozialen Distanzierung kommt. Dies kann entweder in Form eines sozialen Rückzugs von dem HIV-Positiven oder Aids-Kranken selbst aktiv betrieben werden oder vom bisherigen Freundeskreis, von den Kollegen und Kolleginnen am Arbeitsplatz oder auch der eigenen Familie ausgehen. Insbesondere die eigene Herkunftsfamilie reagiert oft mit Ablehnung auf die Information einer Infektion. Häufig erfahren sie erst zu diesem Zeitpunkt von einer bestehenden homosexuellen Orientierung. Die Infektion wird dann oft als Quittung für die bisherige nonkonforme Lebensführung bewertet. So erfolgt im Gegensatz zu anderen chronischen Krankheiten eher eine Distanzierung als Annäherung der Familie. Eine Zuspitzung von Beziehungs- und Kontaktschwierigkeiten wird von einem Teil der Betroffenen durch Drogen- oder Alkoholkonsum zu kompensieren versucht und führt dann zu einer weiteren sozialen Isolierung.

Viele HIV-Infizierte und Aids-Kranke gehören gleichzeitig einer mit Vorurteilen und Stigmatisierungen belegten Gruppe – homo- und bisexuellen Männern und/oder i.v.-Drogenabhängigen – an. Eine HIV-Infektion signalisiert, daß der bzw. die Betroffene „Risikoverhaltensweisen" praktiziert, die im tabuisierten Bereich liegen. Gerade bei Patienten und Patientinnen, die aufgrund der Zugehörigkeit zu einer der Hauptbetroffenengruppen bereits diskriminierende und stigmatisierende Erfahrungen gemacht haben, kommt es durch eine Offenheit in bezug auf ihre Diagnose zu weiteren sozialen Zurückweisungen und Verurteilungen, die in eine weitgehende soziale Isolation führen können. Andererseits kann die Zugehörigkeit zu einer Hauptbetroffenengruppe auch ein soziales Netz bzw. Hilfssystem anbieten, das eine wichtige Ergänzung oder einen Ersatz für die bisherigen Kontakte bieten kann. Gleichzeitig existieren beispielsweise gerade in der homosexuellen Gruppenkultur Regeln und Zwänge, die die Betroffenen im Laufe ihrer Erkrankung immer weniger erfüllen können (z.B. Diktat der Jugendlichkeit und Attraktivität), was zu einer weiteren Isolation führen kann. Für ehemalige Drogenabhängige sind Kontakte mit ihrer Subgruppe häufig mit einem Rückfall verknüpft. Insbesondere bei Personen, deren soziales Umfeld sich in erster Linie aus dem Bereich der Hauptbetroffenengruppen rekrutiert, ist damit zu rechnen, daß der Partner bzw. die Partnerin, Freunde und Bekannte selbst HIV-positiv oder Aids-krank sind und im Laufe der Zeit Krankheit und

Tod wichtiger Bezugspersonen verarbeitet werden müssen. In weiten Bereichen sind HIV-positive und Aids-kranke Menschen durch fehlende Versorgungsstrukturen, sowohl im beratenden und psychotherapeutischen als auch im medizinisch-pflegerischen Bereich, von Unterversorgung betroffen. Dies trifft vor allem für HIV-infizierte Frauen zu, für die nur wenige speziell auf sie zugeschnittene Hilfsangebote existieren.

Verlaufsformtypische Bewältigungsaufgaben

Die Bewältigung der HIV-Infektion ist kein einmaliger Vorgang, der irgendwann einmal mehr oder weniger erfolgreich abgeschlossen ist. Der Verlauf der Bewältigung ist vielmehr durch ein häufiges „Auf und Ab" gekennzeichnet, in dem sich wellenförmig Phasen der Resignation und Verzweiflung abwechseln mit Phasen von relativer Gesundheit und Stabilität. Hier kommen nicht nur die verlaufsformtypischen Anforderungen zum Tragen, auch individuumstypische Bewältigungsmuster beeinflussen die Situation der Betroffenen erheblich. Wie bei anderen chronisch Kranken lassen sich verschiedene Bewältigungsstrategien, wie aktives, selbstaufbauendes vs. depressives Coping beobachten, die das Ausmaß an sozialer Unterstützung mitbeeinflussen. Im Verlauf einer HIV-Infektion lassen sich verschiedene krankheitsspezifische Stadien bzw. Verlaufsformen unterscheiden, denen sich wiederum typische Themenschwerpunkte und Belastungen zuordnen lassen:

Tab. 16.1 Typische Phasen der HIV-Infektion und Aids-Erkrankung

- ➤ „Testkrise"
- ➤ symptomfreie Zeit
- ➤ Beginn der symptomatischen Phase
- ➤ manifeste Aids-Erkrankung
- ➤ Sterbephase

„Testkrise"

Schon vor der Entscheidung, einen HIV-Test durchführen zu lassen, kann die Angst vor einem möglichen positiven Ergebnis eine psychische Krise auslösen. Die Mitteilung eines positiven Testergebnisses ist dann für die meisten Patienten und Patientinnen ein traumatisches Erlebnis mit erheblichen psychosozialen Folgen. Wie auch bei Diagnosen anderer chronischer und terminaler Krankheiten läßt sich als Reaktion auf die Mitteilung des HIV-positiv-Ergebnisses ein prototypischer Verlauf feststellen. Zu Beginn steht eine Abwehrphase, die durch eine akute Schockreaktion („Testkrise" nach Mitteilung des Testergebnisses) gekennzeichnet ist, in der der Patient bzw. die Patientin äußerlich zunächst gefaßt wirkt und die kognitive Auseinandersetzung mit der Diagnose ohne Affektbeteiligung im Vordergrund zu stehen scheint (Seidl u. Goebel 1987, Becker u. Clement 1996). In dieser Phase kommt es zu einer intensiven Suche nach Information sowie professioneller und sozialer Unterstützung. Die medizinischen und medikamentösen Therapiemöglichkeiten stehen dabei im Vordergrund. Häufig folgt dann eine Phase der logischen Analyse, an deren Ende die Einsicht in die Unabänderlichkeit der Infektion steht. Diese Reaktionsweise findet sich in erster Linie bei solchen Infizierten, die schon lange vor dem Test das Gefühl hatten, infiziert zu sein und jetzt endlich Gewißheit über ihre Situation haben. In der Folge kann es zu einer Krise bis hin zur Suizidalität kommen, wenn die Personen nicht hinreichend psychisch und sozial stabil sind. Tatsächlich finden sich sowohl in den USA als auch in der Bundesrepublik Deutschland unter HIV-Infizierten höhere Selbstmordraten. Im weiteren Verlauf der Infektion kommen immer wieder Phasen der Angst, Depression und Hilflosigkeit vor, die durch eine entsprechende psychosomatische Symptomatik begleitet werden können. In dieser Zeit besteht die Gefahr vermehrten Drogenkonsums bzw. eines Drogenrückfalls bei ehemaligen Drogenabhängigen. Phasen der Trauer können sich mit Versuchen, die Diagnose und deren mögliche Implikationen zu verleugnen, und Phasen, in denen Hoffnung auf einen positiven Verlauf der eigenen Infektion aufkommt, abwechseln.

In Abhängigkeit vom Infektionsweg kommt es zu Selbstvorwürfen und Schuldzuweisungen, die häufig konflikthaft erlebt werden. Die Angst vor sozialer Distanzierung nach Bekanntwerden der Infektion und einer sich daraus ergebenden Aktualisierung von Lebensproblemen (z.B. Coming-out) ist ein weiterer Belastungsfaktor dieser Krankheitsphase. Diese erste krisenhafte Reaktion ist meist der Beginn einer langen relativ symptomfreien Zeit, in der der Patient bzw. die Patientin einerseits von seiner Infektion weiß und sich andererseits subjektiv „gesund" fühlt.

Symptomfreie Zeit

Ein Großteil der HIV-Infizierten ist frei von Symptomen und wird dies wahrscheinlich für zehn oder mehr Jahre sein. Im Einzelfall wird es eventuell gar nicht zu einer manifesten Aids-Erkrankung kommen. Nach einer ersten Trauer- und Orientierungsphase stehen typische Bewältigungsthemen im Vordergrund: Die Auseinandersetzung mit verschiedenen psychosozialen Stressoren, wie stigmatisierenden oder distanzierenden Verhaltensweisen des sozialen Umfeldes, aber auch die Notwendigkeit, sich mit der Erkrankung und dem eigenen Gesundheitszustand, den sexuellen Wünschen und Möglichkeiten sowie der Trauer über nicht mehr mögliche Lebensperspektiven auseinanderzusetzen, stehen immer wieder an. Diese existentielle Unsicherheit geht oft einher mit einer grundsätzlichen Neuorientierung und damit zusammenhängenden Änderungen in den Lebensgewohnheiten und der gesamten Lebensphilosophie. Diese Phase ist als Oszillation zwischen Neuorientierung und Krisenbewältigung charakterisierbar.

Studien zu subjektiven Vorstellungen von Gesundheit und Krankheit zeigen, daß unabhängig vom Expertenwissen Patienten und Patientinnen über umfangreiche Konzepte und Theorien über Entstehung, Aufrechterhaltung, Beeinflußbarkeit, zukünftige Entwicklung und die Bedeutung der eigenen Krankheit verfügen. Diese nehmen maßgeblichen Einfluß auf die Inanspruchnahme medizinischer und alternativer Behandlungsmöglichkeiten. Insbesondere das Fehlen klinischer Zeichen in der symptomfreien Phase fördert subjektive Annahmen über das Krankheitsbild. Ferner können auch Formen der Krankheitsbewältigung, die unspezifische Gesundheitsverhaltensweisen wie Ernährung, Entspannung, körperliche Aktivität oder die Veränderung der Lebensphilosophie umfassen, im Kontext subjektiver Krankheitsvorstellungen verstanden werden. Sie vermitteln den Infizierten das Gefühl, selbst etwas zu ihrer Gesundung beitragen zu können. Diese subjektiven Vorstellungen zur HIV-Infektion und Aids-Erkrankung haben oft die Funktion, dem eigenen Handeln Sinn zu geben und das Gefühl von Einfluß und Kontrolle auf Beginn und Verlauf der Erkrankung zu erfahren.

Neben der Bewältigung der Diagnose besteht bei HIV-Positiven mit zunehmender Dauer der Infektion oft der Konflikt, ob sie nicht nur der Familie und möglichen Sexualpartnern und -partnerinnen gegenüber, sondern auch am Arbeitsplatz ihre Diagnose preisgeben müssen. Mit der Offenheit in bezug auf ihren Gesundheitszustand sind häufig auch Befürchtungen verknüpft, mit Fragen nach dem Infektionsweg konfrontiert zu werden. Dies bedeutet für die Betroffenen nun gegebenenfalls über ihre Homosexualität, ihre ehemalige Drogenkarriere oder andere bisher geheimgehaltene Lebensaspekte informieren zu müssen (zweites Coming-out). Ferner kann ein Ausbrechen der Krankheit den Verlust des Arbeitsplatzes nach sich ziehen und so zu einer Ausgrenzung aus einem wesentlichen Lebensbereich führen.

Beginn der symptomatischen Phase

Am Anfang der symptomatischen Phase treten erneut Probleme und typische Belastungen auf. Sobald mindestens zwei klinisch relevante Symptome und pathologische Laborwerte vorliegen, ist die HIV-Infektion in eine schwere Verlaufsform, den sogenannten Aids-Related Complex übergegangen. Menschen im ARC-Stadium sind in der Regel psychisch mehr belastet als Menschen mit dem Vollbild Aids, da dies eine Phase teilweise unspezifischer, widersprüchlicher Symptome und prognostischer Unsicherheit (geringe Kontrolle, geringe Vorhersagbarkeit) ist. Eine weitere Belastung ist die zunehmend verminderte Leistungsfähigkeit dieser Menschen bis hin zur Arbeitsunfähigkeit, die von der Umwelt meist mit Unverständnis aufgenommen wird und von den Betroffenen selbst mit Schuldgefühlen verknüpft ist. Die medizinische Behandlung von ARC mit AZT bzw. Retrovir, die heute als Frühmedikation immer mehr zur Regel geworden ist, hat für die Betroffenen auch symbolischen Charakter, da sie häufig als „Anfang vom Ende" verstanden wird.

Manifeste Aidserkrankung

Aids bezeichnet keine einheitliche Krankheit, sondern ein Syndrom, bei dem verschiedene charakteristische Symptome zusammentreffen. Bei Ausbruch des Aids-Vollbildes kommen zu der Immunschwäche Krankheiten hinzu, z.B. die sogenannten opportunistischen Infektionen durch bestimmte Bakterien, Pilze, Parasiten oder Viren, die in dieser Konstellation zum Tod führen können. Auch nach dem Auftreten klarer Krankheitssymptome unterliegt die Aids-Erkrankung spontanen und kaum kontrollierbaren Schwankungen. Dies führt bei einem Rückgang der Symptome zu neuer Hoffnung, bei einer Verschlechterung kommt es erneut zu Depression und einer ernsten Krise, in der sich die Angst vor der Krankheit und dem Tod verstärkt. Andererseits kann auch eine gewisse Beruhigung eintreten, da die Ungewißheit, ob und wann die Erkrankung ausbrechen wird, beendet ist. Zu diesem Zeitpunkt wird eine vermehrte Inanspruchnahme des medizinischen Systems notwendig. Dabei sind die Betroffenen mit Vorurteilen und auch mit Diskriminierungen im medizinischen Versorgungssystem konfrontiert. Mangelnde Erfahrung und fehlende Kenntnisse beeinträchtigen häufig die Beziehung zwischen medizinischem Personal und dem Aids-Kranken. Der Bedarf nach pflegerischer Hilfe und Versorgung im Alltag steigt in dieser Zeit. Dem steht das reduzierte soziale Netz der Betroffenen gegenüber und fehlende soziale Einrichtungen, die diesem Versorgungsdefizit Rechnung tragen könnten. Die Verschlechterung des Gesundheitszustandes führt meist auch zu einer Veränderung der ökonomischen Lebensgrundlagen. Der Verlust des Arbeitsplatzes zwingt viele Betroffene, in relativ jungem Alter soziale Hilfestellungen (Sozialhilfe, Behindertenausweis, Rentenantrag) in Anspruch zu nehmen. Die enorme Einschränkung eines selbstbestimmten Lebens, der Verlust an Selbständigkeit und Unabhängigkeit durch das zunehmende Angewiesensein auf Hilfe und die sich immer weiter reduzierenden Kommunikationsmöglichkeiten stellen eine große psychische Belastung dar. Der Umgang mit anderen Infizierten wird immer mehr zur Belastung, da hiermit eine ständige Konfrontation mit der eigenen Infektion verbunden ist. Insbesondere das Sterben von Freunden, Bekannten und Partnern mobilisiert Vorstellungen vom eigenen drohenden Verfall und verstärkt die soziale Isolation.

Sterbephase

Nachdem die schwerste Verlaufsform der HIV-Infektion erreicht ist, treten aufgrund der geschwächten körpereigenen Abwehr vermehrt verschiedene Erkrankungen und Infektionen auf, wie Kaposi-Sarkom, Lungenentzündung, Pilzinfektionen und Störungen des zentralen Nervensystems. Weitere Symptome, die den körperlichen Zustand in dieser Phase kennzeichnen, sind Atemnot, Übelkeit, Erbrechen, Durchfall, Gewichtsverlust, Hautprobleme, Dekubitus, Entzündungen im Mund- und Rachenraum, Schmerzen, Polyneuropathie, Sehstörungen und Verwirrtheit. Diese Krankheitssymptome führen auch zu schweren psychischen Belastungen. Die fortschreitende Verschlechterung des Gesundheitszustandes führt zu einem weiteren Autonomieverlust. Die Angst vor Entstellung, völliger sozialer Isolation und der Unausweichlichkeit des Todes nimmt zu. Die Wahrnehmung kann sich immer weiter einengen und auf das Thema Sterben und Tod zentrieren. Zorn und Wut über die Erkrankung wechseln mit Phasen von Depression und Angst. Die emotionalen und sozialen Bedürfnisse in dieser Phase konzentrieren sich auf Wünsche nach Zuwendung, Akzeptanz, Geborgenheit und Vertrauen in Form einer empathischen Begleitung. Gleichzeitig fühlen sich auch die Angehörigen und Freunde der Betroffenen in dieser Phase schwer belastet und mit ihren Sorgen und Befürchtungen allein gelassen.

Tab. 16.2 Verlaufsformtypische Bewältigungsaufgaben und Therapieziele bei HIV-Infizierten

Zeitraum	Themenschwerpunkte	Therapieaufgaben/ Behandlungsziel
Diagnosestellung	– „Testkrise" – Akute Schockreaktion – Trauer und Verleugnung – „Warum ich?" – Schuldzuweisung (eigene, fremde) – Depression und Angstreaktion – Psychosomatische Reaktionen	– Krisen- und Suizidintervention – Unterstützung/Langzeit-kontaktangebot – Balancierung von Hoffnung vs. Konfrontation – Vermittlung sachbezogener Information – Verarbeitung von Wut/Trauer – Störungsspezifische Interventionen – Entspannungsverfahren
Symptomfreie Zeit	– Hilflosigkeit, Verlust – Aufgabe von Lebenszielen – Eingeschränkte Sexualität – Mitteilung der Infektion an Dritte – Soziale Distanzierung – Marginalisierungsprozesse – Sterben von Bezugspersonen – Allgemeiner Gesundheits-zustand – Drogen-/Alkoholkonsum	– Krankheitsbewältigung – Erarbeitung neuer Lebensper-spektiven – Klärung/Änderung des Sexual-verhaltens – Training sozialer Kompetenz – Beziehungsklärung u.a. zur Familie – Aktivierung eines sozialen Netzwerks – Verarbeitung von Verlust/Trauer – Stärkung des Gesundheitsver-haltens – Rückfallprophylaxe

Beginn der Symptome	– Prognostische Ungewißheit – Verminderte Leistungsfähigkeit – Medizinische Behandlung	– Neuorientierung vs. Krisenbe-wältigung – Aktivierung von Ressourcen – Stärkung der Compliance
Manifeste Aids-Erkrankung	– Ende der Ungewißheit – „Anfang vom Ende" – Angst vs. Hoffnung – Einschränkung der Autonomie – Verlust des Arbeitsplatzes – Soziale Isolation	– Empathische Begleitung – Angstbewältigung (Tod/Sterben) – Balancierung Akzeptanz vs. Hoffnung – Haus- und Krankenbesuche – Inanspruchnahme sozialer Hilfen – (Re)-Aktivierung sozialer Unter-stützung
Sterbephase	– Autonomieverlust – Angst vor Entstellung/Schmer-zen – Körperlicher Verfall – Soziale Isolation – Belastung der Angehörigen – Angst vor Tod und Sterben	– Stärkung der Selbstkontrolle – Entspannung/Schmerzkontrolle – Empathische Begleitung – Koordinierung des Behand-lungsnetzes – Angehörigenbetreuung – Vorbereitung auf den Tod

Indikation und Therapieziele

Grundsätzlich ist von einer hohen Variabilität hinsichtlich psychischer Beeinträchtigungen und Störungen bei HIV-Infizierten und Aids-Kranken auszugehen. Empirische Ergebnisse zeigen, daß etwa jeder dritte HIV-positive Patient bzw. jede dritte HIV-positive Patientin eine ausgeprägte psychische Belastung aufweist und 3% der HIV-Infizierten als stark suizidal einzustufen sind. Dies bedeutet aber auch, daß 30% keinen meßbaren Leidensdruck berichten und sich körperlich wie psychisch recht wohl fühlen. Dies gilt vor allem für sozial und partnerschaftlich gut integrierte Patienten und Patientinnen. Im Fokus der Aufmerksamkeit stehen deshalb primär allgemein nachvollziehbare psychische Prozesse, die als Reaktion auf die Diagnosemitteilung und als spezielle Probleme im Krankheitsverlauf auftreten können (Dunde 1989, Winiarski 1991).

Die Indikation für psychologisch-psychotherapeutische Maßnahmen ist erst dann gegeben, wenn eine oder mehrere der folgenden psychosozialen Bedingungen bzw. Beeinträchtigungen auftreten:

➤ subjektiver Leidensdruck
➤ Reaktivierung psychischer Störungen und Konflikte aus der Vorgeschichte
➤ Traumatisierung durch die Diagnose
➤ fehlende Partnerschaft bzw. fehlendes tragfähiges soziales Netz
➤ depressive Reaktionen und Suizidalität
➤ Brüche in der Biographie

> Schuldgefühle in Partnerschaft und Sexualität
> Miterleben des Todes von Freunden
> Todesangst.

Aus psychologischer Sicht lassen sich folgende Themenbereiche unterscheiden, die für die Arbeit mit HIV-positiven Patienten und Patientinnen von Bedeutung sind:

> Merkmale der Ansteckungssituation: Infektionsweg (Sexualität, Drogen, Bluter, Beruf etc.), Ausmaß erlebter Kontrolle auf Ansteckung, (fremde oder eigene) Schuldvorstellungen.

> Merkmale des Individuums: Lebensgeschichte, aktueller körperlicher und psychischer Gesundheitszustand, aktuelle Verlaufsform der HIV-Infektion bzw. Aids-Erkrankung, Medikation, Alter, Geschlecht, finanzielle Sicherheit, vorher entwickelte Bewältigungskompetenzen bzw. psychische Störungen in der Vorgeschichte, bisherige und aktuelle Bedeutung von Drogen, Alkohol und Medikamenten, sexuelle Entwicklung und Orientierung und aktuelles Sexualverhalten, krankheitsspezifisches Wissen und subjektive Vorstellungen von Gesundheit und Krankheit, Suizidalität.

> Merkmale der Umwelt: Wohn- und Arbeitssituation, Bewertung der Infektion durch die soziale Umwelt, soziale Distanzierung oder Unterstützung durch Bezugspersonen, Veränderung des sozialen Netzes und der sozialen Einbindung (z.B. durch den Tod von Freunden oder des Partners bzw. der Partnerin, durch Kontaktaufnahme zu Selbsthilfegruppen, oder professionellen Helfern und Helferinnen).

Die Therapieziele in der Betreuung HIV-Infizierter ergeben sich zum einen aus dem Infektionsverlauf des einzelnen, müssen aber zum andern immer wieder anhand der individuellen Fähigkeiten und Bedürfnisse ausgehandelt werden. Es gibt jedoch verlaufs- und personenunabhängig Themen und Ziele in der Therapie, die immer wieder Bedeutung erlangen.

So stellt sich wiederholt die Aufgabe, eine gute Balance zwischen einer Akzeptanz der Tatsache, HIV-positiv zu sein, und den Möglichkeiten, Hoffnung zu bewahren, herauszuarbeiten. Im Laufe der Beratung ist es wichtig, daß die Betroffenen realisieren, daß es keine Antwort auf die Frage „Warum ich?" gibt. Wenn die Möglichkeit besteht, sollte darauf hingearbeitet werden, daß Verbindungen zu Herkunftsfamilie und Gesellschaft, die durch die HIV-Infektion und eventuelle Zugehörigkeit zu einer der Hauptbetroffenengruppen unterbrochen oder aber zumindest belastet sind, zu klären und wieder aufzunehmen. Die Aktivierung bzw. Reaktivierung eines sozialen Netzwerkes und funktionierender sozialer Unterstützung verbessern die Krankheitsbewältigung. Ferner kann der Wunsch wichtig werden, grundsätzlich Beziehungen und Unbearbeitetes aus der Lebensgeschichte zu klären und der Frage nachzugehen, was in der Vergangenheit die Realisierung von Zielen verhindert hat. Im Vordergrund dürften jedoch gegenwartsbezogene Aspekte stehen, wie die Verbesserung der Bewältigungskompetenz, Stärkung des Gesundheitsverhaltens, Veränderung risikoreichen Sexualverhaltens, Streßmanagement mit Entspannung, aktive Mitarbeit bei der medizinischen Behandlung, um insgesamt mehr Selbstkontrolle über das eigene Leben zu erlangen. Versteht man eine HIV-Infektion und Aids als chronische Erkrankung und realisiert der Patient bzw. die Patientin, daß sein bzw. ihr Leben vorerst weitergeht, aber sich vom bisherigen unterscheidet, kann sich die Beratung oder Therapie mit den Zukunftsplänen befassen. Dabei kann diese Zukunft wenige Monate oder viele Jahre bedeuten, sie ist zeitlich kaum vorhersagbar. Bisherige Lebensziele müssen neu überdacht und eventuell aufgegeben werden. Gleichzeitig muß eine alternative Lebensperspektive aufgebaut werden. Ein Teil der Infizierten sieht durch die HIV-Infektion die Möglichkeit zu einer Neuorientierung in ihrem Leben und nimmt die HIV-Infektion zum Anlaß einer neuen Sinnfindung. In engem Zusammenhang mit der Prüfung alter und der

Setzung neuer Lebensziele wird die Vorbereitung auf den Tod thematisiert. In Abhängigkeit vom aktuellen Gesundheitszustand kann sich dies auf einer primär emotionalen Ebene zwischen Akzeptanz und Hoffnung bewegen, aber auch sehr konkrete Formen annehmen bis hin zur Planung des Begräbnisses.

In der Sterbephase sind professionelle Helfer und Helferinnen gefordert, den Aids-Kranken einen geschützten Raum zu schaffen, in dem auf diese Bedürfnisse eingegangen werden kann. In Tabelle 16.2 sind die Therapieziele – den Phasen zugeordnet – aufgelistet.

Therapeutische Beziehung

Ein wichtiges Merkmal HIV-positiver Patienten und Patientinnen ist die Tatsache, daß sich ihre Lebens- und Gesundheitsbedingungen schnell ändern können. Die Betroffenen sind gefordert, sich den jeweiligen Erfordernissen der Infektion anzupassen und mit den ständig veränderten Belastungen angemessen umzugehen. Belastungsintensität und Bewältigungsverhalten unterliegen erheblichen Schwankungen. Dies hat Konsequenzen für die medizinische und die psychosoziale Betreuung. Je nach Anforderungssituation wird sich das Inanspruchnahmeverhalten der Betroffenen ändern, es werden unterschiedliche Anlaufstellen mit unterschiedlicher Häufigkeit und Intensität aufgesucht. Bei fortgeschrittener Immobilität kann es notwendig werden, das gewohnte Setting zu verlassen und den Patienten bzw. die Patientin telefonisch oder per Hausbesuch zu betreuen oder im Krankenhaus aufzusuchen. Dies erfordert eine hohe therapeutische Flexibilität. Aufgrund gesundheitlicher Einschränkungen oder plötzlicher schwerwiegender Krisensituationen (Erkrankungen oder Todesfälle im Umfeld, Rückfälle bei Alkohol- und Drogenkonsum, Konfrontation mit massiven Diskriminierungen) muß damit gerechnet werden, daß vereinbarte Termine nicht eingehalten werden. In solchen Phasen kann es zu einer Verschlechterung des Gesundheitszustandes der Betroffenen kommen, zu depressiven Reaktionen und Verhaltensmustern, die mit sozialem Rückzug einhergehen. Kurzfristig können dann auch höherfrequent psychotherapeutische Gespräche im Sinne einer Krisenintervention notwendig werden. Auch können längere Phasen des Wohlbefindens und der Normalität auftreten, in denen die Betroffenen über einen längeren Zeitraum ihr Leben ohne professionelle Hilfsangebote bewältigen, mit der Gewißheit, bei Bedarf Kontakt aufnehmen zu können. Bei HIV-positiven Patienten bzw. Patientinnen kann sich bei den professionellen Helfer und Helferinnen schnell die Vorstellung entwickeln, daß die Person, die sich nicht mehr meldet, erkrankt oder gestorben ist. Kontakte in größeren Abständen halten die Person für den Therapeuten bzw. die Therapeutin lebendig und reduzieren die Verlustgefühle, die sich bei der Arbeit mit HIV-Infizierten im Laufe der Zeit ansammeln können. Der veränderten Krankheitsbewältigung in wechselnden Anpassungsphasen muß von den eingebundenen Anlaufstellen durch flexible Termingestaltung, aufsuchende Strukturen und Koordination der Hilfsangebote Rechnung getragen werden. Ein ethisches Dilemma entsteht für den professionellen Helfer bzw. die Helferin auch durch sein bzw. ihr Wissen um die mögliche Gefährdung Dritter. Hier stehen sich das Recht der HIV-Infizierten auf Sexualität und das Recht „ahnungsloser" Sexualpartner(innen) auf Schutz gegenüber. Diesen Widerspruch muß der Therapeut bzw. die Therapeutin vorab und grundsätzlich für sich klären, um den therapeutischen Dialog nicht zu gefährden (Becker u. Clement 1996). Herrschende Rechtsauffassung, eigene Moral- und Wertvorstellungen und therapeutische Beziehung können sich dabei durchaus widersprechen. Supervisionsangebote sind eine wichtige Klärungshilfe für Therapeuten und Therapeutinnen, um sich der eigenen Haltung bewußt zu werden und eigene Gefühle und Vorstellungen nicht mit denen der Patientin bzw. des Patienten zu vermischen.

Es kommt immer wieder vor, daß Patienten und Patientinnen eine medizinische Behandlung ablehnen. Hier gilt es, die Gründe für diese Verweigerungshaltung zu explorieren. Jeder kompetente Patient bzw. jede kompetente Patientin hat das Recht, eine Behandlung abzulehnen, solange er bzw. sie sich der Vorteile und Risiken bewußt ist. Hier können Therapeuten oder Therapeutinnen Hilfe bei der Entscheidungsfindung geben, indem sie abklären, ob Nichtwissen, emotionale Krisensituationen, allgemeines Mißtrauen in das medizinische System oder eine Depression Grund· ͫÈ der ablehnenden Haltung sind.

Die Versorgung HIV-positiver Patienten und Patientinnen stellt besondere Anforderungen an die fachliche wie persönliche Kompetenz der Helfer und Helferinnen. Dies betrifft sowohl die Bereitschaft zur interdisziplinären Zusammenarbeit als auch den Aspekt der Selbstklärung. Gleichzeitig ist Kompetenz erforderlich, übergeordnete Behandlungsziele und -strategien an der jeweils aktuellen Verlaufsform der HIV-Infektion bzw. Aids-Erkrankung orientieren zu können.

Die Arbeit mit HIV-Infizierten und Aids-Kranken bedeutet häufig die Begegnung mit Homosexuellen und Drogenabhängigen. Hier sind Helfer und Helferinnen gefragt, für sich zu klären, welches Verhältnis sie selbst zu diesen Hauptbetroffenengruppen und deren Lebensstil haben. Die Auseinandersetzung mit der eigenen Sexualität und mit der eigenen Einstellung zu subgruppenspezifischen Sexualpraktiken und Sprachstilen muß immer wieder erfolgen. Weder abwertende Urteile und Moralisieren noch eine Überidentifikation mit den Betroffenen sind hilfreiche Auseinandersetzungsformen. Die Betreuung dieser Menschen führt zur Mobilisierung eigener Vorurteile aber auch zu Ängsten (Sexualität, Verfall, Tod, Infektion) und Aggressionen. Die Umstände der Infizierung prägen oft die Beziehung zu den Betroffenen. Schuld und Scham sind häufige Themen in der Arbeit mit HIV-positiven Menschen. Entsprechendes Verhalten der Betroffenen, wie ungeschützter Sex, heterosexuelle oder homosexuelle Übertragung und i.v.-Drogenkonsum können derartige Empfindungen auslösen. Auch ohne selbst homosexuell oder drogenabhängig zu sein, ist eine Identifikation mit den Betroffenen möglich. Diese Identifikation ist notwendig, damit Empathie und Akzeptanz als wesentliche therapeutische Wirkvariablen möglich sind. Fehlt dies, so kann es nicht zu einer therapeutischen Beziehung kommen. Auch bei einer Überidentifikation des Therapeuten bzw. der Therapeutin ist die Arbeit ineffektiv, weil die eigene und notwendige therapeutische Distanz nicht gewahrt werden kann (Becker u. Clement 1996). Die Thematisierung eigener Ängste und Vorurteile sowie die Klärung der eigenen Haltung kann im Rahmen einer Selbsterfahrungsgruppe erfolgen. Auch die Teilnahme an einer Balintgruppe oder die Supervision von Behandlung und Therapie besonders belastender Patienten und Patientinnen ist für die Psychohygiene der professionellen Helfer(inn)en und die Qualität ihrer Arbeit immer hilfreich, manchmal sogar unabdingbar.

Während bei anderen chronischen Krankheiten immer wieder die Konfrontation mit dem Gesundheitszustand gefordert wird und Verleugnung als fehlende Auseinandersetzung gewertet wird, erhält dieses Verhalten bei HIV-positiven und Aids-kranken Menschen eine besondere Bedeutung. Es ist sinnvoll, Verleugnung auf seiten der Betroffenen dann zu bearbeiten, wenn dadurch die medizinische Behandlung gefährdet ist. Verleugnung kann aber auch als Hoffnung verstanden werden, zumal nach wie vor keine klaren Prognosen über Verlauf und Ausbruch der Erkrankung gemacht werden können. Wichtig ist es hier, die richtige Balance zwischen Verleugnung, Akzeptanz und Hoffnung zu finden.

Das Fehlen medizinischer Heilungsmöglichkeiten und Behandlungsmaßnahmen kann insbesondere im ersten Stadium der Infektion dazu führen, daß auf Seiten der Betroffenen wie der Behandler eine diagnostische Überaktivität entwickelt wird, um diese therapeutische Ohnmacht zu kompensieren und zu überwinden. Dies kann dem HIV-Infizierten anfänglich eine gewisse Sicherheit vermitteln, gleichzeitig kann sich diese Vorgehensweise auch zu einer psychischen Belastung entwickeln, da bereits geringe Schwankungen z.B. der Laborparameter zu Angst, Unsicherheit und extremen Stimmungsschwankungen führen können. In diesem Zusammenhang sollten auch immer wieder die individuelle Bedeutung und die psychosomatischen Folgen einer regelmäßigen Mitteilung der Laborwerte durch das medizinische System für den Patienten bzw. die Patientin reflektiert werden, zumal die Genauigkeit der Meßwerte eine Sicherheit der Diagnosestellung vorgibt, die Meßfehler und die fragliche klinische Relevanz der Daten ignoriert. Die Auseinandersetzung mit aktuellen Krisen und Belastungen und die Bearbeitung langfristiger Ziele werden im Therapieverlauf immer wieder mit unterschiedlicher Gewichtung stattfinden müssen. So kann bei körperlichem Wohlbefinden die Auseinandersetzung mit der HIV-Infektion für längere Zeit völlig in den Hintergrund geraten, um bei der Mitteilung verschlechterter Laborparameter wieder zum wichtigsten Thema zu werden.

Wenn Allmachtsphantasien auf Seiten der Therapeuten und die basale Angst der Betroffenen vor Vernichtung zusammenkommen, kann es zu einer Idealisierung des Therapeuten bzw. der Therapeutin kommen und der insgeheimen Erwartung, durch eine Psychotherapie das HI-Virus besiegen zu können. Dies verhindert die Bearbeitung so zentraler Themen wie Ansteckungsphantasien aber auch die Auseinandersetzung mit dem möglichen Tod.

Im einzelnen lassen sich folgende Voraussetzungen und Merkmale des Therapeuten bzw. der Therapeutin für die Arbeit mit HIV-positiven und Aids-kranken Menschen zusammenfassen:

➤ persönliche Auseinandersetzung mit Themen wie (Homo-) Sexualität, Sucht, Tod und Sterben
➤ Auseinandersetzung mit bzw. Wissen um den eigenen HIV-Status
➤ Erfahrung mit sexuellen Funktionsstörungen
➤ Erfahrung in der Betreuung chronisch Kranker
➤ Erfahrung im Umgang mit Sterbenden
➤ Reflexion der eigenen Belastung
➤ Erfahrung mit Verlust und Bindung.

Therapeutische Interventionen und Setting

Psychologische und psychotherapeutische Intervention

Die Arbeit mit HIV-positiven Menschen hat in erster Linie Betreuungs- und Beratungscharakter, insbesondere solange sie symptomlos sind. Welche der genannten Aspekte im Rahmen einer Beratung oder Therapie bedeutsam werden und bearbeitet werden sollten, dürfte von der aktuellen Verlaufsform der HIV-Infektion oder der Aids-Erkrankung, in der sich der Patient bzw. die Patientin befindet, abhängen. Im Mittelpunkt der Therapie stehen demnach Prozesse der Bewältigung von psychischen, somatischen und sozialen Belastungen und das Erkennen und Nutzen eigener wie auch sozialer Ressourcen, die durch stützende Therapiemaßnahmen insbesondere in Krisenzeiten ergänzt werden.

Eine Ausrichtung der psychologischen Arbeit an einer spezifischen Psychotherapieschule dürfte angesichts der Komplexität der Problematik nicht ausreichend sein. Die Miteinbeziehung anderer Berufsgruppen und die Ausbildung eines tragfähigen Behandlungsnetzes mit turnusmäßigen Helferkonferenzen ist gerade bei der zunehmenden Isolierung von Patienten und Patientinnen unerläßlich.

Gestaltung des Angebots

Die Vielfalt der Beratungsaufgaben erfordert ein Angebot, das sich zum einen am Verlauf der Infektion, zum anderen an den Bewältigungsstrategien und deren Ausprägung über Zeit, Person und Situation hinweg orientiert. Gleichzeitig sind die Gegebenheiten vor Ort bezüglich Betreuung und Versorgung zu berücksichtigen. In der Regel sind mehrere Institutionen des Versorgungsnetzes bei der Betreuung HIV-positiver und Aids-kranker Menschen beteiligt. Professionelle Helfer und Helferinnen sollten daher das Spektrum des Versorgungsangebotes vor Ort kennen, Kontakt zu den vorhandenen Institutionen suchen und eine funktionierende Kooperation aufbauen. Ein Großteil der HIV-Infizierten läßt den Test beim Gesundheitsamt oder in der Praxis eines niedergelassenen Arztes durchführen, wo auch das Testergebnis mitgeteilt wird. HIV-Schwerpunktpraxen und Spezialambulanzen werden meist erst nach der Diagnosemitteilung konsultiert, während Kliniken erst bei Auftreten erster Krankheitssymptome aufgesucht werden. Die Akzeptanz, auch psychosoziale und psychotherapeutische Leistungen in Anspruch zu nehmen, ist relativ hoch, da nach wie vor keine medizinischen Hilfen zur Verfügung stehen und der Bedarf nach entsprechender Unterstützung auch von organmedizinischer Seite unmittelbar nachvollziehbar ist.

Psychologische Interventionsformen erfordern grundsätzlich ein variables, flexibles Setting bezüglich Ort und Zeit. Traditionelle Therapiesettings gehen an den Bedürfnissen der Betroffenen häufig vorbei. Im folgenden sind die wesentlichen Formen und Aspekte psychologischer Beratung und Therapie bei HIV-Positiven und Aids-Kranken aufgelistet:

> Kurzzeittherapie zur Verarbeitung des Testergebnisses
> Langzeittherapie bei Einbettung der Diagnose in andere klinisch relevante Störungen
> Krisenintervention während und nach Abschluß der Therapie
> intermittierende Gespräche zur Langzeitbetreuung
> HIV-Positivengruppen (Selbsthilfegruppen oder Gruppen mit psychotherapeutischer Leitung)
> Gespräche mit Angehörigen (informative Aufklärung und emotionale Unterstützung)
> Abstimmung mit anderen Diensten/Koordinierung des Versorgungsnetzes.

Beteiligte Institutionen

Die Art der Erkrankung und die soziale Lebenssituation HIV-Positiver und Aids-Kranker hat dazu geführt, daß zahlreiche neue Impulse, Initiativen und Versorgungsformen entstanden sind. So gibt es neue Modelle ambulanter medizinischer Betreuung, z.B. Tageskliniken oder HIV-Schwerpunktpraxen mit einem speziell für HIV-Positive und Aids-Kranke zugeschnittenen Versorgungsangebot. Es wurden Spezialpflegedienste eingerichtet, Tageskliniken, Wohnpflegeprojekte und Hospize gegründet, Beratungsangebote für unterschiedliche Zielgruppen etabliert. Die Gründung von Selbsthilfegruppen und Betroffenenorganisationen (Aids-Hilfe, Schwulenvereinigungen, Positivengruppen) ist zu einem wichtigen Bestandteil in der Versorgungsstruktur geworden. Im stationären Bereich wurden spezielle Infektionsstationen und Konsiliardienste eingerichtet. Diese Versorgungsstrukturen sind jedoch meist nur in größeren Städten vertreten. In ländlichen und kleinstädtischen Gebieten sind die Versorgungs- und Kompetenzdefizite oft noch erheblich. Dies bedeutet, daß HIV- und Aids-Patienten und Patientinnen in Großstädte ausweichen müssen, um eine adäquate Versorgung zu erhalten. Dies führt zu einem Herauslösen aus vertrauten sozialen Netzen. Gleichzeitig geht damit eine starke Belastung der in diesen Zentren tätigen Professionellen einher.

Die abschließende Falldarstellung beschreibt die Betreuung einer HIV-positiven Patientin über den Zeitraum von 1 1/2 Jahren hinweg. Anhand des Beispiels wird deutlich, wie der Verlauf der Infektion unterschiedliche Beratungs- und Betreuungskonzepte erforderlich macht und die Koordinierung des Versorgungs- und Behandlungsnetzes (siehe Tab. 16.2) ein wichtiger Bestandteil der Arbeit ist. Ferner zeigt sich, daß je nach Krankheits- bzw. Gesundheitszustand die Aufarbeitung der Vergangenheit, die Erarbeitung neuer Zukunftsperspektiven oder die Bewältigung aktueller Probleme und Belastungen zum Schwerpunkt der gemeinsamen Arbeit werden können.

Frau W., 34 Jahre alt, weiß seit 14 Jahren, daß sie HIV-positiv ist. Infiziert hat sie sich über Drogengebrauch. Aufgewachsen mit einem alkoholkranken Vater, hat sie mit 12 Jahren begonnen, selbst Alkohol zu trinken. Mit 15 Jahren war sie bereits heroinabhängig und in die Drogenszene abgetaucht. Zwischen dem 14. und 16. Lebensjahr unternahm die Patientin wiederholte Suizidversuche mit Tabletten und Aufschneiden der Pulsadern. Ihr damaliger Freund, der drogenabhängig und ebenfalls HIV-positiv war, stirbt 1985 nach 7-jähriger Beziehung.

Die Diagnose HIV-positiv ist für die Patientin nicht unerwartet, nachdem sie von der Infektion ihres Partners erfährt. Sein Tod ist Anlaß für einen stationären Entzug und den Ausstieg aus der Drogenszene. Sie macht eine Lehre als Lebensmittelverkäuferin und lernt in dieser Zeit einen neuen Partner kennen, der sie trotz ihrer HIV-Infektion heiratet. Die Ehe bringt nicht die erwartete Zuwendung und Geborgenheit. Immer häufiger wird Frau W. von ihrem Mann geschlagen und zu sexuellen Handlungen gezwungen. Trotz der problematischen Ehesituation wird Frau W. schwanger. Sie entscheidet sich dafür, die Schwangerschaft auszutragen. Das Kind kommt gesund zur Welt. Die Ehe verschlechtert sich zunehmend. Frau W. beginnt, wieder vermehrt Alkohol zu trinken und trennt sich schließlich von ihrem Ehemann. Das Kind wird von ihren Eltern versorgt. Ihre Versuche, alleine Fuß zu fassen, mißlingen. Sie verliert wegen des Alkoholkonsums immer wieder ihren Arbeitsplatz. Die Eltern distanzieren sich zunehmend von ihrer Tochter. Schließlich kommt es zu einem erneuten Klinikaufenthalt wegen Alkoholentzugs. Da Frau W. auch nach dem Klinikaufenthalt nicht zu einer selbständigen Lebensführung in der Lage ist, wird sie in einem Wohnpflegeprojekt der Aids-Hilfe untergebracht. Die dortige Lebenssituation erlebt sie als sehr belastend, da sie selbst noch nicht erkrankt ist, aber ständig mit Aids-kranken Menschen in der Sterbephase konfrontiert ist. Dadurch trinkt sie wieder vermehrt Alkohol. Belastend wirken sich ferner die beengten Wohnverhältnisse und zahlreiche Streitereien zwischen den noch nicht erkrankten Bewohnern aus. Hinzu kommt die Trennung von ihrem Sohn, den sie nur gelegentlich gegen zahlreiche Widerstände der Eltern sehen kann. In dieser Zeit reift in ihr der Wunsch, wieder ein „normales" Leben führen zu können. Dies motiviert sie, unterschiedliche Anlaufstellen (supportive, psychotherapeutische Gespräche in der Ambulanz des Psychologischen Instituts, Beratung beim Sozialdienst katholischer Frauen, Teilnahme an einer AA-Selbsthilfegruppe, Teilnahme an Positiventreffen) als Hilfen in Anspruch zu nehmen, um ihre Alkoholabhängigkeit anzugehen und die ökonomischen Grundlagen für ein selbständiges Leben zu schaffen (z.B. Unterhaltszahlungen, Rente). Sie findet eine eigene Wohnung. Mit Hilfe der Mutter und verschiedener finanzieller Unterstützungsleistungen schafft sie den Umzug zusammen mit zwei weiteren Mitbewohnern des Wohnpflegeprojektes. Das ungewohnte Alleinleben und Todesfälle von zwei wichtigen Bezugspersonen (eine langjährige Beraterin und einer der beiden mitgezogenen Freunde) führen wieder zu einem Absturz und erneut zu vermehrtem Alkoholkonsum. Mit Hilfe aufsuchender Unterstützungsmaßnahmen stabilisiert sich Frau W. wieder. Es gelingt ihr immer besser, emotionale

Belastungen aktiv anzugehen und sich mit Problemen auseinanderzusetzen. Ihre neugewonnene Freiheit nutzt sie, um „normale" Kontakte zu Menschen zu knüpfen, die nicht HIV-positiv oder drogenabhängig sind. Ihre finanzielle Situation kann geklärt werden, die Beziehung zu ihren Eltern und ihrem Sohn entspannt sich etwas. Es entsteht der Wunsch, die Beziehung zum Elternhaus aufzuarbeiten, die Beziehung zu ihrem Sohn zu intensivieren, verbliebene Lebenschancen zu reflektieren und neue Zukunftspläne zu entwickeln. Zu diesem Zeitpunkt haben sich die Laborparameter von Frau W. so weit normalisiert, daß die Medikation abgesetzt wird. Der Alkoholkonsum hat sich mit immer längeren trockenen Phasen erheblich reduziert, so daß es nur noch in besonderen Belastungssituationen (Einsamkeit, Tod wichtiger Bezugspersonen, Probleme mit ihrer Herkunftsfamilie), in denen keine adäquaten Bewältigungsstrategien zur Verfügung stehen, zu Rückfällen kommt.

Anhang

Deutsche Gesellschaft für Sexualforschung
Weiterbildung: Sexuelle Störungen und ihre Behandlung

Curricula zum Erwerb sexuologischer Basiskompetenzen und zur sexualtherapeutischen Weiterbildung für Ärzte/Ärztinnen, Psychologen/Psychologinnen und andere Berufsgruppen.

Begründung und Ziele

Die Versorgungsangebote für Patientinnen und Patienten mit sexuellen Problemen und Störungen sind unzureichend. Dies gilt gleichermaßen für die Behandlung von sexuellen Funktionsstörungen, von sexuellen Perversionen/Paraphilien (einschließlich Sexualdelinquenz), von Transsexualität und Geschlechtsidentitätsstörungen sowie von Sexualstörungen bei chronischen Erkrankungen. Durch ausbleibende, zu späte und unzureichende Behandlung dieser Patientengruppen wird individuelles und familiäres Leiden verstärkt und verlängert, werden Störungen verschlimmert und chronifiziert und psychosomatische Folgeerkrankungen in Kauf genommen. Systematische Weiterbildungsgänge, durch die eine Behandlungsqualifikation bei sexuellen Störungen erzielt werden könnten, gibt es derzeit nicht.

Es besteht in der Bundesrepublik Deutschland ein dringender Bedarf an qualifizierten, dem Stand der Forschung entsprechenden Versorgungsangeboten im sexuologischen Bereich einerseits und andererseits die Notwendigkeit fachgerechter Weiterbildungsmöglichkeiten für Ärzte und Ärztinnen, Psychotherapeut(inn)en und andere Berufsgruppen, die beruflich mit sexuellen Problemen und Störungen konfrontiert sind.

Zur Entwicklung differentieller, auf unterschiedliche Versorgungsnotwendigkeiten zugeschnittener Weiterbildungskonzepte hat die *Deutsche Gesellschaft für Sexualforschung* eine Expertengruppe eingeladen. Die Ergebnisse dieser Arbeitsgruppe, der Kolleginnen und Kollegen aus den Fachgebieten Sexualwissenschaft, Sexualmedizin, Psychiatrie, Gynäkologie, Psychosomatik, Psychoanalyse, Verhaltenstherapie, Psychologie und Heilpädagogik angehören[1], werden im folgenden vorgestellt.

Die Expertengruppe hält die Einrichtung zweier Weiterbildungsgänge für unterschiedliche Zielgruppen und Aufgaben für notwendig.

---

[1] Der Expertengruppe gehören an: Dipl.-Psych. Sophinette Becker, Frankfurt a. M.; Prof. Dr. med. Wolfgang Berner, Hamburg; Dr. med. Ulrike Brandenburg, Aachen; Prof. Dr. med. Wolf Eicher, Mannheim; Dr. phil. Steffen Fliegel, Münster; Dipl.-Psych. Margret Hauch, Hamburg; Prof. Dr. med. Götz Kockott, München; Dr. med. Ellids Kristensen, Kopenhagen; Priv.-Doz. Dr. med. Thomas Moesler, Erlangen; Prof. Dr. phil. Ulrike Schmauch, Frankfurt a. M.; Prof. Dr. phil. Gunter Schmidt, Hamburg; Prof. Dr. med. Volkmar Sigusch, Frankfurt a.M.; Prof. Dr. phil. Bernhard Strauß, Jena; Dipl.-Soz. Elke Thoß, Frankfurt a. M. (Pro Familia); Dr. med. Wolfgang Weig, Osnabrück; Prof. Dr. phil. Konrad Weller, Merseburg.

Curriculum 1: Sexuologische Basiskompetenzen

Durch den Erwerb dieser Basiskompetenzen soll eine Grundversorgung im Bereich sexueller Probleme und Störungen gewährleistet werden. Erwachsene und Jugendliche, Männer und Frauen mit sexuellen Problemen und Störungen wenden sich in den meisten Fällen zunächst an ihren Hausarzt oder ihre Hausärztin, an Gynäkologen, Urologen usw. oder an Psychologen oder Sozialpädagogen usw. in einer Beratungsstelle. Diese Kolleginnen und Kollegen hätten die Möglichkeit, sehr früh zu helfen bzw. adäquate Wege der Hilfe aufzuzeigen, wenn sie entsprechend ausgebildet worden wären. Einer Basisversorgung kommt deshalb eine erhebliche präventive und kurative Bedeutung zu. Die dazu notwendigen Kompetenzen sollen in einer 70 Stunden umfassenden Weiterbildung erworben werden. Diese Weiterbildung strebt für den sexuologischen Bereich die gleichen Ziele an wie die Weiterbildung „Psychosomatische Grundversorgung" (gemäß Psychotherapievereinbarungen zwischen Krankenkassen und Kassenärztlicher Bundesvereinigung) für den Bereich Psychotherapie/Psychosomatik.[2]

Curriculum 2: Sexualtherapeutische Weiterbildung

Um Patient(inn)en mit schweren und/oder chronifizierten Sexualstörungen behandeln zu können, bedarf es einer spezifischen, auf die Hauptproblemgruppen (s.o.) ausgerichteten diagnostischen und therapeutischen Kompetenz, die eine abgeschlossene allgemeine psychotherapeutische Weiterbildung voraussetzt und die durch eine insgesamt 200 Stunden umfassende Weiterbildung erworben werden soll. Der praktische Teil der Weiterbildung wird sich schwerpunktmäßig auf diejenigen Störungsbilder und sexualtherapeutischen Behandlungsmethoden konzentrieren, die für die ärztliche/psychotherapeutische Praxis der Teilnehmer besonders relevant sind.

Die Weiterbildung nach beiden Curricula wird regional organisiert (s.u.). Die Curricula sind nicht als Stufenmodell zu verstehen, sondern als Alternativen: Sie zielen auf unterschiedliche Arbeitsbereiche in der ärztlichen, psychotherapeutischen oder beraterischen Praxis. Wenn aber Absolventen der Weiterbildung „Sexuologische Basiskompetenzen" an der sexualtherapeutischen Weiterbildung im Sinne des Curriculums 2 teilnehmen, werden ihnen dafür die im Rahmen des Curriculums 1 erbrachten Leistungen angerechnet.

---

[2]   Die vorliegenden Curricula zur „psychosomatischen Grundversorgung" berücksichtigen sexuologische Inhalte nicht oder nur am Rande; eine Qualifikation im Sinne einer „Sexuologischen Basisversorgung" wird dadurch nicht erreicht.

Curriculum 1: Sexuologische Basiskompetenzen (Grundversorgung)

1. Eingangsberuf und Eingangsvoraussetzungen

➤ Ärzte und Ärztinnen, Psycholog(inn)en, Sozialpädagog(inn)en und in Einzelfällen auch Angehörige anderer Berufsgruppen, die beruflich mit sexuellen Problemen konfrontiert werden
➤ Möglichkeiten zur Anwendung der erworbenen Kompetenzen in der Berufspraxis
➤ Die regionalen Weiterbildungsgruppen können ein Eingangsgespräch als Voraussetzung zur Teilnahme durchführen.

2. Ziele der Fortbildung

➤ Wahrnehmen und Erkennen sexueller Probleme und Konflikte
➤ Sprechenkönnen über Sexualität und sexuelle Probleme
➤ Diagnostische Kompetenz
➤ Vermittlungs- und Überweisungskompetenz
➤ Beratungskompetenz.

3. Organisationsform

➤ Interdisziplinäre, berufs- und praxisbegleitende Weiterbildung.

4. Inhalte theoretischer Teil

➤ Grundlagen

– gesellschaftliche und kulturelle Grundlagen der Sexualität
– anatomische und physiologische Grundlagen
– entwicklungspsychologische Grundlagen
– Psychodynamik, Konflikte bzw. Verhalten, Kognition, Emotion.

➤ Klinische Aspekte

– sexuelle Störungen: Symptomatologie, Ätiologie, Dynamik, Klassifikation
– Überblick über Beratungs- und Behandlungskonzepte in verschiedenen Settings
– sexualrechtliche Grundlagen.

5. Inhalte praktischer Teil

➤ Themenzentrierte Selbstreflexion

– Auseinandersetzung mit geschlechtsspezifischer Sexualität
– Auseinandersetzung mit sexueller Vielfalt und sexuellen Tabus
– Auseinandersetzung mit sexueller Gewalt und sexuellem Mißbrauch.

➤ Entwicklung von Kompetenzen

– Beziehungsaufbau, Beziehungsdynamik und Beziehungsgestaltung
– Gesprächsführung bei Diagnostik und Beratung.

➤ Erstgespräche/Interventionen und Beratungen unter Supervision.

6. Didaktik

➤ Seminare, Literaturstudium, Fallbesprechungen, ferner z.B. Rollenspiele und Übungen, Demonstrationen; Praxistätigkeit unter Supervisionsbegleitung. Größe der Weiterbildungsgruppen: bis zu 24 Personen.

7. Umfang

➤ Theoretische und praktische Inhalte einschließlich Supervision: 54 Stunden
➤ Themenzentrierte Selbstreflexion in Gruppen: 16 Stunden
➤ Gesamt: 70 Stunden
➤ Dauer: 1 Jahr.

8. Anerkennung

➤ Regelmäßige Teilnahme (Fehlzeiten: höchstens 10 %)
➤ 2 supervidierte Erstgespräche/Interventionen
➤ 2 zwei- bis fünfstündige supervidierte Beratungen
➤ Abschlußkolloquium.

9. Federführung der Weiterbildung und Zertifizierung

➤ Zentral: Zunächst der vorläufige Weiterbildungsausschuß der *Deutschen Gesellschaft für Sexualforschung;* später ein noch zu gründender Weiterbildungsausschuß, in dem gegebenenfalls auch andere Fachgesellschaften mitarbeiten.

➤ Regional: Weiterbildungsorganisationen, die von dem Weiterbildungsausschuß anerkannt wurden nach Vorlage der feinstrukturierten Curricula und nach Nennung und Qualifikationsnachweis der Ausbilder(inn)en. Der Ausbildungsausschuß überprüft die Qualität der regionalen Weiterbildung.

➤ Zertifizierung: Bei erfolgreichem Abschluß der Weiterbildung erfolgt die Zertifizierung durch den Weiterbildungsausschuß und den Leiter/die Leiterin der regionalen Weiterbildungsgruppe. Übergangsregelungen werden erarbeitet.

Curriculum 2: Sexualtherapeutische Weiterbildung

1. Eingangsberuf und Eingangsvoraussetzungen

➤ Ärzte/Ärztinnen und Psycholog(inn)en und andere Berufsgruppen mit einer abgeschlossenen psychotherapeutischen Weiterbildung oder gleichwertigen Weiterbildung, über die der regionale Weiterbildungsausschuß entscheidet
➤ Möglichkeiten zu sexualtherapeutischer Praxis entsprechend den Inhalten des Curriculums.

2. Ziele der Fortbildung

➤ Wahrnehmen und Erkennen sexueller Probleme und Konflikte
➤ Sprechenkönnen über Sexualität und sexuelle Probleme
➤ Diagnostische Kompetenz

> Vermittlungs- und Überweisungskompetenz
> Beratungskompetenz
> Psychotherapeutische Kompetenz bei sexuellen Störungen.

3. Organisationsform

> Interdisziplinäre, berufs- und praxisbegleitende Weiterbildung.

4. Inhalte theoretischer Teil

> Grundlagen

  – gesellschaftliche und kulturelle Grundlagen der Sexualität
  – anatomische und physiologische Grundlagen
  – entwicklungspsychologische Grundlagen
  – Psychodynamik, Konflikte bzw. Verhalten, Kognition, Emotion
  – Vielfalt sexueller Lebenswelten
  – sexuologische Handlungsfelder.

> Klinische Aspekte: Symptomatologie, Ätiologie, Dynamik, Klassifikation

  – Probleme hetero- und homosexueller Entwicklungen
  – Partnerkonflikte
  – sexuelle Funktions- und Luststörungen
  – Perversionen/Paraphilien
  – Sexualdelinquenz, sexuelle Gewalt
  – Transsexualität, Störungen der Geschlechtsidentität
  – sexuelle Störungen bei chronischen Erkrankungen
  – sexuelle Traumatisierungen
  – andere Sexualkonflikte (z.B. Schwangerschaftskonflikte)
  – psychosoziale und sexuelle Probleme bei HIV-Infektion und AIDS.

> Methoden und Verfahren

  – Diagnostik
    Anamnese, Exploration, Interview
    Problemanalyse, Wahrnehmung von Übertragung und Gegenübertragung
    differentielle Indikation
    weitere Verfahren
  – Beratung
  – Psychotherapie
    Differentielle Therapiekonzepte bei speziellen sexuellen Problemen und Störungen,
    z.B. bei sexuellen Funktionsstörungen, Transsexualität, Perversionen/Paraphilien,
    Sexualdelinquenz
  – Übersicht über spezielle organmedizinische Behandlungsverfahren.

> Rechtliche, insbesondere forensische Fragen im Zusammenhang mit der Sexualität
  – Kenntnisse des Sexualstrafrechts und des Transsexuellengesetzes
  – Fragen der Begutachtung
    Kenntnisse der besonderen Probleme bei ambulanter und institutioneller Behandlung von Sexualstraftätern.

5. Inhalte praktischer Teil

➤ Themenzentrierte Selbsterfahrung

– Auseinandersetzung mit geschlechtsspezifischer Sexualität
– Auseinandersetzung mit sexueller Vielfalt und sexuellen Tabus
– Auseinandersetzung mit sexueller Gewalt und sexueller Traumatisierung
– Auseinandersetzung mit Übertragung und Gegenübertragung unter besonderer Berücksichtigung von Erotisierung und Sexualisierung.

➤ Entwicklung von Kompetenzen

– Beziehungsaufbau, Beziehungsdynamik und Beziehungsgestaltung
– Gesprächsführung bei Diagnostik und Beratung
– Psychodynamisches Interview bzw. Erarbeitung von Problemanalysen
– Spezielle therapeutische Interventionen und Verfahren
– Umgang mit schwierigen Therapiesituationen und Krisen
– Häufige therapeutische Fehler
– Erstellen von Gutachten.

➤ Sexualtherapeutische Tätigkeiten unter Supervision

– Erstgespräche, Interventionen
– Beratungen aus dem eigenen Praxisfeld
– Psychotherapien aus dem eigenen Praxisfeld.

6. Didaktik

➤ Seminare und Kleingruppenarbeit, Literaturarbeit, Fallbesprechungen; ferner z.B. Rollenspiele und Übungen, Demonstrationen; Selbsterfahrungsgruppe, Praxistätigkeit unter Supervisionsbegleitung. Größe der Weiterbildungsgruppen: bis zu 24 Personen.

7. Umfang

➤ Theoretische und praktische Inhalte: 110 Stunden
➤ Themenzentrierte Selbsterfahrung in Gruppen: 30 Stunden
➤ Supervision: 60 Stunden
➤ Gesamt: 200 Stunden
➤ Dauer: 2 Jahre.

8. Anerkennung

➤ Regelmäßige Teilnahme an Seminaren, Selbsterfahrungsgruppen und Supervision (Fehlzeiten: höchstens 10%)
➤ Dokumentation von 10 Erstgesprächen und/oder Sexualanamnesen/Sexualexplorationen und/oder Beratungsgesprächen
➤ Zwei dokumentierte Psychotherapien von mindestens 20 Sitzungen möglichst aus unterschiedlichen Settings unter Supervision (im Verhältnis von 4 Therapiestunden zu einer Supervisionsstunde)
➤ Abschlußkolloquium.

9. Federführung der Weiterbildung und Zertifizierung

➤ Zentral: Zunächst der vorläufige Weiterbildungsausschuß der *Deutschen Gesellschaft für Sexualforschung*, später ein noch zu gründender Weiterbildungsausschuß, in dem gegebenenfalls auch andere Fachgesellschaften mitarbeiten.

➤ Regional: Weiterbildungsorganisation, die von dem Weiterbildungsausschuß anerkannt wurden nach Vorlage der feinstrukturierten Curricula und nach Nennung und Qualifikationsnachweis der Ausbilder(inn)en. Der Weiterbildungsausschuß überprüft die Qualität der regionalen Weiterbildung.

➤ Zertifizierung: Bei erfolgreichem Abschluß der Weiterbildung erfolgt die Zertifizierung durch den Weiterbildungsausschuß und den Leiter/die Leiterin der regionalen Weiterbildungsgruppe. Übergangsregelungen werden erarbeitet.

➤ Anmerkung: Die Weiterbildung qualifiziert zur Diagnostik und Behandlung sexueller Störungen. Sollten gesetzliche oder öffentlich-rechtliche Anerkennung eingeführt werden, beispielsweise im Sinne einer Zusatzbezeichnung „Sexualtherapie/Sexualmedizin" in der ärztlichen Weiterbildungsordnung oder einer entsprechenden Schwerpunktsetzung im Psychotherapeutengesetz, wird die *Deutsche Gesellschaft für Sexualforschung* dafür Sorge tragen, daß die Absolventinnen und Absolventen des Curriculums 2 diese Anerkennung erhalten.

Umsetzung und Evaluation

1997 werden zunächst fünf vom vorläufigen Weiterbildungsausschuß der *Deutschen Gesellschaft für Sexualforschung*[3] beauftragte Gruppen in verschiedenen Regionen der Bundesrepublik (Hamburg; Münster/Osnabrück/Aachen; Frankfurt a.M.; Jena; Heidelberg) im Rahmen eines Pilotprojektes die beiden Curricula organisatorisch konkretisieren, feinstrukturieren, in die Praxis umsetzen und erproben. Der systematische Erfahrungsaustausch und die Kooperation der regionalen Gruppen und Pilotprojekte werden vom vorläufigen Weiterbildungsausschuß organisiert, so daß die Ziele und Vorgehen der Gruppen aufeinander abgestimmt werden können. Die Evaluation der Pilotvorhaben erfolgt zentral durch ein Projekt, für das Forschungsgelder eingeworben werden.

Für den Vorstand der Deutschen Gesellschaft für Sexualforschung:
Prof. Dr. Gunter Schmidt, Hamburg
Prof. Dr. Bernhard Strauß, Jena

---

[3] Dem vorläufigen Weiterbildungsausschuß der *Deutschen Gesellschaft für Sexualforschung* gehören alle Mitglieder der Expertengruppe an, welche die Curricula erarbeiteten (vgl. Anm. 1)

Literatur

Abelson, R.P. (1981): Psychological status of the script concept. American Psychologist 36, 715-729.

Almansi, R. (1979): A textbook of psychosexual disorders. Oxford University Press London.

Althof, S.E. (1995): Pharmacological treatment for rapid ejaculation: preliminary strategies, concerns and questions. Journal of Sex and Marital Therapy 10, 247-250.

Althof, S.E. et al. (1992): Through the eyes of women: The sexual and the psychological responses of women to their partner's treatment with selfinjection or external vacuum therapy. Journal of Urology 147, 1024-1027.

Amann, G., Wipplinger, R. (1997): Sexueller Mißbrauch: Überblick zu Forschung, Beratung und Therapie. Ein Handbuch. DGVT-Verlag Tübingen

American Psychiatric Association (APA) (1989): Diagnostisches und Statistisches Manual Psychischer Störungen. Beltz Weinheim.

American Psychiatric Association (APA) (1994): Diagnostic and statistical Manual of mental disorders. 4th ed. (DSM-IV). APA Washington, D. C.

Annon, J.S. (1974): The behavioral treatment of sexual disorders. Vol. I. Enabling Systems Inc. Honululu.

Annon, J.S. (1975): The behavioral treatment of sexual disorders. Vol. II. Enabling Systems Inc. Honululu.

Arbeitskreis OPD (Hrsg.) (1996): OPD - Operationalisierte Psychodynamische Diagnostik. Grundlagen und Manual. Huber Bern.

Arentewicz, G., Schmidt G. (1980, 1986 u. 1993): Sexuell gestörte Beziehungen. Konzept und Technik der Paartherapie. 1. Aufl., 2. bearb. Aufl. Springer Heidelberg, New York, 3. bearb. Aufl. Enke Stuttgart.

Bähren, W., Altwein, J.E. (Hrsg.) (1988): Impotenz. Diagnostik und Therapie in Klinik und Praxis. Thieme Stuttgart, New York.

Bähren, W., Stief, C.G. (1988): Intrakavernöse Pharmakotestung - SKAT- Test, ICIP. In: W. Bähren, J. E. Altwein (Hrsg.): Impotenz. Diagnostik und Therapie in Klinik und Praxis. Thieme Stuttgart, New York.

Bally, G. (Hrsg.) (1961): Einführung in die Psychoanalyse Sigmund Freuds. Rowohlt Reinbek.

Bancroft, J. (1985): Grundlagen und Probleme menschlicher Sexualität. Enke Stuttgart.

Bancroft, J. (1986): Human sexuality and its problems. Churchill Livingston Edinburgh.

Bancroft, J. (1991): Die Zweischneidigkeit der Medikalisierung männlicher Sexualität. Zeitschrift für Sexualforschung 4, 294-308.

Bancroft, J. (1993): But what is psychogenic erectile dysfunction? International Journal of Impotence Research 5, 205-206.

Barbach, L. (1977): For Yourself. Ullstein Berlin.

Barlow, D.H. (1986): Causes of sexual dysfunction. Journal of Consulting and Clinical Psychology 54, 140-148.

Barth, R.J., Kinder, B.N. (1987): The mislabeling of sexual impulsivity. Journal of Sex and Marital Therapy 13, 15-23.

Bateson, G. (1973): Steps to an Ecology of Mind. Paladin London.

Bauman, Z. (1995): Postmoderne Ethik. Hamburger Edition Hamburg.

Beck, A.T. (1992): Liebe ist nie genug. Kiepenheuer & Witsch Köln.

Beck, U., Beck-Gernsheim, E. (Hrsg.) (1994): Riskante Freiheiten. Suhrkamp Frankfurt a. M.

Beck, W. (1986): Der Pro-Familia-Kurs „Partnerschafts- und Sexualberatung". Pro Familia Magazin 14, 13-14.

Becker, H., Hartmann, U. (1994): Geschlechtsidentitätsstörungen und die Notwendigkeit der klinischen Perspektive. Ein Beitrag aus der psychiatrischen Praxis. Fortschritte der Neurologie-Psychiatrie 62, 290-305.

Becker, N. (1996): Psychogenese und psychoanalytische Therapie sexueller Störungen. In: V. Sigusch (Hrsg.): Sexuelle Störungen und ihre Behandlung. Thieme Stuttgart.

Becker, N. (1997): Zur Übertragungs- und Gegenübertragungsliebe. In: H. Richter-Appelt (Hrsg.): Verführung – Trauma – Mißbrauch. Psychosozial Verlag Gießen.

Becker, S., Clement, U. (1996): HIV-Infektion und AIDS. In: Th. v. Uexküll (Hrsg. v. R.H. Adler et al.): Psychosomatische Medizin. 5. neubearb. u. erw. Aufl. Urban & Schwarzenberg München.

Beck-Gernsheim, E. (1994): Auf dem Weg in die postfamiliale Familie. In: U. Beck, E. Beck-Gernsheim (Hrsg.): Riskante Freiheiten. Suhrkamp Frankfurt a. M.

Beckmann, D. (1974): Der Analytiker und sein Patient. Huber Bern, Stuttgart, Wien.

Beier, K.M., Hinrichs, G. (1995): Psychotherapie mit Straffälligen. Fischer Stuttgart.

Beitchman, J., Zucker, K., Hood, J., Dacosta, G., Akamn, D., Cassavia, E (1992): A review of the long-term effects of child sexual abuse. Child Abuse and Neglect 16, 101-118.

Benedetti, G. (1981): Transsexualismus in der Sicht der Psychoanalyse. Praxis der Psychotherapie und Psychosomatik 26, 183-189.

Benjamin, J. (Hrsg.) (1983): Phantasie und Geschlecht. Stroemfeld Frankfurt a. M.

Benjamin, J. (1983): Wer hörte mich denn von den Engeln? Erotik, Idealisierung und intersubjektiver Raum in der Übertragungsbeziehung. In: J. Benjamin (Hrsg.): Phantasie und Geschlecht. Stroemfeld Frankfurt a. M.

Benjamin, J. (1983). Sympathy for the devil. Einige Bemerkungen zu Sexualität, Aggression und Pornographie. In: J. Benjamin (Hrsg.): Phantasie und Geschlecht. Stroemfeld/Nexus Frankfurt a. M.

Bergler, E. (1937): Die psychische Impotenz des Mannes. Huber Bern.

Bergmann, M. (1994): The challenge of erotized transference to psychoanalytic technique. Psychoanalytic Inquiry 14 (4).

Berne, E. (1962): Games people play. Grove Press New York.

Berner, W. (1993): Das Kastrationsthema und die Pädophilie. Zeitschrift für Psychoanalytische Theorie und Praxis 8, 361-373.

Berner, W. (1996): Therapie bei sexueller Delinquenz unter institutionellen Bedingungen. In: V. Sigusch (Hrsg.): Sexuelle Störungen und ihre Behandlung. Thieme Stuttgart.

Bloch, I. (1906): Das Sexualleben unserer Zeit. Louis Marcus Berlin.

Blum, H. (1973): The concept of erotized tranference. American Journal of Psychoanalysis 21, 61-76.

Blum, H. (1994): Discussion on the erotic transference: Contemporary perspectives. Psychoanalytic Inquiry 14 (4).

Bollas, C. (1994): Aspects of the erotic transference. Psychoanalytic Inquiry 14 (4).

Bosinski, H.A.G. et al. (1994): Aktuelle Aspekte der Begutachtung und Operation Transsexueller. Deutsches Ärzteblatt 91, 485-488.

Boss, M. (1947): Sinn und Gehalt sexueller Perversionen. Huber Bern.

Boyle, M. (1993): Sexual dysfunction or heterosexual dysfunction? In: S. Wilkinsen, C. Kitzinger (Eds.): Heterosexuality. Sage London.

Bradley, S.J. et al (1991): Interim report of the DSM IV subcommittee on gender identity disorders. Archives of Sexual Behavior 20, 333-347.

Brand, T. (1980): Versorgung von Patienten mit sexuellen Störungen. Dissertation Universität Hamburg.

Brandenburg, U. (1996): Bedarfsanalyse Sexualstörungen im Aachener Raum. Homepage der RWTH Aachen.

Bräutigam, W., Clement, U. (1989): Sexualmedizin im Grundriß. Thieme Stuttgart.

Breuer, J. (1895): Krankengeschichte Frl. Anna O. In: G. Bally (Hrsg.) (1961): Einführung in die Psychoanalyse Sigmund Freuds. Rowohlt Reinbek.

Buchheim, P. et al. (1997) (Hrsg.): Sexualität – zwischen Phantasie und Realität. Lindauer Texte. Springer Heidelberg.

Buddeberg, C. (1996): Sexualberatung. 3. Aufl. Enke Stuttgart.

Buddeberg, C. et al. (1991): Sexualmedizin in der Allgemeinpraxis. Schweizerische Ärztezeitung 72, 1270-1275.

Buddeberg, C., Merz, J. (1981): Sexuelle Probleme in der Allgemeinpraxis. Schweizerische Rundschau für Medizin 73, 2129-2135.

Bundeszentrale für gesundheitliche Aufklärung (BZgA) (1996): Sexualaufklärung, Verhütung und Familienplanung der BZgA. BZgA Köln.

Burnap, D.W., Golden, J.S. (1967): Sexual problems in medical practice. Journal of Medical Education 42, 673-680.

Carnes, P. (1983): Contrary to love: Helping the sexual addiction. CompCare Publications Minneapolis.

Carnes, P. (1983): Out of the shadows: Confronting sexual addiction. CompCare Publications Minneapolis.

Carnes, P. (1991): Don´t call it love: Recovering from sexual addiction. Bantam Books New York.

Carnes, P. (1992): Wenn Sex zur Sucht wird. Kösel München.

Carroll, J.L., Bagley, D.H. (1990): Evaluation of sexual satisfaction in partners of men experiencing erectile failure. Journal of Sex and Marital Therapy 16, 70-77.

Chasseguet-Smirgel, J. (1992): Anatomie der menschlichen Perversion. Deutsche Verlagsanstalt Stuttgart.

Chasseguet-Smirgel, J. (1996): Das helle Antlitz des Narzißmus und seine schattigen Tiefen. In: O.F. Kernberg (Hrsg.): Narzißtische Persönlichkeitsstörungen. Schattauer Stuttgart.

Christmann, F. (Hrsg.) (1988): Heterosexualität. Springer Heidelberg.

Christmann, F. (1991): Hypnose in der Sexualtherapie – wirksamer als Psychotherapie? TW Neurologie Psychiatrie 5, 193-196.

Clement, U. (1994): Sexuelle Skripte. Familiendynamik 19, 252-265.

Clement, U., Senf, W. (Hrsg.) (1996): Transsexualität, Behandlung und Begutachtung. Schattauer Stuttgart, New York.

Coen, S. (1981): Sexualization as a predominant mode of defense. Journal of the American Psychoanalytic Association 29.

Coleman, E. (1986): Sexual compulsion versus addiction. The debate continues. SIECUS Report 14, 7-11.

Coleman, E. (1987): Sexual compulsivity: Definition,

etiology and treatment considerations. Journal of Chemical Dependency Treatment 1, 189-204.

Coleman, E. (1992): Is your patient suffering from compulsive behavior? Psychiatric Annuals 22, 320-325.

Cranston-Cuebas, M.A., Barlow, D.A. (1991): Cognitive and affective contributions to sexual functioning. Annual Review of Sex Research 1, 119-162.

Crombach-Seeber, B., Crombach, G. (1977): Fragebogen zur sexuellen Interaktion. DGTV Tübingen.

Dahle, K.P. (1995): Therapiemotivation hinter Gittern. Roderer Regensburg.

Deutsche Gesellschaft für Sexualforschung (DGfS) (1997): Weiterbildung: Sexuelle Störungen und ihre Behandlung. Zeitschrift für Sexualforschung 10, 52-58.

Dinnerstein, D. (1979): Das Arrangement der Geschlechter. DVA Stuttgart.

Dunde, S.R. (Hrsg.) (1989): Psychotherapie bei HIV-Infektionen und AIDS. Dt. Psychologen Verlag Bonn.

Düring, S. (1996): Geschlechterspannung und Störung der Sexualität. In: K. Starke, K. Weller (Hrsg.): Leipziger Texte zur Sexualität: Geschlechterspannung und Störungen der Sexualität. Vorträge auf der 7. Jahrestagung der Gesellschaft für Sexualwissenschaft. Eigenverlag Leipzig.

Egle, U., Hoffmann, S.O, Joraschky, P. (1996): Sexueller Mißbrauch, Mißhandlung, Vernachlässiung. Schattauer Stuttgart.

Eicher, W. (1992): Transsexualismus. Möglichkeiten und Grenzen der Geschlechtsumwandlung. 2. Aufl. Fischer Stuttgart.

Eiguer, A., Ruffiot, A. (1991): Das Paar und die Liebe. Psychoanalytische Paartherapie.

Exner, T.M. (1993): Sexual impulsivity, sexual compulsivity and sexual control. 20th Annual Meeting of the International Academy of Sex Research. Asilomar CA/ USA, June 29-July 3.

Exner, T.M. et al. (1992): Sexual self-control as a mediator of high-risk sexual behavior in a New York City cohort of HIV+ and HIV− gay men. Journal of Sex Research 29, 389-406.

Eysenck, H.J. (Ed.) (1974): Case studies in behavior therapy. Routledge & Kegan London.

Fedel, M. et al. (1995): Die Therapie der erektilen Dysfunktion. Sexualmedizin 17, 236-242.

Feldmann, H.A. et al. (1994): Impotence and its medical and psychosocial correlates: Results of the Massachusetts male aging study. Journal of Urology 151, 54-61.

Fenichel, O. (1931): Perversionen. Internationaler Psychoanalytischer Verlag Wien.

Ferenczi, S. (1933): Sprachverwirrung zwischen den Erwachsenen und dem Kind. Die Sprache der

Zärtlichkeit und der Leidenschaft. In: Bausteine zur Psychoanalyse. Bd. II. Fischer Frankfurt.

Fiedler, P. (1996): Verhaltenstherapie in Gruppen. Beltz PVU Weinheim.

Finkelhor, D. (1997): Zur internationalen Epidemiologie von sexuellem Mißbrauch an Kindern. In: G. Amann, R. Wipplinger: Sexueller Mißbrauch: Überblick zu Forschung, Beratung und Therapie. Ein Handbuch. DGVT-Verlag Tübingen.

Fliegel, St. (1996): Verhaltenstherapeutische Diagnostik. In: W. Senf, M. Broda (Hrsg.): Praxis der Psychotherapie. Thieme Stuttgart.

Fliegel, St. et al. (1993): Verhaltenstherapeutische Standardmethoden. 3. Aufl. Beltz PVU Weinheim.

Fliegel, St., Walsheim, B. (1983): Therapeut und Klient in der Therapie sexueller Störungen. In: D. Zimmer (Hrsg.): Die therapeutische Beziehung. Edition Psychologie Weinheim, Basel.

Fliegel, St., Heyden, T. (1994): Verhaltenstherapeutische Diagnostik I. DGVT Tübingen.

Forel, A. (1904): Die sexuelle Frage. Reinhardt München.

Franke, G. (1990): Die psychosoziale Situation von HIV-Positiven. Sigma Berlin.

Franz, M. (1994): Die Ablehnung psychotherapeutischer Hilfe – empirische Konturen eines destruktiv-narzißtischen Phänomens. Empirische Befunde zur Ablehnung eines Psychotherapieangebots. Forum Psychoanalyse 10, 175-187.

Frauen gegen sexuelle Übergriffe und Machtmißbrauch in Therapie und Beratung (Hrsg.) (1995): Übergriffe und Machtmißbrauch in psychosozialen Arbeitsfeldern. DGVT Tübingen.

Freud, S. (1896): Zur Ätiologie der Hysterie. Gesammelte Werke Bd. I, 423-459. Imago London.

Freud, S. (1897 u. 1962): Brief an Fließ vom 21.9.1897. In S. Freud: Aus den Anfängen der Psychoanalyse, 1887 - 1902. Briefe an Wilhelm Fließ. Fischer Frankfurt.

Freud, S. (1905): Drei Abhandlungen zur Sexualtheorie. In: S. Freud: Gesammelte Werke Bd. V. Imago London.

Freud, S. (1910): Diskussionsbemerkung. In: H. Nunberg, E. Federn (Hrsg.): Protokolle der Wiener Psychoanalytischen Vereinigung, 1908-1910. Fischer Frankfurt.

Freud, S. (1912): Ratschläge für den Arzt bei der psychoanalytischen Behandlung. In: S. Freud: Gesammelte Werke Bd. VIII, 375-387. Fischer Frankfurt.

Freud, S. (1915): Bemerkungen über die Übertragungsliebe. In: S. Freud: Gesammelte Werke Band X, 305-321. Fischer Frankfurt.

Freud, S. (1932 u. 1978): Die Wege der Symptombildung. 23.Vorlesung. In: S. Freud: Gesammelte Werke Bd. XI, 372-391. Fischer Frankfurt.

Fromuth, M.E. (1986): The relationship of childhood sexual abuse with later psychological and sexual adjustment in a sample of college women. Child Abuse and Neglect 10, 5-15.

Fuchs, K. et al. (1985): Hypnotherapy in male impotence. In: D. Waxmann et al. (Eds.): Modern trends in hypnosis. Plenum New York.

Gavey, N. (1993): Technologies and effects of heterosexual coercion. In: S. Wilkinsen, C. Kitzinger (Hrsg.): Heterosexuality. Sage London.

Gebsattel, V.E.v. (1932): Süchtiges Verhalten im Gebiet sexueller Verirrungen. Monatsschrift für Psychiatrie und Neurologie 89, 113.

Giddens, A. (1992): The transformation of intimacy: Sexuality, love and eroticism in modern Societies. Polity Press Cambridge.

Giddens, A. (1993): Wandel der Intimität. Fischer Frankfurt a. M.

Giese, H. (Hrsg.) (1962): Psychopathologie der Sexualität. Enke Stuttgart.

Giese, H. (1962): Leitsymptome sexueller Perversionen. In: H. Giese (Hrsg.): Psychopathologie der Sexualität. Enke Stuttgart.

Giese, H., Schorsch, E. (1973): Zur Psychopathologie der Sexualität. Thieme Stuttgart.

Gijs, L., Gooren, L. (1996): Hormonal and psychopharmacological interventions in the treatment of paraphilias: An Update. Journal of Sex Research 33, 273-290.

Gnirss-Bormet, R. et al. (1995): Sexualmedizinische Diagnostik und Therapie von Erektionsstörungen in einer Spezialsprechstunde. Zeitschrift für Sexualforschung 8, 12-23.

Gölz, J. et al. (Hrsg.) (1995): HIV und AIDS. Behandlung, Beratung, Betreuung. Urban & Schwarzenberg München.

Gorkin, M. (1985): Varieties of sexualized countertransference. International Review of Psychoanalysis 3, 421-440.

Gould, E. (1994): A case of erotized transference in a male patient. Formations and transformation. Psychoanalytic Inquiry 14 (4).

Grawe, K. (1995): Eine allgemeine Theorie der Psychotherapie. Psychotherapeut 40, 130-145.

Greenwald, E., Leitenberg, H., Cado, S., Tarran, M. (1990): Childhood sexual abuse: long term effects on psychological and sexual functioning in a nonclinical and nonstudent sample with adult women. Child Abuse and Neglect 14, 503-513.

Groth, N.A. (1986): Leitfaden zur Behandlung von Sexualstraftätern. In: J. Heinrichs (Hrsg.): Vergewaltigung – Die Opfer und die Täter. Holtzmeyer Braunschweig.

Hahlweg, K. et al. (1982): Partnerschaftsprobleme: Diagnose und Therapie. Springer Berlin.

Hahlweg, K., Ehlers, A. (Hrsg.) (1995): Enzyklopädie der Psychologie. Klinische Psychologie. Psychi-

sche Störungen und ihre Behandlung. Hogrefe Göttingen.

Hauch, M. et al. (1980, 1986 u. 1993): Manual zur Paartherapie sexueller Funktionsstörungen. In: G. Arentewicz, G. Schmidt (Hrsg.): Sexuell gestörte Beziehungen. Konzept und Technik der Paartherapie. 1. Aufl., 2. bearb. Aufl. Springer Heidelberg, New York, 3. bearb. Aufl. Enke Stuttgart.

Hauch, M. (1993): Meine Lust – Deine Lust – Keine Lust. Überlegungen zu Lust und Sexualität im Kontext geschlechtsspezifischer Arbeitsteilung. In: Pro Familia (Hrsg.): Zwischen Lust und Technik. Unsicherheiten mit dem Sexuellen. Reader zur gleichnamigen Tagung vom 26. bis 28.11.1992 in Göttingen.

Hauch, M. (1994): Gewalt in der Liebe. Zeitschrift für Sexualforschung 7, 121-145.

Hauch, M. (1995): Lust als Machtfrage. In: Pro Familia, Ortsverband München (Hrsg.): Paare, Liebe. Selbstverlag.

Hauch, M., Lange, C. (1995): Lüste – (Alt)Lasten – Liebeschancen. In: Chr. Hotfilter-Menzinger (Hrsg.): Die Last mit der Lust. Piper München.

Hauch, N., Lohse, H. (1996): Ambulante Psychotherapie bei sexueller Delinquenz. In: V. Sigusch (Hrsg.): Sexuelle Störungen und ihre Behandlung. Thieme Stuttgart.

Heigl-Evers, A. et al. (1993): Lehrbuch der Psychotherapie. UTB Heidelberg.

Heimann, J. et al. (1978): Gelöst im Orgasmus. Verlag für humanistische Psychologie Frankfurt.

Heimann, P. (1949): On countertransference. Deutsch: Bemerkungen zur Gegenübertragung. In: Psyche 9 (1964), 483-493.

Heinrichs, J. (Hrsg.) (1986): Vergewaltigung – Die Opfer und die Täter. Holtzmeyer Braunschweig.

Hertoft, P. (1989): Klinische Sexologie. Ärzte-Verlag Köln.

Hill, D. (1994): The special place of the erotic transference in psychoanalysis. Psychoanalytic Inquiry 14 (4).

Hirsch, M. (1997): Zur psychoanalytischen Therapie bei Opfern sexuellen Mißbrauchs. In: G. Amann, R. Wipplinger: Sexueller Mißbrauch: Überblick zu Forschung, Beratung und Therapie. Ein Handbuch. DGVT-Verlag Tübingen.

Hirschauer, S. (1993): Die soziale Konstruktion der Transsexualität. Suhrkamp Frankfurt a. M.

Hirschfeld, M. (1926): Ein Transvestit. In: L. Levy-Lenz (Hrsg.): Sexualkatastrophen. Peyne Leipzig.

Hotfilter-Menzinger, Chr. (Hrsg.) (1995): Die Last mit der Lust. Piper München.

Hoyndorf, S. et al. (1995): Behandlung sexueller Störungen. Beltz PVU Weinheim.

Hudson, S.M. et al. (1992): The abstinence violation

effect in sex offenders: A reformulation. Behavior Research and Therapy 30, 435-441.

Irvine, J. (1990): From difference to sameness: Gender ideology in sexual science. Journal of Sex Research 27, 7-24.

Jackson, M. (1992): Sex research and the construction of sexuality: A tool of male supremacy? Women´s Studies International Forum 7, 43-51.

Janicek, S., Berner, W. (1986): Auf dem Weg zum Arbeitsbündnis. Probleme der Psychotherapie in geschlossenen Institutionen. In: Psychoanalyse 1986. Essays über eine Theorie und ihre Anwendungen. Sigmund Freud House Bulletin 10, 154-159.

Janssen, P.L. (1984): Zum transsexuellen Symptom in einem Partnerarrangement – nur ein Fall? Psychotherapie und Medizinische Psychologie 34, 76-80.

Janssen, P.L. (1986): Zur Differenzierung und Spezifität der Psychodynamik funktioneller Sexualstörungen. Zeitschrift für Psychosomatische Medizin 32, 27-43.

Kafka, M.F., Prentky, R. (1992): A comparative study of nonparaphilic sexual addictions and paraphilias in men. Journal of Clinical Psychiatry 53, 345-350.

Kamprad, B., Schiffels, W. (Hrsg.) (1991): Im falschen Körper. Alles über Transsexualität. Kreuz Verlag Zürich.

Kanfer, F.H. et al. (1990): Selbstmanagement-Therapie. Springer Berlin.

Kaplan: siehe Singer-Kaplan

Keen, S. (1985): Die Lust an der Liebe – Leidenschaft als Lebensform. Beltz Weinheim.

Kernberg, O.F. (1985): Ein konzeptuelles Modell zur männlichen Perversion. Forum Psychoanalyse 1, 167-188.

Kernberg, O.F. (1994): Liebe im analytischen Setting. Psyche 48, 808-826.

Kernberg, O.F. (Hrsg.) (1996): Narzißtische Persönlichkeitsstörungen. Schattauer Stuttgart.

Keßler, B. (1988): Voyeurismus. In: F. Christmann (Hrsg.): Heterosexualität. Springer Heidelberg.

Khan, M.M.R. (1983): Entfremdung bei Perversionen. Suhrkamp Frankfurt.

Kinzl, J., Mangweth, B., Traweger, C., Biebl, W. (1997): Sexuelle Funktionsstörungen bei Männern und Frauen: Bedeutung eines dysfunktionalen Familienklimas und sexuellen Mißrauchs. Psychotherapie, Psychosomatik, Medizinische Psychologie 47, 41-45.

Kline, M. (1989): Why there is no such thing as sexual addiction. 32nd Annual Meeting of the Society for the Scientific Study of Sex. Toronto/Canada.

Knight, R., Prentky, R. (1990): Classifying sexual offender – the development and corroboration of taxonomic models. In: W.L. Marshall et al.

(Hrsg.): Handbook of sexual Assault. Plenum Press New York.

Kockott, G., Pfeiffer, W. (1996): Sexual Disorders in nonacute psychiatric outpatients. Comprehensive Psychiatry 37, 56-61.

Kohut, H. (1979): Die Heilung des Selbst. Suhrkamp Frankfurt a. M.

Krafft-Ebing, R. (1984): Psychopathia sexualis mit besonderer Berücksichtigung der conträren Sexualempfindung. Matthes & Seitz München.

Küchenhoff, B. (1988): Transsexualismus als Symptom. Nervenarzt 59, 734-738.

Lang, A. (1981): Die Sprache der Sexualerziehung. Schwann Düsseldorf.

Lange, C. (1994): Das Gleiche ist nicht dasselbe. Subversive Elemente des Paartherapiesettings im Hinblick auf das Geschlechterverhältnis am Beispiel „Lustlosigkeit". Zeitschrift für Sexualforschung 7, 52-61.

Lange, C., Rethemeier, A. (1997): Zur Behandlung des Vaginismus. Zeitschrift für Sexualforschung 10, 37-47.

Langer, D. (1985): Der Transsexuelle: eine Herausforderung für die Kooperation zwischen psychologischer und chirurgischer Medizin. Fortschritte der Neurologie-Psychiatrie 53, 67-84.

Langer, D., Hartmann, U. (1992): Psychosomatik der Impotenz. Bestandsaufnahme und integratives Konzept. Enke Stuttgart.

Laws, R. (1989): Relapse prevention with sexoffenders. Guilford New York.

Leiblum, S.R. Rosen, R.C. (Eds.) (1978): Sexual desire disorders. Guilford New York.

Levine, M.P., Troiden, R.R. (1988): The myth of sexual compulsivity. Journal of Sex Research 37, 347-363.

Levine, S.B. (1992): Sexual Life. Plenum New York.

Levy-Lenz, L. (Hrsg.) (1926): Sexualkatastrophen. Peyne Leipzig.

Limentani, A. (1979): The significance of transsexualism in relation to some basic psychoanalytic concepts. International Review of Psychoanalysis 6, 139-153.

Lobitz, W.C. et al. (1974): A closer look at the simplistic behavior therapy for sexual dysfunctions: Two case studies. In: H.J. Eysenck (Ed.): Case studies in behavior therapy. Routledge & Kegan London.

Lobitz, W.C., LoPiccolo, J. (1972): New methods in the behavioral treatment of sexual dysfunctions. Journal of Behavior Therapy and Experimental Psychiatry 3, 265-271.

Loewit, K. (1988): Ausbildung des Medizinstudenten. Sexualmedizin 12, 412-416.

Loewit, K. (1990): Sexuelle Störungen. In: Th.v. Uexküll (Hrsg.): Psychosomatische Medizin. 4. Aufl. Urban & Schwarzenberg München.

Lohse, H. (1993): Zur ambulanten Psychotherapie

von Sexualstraftätern. Zeitschrift für Sexualforschung 6, 279-288.

LoPiccolo, J., LoPiccolo, L. (1978): Handbook of sex therapy. Plenum Press New York.

Lothstein, L.M. (1983): Female-to-male-transsexualism. Historical, clinical and theoretical Issues. Routledge & Kegan Paul Boston, London, Melbourne, Henley.

Marques, J. et al. (1994): The relation between treatment goals and recidivism among child molesters. Behavior Research and Therapy 32, 577-588.

Marshall, W.L. et al. (Eds.) (1990): Handbook of sexual assault: Issues, theories and treatment of the offender, 343-361. Plenum Press New York.

Marshall, W.L. (1996): Assessment, treatment and theorizing about sex offenders. Developments during the past twenty years and future directions. Criminal Justice and Behavior 23, 162-199.

Masters, W., Johnson, V. (1970): Human sexual inadequacy. Little, Brown Boston.

Masters, W., Johnson, V. (1973): Impotenz und Anorgasmie. Govert-Krüger-Stahlberg Frankfurt a. M.

Maturana, H.R., Varela, E.J. (1980): Autopoesis and cognition. Reichel Dordrecht The Netherlands.

McDougall, J. (1985): Plädoyer für eine gewisse Anomalität. Suhrkamp Frankfurt.

McGuire, J. (Ed.) (1995): What works: Reducing reoffending. Guidelines from research and practice. Wiley and Sons Chichester, New York.

Mentzos, S. (1984): Neurotische Konfliktverarbeitung. Fischer Frankfurt.

Metz, M.E., Seifert, M.H. (1990): Men's expectations of physicians in sexual health concerns. Journal of Sex and Marital Therapy 16, 79-88.

Metzler-Raschig, M. et al. (1979): Sexualmedizinische Fortbildung für Ärzte. In: V. Sigusch (Hrsg.): Sexualität und Medizin. Kiepenheuer & Witsch Köln.

Miller, A. (1981): Du sollst nicht merken. Suhrkamp Frankfurt a. M.

Mills, K.H., Kilman, P.R. (1982): Group treatment of sexual dysfunctions. A methodological review of the outcome literature. Journal of Sex and Marital Therapy 8, 259-296.

Moggi, F. (1997): Sexuelle Kindesmißhandlung: Traumatisierungsmerkmale, typische Folgen und ihre Ätiologie. In: G. Amann, R. Wipplinger: Sexueller Mißbrauch: Überblick zu Forschung, Beratung und Therapie. Ein Handbuch. DGVT-Verlag Tübingen.

Morgenthaler, F. (1974): Die Stellung der Perversionen in Metapsychologie und Technik. Psyche 28, 1077-1098.

Morgenthaler, F. (1978): Technik. Zur Dialektik der Psychoanalytischen Praxis. Syndikat Frankfurt.

Morgenthaler, F. (1981): Homosexualität, Heterosexualität, Perversion. Qumran Frankfurt.

Mullen, P. (1997): Der Einfluß von sexuellem Kindesmißbrauch auf die soziale, interpersonelle und sexuelle Funktion im Leben des Erwachsenen und seine Bedeutung in der Entstehung psychischer Probleme. In: G. Amann, R. Wipplinger: Sexueller Mißbrauch: Überblick zu Forschung, Beratung und Therapie. Ein Handbuch. DGVT-Verlag Tübingen.

Nagayama Hall, C.G. (1995): Sexual offender recidivism revisited: A meta-analysis of recent treatment studies. Journal of Consulting and Clinical Psychology 63, 802-809.

Nunberg, H., Federn, E. (Hrsg.) (1910): Protokolle der Wiener Psychoanalytischen Vereinigung, 1908-1910. Fischer Frankfurt.

Oppenheimer, A. (1991): The wish of change: a challenge to psychoanalysis. International Journal of Psychoanalysis 72, 221-231.

Pacharzina, K. (1975): Sexualmedizin in der Allgemeinpraxis. Sexualmedizin 4, 485-490.

Parin, P. (1986): Die Verflüchtigung des Sexuellen in der Psychoanalyse. In: Psychoanalytisches Seminar Zürich (Hrsg.): Sexualität. Syndikat Frankfurt.

Parin, P. (1993): Aus der psychoanalytischen Behandlung einer schweren Sexualstörung. Zeitschrift für Sexualforschung 1, 56-73.

Person, E. (1985): The erotic transference in women and men. Deutsch: Die erotische Übertragung bei Frauen und Männern. Psyche 48, 783-807.

Person, E., Ovesey, L. (1974): The transsexual syndrome in males. I. Primary Transsexualism. American Journal of Psychotherapy 28, 4-20.

Person, E., Ovesey, L. (1974): The transsexual syndrome in males. II. Secondary Transsexualism. American Journal of Psychotherapy 28, 174-193.

Peterson, M.E., Dickey, R. (1995): Surgery, sex reassignment: A comparative survey of international centers. Archives of Sexual Behavior 24, 135-156.

Pfäfflin, F. (1996): Therapeut-Patient-Beziehung. In: U. Clement, W. Senf: Transsexualität, Behandlung und Begutachtung. Schattauer Stuttgart, New York.

Pfäfflin, F. (1993): Transsexualität. Beiträge zur Psychopathologie, Psychodynamik und zum Verlauf. Enke Stuttgart.

Pfäfflin, F. (1996): Erstellung der Gutachten. In: U. Clement, W. Senf: Transsexualität, Behandlung und Begutachtung. Schattauer Stuttgart, New York.

Pfäfflin, F., Junge, A. (1992): Geschlechtsumwandlung. Abhandlungen zur Transsexualität. Schattauer Stuttgart, New York.

Pfäfflin, F. (1996): Indikation und Überweisung zur

hormonellen und chirurgischen Behandlung, Kostenübernahmeanträge. In: U. Clement, W. Senf: Transsexualität, Behandlung und Begutachtung. Schattauer Stuttgart, New York.

Pfingsten, U., Hinsch, R. (1991): Gruppentraining sozialer Kompetenzen. Beltz PVU Weinheim.

Pithers, W.D. (1990): Relapse prevention with sexual aggressors: A method for maintaining therapeutic gain and enhancing external supervision. In: W.L. Marshall et al. (Eds.): Handbook of sexual assault: Issues, theories and treatment of the offender, 343-361. Plenum Press New York.

Plettner, G.H. (1997): Kleines Leitfädchen für Transsexuelle. Transidentitas e.V. Selbsthilfegruppe Würzburg und Bamberg.

Plummer, K. (1995): Telling sexual stories. Routledge London.

Pohlen, W., Wittmann, L. (1981): Die Unterwelt bewegen. Syndicat Frankfurt.

Pope, K.S. et al. (1996): Sexualität in der Psychotherapie. Beltz PVU Weinheim.

Porst, H. (1987): Erektile Impotenz. Ätiologie, Diagnostik, Therapie. Enke Stuttgart.

Prentky, R. (1995): A rational for the treatment of sex offenders. Pro Bono Publico. In: J. McGuire (Ed.): What works: Reducing reoffending. Guidlines from research and practice. Wiley and Sons Chichester, New York.

Prigogine, I., Stengers, I. (1985): Order out of chaos. Fontana London.

Pro Familia (Hrsg.) (1993): Zwischen Lust und Technik. Unsicherheiten mit dem Sexuellen. Reader zur gleichnamigen Tagung vom 26. bis 28.11.1992 in Göttingen.

Pro Familia, Ortsverband München (Hrsg.) (1995): Paare, Liebe. Selbstverlag.

Psychoanalytisches Seminar Zürich (Hrsg.) (1986): Sexualität. Syndikat Frankfurt.

Quadland, M.C. (1985): Compulsive sexual behavior: Definition of a problem and an approach to treatment. Journal of Sex and Marital Therapy 11, 122-132.

Racker, H. (1978): Übertragung und Gegenübertragung. Ernst Reinhardt München.

Rappaport, E. (1956): The Management of an eroticized transference. Psychoanalytic Quarterly 25, 515-529.

Rehder, U. (1996a): Klassifizierung inhaftierter Sexualdelinquenten – 1. Wegen Vergewaltigung und sexueller Nötigung Erwachsener Verurteilte. Monatsschrift für Kriminologie, 291.

Rehder, U. (1996b): Klassifizierung inhaftierter Sexualdelinquenten – 2. Wegen sexuellen Mißbrauchs von Kindern Verurteilte. Monatsschrift für Kriminologie, 374-385.

Reich, G., Cierpka, M. (1997) (Hrsg.): Psychotherapie der Eßstörungen. Thieme Stuttgart.

Reiche, R. (1981): Buchbesprechung „Sexuell gestörte Beziehungen". Psyche 35, 376-380.

Reiche, R. (1996): Psychoanalytische Therapie sexueller Perversionen. In: V. Sigusch (Hrsg.): Sexuelle Störungen und ihre Behandlung. Thieme Stuttgart.

Renshaw, D.C. (1986): What is sexual addiction? Proceedings of the Institute of Medicine of Chicago 39, 67-68.

Richter-Appelt, H. (1995): Körperliche Mißhandlungen und sexuelle Traumatisierungen aus der Sicht junger Erwachsener. Forschungsbericht für die Deutsche Forschungsgemeinschaft, Hamburg.

Richter-Appelt, H. (Hrsg.) (1997): Verführung – Trauma – Mißbrauch. Psychosozial Verlag Gießen.

Richter-Appelt, H., Tiefensee, J. (1996a): Soziale und familiäre Gegebenheiten bei körperlichen Mißhandlungen und sexuellen Mißbrauchserfahrungen in der Kindheit aus der Sicht junger Erwachsener (Teil I). Psychotherapie, Psychosomatik, medizinische Psychologie 46, 367-378.

Richter-Appelt, H., Tiefensee, J. (1996b): Die Partnerbeziehung der Eltern. Mißbrauchserfahrungen in der Kindheit aus der Sicht junger Erwachsener (Teil II). Psychotherapie, Psychosomatik, Medizinische Psychologie 46, 405-418.

Richter-Appelt, H. (1997a): Differentielle Folgen von sexuellem Mißbrauch und körperlicher Mißhandlung. In: G. Amann, R. Wipplinger: Sexueller Mißbrauch: Überblick zu Forschung, Beratung und Therapie. Ein Handbuch. DGVT-Verlag Tübingen.

Richter-Appelt, H. (Hrsg.) (1997b): Verführung – Trauma – Mißbrauch. 1896-1996. Psychosozial Verlag Gießen.

Röbbeling, G., Clement, U. (1983): Sexualberatung in der klinisch-psychologischen Praxis. Praxis Psychiatrie 10, 153-157.

Rosen, R.C. (1996): Pharmacological treatment of sexual disorders. Vortrag gehalten am 01.03.1996 auf dem Internationalen Sexologie-Symposium, Zürich.

Rosen, R.C., Leiblum, S.R. (1978): A sexual scripting approach to problems of desire. In: S.R. Leiblum, R.C. Rosen (Eds.): Sexual desire disorders. Guilford New York.

Rothmaler, S. (1996): Weibliches Begehren und männliche Verweigerung. In: K. Starke, K. Weller (Hrsg.): Leipziger Texte zur Sexualität: Geschlechterspannung und Störungen der Sexualität. Vorträge auf der 7. Jahrestagung der Gesellschaft für Sexualwissenschaft, Eigenverlag Leipzig.

Sabghir, F. (1982): Another definition of the script. American Psychologist 37, 1287-1288.

Schiffels, W. (1991): Frau werden ist mehr als kein Mann sein. Protokoll einer Bewußtseinsveränderung. In: B. Kamprad, W. Schiffels (Hrsg.): Im falschen Körper. Alles über Transsexualität. Kreuz Verlag Zürich.

Schlosser, S. et al. (1994): Compulsive buying: Demography, phenomenology and comorbidity in 46 subjects. General Hospital Psychiatry 16, 205-212.

Schmidt, G. (1988): Das große Der Die Das. März Herbstein.

Schmidt, G. (1993): Tendenzen und Entwicklungen. Einleitung zur dritten Auflage. In: G. Arentewicz, G. Schmidt (Hrsg.): Sexuell gestörte Beziehungen. Konzept und Technik der Paartherapie. 3. bearb. Aufl. Enke Stuttgart.

Schmidt, G. (1996a): Das Verschwinden der Sexualmoral. Klein Hamburg.

Schmidt, G. (1996b): Paartherapie bei sexuellen Funktionsstörungen. In: V. Sigusch (Hrsg.): Sexuelle Störungen und ihre Behandlung. Thieme Stuttgart.

Schnarch, D.M. (1991): Constructing the sexual crucible. An integration of sexual and marital therapy. W.W. Norten & Company New York, London.

Schorsch, E. (1971): Sexualstraftäter. Habilitationsschrift. Enke Stuttgart.

Schorsch, E. (1973): Psychopathologie der Sexualität? In: H. Giese: Zur Psychopathologie der Sexualität. Einführung. Enke Stuttgart.

Schorsch, E. (1980): Sexuelle Perversionen: Ideologie, Klinik, Kritik. In: V. Sigusch (Hrsg.): Therapie sexueller Störungen. 2. Aufl. Thieme Stuttgart.

Schorsch, E. (1988): Die Medikalisierung der Sexualität. Über die Entwicklungen in der Sexualmedizin. Zeitschrift für Sexualforschung 1, 95-112.

Schorsch, E. et al. (1977): Zur Versorgung von Patienten mit sexuellen Störungen. Sexualmedizin 6, 585-590.

Schorsch, E. et al. (1985): Perversion als Straftat. Springer Heidelberg, Berlin.

Schulte, D. (1996): Therapieplanung. Hogrefe Göttingen.

Schwartz, M.F., Brasted, W.S. (1985): Sexual addiction. Medical aspects of human sexuality 19, 103-107.

Schwöbel, G. (1960): Ein transvestitischer Mensch, die Bedeutung seiner Störungen und sein Wandel in der Psychoanalyse. Schweiz. Archives of Neurology Psychiatry 86, 358-382.

Segraves, K.B., Segraves, R.T. (1991): Hypoactive sexual desire disorder: prevalence and comorbidity in 906 subjects. Journal of Sex and Marital Therapy 17, 55-58.

Seidl, O., Goebel, F.D. (1987): Psychosomatische Reaktionen von Homosexuellen und Drogenabhängigen auf die Mitteilung eines HIV-Testergebnisses. Aids-Forschung 2, 181-187.

Senf, W. Broda, M. (Hrsg.) (1996): Praxis der Psychotherapie. Thieme Stuttgart.

Sharpe, R., Meyer, V. (1973): Modification of „cognitive sexual pain" by the spouse under supervision. Behavior Research and Therapy 9, 285-287.

Siegel, E.V. (1994): Clinical observations of sexual and sensual aspects of the transference in women. Psychoanalytic Inquiry 14, 4-24.

Sigusch, V. (Hrsg.) (1979): Sexualität und Medizin. Kiepenheuer & Witsch Köln.

Sigusch, V. (Hrsg.) (1980): Therapie sexueller Störungen. 2. Aufl. Thieme Stuttgart.

Sigusch, V. (1984): Die Mystifikation des Sexuellen. Campus Frankfurt a. M., New York.

Sigusch, V. (1991a): Die Transsexuellen und unser nosomorpher Blick, Teil I: Zur Enttotalisierung des Transsexualismus. Zeitschrift für Sexualforschung 4, 225-256.

Sigusch, V. (1991b): Die Transsexuellen und unser nosomorpher Blick, Teil II: Zur Entpathologisierung des Transsexualismus. Zeitschrift für Sexualforschung 4, 309-343.

Sigusch, V. (Hrsg.) (1996): Sexuelle Störungen und ihre Behandlung. Thieme Stuttgart.

Sigusch, V. (1996a): Symptomatologie und Klassifikation sexueller Störungen. In: V. Sigusch (Hrsg.): Sexuelle Störungen und ihre Behandlung, 125-141. Thieme Stuttgart, New York.

Sigusch, V. (1996b): Diagnostik sexueller Störungen. In: V. Sigusch (Hrsg.): Sexuelle Störungen und ihre Behandlung, 106-124. Thieme Stuttgart, New York.

Sigusch, V. (1996c): Kultureller Wandel der Sexualität. In: V. Sigusch (Hrsg.): Sexuelle Störungen und ihre Behandlung. Thieme Stuttgart, New York.

Sigusch, V. (1996d): Organogenese sexueller Funktionsstörungen. In: V. Sigusch (Hrsg.): Sexuelle Störungen und ihre Behandlung. Thieme Stuttgart, New York.

Sigusch, V., Reiche, R. (1980): Die Untersuchung und Behandlung transsexueller Patienten. In: V. Sigusch (Hrsg.): Therapie sexueller Störungen, 2. Aufl. 293-326. Thieme Stuttgart.

Silverstein, J. (1989): Origins of psychogenic vaginism. Psychotherapy, Psychosomatic 52, 197-204.

Simon, W. (1996): Postmodern sexualities. Routledge London.

Singer-Kaplan, H. (1974 u. 1984): The new sex therapy. Brunner & Mazel New York.

Singer-Kaplan, H. (1979): Disorders of sexual desire. Brunner & Mazel New York.

Singer-Kaplan, H. (1981): Hemmungen der Lust.

Neue Konzepte der Psychosexualtherapie. Enke Stuttgart.

Socarides, C. (1974): The demonified mother: A study of voyeurism and sexual sadism. International Review of Psychoanalysis 1, 187-195.

Sohn, M. (1994): Möglichkeiten und Grenzen urologischer Operationstechniken zur Behandlung der erektilen Dysfunktion des Mannes. Sexuologie 1, 38-49.

Sohn, W., Lackinger, I. (1993): Medizinstudium – Sexualaufklärung im 8. Semester. Sexualmedizin 22, 167-172.

Springer, A. (1981): Pathologie der geschlechtlichen Identität. Transsexualismus und Homosexualität. Theorie, Klinik, Therapie. Springer Wien, New York.

Standards der Behandlung und Begutachtung von Transsexuellen der Deutschen Gesellschaft für Sexualforschung, der Akademie für Sexualmedizin und der Gesellschaft für Sexualwissenschaft. 1997. Zeitschrift für Sexualforschung 10, 147-156.

Standards of Care. The Harry Benjamin International Gender Dysphorie Association, Inc. Revised Draft (1/90). In: U. Clement, W. Senf (Hrsg.) (1996): Transsexualität, Behandlung und Begutachtung. Schattauer Stuttgart, New York, 106-115.

Starke, K., Weller, K. (Hrsg.) (1996): Leipziger Texte zur Sexualität: Geschlechterspannung und Störungen der Sexualität. Vorträge auf der 7. Jahrestagung der Gesellschaft für Sexualwissenschaft. Eigenverlag Leipzig.

Stekel, W. (1920): Die Impotenz des Mannes. Urban & Schwarzenberg Berlin.

Stoller, R. (1979): Perversion – Die erotische Form von Hass. Rowohlt Reinbek.

Stumpe, H., Günther, E. (1989): Sexuologie für Mediziner. Zeitschrift für Klinische Medizin 44, 1341-1343.

Thomä, H., Kächele, H. (1985): Lehrbuch der psychoanalytischen Therapie. Springer Berlin, Heidelberg.

Thüngen-Eschmann, A.v. (1995): Lustlose Paare – eine Herausforderung für die Sexualtherapie. In: Pro Familia München (Hrsg.): 25 Jahre Pro Familia München (Jubiläumsband).

Tiefer, L. (1986): In pursuit of the perfect penis: The medicalization of male sexuality. American Behavior Scientist 29, 579-599.

Tiefer, L. (1988): A feminist critique of the sexual dysfunction nomenclature. Women and Therapy 1, 5-21.

Tiefer, L. (1991): Historical, scientific, clinical and feminist criticism of „The human sexual response cycle" model. Annual Review of Sex Research 2 ,1-23.

Tiefer, L. (1993): Über die fortschreitende Medika-

lisierung männlicher Sexualität. Zeitschrift Sexualforschung 6, 119-131.

Tiefer, L. (1994): Sex is not a natural act. Zeitschrift für Sexualforschung 7, 36-42.

Tiefer, L. (1995): Sex is not a natural act and other essays. Westview Press Boulder, San Francisco, Oxford.

Tomasson, K. (1995): A nationwide representative sample of treatment-seeking alcoholics: A study of psychiatric comorbidity. Acta Psychiatrica Scandinavica 92, 378-385.

Trube-Becker, E. (1997): Historische Perspektive sexueller Kontakte zwischen Erwachsenen und Kindern bzw. Jugendlichen und die soziale Akzeptanz dieses Phänomens von der Zeit der Römer und Griechen bis heute. In: G. Amann, R. Wipplinger: Sexueller Mißbrauch: Überblick zu Forschung, Beratung und Therapie. Ein Handbuch. DGVT-Verlag Tübingen.

Tügel, H., Heilemann, M. (1987): Frauen verändern Vergewaltiger. Fischer Frankfurt.

Uexküll, Th.v. (Hrsg.) (1990 u. 1996): Psychosomatische Medizin. 4. Aufl., 5. neubearb u. erw. Aufl. Urban & Schwarzenberg München.

Uexküll, Th.v., Wesiack, W. (1996): Wissenschaftstheorie: ein bio-psycho-soziales Modell. In: Th. v. Uexküll (Hrsg. v. R.H. Adler et al.): Psychosomatische Medizin. 5. neubearb. u. erw. Auflage. Urban & Schwarzenberg München.

Velde, H.v.d. (1926): Die vollkommene Ehe. Konegen Leipzig.

Vogt, H.J. et al. (1995): Zusatzbezeichnung Sexualmedizin – Bedarfsanalyse und Vorschläge für einen Gegenstandskatalog. Sexuologie 2, 65-89.

Waldrop, M.M. (1992): Complexity: The emerging science at the edge of order and chaos. Viking London.

Waxmann, D. et al. (Eds.): Modern trends in hypnosis. Plenum New York.

Weltgesundheitsorganisation (WHO) (1991): Internationale Klassifikation psychischer Störungen ICD-10. Huber Bern.

Wendt, H. (1979): Integrative Sexualtherapie. Pfeiffer München.

Wilker, F.W. (1978): Sexuelle Einstellungen und sexuelles Wissen von Medizinstudenten. Medizinische Psychologie 4, 205-206.

Wilkinsen, S., Kitzinger, C. (Eds.) (1993): Heterosexuality. Sage London.

Willi, J. (1975): Therapie der Zweierbeziehung. Rowohlt Reinbek.

Willi, J. (1981): Therapie von Sexualstörungen – Paartherapie oder Sexualtherapie. Familiendynamik 1, 36-54.

Winiarski, M.G. (1991): AIDS-related psychotherapy. Pergamon Press New York.

Winnicott, D.W. (1974): Reifungsprozesse und fördernde Umwelt. Kindler München.

Winnicott, D.W. (1974): Die Fähigkeit zum Allein-sein. In: D.W. Winnicott: Reifungsprozesse und fördernde Umwelt. Kindler München.

Wolf, E. (1994): Narcissistic lust and other vicissitu-des of sexuality. Psychoanalytic Inquiry 14 (4).

World Health Organization (WHO) (1993): The ICD 10 Classification of Mental and Behavioral Di-sorders. Diagnostic Criterea for Resaerch. WHO Genf.

Yalom, I.D. (1960): Aggression and forbiddenness in voyeurism. Archives of General Psychiatry 3, 305-319.

Zamel, G. (1994): Wenn die Ohnmacht nicht mehr auszuhalten ist. Wie die Technik die (männliche) Sexualität retten soll. Zeitschrift für Sexualforschung 7, 142-150.

Zilbergeld, B. (1983): Männliche Sexualität. DGVT Tübingen.

Zilbergeld, B. (1992): The new male sexuality. Bantam New York.

Zilbergeld, B. (1994): Die neue Sexualität der Män-ner. DGVT Tübingen.

Zilbergeld, B. (1996): Die neue Sexualität der Män-ner. 2. korr. Aufl. DGVT Tübingen.

Zimmer, D. (Hrsg.) (1983): Die therapeutische Beziehung. Edition Psychologie Weinheim, Ba-sel.

Zimmer, D. (1985): Sexualität und Partnerschaft. Urban & Schwarzenberg München.

Zimmer, D. (1988): Fragebogen zu Sexualität und Partnerschaft. DGVT Tübingen.

Zimmer, D. (1995): Funktionelle Sexualstörungen. In: K. Hahlweg, A. Ehlers (Hrsg.): Enzyklopädie der Psychologie. Klinische Psychologie. Psychi-sche Störungen und ihre Behandlung. Hogrefe Göttingen.

Sachverzeichnis